BEATE RÖSLER

Eddas Aufbruch

AF201922

atb aufbau taschenbuch

BEATE RÖSLER, 1968 in Essen geboren, studierte Rechtswissenschaft und romanische Sprachen in Berlin. Sie ist Übersetzerin und arbeitete viele Jahre als Deutschlehrerin am Goethe-Institut in Frankfurt am Main sowie in Neu-Delhi und Hanoi.

Im Aufbau Taschenbuch sind bisher ihre Romane »Die Reise des Elefantengottes«, »Die Töchter des Roten Flusses« und »Helenes Versprechen« erschienen.

Frankfurt, 1967: Nachdem Edda hautnah miterlebt, wie der Student Benno Ohnesorg auf einer Demonstration von einem Polizisten erschossen wird, hat sie genug von den Ausreden der Generation ihrer Eltern, die die Jungen verurteilt, aber ehemalige Nazis ungeschoren davonkommen lässt. Gleich nach dem Abitur geht sie für ein Jahr als Au-pair nach Paris. Zwischen Studentenrevolten und Protestmärschen gegen den Krieg in Vietnam verliebt sie sich in den Jurastudenten Marcel. Der junge Franzose, dessen Eltern der Résistance angehörten, hat jedoch Vorbehalte gegenüber der Deutschen – insbesondere, da er Edda vorwirft, nicht einmal wirklich zu wissen, auf welcher Seite ihre Eltern in der Zeit des Nationalsozialismus gestanden haben. Als Edda beginnt, die Lebensgeschichte ihres Vaters zu erforschen, kommt ihr ein entsetzlicher Verdacht, der sich nicht nur auf ihre Beziehung zu Marcel auswirkt. Edda steht vor einer folgenschweren Entscheidung …

Beate Rösler

Eddas
Aufbruch

1968: Sie rebelliert gegen
das Schweigen und sucht
nach der Wahrheit

ROMAN

aufbau taschenbuch

MIX
Papier | Fördert
gute Waldnutzung
FSC® C083411

ISBN 978-3-7466-3929-1

Aufbau Taschenbuch ist eine Marke
der Aufbau Verlage GmbH & Co. KG

1. Auflage 2024
© Aufbau Verlage GmbH & Co. KG, Berlin 2024
www.aufbau-verlage.de
10969 Berlin, Prinzenstraße 85
Der Verlag behält sich das Text- und Data-Mining nach § 44b UrhG vor,
was hiermit Dritten ohne Zustimmung des Verlages untersagt ist.
Umschlaggestaltung www.buerosued.de, München
unter Verwendung von Motiven von © Rekha / Arcangel
Satz Greiner & Reichel, Köln
Druck und Binden CPI books GmbH, Leck, Germany

Printed in Germany

Für Tanya

Westberlin,
Juni 1967

Edda warf einen prüfenden Blick auf den plakatierten Bauzaun und versuchte abzuschätzen, ob es ihr in Minikleid und Sandaletten gelingen könnte, ohne nennenswerte Schürfwunden hinaufzuklettern. Würde ihre neue Handtasche, ein Geschenk ihrer Mutter zum neunzehnten Geburtstag, hässliche Kratzer abbekommen? Eddas Blick streifte eine Gruppe junger Männer, die wie Studenten aussahen und es sich dort oben bequem gemacht hatten. Ob sie sich einfach zu ihnen gesellen sollte? Bis der Schah von Persien Mohammad Reza Pahlawi und Farah Diba an der Deutschen Oper einträfen, würde es noch eine ganze Weile dauern.

Sie schlang sich ihr dunkles Haar zu einem lockeren Knoten, die Sonnenbrille schob sie sich auf den Kopf. Passend zum Anlass herrschte strahlendes Kaiserwetter. Tausende drängten in das Areal, das die Polizei vor dem Baugelände abgesperrt hatte, damit das persische Kaiserpaar unbehelligt die Abendvorstellung von Mozarts »Zauberflöte« erreichte. Doch für die Schah-Anhänger, die Schaulustigen und die vielen jungen Leute, die gekommen waren, um gegen den Staatsbesuch zu protestieren, war das Terrain zu knapp bemessen. Fürchtete die Polizei denn nicht, dass die Menschen in Panik geraten könnten?

Einer der Studenten fing Eddas Blick auf und winkte sie

zu sich herauf. Er hatte schulterlange Haare und trug ein Stirnband. Edda stutzte. War das Kai? War er tatsächlich gekommen? Doch ihre Augen hatten sich geirrt. Oder vielleicht ihr Herz, das sich enttäuscht zusammenzog. Wofür der Student, den sie fälschlicherweise für Kai gehalten hatte, allerdings nichts konnte. Also winkte Edda zurück und gab ihm mit einer Geste zu verstehen, dass sie es sich überlegte. Den Gedanken an Kai schob sie beiseite, vorerst. Zum ersten Mal in ihrem Leben sähe sie eine Weltberühmtheit aus der Nähe, und dass es ausgerechnet Farah Diba wäre, von der Presse hochgelobt als »Jackie Kennedy des Mittleren Ostens«, würde Edda vielleicht dabei helfen, aus diesem verkorksten Tag das Beste zu machen. Ob die *Shabanu* wirklich so bildhübsch aussähe wie im Fernsehen? Eine derart große Demonstration hatte Edda noch nie erlebt. Die vielen Menschen, das Stimmengewirr und nicht zuletzt das enorme Polizeiaufgebot gaben ihr das Gefühl, einem historischen Ereignis beizuwohnen.

»Kommst du mit, Ariane?« Edda deutete auf den Bauzaun. »Da oben ist es nicht so eng.«

Doch ihre Freundin entschied sich, bei Navid und seinen iranischen Freunden zu bleiben, mit denen er wochenlang gegen den Schah-Besuch mobilisiert hatte. Seitdem er Ariane gebeten hatte, ihm nach der Schule zu helfen, Flugblätter zu verteilen, schwebte diese im siebten Himmel. Jetzt entfalteten sie ein Laken, auf das sie in knallroter Farbe *Nieder mit dem Schah* und *Mörder raus aus Westberlin* gepinselt hatten. Einige Buchstaben waren verlaufen, so dass es aussah, als trieften sie vor Blut.

Plötzlich schrillte Edda die Trillerpfeife eines Polizisten ins Ohr. Im nächsten Augenblick scheuchte ein anderer, der einen Schäferhund an der Leine führte, die Studenten vom

Zaun herunter. Keinen Zweifel ließen die Beamten daran, mit Knüppeln nachzuhelfen, sollten sie nicht sofort spuren. Die Studenten suchten das Weite.

»Das war's dann wohl mit deinem Logenplatz«, stellte Ariane fest und schnitt eine Grimasse, die den Polizisten galt. Edda hoffte, dass sie es nicht bemerkt hatten.

Etwas später hielt Edda zusammen mit Navid das Spruchband empor. Arianes Arme waren davon schlapp geworden. Jetzt übte Eddas Freundin sich darin, aus Navids Tabak und Blättchen Zigaretten zu drehen, die sie großzügig in ihrer Umgebung verteilte. Als sie zu Edda hinüberschaute und winkte, stellte Edda wieder einmal fest, dass ihr der blonde Kurzhaarschnitt, zu dem sie Ariane überredet hatte, ausgezeichnet stand. Ihre blauen Augen, die beinahe türkis leuchteten, kamen dadurch viel besser zur Geltung. Um diese spektakuläre Augenfarbe beneidete Edda ihre Freundin, ihre eigenen schimmerten in einem unscheinbaren Grau.

Jemand drückte Edda ein Flugblatt in die Hand, das Farah Diba kritisierte. Der Aufhänger war ein Interview, das sie kürzlich der *Neuen Revue* über ihr Leben als Kaiserin gegeben hatte. Im Wartezimmer ihres Zahnarztes hatte Edda es verschlungen. An Folter oder Armut hatte sie dabei freilich nicht gedacht, sondern sich ausgemalt, wie Farah Diba mit ihrer Familie an den Stränden des Kaspischen Meeres entlangspazierte. Als Leserin gewann man leicht den Eindruck, es handele sich dabei um ein sommerliches Vergnügen, das sich viele Menschen in Iran leisten konnten, um der glühenden Hitze zu entkommen.

»*Die meisten Perser*«, zitierte eine Demonstrantin mit Megaphon nun den Text, der aus der Feder einer Journalistin namens Ulrike Meinhof stammte, »*sind Bauern mit einem Jahreseinkommen von unter 100 Dollar. Und den meisten per-*

sischen Frauen stirbt jedes zweite Kind – 50 von 100 – vor Hunger, Armut und Krankheit. Und die Kinder, die Teppiche knüpfen, fahren auch die – die meisten? – im Sommer an die persische Riviera am Kaspischen Meer?«

Beinahe erschien es Edda, als werfe die Vorleserin ihr vor, dass sie sich für die Kaiserin stärker interessierte als für die Probleme des Iran. Edda war sich bewusst, dass sie bis vor Kurzem keine Ahnung davon gehabt hatte, wie brutal der Schah herrschte. Sie hatte geglaubt, er führte sein Land modern und offen. Hatte er nicht eine Architektin geheiratet, die sich nicht nur für soziale, sondern auch städtebauliche Belange engagierte? So jedenfalls schilderten es die Illustrierten ihrer Mutter.

Mit mulmigem Gefühl beobachtete Edda, wie die Polizisten sämtliche Neuankömmlinge hinter die Absperrung leiteten. Wie dicht gedrängt sollten sie denn noch beisammenstehen? Bereits jetzt war es kaum möglich, sich nicht ständig gegenseitig auf die Füße zu treten. Um sich herum schnappte Edda Gesprächsfetzen auf, bei denen es darum ging, was mittags vor dem Schöneberger Rathaus geschehen war. Während sich der Schah ins Goldene Buch der Stadt eingetragen hatte, wären sogenannte Jubelperser mit Holzlatten auf demonstrierende Studentinnen und Studenten losgegangen. Minutenlang hätte die Berliner Polizei tatenlos zugesehen und erst eingegriffen, als es die ersten Verletzten gab. Auch Ariane und Navid waren dort gewesen. Danach waren sie in Kais Wohnung aufgekreuzt und hatten Edda fassungslos von den Ereignissen berichtet.

»Wir müssen denen zeigen, dass wir uns nicht einschüchtern lassen. Und dass wir viele sind«, hatte Ariane aufgebracht erklärt. »Edda, komm doch nachher mit zur Deutschen Oper.«

Edda hatte gezögert. Was, wenn Kai zurückkommen würde? Sie einfach sitzen zu lassen, passte gar nicht zu ihm. Allerdings war ihr Besuch bislang in keiner Weise so verlaufen, wie sie es sich vorgestellt hatte. In Edda hatte sich deswegen Trotz geregt. Immerhin riskierte sie gewaltigen Ärger, sollten ihre Eltern erfahren, dass sie zu Kai nach Berlin gefahren war. Für sie stand außer Frage, dass ihre Tochter, bevor sie nicht einundzwanzig und volljährig wäre, bei ihrem Freund übernachtete. Ganz zu schweigen davon, dass sie eigentlich gerade zu Hause in Frankfurt für ihr Abitur lernen sollte. Und was hatte Kai getan, damit ihr Wiedersehen so wunderbar werden würde, wie er es Edda in seinen Briefen versprochen hatte? Nichts. Völlig bekifft hatte er sie begrüßt, und nach ihrem Streit darüber war er abgehauen. Glaubte Kai, sie würde sich das gefallen lassen?

»Also gut, ich bin dabei«, hatte sie zugestimmt, woraufhin Ariane sie umarmt und Navid ihr anerkennend auf die Schulter geklopft hatte. Gemeinsam hatten sie nach einem geeigneten Laken, Farbe und Pinseln gesucht.

Jetzt betrachtete Edda die Transparente der anderen, die das Ende der Militärdiktatur und Folter in Iran sowie Autonomie für die Teheraner Universität forderten. Als Sprechchöre anschwollen, stand Ariane auf und stimmte in den Ruf »Schah, Schah, Scharlatan« ein. So laut und entschlossen hatte Edda ihre Freundin noch nie erlebt. Alle, so kam es ihr vor, riefen die Parole mit. Sie selbst blieb stumm, während Ariane mit blitzenden Augen sogar ihre Faust gen Himmel ballte, was Edda dann doch übertrieben fand. Aber klar, Ariane liebte Navid, der Iran hatte verlassen müssen, weil er dort als Oppositioneller verfolgt worden war. Seitdem Ariane das wusste, war für sie sogar Farah Diba als Mode-Ikone gestorben.

»Schah, Schah, Scharlatan!«

Noch immer reckten Edda und Navid das Spruchband über ihre Köpfe. Inzwischen kribbelten Eddas Arme, als wäre nicht nur das Blut aus ihnen gewichen, sondern durch Millionen Ameisen ersetzt worden. Navid begegnete ihrem gequälten Blick und lachte. Er tippte Ariane an und bedeutete ihr, Edda abzulösen. Edda winkte ab, sie würde schon durchhalten. Unwillkürlich hielt sie Ausschau nach Kai. Er mochte es nicht, wenn Tausende einvernehmlich dieselben Parolen brüllten. Es erinnerte ihn daran, dass in Nazi-Deutschland Millionen das nachgebrüllt hatten, was der Führer ihnen propagiert hatte. Ehe sie es verhindern konnte, sah Edda Kais Bild vor sich, rauchend und versunken in die Musik der Doors. Plötzlich kamen ihr die Tränen. Nicht wegen des Schahs war sie stundenlang über die Betonplatten der Transitstrecke geholpert und hatte schikanöse Ewig-und-drei-Tage an der Grenzübergangsstelle darauf gewartet, nach Westberlin einzureisen. Um Kai wiederzusehen, nur deshalb war sie hier.

Ariane drängte sich neben sie. »Was hast du denn? Ist es wegen Kai? Der verdient es, dass du sauer bist!«

Edda nickte.

»Lass ihn ein bisschen schmoren.« Mit einem aufmunternden Zwinkern hakte sich Ariane bei Edda ein.

»Schah, Schah, Scharlatan!« Arianes Stimme schallte in ihr Ohr. An sich gefiel Edda das Wortspiel. Es klang nicht so radikal wie der Ruf »USA – SA – SS«, den Edda gehört hatte, als sie einmal mit ihren Mitschülerinnen gegen den Vietnamkrieg auf die Straße gegangen war. Natürlich, diese Bombardierungen mussten aufhören. Aber die Amerikaner hatten Deutschland von den Nazis befreit. War es da richtig, sie in einem Atemzug mit Hitlers Schergen zu nennen?

Ganz leise sprach Edda die Worte nun mit, dann sagte sie sie lauter und schneller, bis sie Arianes Rhythmus gefunden hatte. Es tat ihr gut, all das, was sie beschäftigte, in ihre Stimme zu legen und hinauszuschreien. Mittendrin zu sein, fühlte sich auf einmal gar nicht mehr so schlecht an.

Bis plötzlich Tomaten und Farbeier in Richtung der Polizei flogen. Im nächsten Moment sprangen Beamte über die Absperrung. Sofort wurden das Schieben und Schubsen so heftig, dass Edda Angst bekam, erdrückt zu werden. Das Spruchband fiel zu Boden. Die Polizisten griffen sich zwei junge Männer. In einem erkannte Edda den Studenten vom Bauzaun wieder. An den Haaren schleiften sie ihn gnadenlos mit sich fort. Wie schrecklich, dachte Edda entsetzt, es waren doch bloß Tomaten gewesen.

Ariane hatte sich bereits in einen neuen Sprechchor eingeklinkt. Ihre Stimme überschlug sich. »Ge-sta-po! Ge-sta-po!«

Edda verspürte einen Anflug von Panik. Würde sich die Polizei das bieten lassen? Auf einmal hielt sie die Enge kaum noch aus. Sie gab Ariane ein Zeichen, anschließend zwängte sie sich zielstrebig bis zur Bismarckstraße durch. Dort kletterte sie auf eines der rot-weißen Sperrgitter und atmete auf. Endlich etwas Freiraum. Und eine bessere Sicht auf die Deutsche Oper, ein erstaunlich klobiger Betonklotz ohne jede Eleganz. Es hieß, dass Farah Diba orientalischen Glimmer versprühte. Edda hatte den Eindruck, dass ein paar Fünkchen davon der Mauerstadt nicht schaden könnten.

»Hey, Edda.«

Sie fuhr herum, wobei sie beinahe ihr Gleichgewicht verloren hätte.

»Kai.«

Er erklomm das Sperrgitter und rückte neben sie. Ob Kai schuldbewusst aussah, konnte Edda nicht erkennen, denn er hatte sich eine dieser beliebten Masken übergestülpt, die das

Gesicht des Schahs oder Farah Dibas karikierten. Nun nahm er die Schah-Maske ab und zog sein Stirnband fest. Mit seinen lockigen Haaren ähnelte er seinem Lieblingssänger Jim Morrison.

»Dass du mich gefunden hast …« Bei all diesen Menschen grenzte es an ein Wunder und dass Kai sich darum bemüht hatte, freute Edda.

Als Kai aufsah, trafen sich ihre Blicke. Seine Augen waren klar und grün, wie Edda sie liebte, nicht rot und verhangen wie am Abend zuvor.

»Ohne deine Nachricht auf dem Küchentisch wäre ich gar nicht auf die Idee gekommen, dich hier zu suchen.« Vage deutete er in ins Gewimmel. »Zum Glück habe ich Ariane getroffen. Sie hat mir einen Tipp gegeben.«

Er deutete ein Lächeln an, das Edda erwiderte. Inmitten dieser Demo über ihren Streit zu sprechen, wäre ihr seltsam vorgekommen, deshalb zeigte sie stattdessen auf Kais Maske. »Darf ich mal sehen?«

»Klar.«

Sie strich die bedruckte Papiertüte glatt, in die auf Augenhöhe Löcher gestanzt worden waren. Dichte Brauen, markante Nase und ein Lächeln mit Zähnen, die suggerierten, dass sie jeden Augenblick zubeißen könnten.

»Genial, nicht wahr?« Kai faltete die Maske zusammen und klemmte sie in seinen Hosenbund. »Auf so etwas muss man erst mal kommen. Typisch Kommune 1.«

Er zündete sich eine Zigarette an, dann ergriff er Eddas Hand. »Lass uns irgendwo ein Bier trinken gehen. Ich weiß, dass ich's vermasselt habe. Gibst du mir noch eine Chance, dir Berlin schmackhaft zu machen?«

Edda schmunzelte. Vielleicht würde das Wochenende ja doch noch ganz schön werden.

»Entschuldigung angenommen. Jedenfalls, wenn du dich nicht wieder bekiffst. Ich mag es nicht, wenn du in anderen Sphären schwebst als ich.« So hatte Edda es empfunden, als Kai sie am Abend zuvor begrüßt hatte. Dabei hatten sie sich wochenlang nicht gesehen. Nachts hatte Edda unglücklich neben ihm gelegen und sich gefragt, ob es eine gute Idee gewesen war, nach Berlin zu kommen.

Theatralisch legte Kai seine Hand aufs Herz. »Ich gelobe, solange du in Berlin bist, nicht mehr zu kiffen und überhaupt nichts zu konsumieren, was mein Bewusstsein irgendwie erweitern oder benebeln könnte.«

Obwohl es ihr wirklich ernst war, musste Edda lachen. Da küsste Kai sie, und er schmeckte vertraut.

»Gleich ist es acht«, stellte sie fest. »Wenn die Demo vorbei ist, könnte ich etwas zu essen vertragen.«

Kai inhalierte tief den Rauch seiner Zigarette, dann warf er die Kippe weg.

»Diese vielen Polizisten machen mich nervös«, gab er zu. »Und in den Seitenstraßen parken Krankenwagen. Wer weiß, was noch passiert. Ich würde lieber sofort verschwinden.«

Wie beunruhigt er klang, überraschte Edda. So kannte sie Kai gar nicht. Entlang der Bismarckstraße formierten sich die Polizisten zu geschlossenen Reihen. Ihre weißen Kalkmützen leuchteten in der aufziehenden Dämmerung. Die Wagenkolonne des Schahs müsste bald eintreffen.

»Aber ich will bleiben.« Es klang schärfer, als Edda es beabsichtigt hatte. So ganz hatte sie Kai den miesen Empfang wohl noch nicht verziehen.

»Kann ich mal durch?« Eine Dame mittleren Alters rüttelte am Sperrgitter. »Mit diesen Krakeelern habe ich nichts zu tun! Lassen Sie mich bitte vorbei!«

Sie klang aufgeregt, aber keiner der Polizisten reagierte.

»Öffnen Sie ihr doch«, bat Kai den Beamten, der ihm am nächsten stand. Sogar ein »Bitte« schob er noch hinterher, aber es nützte nichts. Daher wandte Kai sich direkt an die Frau. »Klettern Sie einfach über die Stangen. Meine Freundin und ich halten Sie fest.«

Wie weggeblasen war seine Gleichgültigkeit, über die Edda sich so geärgert hatte. Freundlich und hilfsbereit, ja, das war Kai. Edda gab ihren Sitzplatz auf und half ihm, die Frau über die Sperre zu hieven. Ein Polizist blickte zu ihnen herüber und zügelte sein Pferd. Sofort klopfte Eddas Herz schneller. Würde er ihnen Ärger machen? Doch aufrecht wie ein siegesgewisser General ritt der Beamte in die andere Richtung davon.

»Was wollt ihr eigentlich?«, polterte die Frau los, nachdem sie ihren Rock zurechtgezupft hatte. Sie zeigte auf Kais zerschlissene Jeanshose und seine ausgetretenen Sandalen. »Lauft rum wie die Gammler und maskiert euch wie Banditen. Aber das seid ihr ja auch. Kommunistenpack.« Sie wandte sich an die Polizisten, die sie zuvor ignoriert hatten. »Am besten stecken Sie die alle in einen Sack und werfen ihn über die Mauer!«

Perplex schauten Edda und Kai der Frau nach, als sie, ihre Handtasche fest umklammert, davonmarschierte.

»Ihr seid viel zu höflich«, kommentierte ein Mann in Jackett die Szene und warf ein Farbei auf die Polizisten, bevor er zwischen den Demonstrierenden untertauchte.

»Ernsthaft, mir reicht's«, beharrte Kai. »Seit wann bist du so versessen auf Demos?«

»Bin ich doch gar nicht!«

Ein ruhiger Ort, ein kühles Getränk und Kai, das war es, worauf Edda sich freute. Allerdings stand sie schon seit zwei Stunden hier und würde nicht ausgerechnet dann fortgehen, wenn das Kaiserpaar endlich auftauchte.

»Es sind doch nur noch ein paar Minuten.«

Mit einem genervten Stöhnen zog sich Kai die Schah-Maske über den Kopf, als wollte er sich darunter verstecken. Aber er insistierte nicht mehr.

»Seht mal, der Lübke!«, rief jemand hinter Edda. »Und Albertz!« Lang gezogene Buhrufe ertönten. »Sozialdemokrat und Pfarrer. Eine Schande, dass er einen Diktator empfängt.« Der Bundespräsident sowie der Regierende Bürgermeister von Berlin verschwanden in der Oper. Dann fuhr der Schah vor. Augenblicklich flogen Eier, Tomaten, vereinzelt auch Rauchkerzen. Edda stellte sich auf die Zehenspitzen und reckte den Hals.

»Verflixt, Kai, ich kann gar nichts sehen!« Edda musste schreien, denn die Schah-Anhänger waren in lautstarken Jubel ausgebrochen, während die Demonstrierenden alles daransetzten, sie zu übertönen.

»Schah, Schah, Scharlatan!« »Mörder!« »Schah – SA – SS!«

»Der Schah ist ausgestiegen. Farah Diba auch«, rief Kai ihr ins Ohr. Er umfasste Eddas Hüften und hob sie hoch. Gehüllt in einen hellen Mantel und mit kunstvoll aufgestecktem Haar winkte Farah Diba, bevor sie wie der Schah zügig die Oper betrat. Ihr Gesicht hatte Edda nicht genau erkennen können, doch wie anmutig Farah Diba wirkte, das war ihr nicht entgangen. Die Zeitschriften hatten keineswegs gelogen.

»Danke«, sagte Edda, nachdem Kai sie abgesetzt hatte, und sie lächelten sich an. Lärm und Aufregung ließen nach, die meisten machten sich zum Gehen bereit. Edda hörte, dass manche verabredeten, sich zum Ende der Vorstellung erneut zu versammeln, doch dazu hatte sie keine Lust. Das verbleibende Wochenende würde ihr und Kai gehören. Sie legte ihren Arm um seine Hüfte, er seinen um ihre Schulter. Zentimeter für Zentimeter schoben sie sich mit der Masse vorwärts. Soeben setzte sie an, Kai zu fragen, welche Kneipe er vorschlüge, als plötzlich Polizisten mit gezückten Schlagstöcken über die Sperrgitter stürmten. In der ersten Sekunde begriff Edda kaum, was sie sah. Polizisten, die scheinbar wahllos auf Menschen einprügelten, einige stürzten, andere trampelten über sie hinweg. Panische Schreie drangen zu Edda, und sie selbst schrie laut auf, als sie hinfiel.

»Kai!«

Plötzlich war sie umzingelt von Schuhen, die auf alles traten, was am Boden lag: Schah-Masken, Flugblätter und Zigarettenkippen. Auf ihre Hände. Ein stechender Schmerz durchfuhr Edda, und reflexartig schützte sie ihren Kopf.

»Hilfe!«

Jemand stolperte über sie und stieß ihr dabei den Fuß in den Rücken. Edda war klar, dass sie sich aufrappeln musste, aber ihr Körper gehorchte ihr nicht. Nur ihr Herz raste, als wollte es ohne Edda die Flucht ergreifen. Jemand rief ihren Namen. Kai. Er zerrte an ihr, was Edda aus der beängstigenden Starre befreite.

»Bist du okay?«, fragte Kai. Verstört nickte Edda.

»Es heißt, ein Polizist sei getötet worden.« Kais Stimme klang verzerrt. Ein Toter? Entsetzt sah Edda ihn an.

»Jetzt geben wir's euch!«, brüllte ein Polizist. Instinktiv duckte sich Edda, als er seinen Knüppel hob. Der Schlag traf weder sie noch Kai, doch ein Mann, der versucht hatte, sich auf einen Baum zu flüchten, knallte zu Boden. Bestürzt sah Edda mit an, wie der Polizist auf ihn eindrosch.

»Wir können nichts tun«, drängte Kai und zog Edda mit sich. Dem Mann nicht zu helfen, fühlte sich falsch an, doch ihre Angst siegte. Sperrgitter, der Bauzaun, überall Polizei. Wo sollten sie hin? Bruchstückhafte Szenen schreiender, blutender Menschen gruben sich in ihr Gedächtnis. Jetzt flogen auch Steine. Sirenen heulten und Blaulicht flimmerte, die Krankenwagen, die Kai gesehen hatte, waren im Einsatz. Edda kam es vor, als herrschte Krieg. Geschah das alles wirklich?

Eine Gruppe junger Leute versuchte, den Bauzaun einzudrücken. Dahinter lag ein Stück freies Land, ein Fluchtweg. Mit der ganzen Kraft ihrer Körper warfen sich Edda und Kai gegen das Gestänge. Eddas Hand schmerzte, aber es klappte, der Zaun brach ein. Hand in Hand liefen sie los. Inzwischen war es dunkel geworden. Als ihnen einige Gestalten den Weg verstellten, brauchte Edda einen Moment, um zu begreifen, dass es sich um Polizisten handelte. Sie hatten Schäferhunde dabei.

»Lassen Sie uns einfach gehen«, bat eine Frau. Sie klang, als wäre sie kurz davor, in Tränen auszubrechen. Es half nichts. Schonungslos trieben die Polizisten sie zurück, hinein ins Chaos. Auf einmal sah Edda Kai nicht mehr. Vor wenigen Sekunden war er doch noch neben ihr gewesen. Panisch sah sie sich um, aber in der Dunkelheit gelang es ihr nicht, einzelne Gesichter auszumachen. Kai blieb wie vom Erdboden verschluckt. Edda fiel ein Polizist auf, der eine Verletzte zu den Sanitätern führte. Langsam und vorsichtig, wie ihr schien. Vielleicht waren sie ja nicht alle feindselig. Sie würde ihn um Hilfe bitten.

»Die kommen mit Wasserwerfern! Los, lauft!«

Die flüchtende Menge riss Edda mit, bis ihnen erneut Polizisten den Weg verstellten. Also schlugen sie eine andere Richtung ein. Noch nie hatte Edda vor der Polizei Angst haben müssen. Jetzt fühlte es sich an, als würde sie um ihr Leben rennen. Reizgas brannte in ihren Augen, wohin sie lief, erkannte sie kaum. Sie rannte, wenn die anderen rannten, und verschnaufte, wenn sie es taten. *Nur nicht stolpern, nur nicht fallen.* Von dem Durst, der sie plagte, als wäre sie seit Stunden auf der Flucht, lenkte dieser Gedanke sie zwar ab, nicht aber von ihrer Sorge um Kai. Wo war er? Ob er nach ihr suchte? In einem günstigen Augenblick scherte Edda aus und versteckte sich in einem Hauseingang. Hier war es etwas ruhiger. Zusammengekauert, die Knie von ihren Armen umschlungen, hoffte Edda, mit der Dunkelheit zu verschmelzen. Wie sollten Kai und sie einander wiederfinden?

Plötzlich knallte es. Edda schreckte zusammen. Was war das gewesen? Etwa ein Schuss? Hellwach starrte sie den jungen Leuten und Polizisten nach, die an ihr vorbeistürmten, als hätten sie nichts gehört. Hatte da wirklich jemand geschossen? Wer? Die Polizei? Das konnte nicht sein! Oder doch? Womöglich ein Warnschuss? Aber nein, die Gefahr, inmitten all dieser Menschen jemanden zu treffen, wäre viel zu groß. Kai! Wo war er bloß? Als sie an ihn dachte, schoss die blanke Angst durch ihren Körper. Sie musste ihn finden, jetzt sofort. Ihre Beine hatten zu zittern begonnen. Dennoch zwang Edda sich, aufzustehen.

*

Hinter der Scheibe der Hochbahn zog Berlin an ihr vorbei, ohne dass Edda der Stadt Beachtung schenkte. Ihr Spiegelbild im Fenster starrte ihr aus der Nacht entgegen, durchscheinend und fahl wie ein Geist. Und genauso fühlte sie sich auch, fassungslos und aufgelöst in Angst, vor allem um Kai. Ihn inmitten der Tumulte wiederzufinden, war unmöglich gewesen, und im Nachhinein kam es Edda naiv vor, dass sie darauf gehofft hatte. Sie machte sich auch Gedanken um Ariane und Navid. Doch irgendwie glaubte sie, dass die beiden es schon schaffen würden, sich mit ihren protesterprobten Freunden durchzuschlagen und dem Polizeikessel zu entkommen. Unaufhörlich kreisten in ihrem Kopf die verstörenden Bilder des Abends und ließen ihre Schläfen pochen. Kai hatte den richtigen Riecher gehabt. Wären sie bloß gegangen, als noch Zeit dazu gewesen war. Auf einmal verstand Edda selbst nicht mehr, weshalb es ihr so wichtig gewesen war, einen Blick auf Farah Diba zu erheischen. Irgendwann war es ihr gelungen, unter den Sperrgittern hindurchzurobben und in Richtung Kurfürstendamm zu laufen. Aber auch dort stockte der Verkehr, und Edda war heilfroh gewesen, als sie es endlich in eine U-Bahn geschafft hatte. Sie ließ ihren Blick durch den Waggon schweifen. Wie konnten die Leute seelenruhig in ihren Zeitungen blättern, als wäre nichts geschehen? Das Alltägliche der Situation wirkte auf sie ebenso surreal wie die Szenen der Gewalt, die sich vor der Oper abgespielt hatten.

Am Kottbusser Tor stieg Edda aus, weil ihr die Gegend bekannt vorkam. Waren sie nicht gestern in Navids Käfer hier entlanggefahren? Sie bog in die Adalbertstraße ein, wobei sie überlegte, ob ihr ein bestimmtes Geschäft, ein Friseurladen oder eine Kneipe im Gedächtnis geblieben war. Nun rächte es sich, dass Edda nach der langen Reise zu müde gewesen war, um auf die Umgebung zu achten. Als sie an einem öffentlichen Fernsprecher vorbeilief, bedauerte sie es, dass Kai kein Telefon besaß, sonst hätte sie sich erkundigen können, ob er zu Hause in der Muskauer Straße auf sie wartete. Vertieft in ihre Gedanken, bemerkte Edda erst, als die Straße endete, dass sie vor einer hohen Mauer stand. Vor *der* Mauer. Es kam ihr vor, als hätte sich der graue Betonwall soeben erst vor ihr aufgerichtet. Direkt dahinter erstreckte sich der sogenannte Todesstreifen. Von den elektrischen Zäunen, Panzersperren und abgerichteten Hunden hatte neulich ihr Vater berichtet, nachdem er von einem Ärztekongress aus Berlin zurückgekehrt war. Dass bei dem Versuch, in den Westen zu fliehen, Menschen starben, war Edda bewusst, aber da in der DDR weder Verwandte noch Freunde der Noltings lebten, spielte dieses Wissen in ihrem Leben keine große Rolle. In diesem Augenblick jedoch kam Edda nicht umhin, sich vorzustellen, was geschähe, wenn DDR-Soldaten einen Fluchtversuch entdeckten. Gleißendes Scheinwerferlicht würde den schützenden Mantel der Dunkelheit zerreißen und den Todesstreifen überfluten. Ein Entrinnen gäbe es nicht. Auch das hatte ihr Vater erzählt, wie Edda sich auf einmal erinnerte. Plötzlich meinte sie, auf der anderen Seite der Mauer ferne Rufe zu vernehmen. Als sie angestrengt in die Nacht horchte, blieb aber alles still. Im Dauerlauf eilte Edda weiter.

Die Eingangstür war nur angelehnt. Zwei Stufen auf einmal nehmend, hastete Edda in den vierten Stock hinauf. Rockmusik dröhnte aus der Wohnung und es roch nach Marihuana. Außer Atem hämmerte sie gegen die Tür. Sekunden später stand Ariane vor ihr und fiel Edda um den Hals.

»Endlich! Langsam haben wir uns Sorgen gemacht.«

Edda erwiderte Arianes Umarmung, linste dabei aber über deren Schulter hinweg ins Innere der Wohnung. »Ist Kai bei euch?«

»Nein«, erwiderte Ariane. »Ich dachte, er wäre bei dir!«

»Wir sind im Tumult getrennt worden.«

Im Korridor erschien Navid, gefolgt von Kais Mitbewohner Bertold, einem blonden Hünen mit Bart, der einen Joint in der Hand hielt. Edda begrüßte die beiden, obwohl sie am liebsten auf dem Absatz kehrtgemacht hätte, um sämtliche Krankenhäuser nach Kai abzuklappern.

»Wieso gehst du denn gleich vom Schlimmsten aus?«, versuchte Bertold Edda zu beruhigen. »Du bist doch selbst eben erst eingetrudelt.«

»Er hat recht«, stimmte Navid zu. »Lass uns noch etwas warten. Was ist eigentlich mit deiner Hand passiert?«

Derweil Navid Teewasser aufsetzte und Ariane Tassen abwusch, die sie aus einem Stapel schmutzigen Geschirrs gefischt hatte, kühlte Edda mit einem feuchten Tuch ihre geschwollene Hand. Gegenseitig berichteten sie sich, was in den letzten Stunden geschehen war.

Nach gelungener Flucht waren Ariane und Navid zur Zentrale des Sozialistischen Deutschen Studentenbundes, SDS, am Ku'damm gelaufen. Zusammen mit den iranischen Studenten hatte der SDS gegen den Schah mobilisiert, weshalb sie dort zu Recht einige von Navids Freunden vermuteten.

»Danach sind wir sofort hierhergekommen«, endete Ariane. »Wir hatten geglaubt, ihr wärt schon da.«

Davon, dass angeblich ein Polizist getötet worden war, hatten sie auch gehört und hofften, dass es nicht stimmte.

»Falls doch, kann es nur ein Unfall gewesen sein«, sagte Navid bestimmt. »Niemand von uns würde vorsätzlich einen Menschen töten.«

Alle pflichteten ihm bei, und Ariane blies in ihre dampfende Teetasse, als könnte sie diesen hässlichen Gedanken damit fortpusten.

»Die Polizei war es, die das Kommando ›Knüppel frei‹ gegeben hat. Wir sind wie gejagte Hasen davongerannt.«

Mit jedem Wort klang Ariane aufgebrachter. Edda nickte. Genauso hatte sie es auch empfunden. Navid hingegen zeigte sich eher bestürzt. »In Iran gehört Polizeigewalt zum Alltag. Aber in der Bundesrepublik? Ich dachte, hier läuft das anders.«

Dass ein Schuss gefallen war, hielten Ariane und Navid dennoch für ausgeschlossen. In eine Menschenmenge zu feuern, trauten sie nicht einmal den aufgebrachten Polizisten zu.

»Es wird ein Knallfrosch gewesen sein«, mutmaßte Navid, ein Gedanke, der Edda sofort beruhigte. In ihrer Panik hatte sie wohl ein harmloses Geräusch dramatisch aufgebauscht. Um Kai sorgte sie sich trotzdem.

Bertold, der ihnen rauchend zugehört hatte, hielt Edda seinen Joint entgegen. »Versuch es mal damit«, empfahl er ihr. »Das ist Balsam für deine Nerven.«

»Ich kiffe nicht.«

Bertold seufzte und inhalierte selbst einen weiteren Zug. »Mach dir keinen Kopf. Kai kann prima auf sich selbst aufpassen.«

Es störte Edda, dass Bertold klang, als bemuttere sie Kai. Trotzdem ging sie auf seine Bemerkung nicht ein. Stattdessen fragte sie spitz: »Warst du denn auch an der Deutschen Oper? Hast du miterlebt, was dort losgewesen ist?«

»Nö«, antwortete Bertold. »Ich glaube nicht, dass irgendeine Demo die Welt verbessert.«

Ariane verdrehte die Augen. »Vom Kiffen ändert sich aber auch nichts.«

»Doch, meine kleine Welt schon«, erwiderte Bertold. »Marihuana macht sie lebenswerter.«

Im Nebenzimmer drehte Ole seine psychedelische Musik lauter, weshalb Edda am liebsten die Türen geschlossen hätte, aber die gab es in Kais Wohnung nicht mehr. Sogar die Toilettentür hatten seine Mitbewohner ausgehängt. Scham sei spießig, meinten sie.

Erneut wanderte Eddas Blick zu der runden Wanduhr über der Spüle. Es gab keinen Grund, länger auf Kai zu warten. »Wo ist die nächste Telefonzelle?«

Bertold beschrieb es ihr, während Ariane, die Edda begleiten würde, Navid küsste, als stünde ihnen ein Abschied für immer bevor. Edda zog sie mit sich.

Zuerst riefen sie in den Krankenhäusern nahe der Deutschen Oper an, danach arbeiteten sie sich bis nach Kreuzberg vor. Vergeblich. Nirgendwo war Kai registriert worden. Als ihnen nach ihrem Telefonat mit dem Urban-Krankenhaus das Kleingeld ausging, kehrten Edda und Ariane in die Muskauer Straße zurück. Das Küchenfenster war noch immer erleuchtet und in Edda regte sich Zuversicht. Ob Kai mit Navid, Bertold, vielleicht auch Ole bereits bei einem Bier zusammensäße? Doch die Wohnung empfing sie still, lediglich der aufgetürmte Geschirrberg wartete auf sie.

»Und jetzt, Ari? Was sollen wir tun?«

»Uns ein bisschen ausruhen«, antwortete Ariane. Ihre Kiefer mahlten, als unterdrückte sie ein Gähnen. »Heute Nacht finden wir Kai nicht mehr.«

Einen Augenblick lang stand Edda mit hängenden Armen da. Dann ließ sie Wasser in die Spüle ein. Ungläubig sah Ariane ihr dabei zu. »Ist das dein Ernst? Du willst abwaschen?«

»Ich kann sowieso nicht schlafen.«

Mit einem Stöhnen griff Ariane nach einem Handtuch, um den tropfenden Teller abzutrocknen, den Edda ihr reichte. Obwohl ihre Hand noch etwas schmerzte, tat Edda die monotone Arbeit gut, und nachdem sich das Chaos in Kais Küche gelichtet hatte, fühlte sie sich besser.

Später saßen sie am geöffneten Fenster, wo Ariane eine ihrer selbst gedrehten Zigaretten in den nächtlichen Junihimmel paffte. Dort oben funkelten die Sterne wie Millionen Lichter einer weit entfernten, unendlich großen Stadt.

»Meine Mutter glaubt, dass sie uns beschützen«, murmelte Ariane schläfrig.

»Die Sterne? Ach, was«, erwiderte Edda ein wenig barsch. »Dann wäre Kai längst zu Hause.«

Ariane warf ihre halb gerauchte Zigarette aus dem Fenster, wie ein Glühwürmchen flog sie davon.

»Er kommt schon noch«, sagte sie und drückte Eddas Hand. »Morgen wird bestimmt alles gut.«

»Aber es ist bereits morgen.«

Im selben Augenblick klappte die Wohnungstür zu. Ein Schlüsselbund fiel klimpernd zu Boden, woraufhin jemand leise fluchte. Ganz kurz erstarrten Edda und Ariane, dann sprangen sie auf. Am Eingang zog Ole, der offenbar noch einmal fortgegangen war, gerade seine Schuhe aus.

»Ihr seid noch auf«, stellte er fest. »Dann habt ihr es also auch schon gehört.«

»Was gehört?« Vor Enttäuschung darüber, dass es nicht Kai war, der vor ihr stand, klang Eddas Stimme kratzig.

»Auf der Demo hat es einen Studenten erwischt«, antwortete Ole. »Er ist tot.«

Seine Worte trafen Edda wie ein Schlag.

»Er ist … tot? Bist du sicher?«

Langsam richtete Ole sich auf. Seine dunklen Haare ließen sein Gesicht noch blasser erscheinen. »Was genau passiert ist, weiß ich nicht.«

Ariane weckte Navid, während Edda, ganz benommen, Ole in die Küche folgte. Knallfrösche, von wegen. In ihrem Magen rumorte die Erkenntnis, dass sie vielleicht doch einen Schuss gehört hatte. Und Kai war immer noch nicht zu Hause.

*

Das Radio, das normalerweise auf dem Regal in der Küche stand, war spurlos verschwunden. Ole vermutete, dass Bertold den Apparillo zum Musikhören mit in einen Park genommen und dort vergessen hatte. Um zu erfahren, was für eine Tragödie sich vor der Deutschen Oper abgespielt hatte, bliebe ihnen nichts anderes übrig, als auf die ersten Zeitungen am Morgen zu warten. Sie beschlossen daher, sich ein paar Stunden hinzulegen. Obwohl Edda bezweifelte, dass es ihr gelänge, zur Ruhe zu kommen, streckte sie sich auf Kais Matratze aus. Das Laken, das er als Decke verwendete, zog sie sich bis unter die Nase und sog den vertrauten Geruch ein, den Geruch nach Kai. Wenn er doch endlich heimkäme! Dafür, dass er sich nicht blicken ließ, gab es eigentlich nur eine plausible Erklärung: Es war ihm nicht möglich. Unruhig wälzte sich Edda hin und her. Seitdem Edda ihm in der Tanzstunde zum ersten Mal begegnet war, hatte sie miterlebt, wie häufig Kai mit Verletzungen im Krankenhaus gelandet und nicht selten mit einem Gips wieder herausgekommen war. Seinen letzten Armbruch, verschuldet durch einen unvorsichtigen Mopedfahrer, hatte Kai erst vor einem halben Jahr auskuriert. Mit bewundernswertem Humor hatte er damals behauptet, zu spüren, dass schon bald sein vom Schicksal vorgesehener Anteil an Pech aufgebraucht wäre. Inständig hoffte Edda, dass es an diesem Abend so weit wäre.

Irgendwann war sie dann doch eingeschlafen. Als Kai sie sanft weckte, meinte Edda erst, noch zu träumen. Beinahe ungläubig berührte sie mit den Fingerspitzen seine Wange. Gleich darauf fiel sie Kai um den Hals und küsste ihn. Er schmeckte nach Zigaretten und Kaffee, seine linke Hand war in Gips verpackt.

»Mittelhandbruch«, erklärte er, rutschte zu ihr auf die Matratze und lehnte sich mit dem Rücken gegen die Wand. Edda rückte dicht neben ihn.

»Bis ich die Finger wieder gebrauchen kann, wird es eine Weile dauern.« Mit der eingegipsten Hand vollführte er eine Bewegung, die an ein unbeholfenes Winken erinnerte. Edda registrierte, dass Kais Augen gerötet waren. Vor Müdigkeit, sagte sie sich, denn so, als ob er einen Joint geraucht hätte, wirkte er nicht. Außerdem hatte er ihr hoch und heilig versprochen, die Finger vom Marihuana zu lassen, bis sie abreiste.

»Wie ist das passiert?«, erkundigte sie sich.

Kai seufzte. »Nachdem ich dich verloren hatte, hat sich ein Polizist an meine Fersen geheftet. Wie ein Irrer bin ich gerannt und dann gestolpert. Tja, so saublöd muss man erst mal fallen …«

Mitfühlend drückte Edda seine gesunde Hand. »Das tut mir leid, Kai.«

»Wenigstens ist es diesmal nicht die Rechte, sonst könnte ich an der Uni schon wieder nicht mitschreiben.« Mit dem Daumen liebkoste er Eddas bläulich verfärbte Hand und schob hinterher: »Es hätte alles schlimmer kommen können.«

»Allerdings.«

Impulsiv umarmte Edda ihn. Angesichts eines Toten hatten gebrochene Knochen etwas von ihrem Schrecken verloren. »Du ahnst ja gar nicht, wie froh ich bin, dass du lebst. Hast du von dem Studenten gehört?«

»Von Benno Ohnesorg? Klar, im Krankenhaus lief ständig das Radio. Man sagt, er hätte eine Schädelverletzung erlitten.«

Benno Ohnesorg. So hieß er also.

Aus seinem Tabakpäckchen fingerte Kai eine fertig gedrehte Zigarette. Edda entzündete ein Streichholz und gab ihm Feuer. Während Kai rauchte, erzählte sie ihm, dass sie glaubte, inmitten des Chaos vor der Oper einen Schuss gehört zu haben. War im Radio davon die Rede gewesen, dass Benno Ohnesorg von einer Kugel getroffen wurde?

Kai schüttelte den Kopf. »Nicht, dass ich wüsste. Das ist aber auch harter Tobak, Edda.« Mit gerunzelter Stirn zupfte sich Kai Tabakreste von der Lippe. Dann sah er sie prüfend an. »Du dachtest doch wohl nicht, ich wäre abgeknallt worden? Mensch, Edda, du und deine überbordende Phantasie.«

Mit seinem gesunden Arm zog er sie an sich, und Edda lehnte ihren Kopf an seine Schulter. Doch warum waren Kai und Bertold überhaupt der Ansicht, dass sie überreagiert hatte? Schließlich gab es einen Toten und zahlreiche Verletzte, einer von ihnen war Kai selbst.

Etwas schwerfällig erhob sich Kai, um einen roten Filzstift zu holen, den er Edda mit einem Lächeln reichte.

»Magst du?«, fragte Kai.

Sie schmunzelte, konnte sich aber eine winzige Spitze nicht verkneifen. »Möchtest du dasselbe Motiv *wie immer*?«

Sie zeichnete ein großes Herz auf seinen Gips und schrieb in geschwungenen Buchstaben ihren Namen hinein. Fast beiläufig berichtete Kai ihr, dass er festgenommen worden war.

Edda ließ den Stift sinken und starrte Kai an. »Du warst im Gefängnis? Warum erzählst du mir das erst jetzt?«

Kai schnitt eine Grimasse. »Eine beschissene Erfahrung, kann ich dir sagen. So, wie uns manche Beamte behandelt haben, würde es mich nicht wundern, wenn sie ihre Ausbildung bereits unter Adolf absolviert hätten. Die Schmerzen in meiner Hand waren denen völlig egal. Am Morgen haben sie mich endlich laufen lassen.«

Bei der Vorstellung, dass Kai nach solch einer Nacht allein zum Krankenhaus gefahren war, zog sich Eddas Herz zusammen.

»Ich wäre gerne bei dir gewesen«, sagte sie, woraufhin Kai sie küsste. Vorsichtig half Edda ihm, sich aus seiner Jeans zu schälen. Während sie miteinander schliefen, durchflutete sie eine Woge der Erleichterung. Tränen rannen ihr übers Gesicht, schwemmten die Anspannung der letzten Nacht davon. Nicht einmal die fehlende Zimmertür machte ihr in diesem Moment etwas aus.

*

Edda döste an Kais Seite, bis gedämpfte Stimmen sowie ein dumpfes Hämmern zu ihr vordrangen. Beides kam aus der Küche. Was war da los? Ohne Kai zu wecken, stand Edda auf, um nachzusehen. Den Kopf in beide Hände gestützt, saß Ole am Tisch und schien in einen Zeitungsbericht vertieft zu sein. Ariane rührte mit einem langen Stab in einem Eimer, in dem sie ein helles Laken schwarz färbte. Ein anderes schwarzes Stück Stoff nagelte Navid gerade auf einer Holzlatte fest. Daher stammte also das hämmernde Geräusch. Ariane erklärte ihr, dass sie Trauerfahnen bastelten. Später würden sie damit zur Freien Universität fahren, um an einer Kundgebung für Benno Ohnesorg teilzunehmen. Nach Kai fragte niemand.

»Kai ist zurück«, platzte es aus Edda heraus, woraufhin Ariane und Navid sie belustigt ansahen.

»Eure Wiedersehensfreude haben wir mitbekommen,« entgegnete Ariane, und Edda, die peinlich berührt nicht wusste, wohin mit ihrem Blick, versenkte ihn im dunklen Farbwasser.

»Aber das ist doch schön«, mischte sich mit wackeliger Stimme Ole ein. Überrascht blickte Edda auf. Oles Augen sahen verquollen aus, als ob er geweint hätte. Er deutete auf ein Zeitungsbild. »Was glaubst du, was *seine* Frau dafür geben würde, Benno in ihren Armen zu halten.«

Edda trat dichter zu Ole heran und betrachtete das Pressefoto. Es zeigte einen jungen Mann, den Sanitäter auf eine Trage betteten, sein Gesicht war bleich, die Lider geschlossen.

Zum Glück hat es nicht Kai erwischt, schoss es Edda durch den Kopf. Im nächsten Moment wallte Mitleid in ihr auf, für den getöteten Benno, aber auch für seine Frau, die seinen Tod wahrscheinlich noch gar nicht begreifen konnte. Was mochte sie empfinden, wenn sie sich dieses Bild ansah?

»Er war so ein netter Typ«, sagte Ole traurig. »In der Zeitung steht, die Polizei hätte ihn für einen Rädelsführer gehalten. Dabei war Benno total pazifistisch eingestellt. Vor ein paar Wochen hat er geheiratet. Und bald wäre er Vater geworden.«

Oles Stimme brach. Edda setzte sich neben ihn und legte den Arm um seine Schulter. Tröstende Worte gab es nicht. Nachdem Ole sich etwas beruhigt hatte, erfuhr Edda von ihm, dass er Benno Ohnesorg persönlich gekannt hatte. »Aus der Uni. Er hat auch Romanistik studiert und wollte Lehrer werden, so wie ich.«

Und wie Kai, dachte Edda, nur dass er für Englisch eingeschrieben war.

Ariane ließ das Laken einweichen und blätterte nun in der *Bild*-Zeitung. »Du kannst dir nicht vorstellen, was die schreibt.« Sie richtete sich an Edda, was wohl bedeutete, dass die anderen es bereits wussten. »*Ihnen*, also uns, den Demonstranten, *genügte der Krach nicht mehr. Sie müssen Blut sehen.* Oder hier, Springers *B. Z.: Wer Terror produziert, muss Härte in Kauf nehmen.* Wer hat, bitte schön, alles kurz und klein geschlagen? Wir doch nicht.« Arianes blaue Augen blitzten eisig. Dann fragte sie in die Runde: »Wie soll man denn mit Leuten reden, die so einen Schwachsinn verzapfen?«

»Oder die ihn glauben«, fügte Ole hinzu.

Navid warf einen Blick auf die Uhr an der Wand. »Wir müssen gleich los«, stellte er fest. »Den Stoff im Eimer können wir vergessen, der wird nicht rechtzeitig fertig.«

Ariane stürzte ihren Kaffee hinunter. »Was ist mit dir und Kai?«, fragte sie Edda. »Kommt ihr mit?«

Edda schüttelte den Kopf. »Kai ist verletzt, der braucht jetzt erst mal Ruhe. Wenn er wach wird, fahren wir zum Wannsee.«

Ariane insistierte nicht. Trotzdem fühlte Edda sich unbehaglich, als sie zurück zu Kai unter die Decke kroch.

*

Im Strandbad Wannsee war es brechend voll. Einen Strandkorb hatten Kai und Edda nicht ergattert, aber das machte Edda nichts aus. Auf ihrem Badetuch im Sand zu liegen, erinnerte sie an die Ferien, die sie im letzten Sommer mit ihren Eltern an der Adria verbracht hatte. Sonne, Strand und tiefblaues Meer, das mediterrane Ambiente hatte Edda sehr genossen. Bloß Kai hatte sie vermisst. Sie beugte sich über ihn und stellte fest, dass er schon wieder schlief. Zärtlich strich sie ihm das Haar aus der sonnengebräunten Stirn. Anschließend rückte sie ihre Bikini-Träger zurecht und blinzelte in die Nachmittagssonne. Was sie sah, stand in scharfem Kontrast zu dem, was sie bislang in Berlin erlebt und gesehen hatte. Johlende Kinder belagerten die Wasserrutschen, Eltern buken mit ihren Kleinsten Kuchen aus Sand, manche Badegäste spielten Ball, andere tummelten sich im Wasser oder ließen sich auf einer Luftmatratze über den See treiben. Gelächter ertönte, hier und da auch Musik. Eddas Gedanken wanderten zu Ariane, Navid und Ole, die sich keine Entspannung gönnten. Hätten Kai und sie vielleicht doch zu der Trauerkundgebung mitgehen sollen?

Ein Fußball, der auf ihrem Handtuch landete, riss Edda aus ihren Gedanken und weckte Kai. Gleich darauf kam eine Gruppe pitschnasser Kinder angerannt und entschuldigte sich. Lachend warf Kai ihnen den Ball zu. Anschließend schob er seine Sonnenbrille zurück und küsste Edda auf die Schulter. Durch seine Finger ließ er warmen Sand auf ihren Oberschenkel rieseln. Edda genoss das Kribbeln auf ihrer Haut. Irgendwo in der Nähe sang aus einem Radio Peter Alexander von rotem Wein und spanischen Nächten, ein Lied, das Eddas Mutter manchmal vor sich hin summte. Zärtlich streichelte Edda Kais Rücken. In weniger als vierundzwanzig Stunden würden sie sich verabschieden müssen. Es war gut, dass sie sich endlich Zeit füreinander nahmen.

»Wenn ihr die Finger nicht bei euch behalten könnt, geht gefälligst woanders hin«, zeterte die Frau, die Peter Alexander hörte. »Was sollen denn meine Kinder denken?«

Als Edda begriff, dass sie mit ihnen sprach, begann ihr Gesicht vor Scham zu brennen. Die Frau war in ihren Dreißigern, auf ihrem Schoß saß ein ungefähr vierjähriges Mädchen mit blonden Rattenschwänzchen, neben ihr auf der Decke ein kleiner Junge, der die großen weißen Punkte auf dem Badeanzug seiner Mutter zählte.

»Sie werden denken, dass wir uns gernhaben«, gab Kai ruhig zurück und lächelte das Mädchen an, das daraufhin verlegen seinen Kopf zwischen den Brüsten seiner Mutter vergrub. Mit einer abfälligen Bewegung aus dem Handgelenk wandte die Frau sich von Kai ab. Dafür tauchte ein Mann, krebsrot von der Sonne, hinter seiner Zeitung auf.

»Ausgerechnet du willst uns belehren, ja?«, wetterte er gegen Kai. »Lass dir erst mal die Haare schneiden, du siehst ja aus wie ein Mädchen.« Aufgebracht schüttelte er seine Zeitung zurecht. »Eine Schande, wie ihr euch benehmt.«

»Mit Ihnen habe ich gar nicht geredet«, gab Kai prompt zurück.

»Komm, Kai, wir suchen uns einen anderen Platz«, drängte Edda.

»Du willst dich von den Spießern vertreiben lassen?«, erwiderte Kai und nahm demonstrativ eine lässige Haltung ein.

Der Mann glotzte Kai noch immer an, als wäre er von den Socken, dass dieser ihm widersprochen hatte. Besänftigend legte ihm seine Frau ihre Hand auf den Arm und sagte etwas, das Edda nicht verstand, jedoch dazu führte, dass der Mann sich wieder hinter seiner Zeitung verschanzte.

Verstohlen sah sich Edda um. Einige Leute starrten zu ihnen herüber. Nein, feindselige Blicke ertrug sie jetzt nicht. Entschlossen stand sie auf, legte ihr Handtuch wie eine Stola um die Schultern und lief zum See. Kai folgte ihr unter Protest.

»Jetzt ärgere dich doch nicht so«, sagte Edda, als Kai sie eingeholt hatte. Mit einem ausgiebigen Kuss half sie nach, seine schlechte Laune zu vertreiben.

»Wenn du dein Abi hast, könnten wir wegfahren«, schlug Kai vor, als sie aneinandergeschmiegt am Ufer standen und aufs Wasser blickten. »Irgendwohin. In die Türkei, nach Afghanistan und Indien. Wie fändest du das?«

Edda lachte. »Aufregend. Aber wie kommen wir dahin? Ohne Auto, ohne Führerschein.«

Kai war jetzt Feuer und Flamme. »Gar kein Problem. Wir trampen. Das kostet auch nichts.«

Wieder lachte Edda. »Meine Eltern wissen ja nicht mal, dass ich nach Berlin gefahren bin. Wie soll ich ihnen da Indien erklären?«

Als sie weitergingen, fragte Kai: »Hast du ihnen endlich gesagt, dass du vorhast, nach Berlin zu ziehen?«

»Noch nicht.«

Einen Moment schwiegen sie. Dann murmelte Kai: »Manchmal habe ich das Gefühl, du willst gar nicht kommen.«

Edda seufzte. Es stimmte, dass Berlin sie nicht wirklich reizte. Dass Kai hergezogen war, um der Wehrpflicht zu entgehen, hatte sie verstanden. Nicht jedoch, weshalb er die große Freiheit in einer Stadt witterte, die von einer Mauer umschlossen war. Wenn sie aber nicht nach Berlin käme, wie würde es dann mit ihnen weitergehen?

»Lass mich erst mal mein Abitur bestehen«, wich sie aus.

In diesem Augenblick rief jemand Kais Namen. Arm in Arm mit einer großen, schlanken Frau, die Edda auf Ende zwanzig schätzte, steuerte sein Mitbewohner Bertold auf sie zu. Während sie sich begrüßten, musterte Edda möglichst unauffällig die Frau an seiner Seite, die sich ihr als Daisy vorgestellt hatte. Lange hellblonde Locken fielen ihr bis auf die Hüften hinab und wurden von einem schwarzen Hut kontrastiert, an dem sie ein paar Blumen befestigt hatte. An ihren Ohrläppchen baumelten große Ringe, und sie trug mehrere Halsketten, die sich wie Farbtupfer von ihrem weißen Kleid abhoben. Außerdem hatte sie eine Gitarre dabei, die ihre Erscheinung abrundete wie ein treffsicheres Accessoire. Mit ihrem schlichten Bikini und dem nachlässig gebundenen Pferdeschwanz kam Edda sich neben Daisy auf einmal unscheinbar vor.

»Ich musste einfach wissen, wie es dir geht«, sagte Daisy zu Kai. »Deshalb bin ich bei euch vorbeigegangen. Und Bertold meinte, ich würde dich hier finden.«

Behutsam berührte sie Kais Gips. Eine harmlose Geste,

die Edda trotzdem intim erschien, nicht zuletzt, weil Kai auf einmal fahrig wirkte. Eddas Magen zog sich zusammen, als hätte jemand hineingekniffen.

»Wir haben ein lauschiges Plätzchen entdeckt. Kommt mit«, lud Bertold sie ein, und da Edda nichts einfiel, was sie dagegen hätte einwenden können, gingen sie Bertold und Daisy hinterher.

»Wer ist das?«, fragte Edda leise.

Über Kais Gesicht huschte ein Lächeln. »Daisy? Wir kennen uns aus dem Knast.«

»Wie bitte?«

»Sie ist gestern genauso zufällig in diesen Schlamassel geraten wie ich. Heute Morgen sind wir gemeinsam entlassen worden. Daisy hat mich ins Krankenhaus gebracht.«

Edda schnappte buchstäblich nach Luft. Daisy hatte Kai zum Arzt begleitet? Mit ihm gewartet, bis er behandelt wurde? Hatte sie dabei vielleicht sogar seine Hand gehalten? Und Edda war voll des Mitleids gewesen, weil Kai die Nacht allein hatte durchstehen müssen. Von wegen.

»Davon hast du kein Wort gesagt.«

Kais Blick, fand Edda, flackerte. »Ist das denn wichtig?«

»Findest du nicht?«, entgegnete Edda.

»Nein.«

Der Platz, von dem Bertold gesprochen hatte, lag abseits des Trubels und war von dichten Büschen umgeben. Ein Mann in Fellweste und kurzer Jeans, zu der er Winterstiefel trug, spielte Gitarre. Neben ihm in einem langen Rock saß eine Frau mit Brille, Stirnband und Zöpfen.

»Iris und Gunnar«, stellte Daisy die beiden vor. Gunnar unterbrach sein Spiel, um Daisy leidenschaftlich zu umarmen. Sieh an, dachte Edda erleichtert, Daisy hat einen Freund. Sie setzten sich in einem Kreis zusammen, Edda zwischen Bertold und Kai, Daisy ließ sich samt ihrer Gitarre neben Kai nieder. Während sie sich über Musik, Berlin und den Schah-Besuch unterhielten, zog Edda sich das gelbe Kleid über und öffnete ihr dunkles Haar. Als sie es sich über den Rücken fließen ließ, fing sie Kais Blick auf und fühlte sich besser.

Bertold hatte das kleine Küchenradio dabei – offenbar war es wieder aufgetaucht – und schaltete es ein. Er suchte Musik, aber es liefen Nachrichten.

»Könnten wir die hören?«, bat Edda.

Bundeskanzler Kiesinger, verkündete der Moderator, hätte zu entscheiden, in welcher Form er gedächte, einen Brief des Sowjetzonenministerpräsidenten Willi Stoph zu beantworten.

»Was für ein grausiges Wort«, frotzelte Iris. »Bloß nicht die DDR beim Namen nennen.«

Als es um Benno Ohnesorg ging, wurden alle still. Sein Leichnam war obduziert worden, wobei sich herausgestellt hatte, dass es sich bei seiner Schädelverletzung um eine Schusswunde handelte. Ein Beamter in Zivil hatte Benno Ohnesorg mit seiner Dienstwaffe getötet. Eddas Augen weiteten sich. Also hatte sie recht gehabt. Sie hatte einen Schuss gehört, den auf Benno Ohnesorg. Niemand hatte ihr das geglaubt, auch Kai nicht. Sie warf ihm einen kurzen Blick zu, den Kai nicht zu bemerken schien, weil er damit beschäftigt war, eine Zigarette zu drehen. Gern hätte Edda die Nachrichten weiterverfolgt, um zu erfahren, wie die Politiker reagierten. Aber Gunnar forderte Bertold auf, das Radio auszuschalten.

»Sonst sind wir gleich alle mies drauf«, erklärte er, »und das wäre gar nicht gut.«

»Ich brauche aber Musik«, erwiderte Bertold.

Gunnar holte seine Gitarre.

»Wow«, entfuhr es Kai, nachdem Gunnar zu spielen begonnen hatte. »*Somebody to love* von Jefferson Airplane. Grandioses Stück. Grandiose Sängerin.«

Weder von der Gruppe noch dem Stück hatte Edda je gehört, war aber ein wenig stolz darauf, dass Kai sich mit Musik so gut auskannte. Gunnar nickte ihm freundlich zu, dann bat er Daisy, ihn auf ihrer eigenen Gitarre zu begleiten. Zudem stimmte sie mit rauchiger Stimme in den Song ein. Den Refrain sangen sie alle mit, beim zweiten Durchlauf auch Edda.

Don't you want somebody to love
Don't you need somebody to love
Wouldn't you love somebody to love
You better find somebody to love

Sie spürte Kais Wärme und mochte den Klang seiner Bassstimme. Als sie zu ihm aufblickte, stellte sie irritiert fest, dass Daisy Kai so intensiv ansah, als sänge sie für ihn allein. Und wohin blickte Kai? Edda richtete sich derart abrupt auf, dass Daisys Blick kurz zu ihr hinübersprang, ebenso Kais. Jetzt wandte sich Daisy Gunnar zu, der sie anlächelte, als hätte er ihr Spielchen nicht bemerkt oder als störte es ihn in keiner Weise. Unbefangen bot er Kai seine Gitarre an, die dieser mit einem bedauernden Blick auf seine Gips-Hand ablehnte.

»Du kannst trotzdem spielen«, behauptete Daisy.

Kai grinste. »Mit einer Hand? Wie soll das gehen?«

Daisy rückte noch näher an ihn heran und platzierte ihre Gitarre in seinem Schoß. Damit ihre langen Haare Kai nicht kitzelten, drehte sie sie zu einem lockeren Knoten.

»So, pass auf. Die Akkorde greife ich mit meiner linken Hand, du zupfst die Saiten mit deiner rechten. Was willst du spielen? Etwas von den Beatles?«

Sie einigten sich auf *Michelle*. Erst holprig und unter Ge-lächter klappte es mit der Zeit immer besser. Sie spielten und sangen Lieder von Joan Baez, The Doors und The Who. Kai strahlte, während an Eddas Herz die Eifersucht zerrte. Die Lust am Singen war ihr vergangen.

»Gehen wir gleich?«, flüsterte sie Kai zu, nachdem Daisy die Gitarre endlich beiseitegelegt und sich zu Gunnar gesellt hatte.

»Warum?«, fragte er erstaunt. »Gefällt es dir etwa nicht?«

»Doch«, lenkte Edda ein. »Aber wir hatten kaum Zeit für uns.«

»Der Abend ist noch lang«, erwiderte Kai.

Ehe Edda etwas dazu sagen konnte, kam ihr Daisy mit einer Frage zuvor. »Wie sieht es aus? Seid ihr bereit für eine Reise?«

»Jederzeit«, antwortete Bertold.

Edda hatte den Eindruck, die Einzige zu sein, die nicht kapierte, worum sich das Gespräch drehte. »Was für eine Reise?«

»Einen Trip«, klärte Iris sie auf. »LSD, Schätzchen.«

Scharf sog Edda die Luft ein. Von dieser Droge hatte sie ge-hört, und alles hatte verrückt geklungen.

»Das ist nichts für mich«, sagte sie. Es war endgültig an der Zeit, zu gehen. Sie suchte Kais Blick, aber er mied ihren.

»Ich möchte es probieren.«

Seine Worte trafen Edda wie ein Schlag. »Spinnst du, Kai? Du hast mir etwas versprochen! Schon vergessen?«

Wie hektisch Kai an seiner Zigarette zog, zeigte Edda, dass er mit sich rang. Die anderen taten, als bekämen sie den Dis-put nicht mit. Gunnar spielte weiter Gitarre, während Daisy mit Iris und Bertold tuschelte.

»Das ist eine gute Gelegenheit.« Kai klang, als hielte er das für ein logisches Argument. »Ich möchte schon lange wissen, wie es ist, Farben zu hören, Töne zu sehen. Mensch, Edda, stell dir das mal vor! Manche sagen, man bekäme durch LSD einen völlig neuen Blick auf die Welt. Reizt dich das denn gar nicht?«

Es gelang Edda, ihre aufsteigenden Tränen in ein wütendes Funkeln zu verwandeln. »Nein, und das weißt du ganz genau«, zischte sie. »Ich habe gehört, man halluziniert und tut absurde Dinge. Da kann wer weiß was passieren.«

In dem Moment, als sie das sagte, verstummte Gunnars Gitarrenspiel und Bertold stieß einen lang gezogenen Seufzer aus. »Du bist ein wirklich nettes Mädchen, Edda, aber du redest wie meine Mutter. Und, mal ehrlich, wegen der bin ich ausgezogen.«

Daisys Lachen kratzte in Eddas Ohren, während sie wie betäubt dasaß. Was fiel Bertold ein, sie derart zum Gespött zu machen? Als Gunnar bat, die Harmonie zu wahren, damit ihre Reise eine angenehme werden könne, hätte Edda ihn beinahe geschüttelt. Doch letztlich war ihr Gunnar egal, und auch Bertold, Daisy und Iris interessierten sie nicht. Was sie zutiefst verletzte, war, dass Kai es zuließ, dass sie sich auf ihre Kosten amüsierten. Er verteidigte sie nicht, ließ sie gar gnadenlos auflaufen. Weshalb stand er nicht zu ihr? Und wie konnte er es vorziehen, die kostbaren Stunden, die ihnen blieben, im Drogenrausch zu verbringen als gemeinsam mit ihr? Sogar das Versprechen, das er ihr gegeben hatte, war er bereit, dafür zu brechen.

Steinschwer lastete diese Erkenntnis auf ihr, doch sie rüttelte Edda auch auf. Sie schulterte ihre Tasche und erhob sich. Endlich sah Kai sie an, etwas erschrocken, aber sitzen blieb er trotzdem.

»Du musst nicht gehen«, sagte er, aber es klang halbherzig.

Väterlich legte Gunnar seinen Arm um Edda. Seine Fellweste kratzte auf ihrer Haut. »Mach dir keine Sorgen. Ich nehme nichts und werde ein Auge auf alle haben, natürlich auch auf Kai«, versicherte er. »Es kann allerdings ein Weilchen dauern, bis er heimkommt. Sein Zeitgefühl wird ein anderes sein ...«

Er setzte an, um Edda mehr über LSD zu erzählen, aber sie hatte nicht vor, ihm zuzuhören. Ein kurzes Nicken in die Runde brachte sie noch zustande, dann stakste sie mit steifen Beinen durch den Sand davon. Einmal wandte sie sich nach Kai um. Nein, er war ihr nicht gefolgt, noch nicht einmal mit seinen Blicken. Vielmehr hatte er sich bereits Daisy zugewandt, die ihm etwas auf seine Zunge legte wie eine Hostie. Rasch lief Edda weiter, so dass sie nicht mehr sah, wie Daisy Kai zum See führte, auf den sie gemeinsam blickten, als läge vor ihnen die Weite des Ozeans.

*

»Da«, sagte Ariane. »Da hinten ist er.«

Edda fuhr zusammen. Für den Bruchteil einer Sekunde glaubte sie, ihre Freundin spräche von Kai.

»Wo?«, entfuhr es ihr. Damit schälte sie sich aus ihrem Kokon des Schweigens, in den sie sich nach ihrem Abschied von Kai verkrochen hatte, als sie auf die Rückbank von Navids Käfer geklettert war. Falls man es überhaupt als Abschied bezeichnen konnte, wo er ihr doch bloß wortlos dabei zugesehen hatte, wie sie ihre Reisetasche packte und ging. Weder er noch sie hatten ein versöhnliches Wort über die Lippen gebracht, geschweige denn einen Kuss. Nicht einmal dazu, Kai in die Augen zu schauen, hatte Edda sich durchringen können.

Durch die Frontscheibe wies Ariane auf die Straße. »Na, dort, auf der Brücke.«

Vor ihnen lag Dreilinden, der Checkpoint Bravo der West-Alliierten, den alle passieren mussten, die mit dem Auto von Westberlin in die Bundesrepublik reisten. Navid drosselte das Tempo und reihte sich in die Autoschlange ein, die auf die alte Brücke zukroch, auf der die Grenzbaracke errichtet worden war. Direkt darunter floss der Teltowkanal, sein Gewässer mittig aufgeteilt in West und Ost.

»Haltet die Pässe bereit.« Navids Fingerknöchel traten hell hervor, so fest umschloss er das Lenkrad. Nachdem der Schah-Besuch eskaliert war, fürchtete er, als Iraner besonders gründlich kontrolliert zu werden. Doch die amerikanischen Grenzer unterbrachen nicht einmal ihr Gespräch, sondern winkten Navid beiläufig durch.

Auf einer beidseitig bewaldeten Straße erreichten sie nach wenigen Kilometern den ostdeutschen Grenzübergang Drewitz. Hier stauten sich Pkws, Laster und Reisebusse derart, dass Eddas vage Hoffnung, zügig durchzukommen, zerstob. Die Junisonne hatte den Käfer aufgeheizt, und ihre Bluse klebte an Eddas Rücken. Bei heruntergekurbelten Fenstern hörten sie Radio und bewegten sich im Schneckentempo auf den Kontrollpunkt zu. Ariane drehte Zigaretten, die Navid während des Wartens eine nach der anderen rauchen würde. Dabei summte sie die Melodie von *Penny Lane* mit. Normalerweise hätten alle laut gesungen, doch danach war niemandem zumute. Zu sehr steckte ihnen das vergangene Wochenende in den Knochen. Für Ariane und Navid gab es kein anderes Thema mehr als den Tod von Benno Ohnesorg. Edda war darüber genauso entsetzt, schlingerte jedoch wegen Kai durch andere Wechselbäder der Gefühle. Aus dem Fenster starrend, bemühte sie sich, die deprimierenden Bilder, die hartnäckig immer wieder vor ihr auftauchten, wegzublinzeln. Den leblosen Körper von Benno Ohnesorg. Die gewalttätigen Szenen der Anti-Schah-Demo. Ihre eigene panische Suche nach Kai. Ariane und Navid, die Trauerfahnen zusammenzimmern. Den weinenden Ole. Bertolds ironisch grinsendes Gesicht. Daisy und Kai.

Spät am Vormittag, kurz vor Eddas Abreise, war Kai endlich zu Hause aufgetaucht. Wo hatte er die Nacht verbracht? Am See? Bei Daisy? Todmüde hatte er sich auf seine Matratze geworfen, und Edda fragte sich noch immer, ob ihn der Drogenrausch derart erschöpft hatte oder eine Liebesnacht mit Daisy. Als sie sich zum zigsten Male vorstellte, dass die beiden ungehemmt miteinander geknutscht haben könnten, entfuhr ihr ein gequälter Laut.

»Ist alles okay?«, fragte Ariane mitfühlend.

»Jaja«, winkte Edda ab, woraufhin Ariane sich abwandte und fortfuhr, Zigaretten zu drehen.

Edda biss sich auf die Lippen, bis diese bluteten, so, wie sie es seit ihrer Kindheit tat, wenn sie ihre Tränen mit aller Macht zurückhalten wollte. Falls sie jetzt weinte, würde Ariane sie nur mit Fragen löchern. Vor allem würde sie Edda damit in den Ohren liegen, dass Kai nicht mehr der Richtige für sie wäre. Dass er ihr nicht guttäte. Edda bestritt ja gar nicht, dass die Eifersucht auf Daisy höllisch schmerzte. Auch nicht, dass es sie belastete, welch wichtige Rolle Drogen in Kais Leben spielten. Wie könnte sie das nach dem gestrigen Tag? Trotzdem hatte Edda keine Lust, sich noch einmal von Ariane anzuhören, dass sie ihrer Jugendliebe endgültig entwachsen wäre. Bis vor Kurzem war Kai nicht nur Eddas Geliebter, sondern auch ihr bester Freund gewesen. Niemandem hatte sie so viel von sich anvertraut wie ihm. Könnte Ariane das über Navid genauso sagen? Und hatte Navid ihr jemals so wundervolle Briefe geschrieben wie Kai Edda? Sie unterdrückte ein Seufzen. War es wirklich erst drei Tage her, dass sie voller Vorfreude in entgegengesetzter Richtung darauf gewartet hatte, nach Berlin einzureisen? Sich wie eine Abenteurerin gefühlt hatte, so herrlich verrückt, weil sie das Abitur stehen und liegen ließ, um genau das zu tun, worauf sie Lust hatte: Kai zu umarmen und zu küssen, anstatt sich seine Zärtlichkeiten nur vorzustellen? Wie eine Brise der Freiheit war Edda der Fahrtwind erschienen, der ihr das Haar zerzaust hatte, wie ein Vorbote auf die Zeit, in der sie endlich die alleinige Entscheiderin über ihr Leben wäre. Ihre hochfliegenden Glücksgefühle waren tief gestürzt. Jetzt wanden sie sich in Wut und bitterer Enttäuschung.

In Eddas Mund vermischte sich der Geschmack nach Blut mit dem Salz ihrer Tränen, die sie nun doch nicht mehr zurückhalten konnte. Im Radio lief ein Lied der Monkees. Den Text dieses Songs, eine Liebeserklärung, hatte Kai abgeschrieben und ihr, nachdem Edda ihm versprochen hatte, ihn zu besuchen, in seinem letzten Brief geschickt.

Then I saw her face, now I'm a believer, not a trace of doubt in my mind. I'm in love, I'm a believer! I couldn't leave her if I tried.

Am liebsten hätte sich Edda Watte in die Ohren gestopft. Mit dem Ärmel ihrer Strickjacke trocknete Edda sich rasch die Augen. Sie war froh, als Navid Ariane bat, das Radio abzuschalten, da die ostdeutschen Grenzer, die weiter vorne die Autoschlange abschritten und Pässe kontrollierten, wahrscheinlich keinen Gefallen an der amerikanischen Musik fänden. Nachdem Ariane seiner Aufforderung nachgekommen war, packte sie Butterbrote, hart gekochte Eier und Äpfel aus und errichtete auf der Ablage unter der Frontscheibe ein kleines Büfett. Eddas Magen fühlte sich wie zugeschnürt an, so dass sie sich mit einem Becher warmen Tees begnügte.

»Nimm wenigstens ein paar kleine bunte Pillen«, sagte Ariane mit einem Augenzwinkern zu Edda. »Dann sieht die Welt vielleicht rosiger aus.«

Irritiert blickte Edda ihre Freundin an, begriff aber im nächsten Moment, dass Ariane ihr nichts weiter als eine Packung Smarties entgegenhielt. Ariane lachte, und auch Navid grinste.

»Sehr witzig«, antwortete Edda, die zu derartigen Scherzen nicht aufgelegt war, genervt. Trotzdem stopfte sie sich eine Handvoll Smarties in den Mund. Einige davon glitten zwischen ihren Fingern hindurch und landeten auf dem Sitz.

»Nicht so gierig.« Amüsiert hatte sich Navid zu Edda umgedreht, doch sogleich verfinsterte sich sein Blick. »Was macht denn das Buch von Bahman Nirumand auf dem Sitz? Soll jeder gleich merken, dass wir zu den Demonstranten gehören?«

Schnell breitete Edda ihre Strickjacke darüber. Ihr war es gar nicht aufgefallen.

»Wenn sie uns durchsuchen, nützt das auch nichts«, knurrte Navid.

Wie sich herausstellte, hatte Ariane das Buch des iranischen Regimekritikers für eine Freundin gekauft. Es galt als Bestseller unter jungen Leuten, die wissen wollten, was in Iran wirklich los war. Laut las Edda den sperrigen Titel *Persien, Modell eines Entwicklungslandes oder die Diktatur der Freien Welt* vor und fragte: »Was ist denn so schlimm daran? Damit ist ja wohl der Westen gemeint. Um die DDR geht es doch gar nicht.«

Trotzdem packte sie das Buch in ihre Reisetasche zu den Französischbüchern, in die sie, obwohl sie es sich fest vorgenommen hatte, keinen einzigen Blick geworfen hatte.

Navid antwortete nicht, sondern steckte sich eine Zigarette an. Seine andere Hand spielte auf dem Steuer Klavier. »Liegen sonst noch Sachen herum, die uns unnötige Fragen einbrocken könnten?«

Beschwichtigend legte Ariane ihre Hand auf Navids zappelige Finger. Sie klang fast ein bisschen stolz, als sie erklärte: »Keine Sorge, die Flugblätter sind in meinem Rucksack ganz unten.«

Navid entfuhr ein Laut, der sich anhörte, als hätte Ariane ein Fahrradventil geöffnet. »Wieso hast du die eingepackt?«

»Weil ich die Texte gut fand«, erwiderte Ariane nun gereizt. »Besonders den von der Meinhof. Ich will ihn nächste Woche mit in die Schule nehmen.«

Edda hasste es, dass Navid sie beide ansah, als hielte er sie für zwei törichte Schulmädchen. Andererseits fragte sich Edda, was er befürchtete. Er begrüßte die DDR, die den Sozialismus eingeführt hatte. Doch wie konnte man ein System gut finden, das einen so schrecklich nervös machte?

»Hoffen wir, dass sie uns nicht filzen«, raunte Navid, als könnte ihn der junge Grenzer, der gerade den Pass der Fahrerin im Renault vor ihnen kontrollierte, sonst hören. Mit einer zackigen Geste winkte der Grenzer den Wagen heraus. Warum? Weil junge Leute darinsaßen? Reichte das aus, um sich verdächtig zu machen? Aber aus welchem Grund stand dann eine vierköpfige Familie am Straßenrand und sah zu, wie ihr Audi gründlich auf den Kopf gestellt wurde? Und der Herr im Anzug mit dem BMW? Wonach suchte man bei ihm? Nach Drogen? Nach Geflüchteten? Oder suchten die Grenzer nichts, sondern spielten, wie Eddas Vater behauptete, mit ihrer Macht?

Gerade, als Ariane geräuschvoll in einen Apfel biss, erschien neben ihrem Fenster ein älterer Grenzbeamter.

»Pässe!«, forderte er knapp.

Ariane verschluckte sich und erlitt einen Hustenanfall. Während Edda ihr auf den Rücken klopfte, reichte Navid dem Grenzer die Dokumente. Dessen Blicke mäanderten durch den Wagen, der Edda auf einmal schmuddelig vorkam, nicht zuletzt wegen der angeschmolzenen Smarties, die Spuren auf der Sitzbank und ihrem Kleid hinterlassen hatten.

Der Grenzer schnauzte Ariane an. »Was glauben Sie eigentlich, wo Sie hier sind? Etwa im Restaurant?« Er zeigte auf die Ablage, über die sich Apfelkerne, Brotkrumen, Eierschalen und Arianes selbst gedrehte Zigaretten verbreitet hatten.

Erschrocken blickte Ariane ihn an und Edda hoffte, sie würde es dabei belassen. Sie tat es nicht.

Arianes Stimme bebte, als sie erwiderte: »Entschuldigen Sie, aber ich konnte Sie wirklich nicht kommen sehen.« Mit einem dünnen Lächeln, das der Grenzer nicht bemerkte, da er bereits damit beschäftigt war, in ihren Pässen zu blättern, fügte sie hinzu: »Und irgendwie muss man sich ja die Zeit vertreiben.«

Da sah er auf. Sein scharfer Blick verlieh der tonlosen Stimme, mit der er sprach, eine drohende Note: »Ach so, es geht Ihnen wohl nicht schnell genug.«

Ausgiebig studierte er nun ihre Fotos und Gesichter, so dass Edda ganz kribbelig wurde. Niemand sagte etwas, bis der Grenzer die Pässe zuklappte.

»Fahren Sie rechts ran«, befahl er.

Bis sie mit steifen Beinen ausgestiegen waren, hatte der Grenzer bereits den Kofferraum geöffnet. Jeden Winkel des Käfers durchforstete er. Nach ungefähr zwei Stunden erhielten sie ihre Pässe zurück sowie die Erlaubnis zur Weiterreise. Navid sah ziemlich erledigt aus, und es tat Edda leid, dass er noch sechshundert Kilometer zu fahren hätte. Sechshundert Kilometer, die bald zwischen ihr und Kai liegen würden. Mittlerweile kam Edda diese Entfernung leichter zu überwinden vor als die gefühlte Kluft, die sich seit gestern zwischen ihnen aufgetan hatte. Als Edda diesen Gedanken aussprach, ranzte Ariane sie an: »Kannst du nicht einmal an etwas anderes denken als an deinen Kai?«

Gekränkt streckte sich Edda auf der Rückbank aus und schob sich ihre Strickjacke wie ein kleines Kissen unter den Kopf. Arianes Unmut galt zwar nicht ihr, sondern den ostdeutschen Grenzern, aber nach drei schlaflosen Nächten, in denen sich Eddas Gefühle zunehmend verknäult hatten, war sie dünnhäutig geworden.

Während sie die Transitstrecke entlangrumpelten, entlud sich Arianes Ärger auf Navid. »Uns ohne einen triftigen Grund festzuhalten, ist reine Willkür. Navid, wie willst du denn jemanden vom Sozialismus überzeugen, wenn die Genossen einen derart mies behandeln?«

Oha. Ariane zog Navids Überzeugungen in Zweifel? Meistens hing sie an seinen Lippen und bewunderte, wie zielstrebig er das Studium verfolgte und seine Revolution.

»Sie sehen in uns eben den Klassenfeind.« Der Ton, in dem Navid das sagte, ließ vermuten, dass er seine Erklärung für ausreichend hielt.

Edda hörte Ariane schnaufen. »Aber wir haben nichts getan. Navid, ich habe bloß einen Apfel gegessen!«

Innerlich gab Edda ihrer Freundin recht. Dennoch schloss sie die Augen, damit Ariane gar nicht erst auf die Idee käme, sie in ihren Streit hineinzuziehen. Die Luft wurde immer dicker, nicht nur, weil Ariane und Navid qualmten wie zwei Schlote, sondern weil sie darüber stritten, dass Navid Verständnis für die Regierung Ulbricht zeigte.

»Kaum ein Land ist bereit, die DDR als souveränen Staat anzuerkennen, schon gar nicht die Bundesrepublik. Und du erwartest, dass man uns freundlich empfängt?«

Schließlich schalteten sie das Radio ein, in dem der RIAS erst über den sich gefährlich zuspitzenden Nahost-Konflikt berichtete, dann auch von den Protesten, die es wegen der Erschießung von Benno Ohnesorg gegeben hatte. Berlins Innensenator Büsch stellte sich hinter die Polizei und ihr scharfes Vorgehen. Den Demonstrierenden warf er vor, die Demokratie missbraucht zu haben. Wie »Rowdies« hätten sie sich während des Schah-Besuches aufgeführt. Deshalb wäre das Demonstrationsverbot gerechtfertigt, das jetzt in Westberlin galt.

»Die Polizei tötet einen Studenten, aber uns will man den Mund verbieten? Was soll daran demokratisch sein?«

Mehrmals klickte ein Feuerzeug, Edda blinzelte. Ariane zündete eine Zigarette an und überreichte sie Navid wie eine Friedenspfeife. Er lächelte sie an, und der intime Blick, den sie austauschten, versetzte Edda einen Stich.

»Führen Sie Benno Ohnesorgs Tod ausschließlich auf das falsche Verhalten der Berliner Polizei zurück?«, fragte im Radio der RIAS-Reporter einen Studenten.

»Worauf denn sonst!«, rief Ariane aus, und der interviewte Student zeigte sich genauso schockiert über die Frage nach den Schuldigen wie sie. Benno Ohnesorg hätte zum ersten Mal an einer Demonstration teilgenommen und dafür mit dem Leben bezahlt. Diese Tatsache verlöre nichts von seinem Schrecken, sollten zuvor Mehltüten oder andere Dinge geflogen sein. Edda spürte, dass sich Ariane zu ihr umgewandt hatte, um ihre Meinung einzufordern. Edda stellte sich schlafend. Am liebsten würde sie das ganze verflixte Wochenende aus ihrem Gedächtnis verbannen. Ob Kai inzwischen eingesehen hatte, wie unmöglich er sich ihr gegenüber verhalten hatte? Würde er sich wohl bald reuevoll bei ihr melden? Vielleicht sogar nach Frankfurt kommen, um sich mit ihr zu vertragen?

Im Radio lief jetzt ein ruhiges Instrumentalstück, dessen Klänge sich mit dem Geräusch des Regens vermengten, der auf das Wagendach prasselte. Während sie zuhörte, wie sich Ariane und Navid über den Polizisten aufregten, der Benno Ohnesorg erschossen hatte, beobachtete Edda die Tropfen, die an der Autoscheibe hinabrannen. Mit der Zeit wurden ihr die Lider schwer, die trüben Grübeleien lösten sich in Eddas Müdigkeit auf. Der flüchtige Gedanke, dass die Kugel, die Benno Ohnesorg getötet hatte, in gewisser Weise ihr Leben gestreift hatte, sank mit Edda in den Schlaf.

Frankfurt am Main,
Sommer 1967

Mitten in der Nacht kamen sie in Frankfurt an. Als sie durch das schlafende Westend fuhren, streckte sich Ariane gähnend und sagte: »Ich fahre mit zu Navid. Meine Mutter erwartet mich erst morgen nach der Schule.«

Von dem Berlin-Trip ihrer Tochter wusste Ulla Finke genauso wenig wie Eddas Eltern. Sie glaubte, dass Ariane ihrer Freundin Edda, solange deren Eltern verreist wären, Gesellschaft leisten und mit ihr Französisch pauken würde.

»Alles klar«, entgegnete Edda. Sie dehnte ihren steifen Nacken und wollte nur noch eins: in ihr bequemes Bett fallen und ein paar Stunden ordentlich schlafen. Vor einem mehrstöckigen Jugendstilhaus bremste Navid.

»Das gibt's ja nicht!«, rief Ariane aus. »Was macht meine Mutter denn bei euch?«

Edda, die dabei gewesen war, ihre Strickjacke in die Reisetasche zu stopfen, blickte erschrocken auf. Wie ein greller Vorwurf lehnte an der Hauswand Ulla Finkes knallgelbes Fahrrad. Die hohen Fenster im dritten Stock waren erleuchtet, die Balkontür stand offen.

»Meine Eltern sind da.«

Bestürzt sahen die Freundinnen sich an. Offensichtlich waren Eddas Eltern früher als angekündigt aus München zurückgekehrt. Ariane war blass geworden, Edda hellwach.

»Licht aus. Motor aus«, zischte sie Navid zu, der sofort reagierte. Hoffentlich hatten ihre Eltern sie noch nicht gehört. Was könnte Edda ihnen sagen, wo sie spätnachts gewesen wäre, bepackt mit einer Reisetasche? Plötzlich erschien ihr Vater auf dem Balkon. Mit aufgekrempelten Hemdsärmeln stand er da und rauchte, ab und zu schnippte er die Asche über das Geländer. So tief wie möglich drückte sich Edda in das Polster des Rücksitzes.

»Was für ein Mist!«, fluchte Ariane.

»Was hast du denn? Deine Mutter ist doch gar nicht streng«, sagte Edda ungeduldig, während sie ihren Vater im Blick behielt. »Warum hast du ihr nicht einfach die Wahrheit gesagt?«

Ariane seufzte. »Die Nachbarschaft zerreißt sich sowieso schon das Maul über uns. Na, weil mein Vater ein amerikanischer Besatzungssoldat war. Weil meine Mutter alleinstehend ist und meine Leine nicht kurzhält, wie es so schön heißt. Die blöden Kuhnkes, die über uns wohnen, warten doch nur auf einen Anlass, meiner Mutter eine Anzeige wegen Kuppelei anzuhängen. Den hätten sie, wenn sie mitbekämen, dass meine Mutter mir erlaubt hätte, mit meinem Freund zu verreisen.«

»Der zudem noch Iraner ist«, fügte Navid ironisch hinzu.

»Genau.« Ariane gab ihm einen Kuss. »Ich dachte, es ist besser, meine Mutter ist ganz arglos und weiß von nichts.«

»Verstehe«, antwortete Edda.

Dieser Kuppelei-Paragraf war wirklich eine Plage. Völlig unzeitgemäß. Darüber, dass ihre Eltern deshalb in Schwierigkeiten geraten könnten, hatte sich Edda, bevor sie zu Kai gefahren war, gar keine Gedanken gemacht. Aber wer beabsichtigte schon, Dr. Franziska und Dr. Viktor Nolting anzuzeigen, ein ehrbares Ehepaar, das seinen Kindern sogenannte geordnete Verhältnisse bot?

Als Viktor Nolting seine Zigarettenkippe auf die Straße hinabwarf und in die Wohnung zurückkehrte, rappelte Edda sich auf.

»Es hilft nichts, Ari, wir müssen da hoch. Sonst benachrichtigen sie am Ende noch die Polizei. Wenn sie das nicht längst getan haben. Navid, wäre es in Ordnung, meine Tasche und Aris Rucksack in deinem Auto zu lassen? Dann könnten wir behaupten, wir kämen von einer Fete.«

»Sicher«, willigte Navid ein, und Ariane schien froh darüber zu sein, dass Edda einen Plan hatte.

»Alle Achtung, auf die Sache mit dem Gepäck wäre ich nicht gekommen.«

Edda lächelte schwach. Tja, darin, Ausreden zu erfinden, hatte sie Übung. Während Ariane und Navid sich verabschiedeten, schloss Edda die Haustür auf. Im Treppenhaus war es dunkel. Bei der Vorstellung, gleich ihren Eltern gegenüberzutreten, wurde Edda speiübel. Wieso hatten sie ihre Pläne geändert? Eigentlich hätten sie Edda am Montagabend, umgeben von Französischbüchern, in ihrem Zimmer vorfinden sollen. Und was sollte sie antworten, wenn ihre Mutter wissen wollte, wo die angebliche Fete stattgefunden hätte? Oder bei wem? Längst ratterten ihr diverse Namen durch den Kopf. Welcher wäre wohl am unverfänglichsten?

Hinter der Wohnungstür im Parterre schlug Frau Höhnes Pudel Fanny an. Gleich darauf flog die Tür auf und das Flurlicht erstrahlte. Etwas geblendet, blinzelte Edda. Bekleidet in Nachthemd und Pantoffeln, das Haar auf Lockenwickler gedreht, verstellte ihr Frau Höhne den Weg. Ihren Gehstock richtete sie wie ein Bajonett auf Edda. Als Fanny an ihr vorbeischoss, um freudig an Edda hochzuspringen, ließ Frau Höhne ihre Waffe sinken.

»Ach, das Fräulein Nolting. So spät noch unterwegs?« Frau

Höhne sprach freundlich, aber die Boshaftigkeit in ihren wachsamen Augen entging Edda nicht.

»Entschuldigen Sie bitte die Störung«, sagte Edda betont höflich und wollte sich an ihr vorbeidrängen, aber die Nachbarin ließ sie noch nicht passieren.

»Bei euch war heute Abend ganz schön was los«, erzählte sie mit geheimnisvoller Stimme. »Bis in mein Wohnzimmer habe ich deine Mutter schimpfen hören. Also, was die für eine Ausdauer hat … Was hast du denn wieder angestellt?« Neugierig musterte sie Edda.

»Nichts«, behauptete diese und sah sich nach Ariane um. Wo blieb sie denn nur?

»Jaja«, fuhr Frau Höhne mit spöttischem Unterton fort. »Wie heißt es so schön: kleine Kinder, kleine Sorgen, große Kinder, große Sorgen. Daran ändert sich wohl nie etwas.«

Ariane grüßte Frau Höhne knapp, dann, als könnte sie es kaum erwarten, Noltings und ihre Mutter wiederzusehen, zog sie Edda die Stufen hinauf.

»Bringen wir es hinter uns«, sagte Edda, mehr zu sich selbst als zu Ariane.

Schlagartig verstummte das Gespräch, als sie das Wohnzimmer betraten. Reglos, als wären sie Figuren in einem Gemälde, saßen ihre Eltern da – Franziska Nolting und Ulla Finke auf der weinroten Couch, Viktor Nolting in seinem Clubsessel – und starrten ihnen entgegen. Zwischen zwei Schnapsgläsern stand eine Flasche Frauengold, daneben Viktors Bier sowie ein gut gefüllter Aschenbecher. Eddas Blick rutschte unter den Tisch auf den Perserteppich, den Stammplatz ihrer Collie-Hündin Bonnie. Natürlich war er leer. Bonnie hätte jetzt den Kopf gehoben und wäre schwanzwedelnd auf Edda zugelaufen. Selbst, als ihr der Krebs schon zusetzte, hatte sie das noch getan. Mit Bonnie an ihrer Seite war jeder Streit mit ihren Eltern besser zu ertragen gewesen.

Das Schweigen schien den Moment ins Unendliche zu dehnen. Dabei konnte kaum mehr als eine Sekunde vergangen sein, bis Arianes Mutter aufsprang und zu ihrer Tochter eilte. Ulla Finkes Haar wirkte ungekämmt; Bluse, Rock und Schuhe passten nicht recht zusammen. Scheinbar hatte sie sich in großer Hast angezogen. Sie umarmte Ariane, gleich darauf verpasste sie ihr eine flüchtige Backpfeife, dann drückte sie sie erneut an sich. »Verdammt, Ari, ich hab mir schreckliche Sorgen gemacht! Mitten in der Nacht klingeln Noltings mich aus dem Bett und fragen, wo ihr seid. Dabei hieß es doch, ihr schlaft bei Edda.«

»Es tut mir leid, Mama!«

Ulla Finke schob Ariane ein Stück von sich und betrachtete sie. »Ist alles in Ordnung?«

Mit gesenktem Blick nickte Ariane, während Edda zu ihren Eltern hinüberschielte, die noch kein Wort gesagt hatten. Ihr Vater hatte sich zwar erhoben, aber mit welcher Absicht, schien ihm selbst nicht klar zu sein. Ohrfeigen würde er sie jedenfalls nicht, das hatte er noch nie getan. Franziska Nolting blieb sitzen, mit übereinandergeschlagenen Beinen, geradem Rücken und tadellos toupiertem blondem Haar.

»Wo kommt ihr her?« Ihre scharfe Stimme zerschnitt die Luft, und durch die Gläser ihrer strengen Hornbrille bohrte sich ihr Blick in Eddas.

Edda hielt ihr stand. Möglichst forsch erklärte sie: »Wir waren eingeladen.«

»So«, sagte ihre Mutter. »Und bei wem?«

Da war sie, die entscheidende Frage. Bärbel, Dora oder Irene? Bei welcher Mitschülerin würde ihre Mutter nicht nachfragen? Soeben wollte Edda antworten, da mischte sich

Ulla Finke in das Gespräch: »Lassen Sie uns doch nicht um den heißen Brei herumreden, Frau Nolting. Wir wissen doch, dass die beiden in Berlin gewesen sind.«

In Edda explodierte ein Hitzeschwall. Ihr Blick schoss zu Ariane hinüber, die verdattert dreinschaute. Wie waren sie dahintergekommen?

Viktor Nolting schloss die Balkontür.

»Setzen wir uns doch.« Er klang müde. Seine Augen, sein Haar, seine Haut, alles an ihm wirkte grau. Zwar wurde er häufig für deutlich jünger gehalten, als er in Wirklichkeit war, aber nach einer fast durchwachten Nacht sah man ihm an, dass er bald seinen siebzigsten Geburtstag feiern würde. Er füllte die Gläser auf, dann nahm er von einem kleinen Beistelltisch die *Frankfurter Allgemeine Zeitung*, unter der sich, wie nun sichtbar wurde, ein Exemplar des Buches von Bahman Nirumand, das Ariane Edda geliehen hatte, sowie ein blaues Notizheft verborgen hatten.

»Mein Tagebuch!«, rief Edda aus.

Mit einem vorwurfsvollen Blick reichte Viktor Nolting es ihr. Wortlos ließ Edda sich in einen Sessel fallen, aber innerlich brodelte sie vor Wut. Ihre Eltern hatten in ihren intimsten Gedanken geschnüffelt. Jetzt war klar, wie sie hinter die Berlin-Fahrt gekommen waren. Und nicht nur das. Wahrscheinlich wären sie nun im Bilde darüber, dass Edda und Kai nicht nur Händchen hielten, sondern miteinander schliefen. Edda spürte, wie ihr Gesicht vor Wut und Scham glühte.

»Wir haben dein Adressbuch gesucht«, sagte ihr Vater. »Damit wir uns bei deinen Freundinnen nach euch erkundigen könnten.«

»Viktor«, mahnte Franziska Nolting. »Hör auf. Es ist Edda, die sich zu entschuldigen hat.«

Ihre Aufforderung hing im Raum, Edda jedoch schwieg.

Arianes Mutter räusperte sich. »Ihr begreift sicher, dass wir eine Heidenangst um euch hatten?«

Es klang fast ein wenig bittend, weshalb in Edda, gleichwohl sie sich von elterlicher Sorge zunehmend eingeengt fühlte, ein Funke Verständnis aufkam, den ihre Mutter jedoch sogleich zertrat.

»Du hast mein Vertrauen missbraucht!«, stieß sie hervor. »Wie kommst du dazu, zu diesem langhaarigen Gammler zu fahren? Mitten im Abitur! Was sollen denn die Leute von dir denken? Und von uns? Dass wir es zulassen, dass unsere Tochter ein Lotterleben führt? Schämst du dich denn gar nicht?«

Edda warf ihrer Mutter einen trotzigen Blick zu. Wie sie dasaß, in aufrechter Selbstgefälligkeit, als würde sie niemals Fehler machen. Ob sie, als sie Eddas Tagebuch aufgeschlagen hatte, eine Sekunde darüber nachgedacht hatte, welchen Vertrauensbruch sie damit beging? Wahrscheinlicher war wohl, dass sie es als ihr gutes Recht erachtete.

»Kai ist kein Gammler«, presste Edda hervor. »Er ist Student.«

Ihre Mutter lachte höhnisch. »Macht das heutzutage einen Unterschied?«

Sie schnappte sich die *FAZ* und hielt Edda das inzwischen vertraute, aber nach wie vor schockierende Foto von Benno Ohnesorg unter die Nase.

»Warum hat der nicht einfach studiert?« Mit dem Zeigefinger tippte sie mehrmals auf das leblose Gesicht des jungen Mannes. »Was muss der auf der Straße herumkrakeelen? Wo kommen wir denn hin, wenn die Polizei sich jetzt schon gegen Studenten zu Wehr setzen muss?«

»Aber so ist es doch gar nicht gewesen!« Ariane war aufgesprungen, woraufhin Franziska Nolting die Zeitung in die Sofaecke warf.

»Ach, nein? Und woher willst du das wissen?«

Ariane ignorierte Eddas flehende Blicke. »Die Polizei hat *uns* terrorisiert, nicht umgekehrt!«

Viktor Noltings Gesicht hatte seine Farbe gewechselt, es wirkte nicht mehr grau, sondern war rot geworden. In seiner Stimme klang ein Grollen mit. »Sagt bloß, ihr hattet mit diesen Krawallen etwas zu tun? Edda! Heraus mit der Sprache: Wart ihr mit diesen Chaoten zusammen?«

Edda übersah nun ihrerseits, dass Arianes auffordernder Blick sie drängte, ihren Eltern gegenüber Farbe zu bekennen. »Nein, ich bin am Wannsee gewesen«, antwortete Edda stattdessen. Ihre Eltern waren eben nicht so verständnisvoll wie Ulla Finke, und Ärger hatte Edda schon genug.

»Das Buch dieses Iraners interessiert dich aber trotzdem.« Viktor Nolting hielt das Beweisstück in die Luft, dann knallte er es auf den Couchtisch. »Ein paar Seiten davon zu lesen, hat mir gereicht. Hetze gegen den Schah und den Westen. Eins sage ich dir, Edda: Kommunistische Propaganda werde ich in meinem Haus nicht dulden.«

Ariane nahm das Buch an sich. »Es gehört mir, Herr Nolting«, gab sie zu, »und es ist keine Propaganda.«

Einen Moment lang sagte niemand etwas, bis Arianes Mutter sich erhob. »Morgen werden wir uns alle wie gerädert fühlen. Wir brechen mal lieber auf, Ariane.«

Sie lächelte gezwungen, wobei sie nicht viel älter aussah als eine große Schwester von Ariane. Edda beneidete ihre Freundin um ihre Mutter. Auf dem Heimweg würde Ariane ihr erzählen, was sie in Berlin erlebt hatte. Ulla Finke würde ihrer Tochter zuhören und versuchen, sie zu verstehen. Lag es daran, dass sie selbst noch nicht einmal vierzig war, immerhin zwanzig Jahre jünger als Franziska Nolting?

Nachdem Finkes gegangen waren, zog sich Viktor Nolting

in sein Arbeitszimmer zurück. Dennoch machte sich Edda keine Illusionen darüber, straffrei davonzukommen, denn häusliche Urteilssprüche fielen in das Ressort ihrer Mutter.

Sie saß schon im Bett, als Franziska Nolting in ihr Zimmer trat. Ihre Hornbrille hatte sie abgesetzt, was ihr Gesicht weicher erscheinen ließ. Ihr Tonfall war es nicht. »Damit das klar ist: Du hast Hausarrest. Bis zur Zeugnisvergabe.«

»Was? Die ganzen drei Wochen?«

Mit allem Möglichen hatte Edda gerechnet, auch mit Hausarrest. Damit, dass ihre Mutter sie für die gesamte verbleibende Schulzeit einsperren würde, jedoch nicht. So oft wie möglich würden sich Eddas Mitschülerinnen treffen, um voneinander Abschied zu nehmen. Würde ihre Mutter ihr das tatsächlich verderben?

»Den gemeinsamen Sommerurlaub mit Ariane kannst du auch vergessen«, fuhr Franziska Nolting ungerührt fort. »Ich möchte nicht, dass du deine Freizeit mit einem Mädchen verbringst, das dich aufwiegelt und zu Dummheiten anstiftet. Aber was soll man bei so einer Mutter schon erwarten?«

Edda biss sich auf die Lippen. Widerspruch wäre zwecklos und um Gnade betteln, würde sie ganz sicher nicht.

An der Tür wandte sich Franziska Nolting noch einmal um, und einen Augenblick lang glaubte Edda, dass sie ihr trotz allem eine gute Nacht wünschen würde. Aber sie spuckte bloß die beiden Worte aus, die ihr den ganzen Abend auf der Zunge gebrannt haben mussten: »Du Flittchen!«

Edda erstarrte. Erst, nachdem ihre Mutter die Tür geschlossen hatte, kamen ihr die Tränen. Sie vergrub sich in ihren Kissen und wünschte sich verzweifelt Bonnie an ihre Seite.

*

Edda verließ das Schulgebäude und lief zügig auf die Eschersheimer Landstraße zu. Wenn sie sich nicht noch mehr Ärger einhandeln wollte, musste sie sich beeilen, denn ihre Mutter achtete mit Argusaugen darauf, dass Edda auf dem Heimweg nicht allzu viel Zeit verplemperte.

»Edda, warte!«

Etwas unwillig blieb sie stehen. Ariane schlenderte auf sie zu, begleitet von Dora, Bärbel und zwei jungen Männern, Freunden von Bärbel, die bereits studierten. In Edda arbeitete es. Sie hatte sich nicht die Blöße gegeben, Ariane zu erzählen, dass sie von ihrer Mutter zu Hausarrest verdonnert worden war. Vor den unbekannten Studenten würde sie es erst recht nicht tun. Aber welchen Vorwand könnte sie nennen, um ihnen zu erklären, weshalb sie auch an diesem Tag nicht mit ins Café käme oder mit Ariane zu einer Kundgebung für Benno Ohnesorg?

»Wir gehen zur Hauptwache«, sagte Ariane da auch schon. »Kommst du mit?«

»Was wollt ihr denn *da*?«

Die Gegenfrage, mit der Edda Zeit schinden wollte, war berechtigt, denn seitdem zwei Jahre zuvor der Bau der Frankfurter U-Bahn begonnen hatte, befand sich dort eine lärmende Großbaustelle.

»Wir diskutieren mit den Passanten auf der Zeil über die Unruhen während des Schah-Besuches. Dazu brauchen wir Leute, die gesehen haben, was in Berlin losgewesen ist. Ariane meinte, du hättest sogar den Schuss gehört, der Benno umgebracht hat.«

Der Student, der gesprochen hatte, hieß Hans, trug einen abgetragenen Anzug und eine getönte Brille, durch die er Edda eindringlich anblickte.

Ariane pfriemelte ein paar Flugblätter aus ihrer Tasche.

»Guck mal, die verteilen wir. Zehntausende sind davon gedruckt worden.«

Edda überflog den Text.

Bürger und Bürgerinnen! Sie kennen uns Studenten im Allgemeinen nur durch die einseitigen Informationen der weitgehend von Axel Springer beherrschten Presse. Dort wird behauptet, wir seien Randalierer und Krakeeler, die sich auf Ihre Kosten und mit Ihren Steuergeldern auf die Straße begeben, anstatt zu studieren.

Ja, genauso sahen es Eddas Eltern. Weiter hieß es in dem Flugblatt, auch die Studierenden seien nicht damit einverstanden, dass der Staat Gelder verschleudere, zum Beispiel in Form von Entwicklungshilfen an den Schah von Persien.

»Wenn es uns gelingt, die Menschen dazu zu bringen, uns anzuhören, dann kapieren sie vielleicht, dass wir recht haben«, meinte Ariane.

»Und wie undemokratisch es ist, den Berliner Studenten zu verbieten, zu demonstrieren«, fügte Bärbel hinzu, während sie sich eine Zigarette anzündete.

»In der Zeitung steht, dass der Polizist Benno in den Hinterkopf geschossen hat«, ereiferte sich Ariane. »Wie kann er sich dann noch auf Notwehr berufen? Notwehr von hinten? Pah, das ist doch erstunken und erlogen. Weißt du, dass das Knochenstück mit dem Einschussloch verschwunden ist? Es ist unsere Pflicht, jetzt den Mund aufzumachen.«

»Also, was ist?«, fragte Hans. »Unterstützt du uns?«

Alle sahen Edda erwartungsvoll an und am liebsten hätte Edda sofort zugestimmt. Was Ariane erzählte, hatte sie auch gelesen. Zwar waren angesichts der dicken Luft in ihrem Elternhaus die Berliner Ereignisse in den Hintergrund gerückt, dennoch zog sich ihr Magen zusammen, sobald es um Benno Ohnesorg und den Schah-Besuch ging. Augenblicklich blitzte auch Kais Gesicht vor Eddas innerem Auge auf. Unauflösbar war ihr persönlicher Streit mit dem dramatischen Juni-Wochenende verknüpft. Edda schüttelte leicht den Kopf. Ihre Mutter erwartete sie, und das Szenario, das sich abspielen würde, falls Edda nicht pünktlich heimkäme, malte sie sich lieber nicht aus. Ebenso wenig wie den Ärger, den sie bekommen würde, falls sie durch ihre Prüfung rasselte.

»Geht leider nicht«, hörte Edda sich sagen. »Ich muss lernen.«

Arianes türkisblaue Augen verengten sich. »Kannst du das nicht heute Abend machen? Die Französischbücher laufen dir nicht weg. Du warst gestern schon nicht dabei.«

Am Tag zuvor hatten ungefähr dreitausend junge Leute beim Studentenhaus an der Bockenheimer Warte den Rücktritt des Berliner Bürgermeisters, des Einsatzleiters und die Bestrafung des Todesschützen gefordert.

Ausgerechnet Dora mit ihren braven Zöpfen und der biederen weißen Bluse schob hinterher: »Manchmal gibt es Wichtigeres als Schule.«

Ihr altkluger Tonfall nervte Edda, vor allem, da sich die Studenten zustimmend äußerten.

»Wenn ich so gute Noten hätte wie du, könnte ich das auch so sehen«, erwiderte Edda auf Doras Kommentar. Sie wünschte, sie hätte die Traute, ihnen den wahren Grund für ihre Absage zu nennen. Aber die Scham darüber, dass ihre Mutter sie bestrafte wie ein ungezogenes Kind, siegte.

Hans beendete die Diskussion. »Dann eben nicht«, sagte er kurz angebunden und wandte sich zum Gehen. »Schade.«

»Ein anderes Mal komme ich mit«, versicherte Edda mit einem bedauernden Lächeln, das niemand erwiderte.

Nichts als Unverständnis sprach aus Arianes Stimme, als sie sagte: »Ich begreife dich einfach nicht. Was hast du für eine Heidenangst um Kai gehabt. Aber trotzdem vergräbst du dich in deine Bücher, anstatt dafür zu sorgen, dass so etwas Schreckliches nicht noch einmal passiert?«

Edda sah Ariane mit festem Blick in die Augen. Verstand ihre Freundin vielleicht auch ohne Worte, dass es sich anders verhielt, als es wirkte? Doch die Studenten drängten zur Eile. Als Edda der Gruppe nachblickte, wie sie in Richtung Innenstadt lief, fühlte sie sich elend. Bestimmt zerrissen sich Bärbel und Dora das Maul über sie, schon allein deshalb, um den Studenten zu beweisen, dass sie nicht feige und angepasst wären. So wie Edda. Hätten sie damit nicht sogar recht? Sollte Edda ihnen nachlaufen, selbst wenn es bedeutete, dass ihre Mutter ihr eine neue Strafe aufbrummte? *Noch mehr Hausarrest halte ich nicht aus.* Sie nahm sich vor, Ariane die Wahrheit zu sagen, denn ihre Freundin sollte nicht schlecht über sie denken. Würde Ariane sie wohl verstehen? Schließlich wurde sie zu Hause nie bestraft. Bei den Noltings sah das anders aus. Das kleinste Widerwort – so nannten es ihre Eltern, wenn Edda eine andere Meinung vertrat als sie – blieb selten ungesühnt, bestenfalls folgte das zähe Schweigen ihrer Mutter. Edda schaute auf ihre Armbanduhr und erschrak. Eilig überquerte sie die Straße und rannte nach Hause, wo ihre Mutter sie mit säuerlicher Miene erwartete.

*

Edda stockte der Atem, als kurz nach Mitternacht die Glühbirne, die von der Kellerdecke herabbaumelte, anfing zu flimmern. Gäbe sie etwa den Geist auf? Ausgerechnet jetzt? Ihre Wut darüber, die Nacht eingeschlossen im Keller verbringen zu müssen, wich einer unbestimmten Angst, die sich schon früh in ihrer Kindheit in Edda eingenistet hatte. In Berlin, während der Proteste, als sie inmitten der aufgebrachten Menge am Boden lag, unfähig sich zu rühren, hatte Edda diese Angst wieder gespürt. Nur für einen kurzen Moment, dann war auch schon Kai an ihrer Seite gewesen. Aber jetzt war Edda allein.

Hätte sie heute vielleicht doch nicht heimlich an dem großen Schweigemarsch für Benno Ohnesorg teilnehmen sollen? Aber dann hätte sie Ariane schon wieder enttäuschen müssen. Außerdem hätte Edda sich geschämt, wäre sie zu feige gewesen, Benno Ohnesorg die letzte Ehre zu erweisen. Wegen eines Hausarrestes. Zu bekunden, dass sie auf seiner Seite stand, war Edda am Tag vor seiner Beisetzung unerlässlich erschienen. Tausende waren aus demselben Grund zum Römerberg gekommen. Ungefähr zur selben Zeit, als sie mit Ariane zur Bockenheimer Warte gelaufen war, hatte ein Konvoi Westberliner Studentinnen und Studenten Bennos Leichnam in seine Heimatstadt Hannover geleitet. Unfassbar, dass sie die Grenzen der DDR hatten passieren dürfen, ohne dass die ostdeutschen Beamten sie kontrolliert hätten. So etwas hatte es noch nie gegeben! Wenn sich der Frankfurter Demonstrationszug nicht viel zu spät in Bewegung gesetzt hätte, wäre Edda auch gar nicht aufgeflogen. Dann hätte sie es nach Hause geschafft, bevor ihre Mutter aus der Kirche zurückgekommen wäre.

Auf einmal, im Geflacker des unruhigen Lichtes, verwandelten sich die weißen Arztkittel ihres Vaters, die neben ihr zum Trocknen auf der Wäscheleine hingen, in die Geister ihrer Kindheit, seine schwarzen Socken in die bedrohlichen Krähen aus Hitchcocks Film *Die Vögel*. Vorsichtshalber knipste Edda die kleine Taschenlampe an, die sie noch rasch eingesteckt hatte. Sie funktionierte zwar, leuchtete aber nicht heller als ein schwacher Trost. Ihr großer Bruder Joachim hatte sie ihr geschenkt, als Edda fünf Jahre alt gewesen sein musste. An die Wohnung, in der ihre Familie damals gelebt hatte, erinnerte sie sich kaum. Den engen Verschlag unter der Treppe sah sie schemenhaft vor sich. Die Finsternis darin hatte sie allerdings nicht vergessen. Wie oft hatte sie als Kind mit weit aufgerissenen Augen in die undurchdringliche Dunkelheit gestarrt, gelähmt vor Angst wegen all der Gespenster und Monster, die jeden Augenblick über sie herfallen könnten? Dabei über ihre Missetaten nachzudenken, war unmöglich gewesen. Entriegelte ihre Mutter schließlich Eddas Gefängnis, erschien sie ihr wie eine erlösende Retterin.

Kaum hatte sie die Taschenlampe angeknipst, hatte sich das Licht im Keller wieder stabilisiert. Viktor Noltings weiße Kittel und seine schwarzen Socken verloren daraufhin ihren Schrecken. Trotzdem rückte Edda den wackeligen Liegestuhl, auf dem sie die nächsten Stunden verbringen würde, weg von der Wäscheleine, näher an das ausrangierte Küchenbüfett, in dem ihre Eltern den Weihnachtsschmuck, Faschingskostüme und alte Spielsachen aufbewahrten. Einem Wasserkasten entnahm sie eine Flasche Sprudel, nippte daran, lehnte sich in den Liegestuhl zurück und starrte an die grau getünchte Decke. Dort hockte eine Spinne im Netz und wartete auf ihre Beute.

Eddas Gedanken schweiften zu dem Tag, an dem ihre Familie in die Wolfsgangstraße gezogen war. Edda mochte acht oder neun Jahre alt gewesen sein. Sie hatte schnell herausgefunden, dass es hier weder lichtlose Kammern noch dunkle Verschläge gab. Wie glücklich sie darüber gewesen war! An den Keller, in dem die Hauswaschmaschine stand, hatte sie zunächst gar nicht gedacht. Begeistert hatte sie Joachim von ihrer Entdeckung berichtet und sich auf ein Zuhause ohne Monster und Gespenster gefreut. Noch immer hörte Edda

sich fragen: »Hat Mutter dich und Peter früher auch eingesperrt?«

Nie zuvor hatte sie ihre älteren Brüder danach gefragt. Doch
jetzt, nach dem Umzug, als die Gefahr gebannt zu sein schien,
hatte Edda es wissen wollen. Joachim, der gerade dabei gewesen war, seine Jurabücher aus einer Kiste zu nehmen, hatte in-
negehalten. »Mutter nicht. Der Krieg hat uns eingesperrt.«

Wenn die Sirenen heulten, hatte Joachim erzählt, waren sie
in den Keller hinuntergerannt, die Mutter, Peter, die Nachbarn und er. Der Vater war ja im Osten gewesen. Dann waren
die amerikanischen Bomben gefallen.

An dieser Stelle war Joachim verstummt, was Edda nicht
verwundert hatte. Dieser Krieg, über den sie kaum etwas
wusste, schien allen Menschen die Sprache zu verschlagen.

»Hattest du Angst?«

»Und wie«, hatte Joachim zugegeben. »Ich träume heute
noch davon. Dann höre ich das Dröhnen der Flugzeuge, die
Einschläge der Bomben. Die Schreie der Menschen. Im Keller war es stickig, von der Decke rieselte Putz und oft fiel das
Licht aus. Wir haben uns an Mutter geklammert, Peter auf
der einen Seite, ich auf der anderen.« Liebevoll hatte er Edda
das Haar verstrubbelt. »Sei froh, dass du das alles nicht erlebt hast.«

Aber das hatte Edda als Kind so nicht empfunden. Es war
zwar schrecklich, dass der Krieg viele Menschen das Leben
gekostet hatte, auch ihre Großeltern Opa Friedrich und Oma
Marlene, die bei einem Bombenangriff verschüttet worden
waren. Aber Mutter, die Zwillinge Peter und Joachim hatten
gemeinsam überlebt. Manchmal, wenn Edda sich ausgemalt
hatte, wie die drei in einem Luftschutzkeller fest umschlungen beieinandergesessen hatten, war sie traurig geworden,
dass sie damals noch nicht bei ihnen gewesen war.

Da an Schlaf nicht zu denken war, suchte Edda nach einer zweiten Glühbirne. In einem Karton stieß sie auf ein paar gespitzte Bleistifte und vergilbte Briefbögen, auf denen in geschwungenen Lettern *Dr. Franziska Nolting* gedruckt stand. Erstmals kam ihr die Frage in den Sinn, ob Dr. Franziska Nolting nicht lieber Patienten behandelt hätte, anstatt sich um den Haushalt und die Buchhaltung ihres Mannes zu kümmern. Weshalb hatte sie ihren Beruf als Ärztin aufgegeben? Weil Viktor Nolting Wert darauf legte, seine Familie allein zu versorgen? Daraus machte er keinen Hehl. Dabei hatte er sich doch, soweit Edda bekannt war, in ihre Mutter verliebt, als diese vor dem Krieg in der Frankfurter Uniklinik seine Kollegin gewesen war.

Die Glühbirne surrte drohend, und erschrocken blickte Edda auf. Sie bemerkte, dass die Spinne verschwunden war. Edda beneidete das Tier, das einfach gehen konnte, Edda dagegen hatte keine Wahl. Was zum Teufel machte sie hier? Wie kam ihre Mutter dazu, sie einzuschließen, ihre fast erwachsene Tochter? Plötzlich musste Edda an Kai denken, und eine Woge tiefer Traurigkeit überkam sie. Über zwei Jahre war Kai ihr engster Vertrauter gewesen. Nicht einmal ihre Scham über die erzieherischen Launen ihrer Mutter hatte Edda ihm verschwiegen, nachdem er ihr gestanden hatte, wie sehr ihn die Schläge seines Vaters gedemütigt hatten. Oder die Kopfnüsse, die manche Lehrer ihm verpasst hatten, weil eine Rechenaufgabe falsch oder seine Schrift nicht leserlich gewesen war. Kai glaubte, dass viele Kinder und Jugendliche unter autoritärer Erziehung litten, jedoch nur wenige darüber sprachen. Deswegen hatte er beschlossen, Lehrer zu werden, einer, der mit seinen Schülerinnen und Schülern redete, anstatt sie am Ohrläppchen zu ziehen. Wenn Kai wüsste, wie hart Edda bestraft worden war, würde er sie dann anrufen? Nach ihrem

Streit hatte er sich noch nicht gemeldet. Keine Frage, Edda war noch immer stinksauer und schrecklich eifersüchtig auf diese Daisy. Trotzdem vermisste sie Kai, seine Nähe, die Gespräche mit ihm.

Plötzlich horchte sie auf. Jemand öffnete die Tür, die zu den Kellerräumen hinabführte. Käme ihre Mutter sie schon holen? Edda schlich zur Tür und presste ihr Ohr gegen das Holz. Nein, ihre Mutter war es nicht. Schwere Männerschritte stiegen die knarrenden Stufen hinab. Angestrengt lauschte sie. Vielleicht einer der Nachbarn? Was wollte jemand um diese Zeit im Keller? Oder war es ein Einbrecher? Instinktiv schaltete sie das Licht aus. Sie spürte ihr Herz gegen die Rippen schlagen, hörte das Blut in den Ohren rauschen, so laut, dass sie sicher war, der Mann, der sich näherte, müsste es auch hören. Schon machte er sich am Kellerschloss zu schaffen. Als es aufsprang, entfuhr Edda ein Schrei. Im nächsten Moment ging, zitternd und zuckend, das Licht an, und vor Edda stand, in Pyjama und schwarzen Schuhen, ihr Vater.

»Papa! Hast du mich erschreckt!«

»Das wollte ich nicht«, antwortete Viktor Nolting und musterte Edda. »Geht es wieder?«

Etwas benommen nickte Edda. Ihr Vater reichte ihr die angebrochene Wasserflasche, und während Edda trank, klappte er den Liegestuhl zusammen.

»Gehen wir«, sagte er knapp, legte den Arm um ihre Schultern und schob Edda aus dem Keller.

*

Mit gedämpften Stimmen wünschten sie sich eine gute Nacht, als plötzlich die Schlafzimmertür aufflog und Franziska Nolting erschien, barfuß und leicht wankend. Das Haar hing ihr strähnig ins Gesicht, und auf ihrem Nachthemd prangten zwei große Flecke, die nach Rotwein aussahen. Fassungslos starrte Edda ihre Mutter an, die sich am Türpfosten abstützte.

»Was soll das, Viktor?« Franziska Noltings Stimme klang schwerfällig, als hinge Blei an ihren Worten. Offenbar hatte sie mehr getrunken als einen Likör oder ein Schnäpschen, was sie sich hin und wieder genehmigte.

Viktor Nolting antwortete ruhig, doch in der Art, wie er seinen Mund verzog, lag Abscheu. »Sie hat morgen Schule, Franziska, lass es gut sein.«

Der gerötete Blick ihrer Mutter wanderte zwischen Edda und ihrem Vater hin und her.

»Bis – morgen – früh«, stieß sie hervor, wobei sie mit ihrem Zeigefinger gestikulierte.

Fragend sah Edda ihren Vater an.

»Geh schon ins Bett, Edda«, forderte er sie auf, und darüber war sie erleichtert. Rasch murmelte sie ein »Gute Nacht« und verdrückte sich in ihr Zimmer. Ein kurzes Poltern hielt sie davon ab, die Tür endgültig zu schließen. Sie blieb stehen und lauschte.

»Hör auf, Franziska, du bist betrunken.« Der Ton ihres Vaters war scharf, dennoch lachte ihre Mutter. Es klang schrill und abstoßend.

»Jaja, ich bin betrunken, aber du … Viktor, du bist so schwach. Das warst du immer. Zu schwach für die Ostfront.«

Entsetzt presste Edda ihre Hände vor den Mund. Wie konnte ihre Mutter ihren Vater so beleidigen? Was geschähe jetzt? Würde ihrem Vater der Geduldsfaden reißen? Die Tür zu seinem Arbeitszimmer schlug lauter zu als sonst, das war alles. Danach herrschte eine bedrückende Stille. Bestürzt kroch Edda in ihr Bett und wünschte, sie hätte das Gespräch nicht gehört.

*

Wie gerädert erwachte Edda am nächsten Morgen. Sie hatte zu wenig geschlafen und lauter wirres Zeug geträumt. Das einzig Schöne, woran sie sich erinnerte, war jedoch der Duft nach Schokolade. Sie stutzte, als ihr Blick auf ein fast bis zum Rand gefülltes Glas mit Kakao fiel. Ihre Mutter musste es auf ihren Nachttisch gestellt haben. Ein stillschweigendes Friedensangebot, so wie früher. Der Kakao war noch warm, roch süß und bitter. Edda würde ihn nicht trinken. Sie war nicht mehr das kleine Mädchen, das sich mit schönen Geschichten und heißer Schokolade abspeisen ließ.

Edda schälte sich aus dem Bett, zog sich an und ging in die Küche. Den Kakao ließ sie unberührt stehen. Ihre Mutter saß noch am Frühstückstisch und blätterte in einer Illustrierten. Durch das weit geöffnete Fenster schien die Sonne, im Radio sang Roy Black *Frag nur dein Herz.*

»Möchtest du Kaffee?«, fragte ihre Mutter, ohne Edda anzusehen.

Als Edda bejahte, schenkte ihr Franziska eine Tasse ein und reichte sie ihr. Den Kakao, den sie ihr gekocht hatte, erwähnte ihre Mutter nicht. Lediglich dunkle Ringe unter ihren Augen verrieten, dass sie vor wenigen Stunden in keiner guten Verfassung gewesen war. Die grauen Haare waren unter einer modischen hellblonden Perücke verschwunden, und in ihrem grünen Sommerkleid, zu dem die schicken weißen Sandalen fabelhaft passten, sah Franziska Nolting tadellos aus. Alles wirkte wie immer, aber für Edda fühlte sich der Morgen anders an als sonst. Während sie ihren Kaffee trank, belegte ihre Mutter, so wie sie es auch für ihren Mann, Joachim und Peter stets getan hatte, Eddas Pausenbrote mit Aufschnitt. Hin und wieder stellte sie Edda eine Frage über die Schule, die Edda so knapp wie möglich beantwortete. Wie eine Schauspielerin, die sich an die Vorgaben eines Drehbuchs hielt, kam sie sich dabei vor. Allerdings fühlte sie sich in ihrer Rolle nicht wohl, und als würde sie auf einmal selbst die Regie übernehmen, platzte es plötzlich mit großer Bestimmtheit aus ihr heraus: »Ich werde keine einzige Nacht mehr in diesem Keller verbringen. Nie wieder.«

Ihre Mutter schaute auf. Edda hielt ihrem Blick stand, bis Franziska Nolting ihren senkte und damit fortfuhr, Brotscheiben mit Butter zu bestreichen. Mutter und Tochter taten nun so, als würden sie sich, indes Edda ihr Frühstück beendete, auf die Radionachrichten konzentrieren, über den Krieg in Nahost, den gestrigen Schweigemarsch für Benno Ohnesorg sowie das Vorhaben der Organisation *Terre des Hommes*, verletzte Kinder aus Vietnam in Deutschland operieren zu lassen.

Als wieder Musik spielte, räusperte sich Franziska Nolting. »Musst du nicht los?«

»Doch.«

Edda holte ihre Tasche, steckte ihre Schulbrote und einen Apfel hinein und verabschiedete sich.

»Dass du mir ja pünktlich zu Hause bist«, sagte ihre Mutter warnend und schloss die Wohnungstür.

*

Edda zupfte ihr weißes Haarband zurecht und warf einen letzten Blick in den Spiegel. Der dunkelblaue Rock, den ihre Mutter ihr anlässlich der Abiturfeier gekauft hatte, wäre ihr kürzer zwar lieber gewesen, aber über die Saumlänge hatte Franziska Nolting nicht mit sich reden lassen. Im Übrigen war Edda mit ihrem Aussehen zufrieden. Die neue weiße Bluse kontrastierte ihr schimmerndes braunes Haar, ihre Wangen wirkten rosig und der dezente Lippenstift, den sie zur Feier des Tages aufgelegt hatte, betonte ihre vollen Lippen. Als das Telefon läutete, rief ihre Mutter: »Geh mal ran, ich kann gerade nicht.«

Edda eilte ins Wohnzimmer, nahm den Hörer ab und meldete sich mit ihrem Namen.

»Edda? Ich bin's, Kai.«

Edda schoss das Blut in die Wangen, und einen Moment lang wusste sie nicht, was sie sagen sollte.

»Wer ist es denn?«, rief ihre Mutter.

»Dora.«

»Ach so.«

Die Tür zum Badezimmer schloss sich, und Edda atmete auf. Seit dem Tag, an dem ihre Eltern aus dem Tagebuch erfahren hatten, dass sie mit Kai geschlafen hatte, galt dieser im Hause Nolting als Persona non grata, und auf Ärger war sie unmittelbar vor ihrer Abiturfeier nicht erpicht.

»Kai«, sagte sie mit gedämpfter Stimme. »Ich muss gleich los.« Sie nagte an der Innenseite ihrer Wange. Das klang ja, als wollte sie ihn abwimmeln.

»Weiß ich«, antwortete Kai. Seine Stimme so nah an ihrem Ohr zu hören, machte Edda ein wenig schwindlig. »Glaubst du, ich hätte vergessen, dass heute dein großer Tag ist? Mensch, Edda, du hast es geschafft, klasse!«

In ihrem Bauch kribbelte es vor Freude darüber, dass Kai daran gedacht hatte und sie anrief.

»Danke«, antwortete sie leise und hoffte, er würde ihr Lächeln hören.

An Kais Ende der Leitung hupte ein Auto. Stand er in derselben Kreuzberger Telefonzelle, von der aus sie am Tag des Schah-Besuches die Krankenhäuser nach ihm abtelefoniert hatte?

Ihre Mutter streckte den Kopf ins Wohnzimmer. Sie war geschminkt und frisiert, trug aber noch einen Bademantel. »Was gibt's denn jetzt noch zu bekakeln? Du siehst Dora doch gleich. Wenn ihr euch nicht beeilt, verpasst ihr den Termin für euer Klassenfoto.«

Damit verschwand sie im Schlafzimmer.

»Ich hab's gehört, du musst gehen«, sagte Kai, schob nach kurzem Zögern jedoch noch hinterher: »Ich hab mich wie ein Vollidiot benommen. Verzeihst du mir noch mal?«

»Was ist mit Daisy?«

»Sie bricht demnächst mit Gunnar nach Indien auf. Ich habe darüber nachgedacht, mitzufahren. Ich tu's nicht, ich möchte mein Studium auf die Reihe kriegen. Aber vor allem will ich dich nicht verlieren.«

»Ich dich auch nicht.«

Wie von selbst entschlüpften ihr diese Worte. Sie verabredeten sich, zu telefonieren, wenn ihre Mutter donnerstags in der Kirche und ihr Vater mit der Arbeit beschäftigt wäre.

Zum Schluss sagte Kai: »Wenn du gehst, schau mal in euren Briefkasten.«

Dort fand Edda eine Postkarte, auf die Kai wenige Zeilen eines Liedes geschrieben hatte:

Ain't too proud to beg and you know it
Please don't leave me girl
Ain't too proud to plead, baby, baby
Please don't leave me girl

Mit der beschwingten Melodie von The Temptations im Ohr machte sich Edda auf den Weg zur Elisabethenschule, und obgleich der Himmel wolkenverhangen und die Eschersheimer Landstraße vom Lärm und Staub des U-Bahn-Baus erfüllt war, erschien es ihr, als liefe sie in einen paradiesischen Tag hinein. Kai liebte sie noch und vermisste sie. Ihr Hausarrest war überstanden und in wenigen Stunden würde sie ihr Abschlusszeugnis in den Händen halten. Nichts schien zu ihrem Glück zu fehlen.

*

In der Aula war jeder einzige Stuhl besetzt. Ganz vorne saßen, aufrecht und festlich gekleidet, die Abiturientinnen mit ihren Lehrerinnen und Lehrern, dahinter die Eltern, auf den Lippen ein stolzes Lächeln oder in feierlichem Ernst. Eddas Hände zitterten leicht, als sie ihr ersehntes Abiturzeugnis sowie den Glückwunsch der Direktorin entgegennahm. Unter Beifall kehrte sie zu ihrem Platz zurück, dabei winkte sie ihren Eltern kurz zu. Dezent hob ihre Mutter die Hand, ihr Vater nickte. Es wurde still und der nächste Name aufgerufen.

Ariane, die als eine der Besten abgeschlossen hatte, drückte Eddas Hand und flüsterte: »Wir haben es geschafft. Bin ich froh!«

Ariane hatte sich ihr blondes Haar noch kürzer schneiden lassen, so dass sie nun große Ähnlichkeit mit der berühmten Twiggy hatte, nur so dünn wie das Model sah sie nicht aus. Ihr helles Kleid war gewagter als das der meisten, und plötzlich kam sich Edda in ihrem knielangen Rock spießig vor.

Erneut brandete Applaus auf, als Dora mit ihrem glänzenden Zeugnis die Stufen der Bühne hinunterschritt. Sie würde gern Ärztin werden, doch ihre Eltern waren dagegen, dass ein Mädchen jahrelang studierte. Dora beneidete Edda darum, dass Noltings an diesem Punkt fortschrittlich dachten. Oft genug betonte Franziska Nolting, wie dankbar Edda für das Privileg zu sein hätte, studieren zu dürfen. Wenn Edda einwandte, nicht sicher zu sein, ob sie das überhaupt wollte, wurde das mit einem Handstreich fortgewischt.

Nun, da ihre Zensuren bloß mäßig ausgefallen waren, würde es ihre Mutter aufgeben müssen, Edda zu einem Medizinstudium zu drängen. Ohnehin stellte sich Edda ihr neues Leben anders vor, als schon wieder eine Art Schulbank zu drücken. An einer zündenden Idee, was sie stattdessen tun wollte, mangelte es ihr leider noch. Edda fiel die Anzeige ein, die ihre Französischlehrerin Madame Lebon ihr gegeben hatte, nachdem sie in deren Prüfung erstaunlich gut abgeschnitten hatte – der einzig positive Nebeneffekt ihres Hausarrestes. Was, außer zu büffeln, hätte sie sonst machen können? Nebenbei hatte sie französische Musik gehört, von Juliette Gréco und Jacques Brel, aber auch französische Chansons des deutschen Liedermachers Reinhard Mey. Sie hatte die Texte auswendig gelernt und mitgesungen, was sich offenbar rentiert hatte, denn am Ende der mündlichen Prüfung hatte sich Madame Lebon lobend geäußert: »Ich sehe, wie hart du gearbeitet hast. Deine Aussprache ist viel besser geworden.« Über den Rand ihrer Hornbrille hinweg hatte sie Edda so wohlwollend angeschaut wie nie zuvor. »Die Mängel in der Grammatik ließen sich rasch beheben, wenn du etwas Zeit in Frankreich verbringen würdest.«

Edda musste höchst überrascht ausgesehen haben, denn ihre Lehrerin hatte lachend ihre Brille abgenommen und plötzlich viel jünger gewirkt. »Ja, warum denn nicht? Oder hast du schon andere Pläne für deine Zukunft?«

Als Edda verneint hatte, hatte Madame Lebon ihr ein Papier gereicht. »Interessiert dich dieses Angebot? Denk einmal darüber nach. Aber nicht zu lange, denn eine Kopie davon hänge ich für alle ans Schwarze Brett.«

Während sich nun Beifall, Stille und anerkennende Worte der Direktorin abwechselten, überlegte Edda, wo die Anzeige von Madame Lebon geblieben war. Hatte sie sie in irgendeine Schublade gelegt? Oder steckte sie noch in ihrer Schultasche? Wenn sie nach Hause käme, würde sie danach suchen.

In diesem Augenblick trat Karin ans Mikrophon. Ihr war die Aufgabe zuteilgeworden, sich im Namen aller Abiturientinnen bei den Lehrerinnen und Lehrern zu bedanken. Edda bewunderte, wie souverän Karin vor dem großen Publikum sprach. Es wurde milde gelächelt, hier und da tupften sich Mütter eine Träne der Rührung ab. Vereinzelt lachte jemand, als Karin sagte, dass sie es zu schätzen wisse, in der Elisabethenschule nicht übermäßig mit Regeln gequält worden zu sein, die ihr das Lernen verleidet hätten. Das ermutige sie, eine unkonventionelle Rede zu halten, die sie dem Thema »Erziehung zum Ungehorsam als Aufgabe einer demokratischen Schule« widmen wolle.

Erziehung zum Ungehorsam? Im ersten Augenblick meinte Edda, sich verhört zu haben. Doch als es schlagartig in der Aula so still wurde, dass man eine Stecknadel hätte fallen hören können und Ariane unverhohlen grinste, wusste Edda, dass sie Karin richtig verstanden hatte. Diese sprach nun über Benno Ohnesorg, der von einem Polizisten erschossen worden war, dessen Aufgabe es hätte sein sollen, die Menschen und ihre Freiheiten zu schützen. Mit ruhiger Stimme führte Karin aus, was sie über die erschütternden Geschehnisse dachte, und mit jeder Minute wuchs Eddas Hochachtung vor ihrer Mitschülerin, die sich traute, Erwachsenen, die vermutlich zum großen Teil wie ihre Eltern eingestellt waren, ihre Meinung zu sagen. In den Reihen der Eltern hatte sich das anfänglich ungläubige Schweigen in ein eisiges verwandelt. Auch einige Lehrerinnen und Lehrer wirkten wie gelähmt. Doch Karin ließ sich davon nicht aufhalten. Ergäbe sich aus den Lehren der Vergangenheit für die Schule nicht der Auftrag, kritisches Denken junger Menschen zu fördern, damit sie sich nicht zu Jasagern und Mitläufern entwickelten, sondern in der Lage wären, Widerstand zu leisten? Hätte der Polizist Karl-Heinz Kurras vielleicht nicht auf Benno Ohnesorg geschossen, wenn ihm das jemand beigebracht hätte?

Mittlerweile glühten Eddas Wangen. Was Karin dort am Pult vortrug, war ungeheuerlich. Unfassbar mutig. Einfach großartig. Es gelang ihr, Eddas unausgegorenen Gedanken zu bündeln und auf den Punkt zu bringen. Könnte die Welt eine bessere werden, wenn Kinder früh lernten, das, was Autoritäten sagten, infrage zu stellen? Dann müssten sich die deutschen Schulen radikal verändern. Edda fühlte sich hellwach, während sie Karins Worten aufmerksam lauschte und sich gleichzeitig ihre eigenen Gedanken machte. Hätten Kriege verhindert werden können, wenn frühere Generationen dazu angehalten worden wären, für die eigene Meinung einzutreten, anstatt sich den Obrigkeiten anzupassen? Wenn junge Menschen sich nicht einmal trauten, ihren Lehrern und Eltern Paroli zu bieten, woher sollten sie dann den Mut nehmen, sich gegen einen Diktator aufzulehnen?

Edda meinte zu spüren, wie sich in den Reihen der Elternschaft eine Welle der Entrüstung aufbaute. Die Gesichter der meisten ihrer Mitschülerinnen leuchteten jedoch. Nur wenige starrten auf ihre Hände, als wären sie mit Karins Rede nicht einverstanden.

Hinter ihnen begannen Leute zu tuscheln. Ohne sich umzuwenden, wusste Edda, dass ihre Mutter schmallippig geworden war, und ihr Vater die Arme wie ein Schutzschild vor der Brust verschränkt hielt. Edda hingegen wünschte, Karin würde nicht aufhören zu reden. Doch Karin steuerte auf das Ende ihrer Ansprache zu. Sie hoffte auf eine Schule, in der Ordnung und Auflehnung gleichermaßen zählten, und forderte mit den Worten André Gides dazu auf, alles, einfach alles infrage zu stellen.

Die meisten Mitschülerinnen applaudierten, als sie das Pult verließ, selbst einige Lehrerinnen, Lehrer und Eltern zollten ihr verhaltenen Beifall. Arianes Mutter war sogar aufgestanden. Viele jedoch schwiegen und wirkten schockiert. Edda vermied es, dem Blick ihrer Eltern zu begegnen. Sie hatte wenig Lust, sich diesen Moment der Begeisterung verderben zu lassen.

Später, als sie gemeinsam mit ihren Eltern die Schule verließ, lief Karin an ihnen vorbei. Kopfschüttelnd sah Viktor Nolting ihr nach und sagte halblaut: »Wie bedauerlich, dass eine so hübsche, junge Frau derart aufrührerisch daherreden muss. Wenn das meine Tochter wäre …«

Was dann passieren würde, ließ er offen. Franziska Nolting fügte gereizt hinzu: »Hättet ihr andere Sorgen, dann würdet ihr nicht solch dummes Zeug quatschen.«

Edda schwieg, aber als Karin sich noch einmal umdrehte, um nach jemandem Ausschau zu halten, winkte sie ihr überschwänglich zu, als wären sie beste Freundinnen. Plötzlich kam Edda ein Gedanke. Sie entschuldigte sich bei ihren Eltern und hastete noch einmal ins Schulgebäude zurück. Am Schwarzen Brett hing noch immer die Kopie der Anzeige ihrer Französischlehrerin. Ohne zu zögern, riss Edda sie ab, faltete sie zusammen und steckte sie in ihre Handtasche.

Bevor sich alle verliefen, bat Viktor Nolting einen anderen Mann, von ihnen ein Foto zu machen. Auf dem Bild würde eine glückliche Familie zu sehen sein: Eingehakt bei Edda, rahmten Franziska und Viktor Nolting ihre strahlende Tochter ein. Was ihnen wohl in jenem Moment durch den Kopf gegangen sein mochte? Edda jedenfalls dachte an die von Karin zitierten Worte des Dichters Günter Eich: »Seid unbequem, seid Sand, nicht das Öl im Getriebe der Welt!« Jedes Mal, wenn sie später das Foto betrachtete, erinnerte sie sich daran.

*

Zur Feier von Eddas Abitur hatte Viktor Nolting in einem Restaurant nahe dem Bad Homburger Schlosspark einen Tisch reserviert. Edda freute sich darauf, nach dem Essen in der weitläufigen Anlage spazieren zu gehen, weil sie hoffte, dabei ungestört ein paar Worte mit ihrem Bruder Joachim zu wechseln.

»Da sind Peter und Martina!«, rief Franziska Nolting und winkte ihrem Sohn und ihrer Schwiegertochter zu. »Die haben sich aber schick gemacht«, lobte sie Peters dunklen Anzug und Martinas helles Kostüm mit passendem Sommerhut, der gar nicht nötig gewesen wäre, noch immer war der Himmel bedeckt. »Aber wo haben sie die Zwillinge gelassen? Ich sehe sie gar nicht.«

Edda vermutete, dass sich die Mädchen hinter Peters Wagen versteckt hielten und mit unterdrücktem Kichern darauf warteten, ihren Großeltern einen Schrecken einzujagen.

Viktor Nolting parkte neben dem Mercedes mit Stuttgarter Kennzeichen und brummte: »Jetzt leistet sich der Junge schon einen teureren Wagen als ich.«

»Du weißt doch, dass er ihn als Mitarbeiter günstiger bekommt«, beschwichtigte ihn seine Frau.

Als sie Peter und Martina begrüßten, sprangen zwei Mädchen in geblümten Sommerkleidern und mit blonden Rattenschwänzen aus ihrer Deckung hervor und umarmten jubelnd ihre Großmutter.

»Jutta, Ingrid, nicht so wild. Ihr zerdrückt der Oma das hübsche Kleid«, tadelte Martina, doch Franziska Nolting lachte. Ihre Verstimmung ließ sie sich nicht mehr anmerken.

»Lass nur, Martina, sie machen doch nur Spaß.«

»Uns hättest du früher die Leviten gelesen«, sagte Peter, und insgeheim stimmte Edda ihm zu. Zwar wollte sie nicht missgünstig sein, aber mitanzusehen, dass sich ihre Mutter gegenüber den Enkelinnen stets liebevoll gab, versetzte Edda einen Stich.

Franziska Nolting winkte ab und nahm die Mädchen an die Hand, eins auf jede Seite. »Das ist etwas ganz anderes. Schließlich muss ich Jutta und Ingrid nicht erziehen. Das ist eure Aufgabe.«

Sie widmete sich Ingrids Stoffhasen, derweil Peter Edda zum bestandenen Abitur gratulierte, um anschließend mit seinem Vater über die neuesten Automodelle zu fachsimpeln. Unterdessen fuhr Joachim vor. Er kam aus Essen angereist. Voller Freude winkte Edda ihm entgegen. In seiner hellen Hose und dem Sakko sah er weniger förmlich aus als Peter, keinesfalls wie ein Rechtsanwalt von über dreißig. Sein Opel nahm sich neben Peters Mercedes bescheiden aus, aber das störte Joachim nicht. Auf Eddas Frage, wo er denn seine Familie gelassen hätte, erklärte er: »Markus hat heute Morgen Fieber bekommen. Deshalb ist Helga mit ihm zu Hause geblieben. Es tut ihr sehr leid und ich soll euch alle schön grüßen.«

»Wie schade.« Enttäuscht schürzte Franziska Nolting die Lippen. »Aber Fieber darf man bei einem Baby nicht auf die leichte Schulter nehmen. Helga muss darauf achten, dass Markus genug trinkt.«

»Das tut sie bestimmt, Mutter.«

Das Restaurant war gut besucht, erfüllt von Gesprächen und Gelächter. Ein befrackter Kellner führte sie zu ihrem Tisch, der an einem hohen Fenster stand, mit einem schönen Blick auf die großzügige Terrasse, auf der sie gesessen hätten, wäre es nicht so kühl geworden. Edda saß neben Joachim und Jutta, die Edda stolz erklärte, dass sie und ihre Schwester im nächsten Jahr eingeschult werden würden.

»Und, freut ihr euch darauf?«, wollte Edda wissen.

»Ja, sehr«, antwortete Ingrid artig, während Jutta mit den Schultern zuckte.

»Nur, wenn die Lehrerin und die anderen Kinder nett sind.« Etwas unsicher blickte sie zu Edda auf. »Aber das weiß ich ja jetzt noch nicht.«

Ermutigend lächelte Edda ihre Nichte an. »Ganz bestimmt wird es in deiner Klasse Kinder geben, die du magst.«

Jutta lehnte daraufhin ihren Kopf einen kurzen, vertrauensvollen Moment lang an die Schulter ihrer »Lieblingstante Edda«, wie sie sie immer nannte. Edda strich ihr liebevoll über den Kopf. Dann erschien ein Kellner, um die Essensbestellung aufzunehmen. Nachdem er die Getränke serviert hatte, hob Viktor Nolting sein Sektglas und brachte einen Toast auf Edda aus, woraufhin alle miteinander anstießen, Jutta und Ingrid mit Limonade.

Joachim umarmte Edda herzlich. »Jetzt ist unser Nesthäkchen also auch mit der Penne fertig. Erzähl mal, Edda, wie war dein letzter Tag? Hat euch die Direktorin mit weisen Worten verabschiedet?«

»Es war fürchterlich!«

»Franziska!« Durch den Rauch seiner Zigarre blickte Viktor Nolting seine Frau warnend an. »Nicht jetzt.«

In einem Zug leerte Franziska Nolting ihr Glas, das der eilfertige Kellner sogleich auffüllte. Eddas Lust auf Sekt war schlagartig versiegt. Die anderen hingegen drangen darauf, mehr zu erfahren. In wenigen Sätzen fasste Franziska Nolting Karins Rede zusammen, stellte es allerdings so dar, als hätte Karin zu einer erbarmungslosen Revolution gegen den Lehrkörper aufgerufen. Edda knetete ihren Ärger in eine Serviette und warf Joachim ab und zu einen entnervten Blick zu, auf den dieser, was sie ein wenig tröstete, mit einem Augenrollen reagierte. Es war ihr Ehrentag. Konnte sich ihre Mutter nicht Edda zuliebe zusammenreißen?

»Hat sie tatsächlich Erziehung zu Ungehorsam gefordert?«, fragte Martina ungläubig. »Daran erkennt man, dass sie noch keine eigenen Kinder hat. Sonst wüsste sie, dass die kleinen Racker von Natur aus ungezogen sind. Dass sie nicht tun und lassen können, was sie wollen, müssen wir ihnen beibringen.«

»Völlig richtig, Martina.« Offenbar hatte Viktor Nolting genug davon, nur zuzuhören. »So ein junges Ding hat noch keine Ahnung vom Leben. Deshalb sollte man ihre Äußerungen nicht zu wichtig nehmen.«

Eddas Wangen brannten. Damit meinte ihr Vater ja wohl auch sie. Wie sie diese herablassende Art hasste.

Peter zündete sich eine Zigarette an und lehnte sich in seinem Stuhl zurück. »Als ob ich Jutta und Ingrid je auf eine Schule schicken würde, in der sie lernten, aufmüpfig zu werden.« Er grinste, als würde er einen Witz erzählen. »Ich meine, noch aufmüpfiger. In ein paar Jahren, Joachim, wirst du mir recht geben.«

»Wir werden sehen.«

Edda betrachtete die zwei kleinen Mädchen, die artig am Tisch saßen und einen Turm aus Bierdeckeln bauten. Besonders rebellisch wirkten sie nicht.

Der Kellner brachte das Essen, und vorsichtig, um sie später weiterrauchen zu können, drückte Viktor Nolting seine Zigarre im Aschenbecher aus. Einen friedlichen Moment lang unterhielten sie sich über den köstlichen Geschmack des zarten Filets und versuchten herauszufinden, welche Kräuter und Gewürze sich in der exquisiten Soße verbargen.

»Werdet ihr euch *Our World* im Fernsehen anschauen?«, fragte Joachim, und Edda war ihm dankbar, dass er ein neutrales Thema aufbrachte. »Helga und ich haben das zum Anlass genommen, uns einen neuen Apparat zu kaufen.«

Hunderte Millionen von Menschen auf der ganzen Erde würden am nächsten Tag die Live-Sendung *Unsere Welt* verfolgen, die allererste weltweite Satellitenübertragung. Jedes Land erhielt Sendezeit, um seinen Alltag, Sport oder Kultur zu präsentieren.

»*Auawöld*? Was ist das denn? Darf ich das auch sehen?«, wollte Ingrid wissen und erntete, weil sie mit vollem Mund sprach, einen strafenden Blick von Peter.

»Dann liegst du längst im Bett.« Martina und er würden sich dieses epochale Fernsehereignis jedoch nicht entgehen lassen, genauso wenig wie Edda und ihre Eltern.

»Ich habe gehört, für Großbritannien treten die Beatles auf«, mischte sich Edda ins Gespräch. »Es heißt, extra für diese Sendung hätten sie ein neues Lied komponiert.«

Ihr Vater wischte mit einer Serviette seine Lippen ab. »Müssen die Tommies ihr Land wirklich von diesen Gammlertypen präsentieren lassen? Haben sie nichts Besseres vorzuweisen?«

Franziska Nolting nickte. »Wir Deutschen werden mit einer Probe der Wagner-Oper *Lohengrin* dabei sein. Das ist Kultur.«

»Das bestreitet ja niemand«, sagte Edda. »Aber das heißt doch nicht, dass die Beatles nicht auch gute Musik machen. Außerdem hast du letztens selbst bei *Yesterday* mitgesummt.«

Viktor Nolting lachte auf und legte seine Hand auf die seiner Frau. Franziska Nolting entzog sie ihm, aber er tat, als hätte er es nicht gemerkt. »Ich finde, mit ihrem *Yeah, Yeah, Yeah* klingen sie, als hätten sie Zahnschmerzen.«

Jutta und Ingrid kicherten, darum schob Viktor Nolting noch ein übertriebenes »Yeah« hinterher. Jetzt lachten alle, bis auf Edda und Joachim, der sein Besteck ablegte, etwas lauter, als es nötig gewesen wäre.

»Die Platten der Beatles verkaufen sich allein in Deutschland millionenfach«, sagte er. »Das sind erfolgreiche Musiker. Die Briten wissen schon, was sie tun.«

»Natürlich stehst du mal wieder auf der Seite deiner Schwester«, nörgelte Franziska Nolting.

Edda gab die Hoffnung auf einen harmonischen Nachmittag auf. Gleichgültig, worüber sie sprachen, ihre Eltern meinten ja doch, alles besser zu wissen. Sie bemühten sich nicht einmal, Eddas Ansichten zu verstehen. Während Viktor Nolting das Gespräch auf die Kanzlei lenkte, in der Joachim arbeitete, rang Edda mit sich. Karin hatte es gewagt, ihre Meinung öffentlich zu vertreten. Sollte Edda dazu nicht wenigstens im Kreise ihrer Familie den Mut aufbringen?

Sie räusperte sich und sagte in eine kurze Gesprächspause hinein: »Joachim hatte ja mich gefragt, wie ich meine Abiturfeier fand.« Sie schaute ihren Bruder an. »Willst du das noch wissen?«

»Na, klar.«

»Karins Rede war brillant. Sie hat darüber gesprochen, was wir aus der Geschichte für unsere Demokratie lernen können. Vielleicht wäre unsere Welt eine bessere, wenn wir mehr Fragen stellen und nicht so leicht hinnehmen würden, was uns erzählt wird.« Von den Älteren, fügte Edda gedanklich hinzu, sagte es aber nicht. Das war aber auch gar nicht nötig, denn Franziska Nolting verstand sie genau.

»Da habt ihr's. Mädchen wie diese Karin und Ariane setzen Edda Flausen in den Kopf.«

»Ich wollte bloß erklären, wieso ...«

»Jetzt ist mal Sense mit dieser Karin. Sie verdirbt einem das ganze Essen«, brummte ihr Vater und legte sein Besteck beiseite. »Deiner Generation fehlt es an nichts. Und ausgerechnet ihr wünscht euch das Chaos? Das entsteht nämlich, wenn man die Welt aus den Angeln hebt. Ob es euch passt oder nicht, Autoritäten verdienen Respekt, und wer das nicht einsieht, kommt vom rechten Weg ab.«

»Aber Papa, du hast uns doch selbst von deinem Deutschlehrer erzählt, der sofort, wenn ein Schüler nicht parierte, den Rohrstock gezückt hat.«

»Richtig, Edda, so war das damals. Und wenn der Stock unter den Schlägen zerbrach, wurde einer von uns losgeschickt, um einen neuen zu kaufen, und zwar zackig.«

»Damit der Lehrer euch weiter verprügeln konnte. Hattest du denn nie den Wunsch, dich seiner Anweisung zu widersetzen?«

»Was für ein Blödsinn«, sagte Viktor Nolting, und Joachim warf Edda einen Blick zu, der besagte, sie solle es gut sein lassen. Die Zwillinge schauten abwechselnd zu Edda und ihrem Großvater, Martina räusperte sich unbehaglich. Dass gerade Joachim sie ausbremste, brachte Edda aus der Fassung. Ihr schossen die Tränen in die Augen. Unter dem Tisch spürte sie Juttas kleine, warme Hand, die ihre tröstlich ergriffen hatte. Alle waren froh, als in diesem Moment der Kellner mit dem Nachtisch erschien, Eis mit Früchten. Wer wollte, bekam Kaffee.

»Apropos rechter Weg«, sagte Peter zu Edda, die sich bemühte, zusammen mit dem köstlichen Erdbeereis den Kloß in ihrem Hals hinunterzuschlucken. »Was hast du denn jetzt für Pläne?«

»Das überlege ich mir noch.«

Franziska Nolting ließ einen lang gezogenen Seufzer vernehmen, der alle daran erinnerte, wie bekümmert sie darüber war, dass keines ihrer Kinder eine medizinische Laufbahn einschlagen würde. »Dass Edda die Möglichkeit zu studieren, in den Wind schlägt, dafür habe ich nicht das geringste Verständnis. Wenn ich bedenke, wie hart ich dafür kämpfen musste ...«

Peter unterdrückte ein Gähnen. »Ach, Mutter, ich habe doch auch nicht studiert und aus mir ist trotzdem etwas geworden.«

»Du hattest ja auch ein Ziel.«

Ihre Mutter klang, als lebte Edda gedankenlos in den Tag hinein. Dabei hatte sie gerade ihr Abitur bestanden.

»Ich weiß, du möchtest von unseren Vorschlägen nichts hören«, sagte Franziska Nolting, an ihrem Sekt nippend. »Aber was du stattdessen willst, das weißt du auch nicht.«

»Doch, Mutter«, hörte sich Edda plötzlich klar und deutlich sagen.

»Ach, ja?«

Edda hatte nicht vorgehabt, mit ihren Eltern über Madame Lebons Annonce zu sprechen. Nicht an diesem Tag. Lediglich auf eine Gelegenheit, Joachim zu fragen, was er von der Sache hielte, hatte sie gehofft. Doch nun war es ihr einfach herausgerutscht, und alle warteten auf ihre Erklärung. Also holte Edda die Anzeige aus ihrer Handtasche hervor und reichte sie weiter an ihre Mutter.

»Was ist das?«, erkundigte sich Viktor Nolting.

»Madame Lebon hat mir geraten, für ein Jahr als Au-pair nach Paris zu gehen«, erklärte Edda. »Die Familie Brunet sucht ab September eine neue Hilfe, die sich um ihren Haushalt und die Kinder kümmert. Ich möchte mich um diese Stelle bewerben. Wenn ihr es mir erlaubt.«

»Paris …«, murmelte Franziska Nolting fast etwas hilflos, während sie ihre Lesebrille aufsetzte, um die Informationen zu studieren.

Paris!, dachte Edda, und auf einmal wollte sie um jeden Preis dorthin, weit fort von Kontrolle und Hausarrest. Gespannt wartete sie ab. Noch hatten ihre Eltern nicht widersprochen. In Edda keimte Hoffnung auf, als sie sah, dass ihr Vater nachdenklich seine Zigarre ablegte und ihre Mutter die Anzeige ein weiteres Mal las. Dachten ihre Eltern ernsthaft darüber nach? Würde sie nach Paris gehen?

Joachim prostete Edda zu, als wäre die Entscheidung bereits besiegelt. »Das ist ja großartig. Warum rückst du erst jetzt damit heraus?«

»Und das hat dir deine Lehrerin vorgeschlagen?«, hakte Franziska Nolting nach. Die Meinung einer Lehrerin würde sie nicht einfach ignorieren.

»Aber ja. Madame Lebon hat mich sogar darin bestärkt. Sie ist der Ansicht, es würde sich lohnen, an meinem Französisch zu arbeiten. Sie hat angeboten, mit euch darüber zu sprechen.«

Unerwartet erhielt Edda Unterstützung von Martina, die sich ebenfalls über die Anzeige gebeugt hatte. »Drei Kinder im Grundschulalter.« Martina wirkte höchst amüsiert.

»Glaub mir, Edda, du würdest im Nullkommanix begreifen, wie wichtig es ist, dass Kinder gehorchen.«

Edda zwang sich zu einem Lächeln.

»Der Mann ist Physikprofessor, seine Frau Lehrerin. Das scheinen ordentliche Leute zu sein«, befand Peter.

»Freie Kost und Logis«, las Franziska Nolting vor. »Edda bekäme Taschengeld und einen Sprachkurs bezahlt. Viktor, was sagst du dazu?«

Viktor Nolting reagierte nicht, und erst jetzt fiel Edda auf, dass er reglos, wie versteinert, dasaß und auf die Terrasse starrte.

»Viktor? Was ist mit dir?«

Viktor Noltings Blick war auf seine Frau fokussiert, dann, als wäre nichts gewesen, nahm er die vorhin abgelegte Zigarre auf und rauchte sie weiter. Er winkte dem Kellner und bestellte in bestimmtem Ton die Rechnung. Als er sich anschließend an Edda wandte, wirkten seine grauen Augen metallisch und hart. »Aus Paris wird nichts«, sagte er. »Schlag dir das aus dem Kopf.«

Wie vom Donner gerührt saß Edda da, und selbst ihre Mutter schaute ihn irritiert an. »Warum denn, Viktor?«

»Du bist als junger Mann doch selbst gern gereist«, sprang Joachim Edda bei. »Rom, Madrid, Sevilla, Rio de Janeiro. Davon hast du uns vorgeschwärmt. Weißt du noch?«

»Frankreich kommt nicht infrage!«

Ein Basta war nicht mehr nötig, um zu wissen, dass Viktor Noltings Entscheidung gefallen war.

Paris,
August 1967

Der Zug fuhr langsamer. Nur noch wenige Minuten, dann würde sie am Bahnhof Gare de l'Est aussteigen. In ihrem Kopf summte sie die Melodie von Edith Piafs *Sous le ciel de Paris*. Die freudige Erwartung, die in Eddas Magen prickelte, mischte sich mit einer Prise Angst. Würde sie in Paris zurechtkommen? Mit Madame und Monsieur Brunet, mit den Kindern? Und würde ihr Französisch ausreichen, um sie zu verstehen?

Während Edda zusah, wie einige Mitreisende bereits Koffer und Taschen von den Gepäckstangen hievten und aus dem Abteil schoben, kam es ihr immer noch unwirklich vor, dass ihr bisher größtes Abenteuer tatsächlich begonnen hatte. Würde man sie in diesem Augenblick fragen, mit wem sie ihr Leben gern tauschen wollte, fiele Edda die Antwort leicht: Mit niemandem, und auch an keinem anderen Ort wollte sie sein. Sie war zutiefst dankbar dafür, dass ihr Vater, wenn auch zähneknirschend, ihren Plänen zugestimmt hatte. Was genau ihn dazu bewogen hatte, war Edda zwar nicht klar, doch eins wusste sie: Ohne die bedachte Unterstützung ihrer Lehrerin säße sie jetzt nicht in diesem Zug. Edda nahm sich fest vor, die allererste Postkarte an Madame Lebon zu schreiben. Die zweite würde Kai bekommen. Er arbeitete während des Sommers in einer Berliner Fabrik, weshalb es ihm nicht möglich gewesen war, vor Eddas Abreise nach Frankfurt zu kommen. Das blieb der einzige Wermutstropfen, ansonsten war es ihr nicht sonderlich schwergefallen, Frankfurt zu verlassen. Zu sehr sehnte sie sich danach, ihr eigenes Leben zu führen. Eine gewisse Rührung darüber, wie ausdauernd ihre Eltern ihr nachgewinkt hatten, empfand Edda trotzdem.

Bis auf ein Ehepaar mittleren Alters, das mit Edda im Abteil sitzen geblieben war, drängten sich die meisten Passagiere schon auf dem Gang. Als Edda das Fenster öffnete, blies ihr der Fahrtwind entgegen und ließ ihr Haar flattern. Ob man von hier aus den Eiffelturm sehen konnte? Nein, die Aussicht war alles andere als spektakulär, dennoch durchflutete Edda ein Gefühl von Freiheit, so intensiv und neu, dass es sie berauschte.

»*Mademoiselle, pourriez-vous fermer la fenêtre, s'il vous plaît?*«

»*Excusez-moi*«, entschuldigte Edda sich sofort und schloss das Fenster. Die Dame, die gefragt hatte, strich ihre Frisur zurecht.

»*Merci bien, Mademoiselle.*« Sie lächelte nun. »Machen Sie in Paris Urlaub?«

Edda verneinte. »Ich werde hier arbeiten, als Au-pair.«

»Ah, *très bien*. Bestimmt wird Ihnen Paris gefallen«, prophezeite die Dame. »Sie werden sehen, am Ende wollen Sie gar nicht mehr weg.«

»Aber nehmen Sie sich auch in Acht«, sagte ihr Mann mit einem Augenzwinkern, das keinen Zweifel daran ließ, dass er Edda scherzhaft vor den französischen Männern warnte. Im selben Moment kam der Zug zum Stehen. Edda raffte ihr Gepäck zusammen und verabschiedete sich. Auf einmal konnte ihr das Aussteigen nicht schnell genug gehen.

Auf dem Bahnsteig setzte sie ihren Koffer ab und atmete tief durch. Alles roch ungewohnt, ganz anders als in Frankfurt; ein Geruch, den sie für immer mit der Ankunft in einem neuen Leben verbinden würde. Aber wo war Monsieur Brunet? Es hatte doch geheißen, dass er Edda vom Bahnhof abholen würde. Hatte er sich verspätet? Dann, so hatte Madame Brunet sie per Brief angewiesen, sollte Edda an einem der Blumenstände auf ihn warten. Edda steuerte den kleinsten an, weil dort nicht viel los war. Hier würde Monsieur Brunet sie sicher finden.

»Edda.«

Erleichtert wandte sie sich um. Während sich in ihrem Kopf noch französische Worte zu Begrüßungsfloskeln sortierten, traute sie ihren Augen nicht. Das konnte nicht wahr sein! Edda stellte die Koffer ab und starrte entgeistert Kai an, der ihr grinsend eine rote Rose entgegenhielt.

»*Bienvenue à Paris*«, sagte er, und einen Augenblick später lagen sie sich in den Armen. Als Edda Kais Schweiß roch, den Kaffee und die Zigaretten auf seinen Lippen schmeckte, begriff sie endgültig, dass er leibhaftig vor ihr stand. Es war unglaublich: Kai war in Paris.

»Was machst du denn hier? Musst du nicht arbeiten?« Gleichzeitig huschte Eddas Blick zu den Blumenständen. Jeden Moment könnte Monsieur Brunet auftauchen. Was für einen Eindruck bekäme er von ihr, wenn er sie knutschend anträfe?

Kai lachte und strich ihr zärtlich das Haar aus der Stirn. Seines war noch länger geworden, er hatte es zu einem Zopf zusammengebunden. »Es war eine ganz spontane Idee. Du warst so traurig, dass ich nicht zu deiner Abschiedsfeier gekommen bin. Deshalb dachte ich, das mache ich wieder gut und begrüße dich in Paris.«

In der Fabrik hatte Kai ordentlich verdient und sich ein gebrauchtes Moped gekauft. Damit war er, nachdem sein Chef sich hatte breitschlagen lassen, Kai ein paar Tage Urlaub zu geben, nach Paris gedüst.

»Was bist du für ein verrückter Kerl«, sagte Edda, während sie ihm über die Wange strich.

Kai zog sie enger an sich. »Ich hoffe, das ist als Kompliment gemeint.«

Wieder küssten sie sich, aber irgendetwas fühlte sich für Edda nicht richtig an. Was war los mit ihr? Tausend Kilometer hatte Kai zurückgelegt, um sie in Paris mit einer Rose zu empfangen. Gab es etwas Romantischeres? Müsste sie vor Glück nicht geradezu platzen? Stattdessen kam sie sich überrumpelt vor, so, als hätte Kai ihr einen Moment gestohlen, der für sie allein bestimmt gewesen war.

Als Edda die Augen öffnete, entdeckte sie an einem der Blumenstände einen hochgewachsenen, dunkelhaarigen Mann, der sich suchend umschaute. Immer wieder blickte er auf seine Armbanduhr. War das Monsieur Brunet? Sanft löste sie sich aus Kais Umarmung und erklärte ihm knapp die Situation. Offenbar hatte Kai bei der ganzen Aktion keinen Gedanken an Eddas Gastfamilie verschwendet. Es tat ihr leid, ihn am Bahnhof stehen zu lassen, aber es ging nicht anders.

»Wann sehe ich dich wieder?«, fragte Kai, wobei in seiner Stimme vernehmbar Enttäuschung mitschwang.

Während Edda beobachtete, wie Monsieur Brunet, wenn er es wäre, einen Blumenstrauß auswählte, dachte Edda fieberhaft nach. Schließlich hatte sie keine Ahnung, was die Brunets für das Wochenende geplant hätten. Trotzdem kam ihr eine Idee.

»Morgen Vormittag findet an der Alliance Française mein Test für die Einstufung zum Sprachkurs statt. Danach habe ich bestimmt etwas Zeit. Treffen wir uns doch mittags um zwölf Uhr am Eiffelturm.«

Der dunkelhaarige Herr bezahlte die Blumen, deshalb drückte Edda Kai einen Kuss auf den Mund und griff hastig nach ihrem Gepäck. »Ich muss gehen. Bis morgen.«

»Edda, warte! Soll ich dir nicht beim Tragen helfen?«, rief Kai ihr nach, doch Edda tat, als hätte sie ihn nicht mehr gehört.

*

Bereits auf der Fahrt zu den Brunets meinte Edda, in eine andere Welt einzutauchen. Sie war noch keine Stunde in Paris und schon hatte sie sich in die Stadt verliebt. Claude Brunet schien es Spaß zu machen, seinen Peugeot mal hupend, mal fluchend durch den Feierabendverkehr zu bugsieren und Edda dabei Kirchen, Museen und Straßen zu zeigen. Staunend betrachtete sie die pittoresken Fassaden der Gebäude, die großzügigen Boulevards voller Geschäfte und Cafés sowie die schmalen Sträßchen, in die sie kurze Einblicke erheischte. Als sie die Seine überquerten, wäre Edda am liebsten ausgestiegen, um am Flussufer die späte Nachmittagssonne zu genießen. Den Musikern mit ihren Gitarren hätte sie zu gern zugehört oder den Künstlerinnen und Künstlern über die Schulter geschaut, die ihre Staffeleien aufgestellt hatten, um auf ihren Leinwänden das magische Licht und Momente des trubeligen Lebens einzufangen. Einfach zauberhaft wirkte Paris auf sie, und dass sie eine Weile hier wohnen würde, erschien Edda wie ein Traum.

»*Merci*, Claude, was für schöne Blumen«, sagte Isabelle Brunet, die Nasenspitze in den Strauß Rosen getaucht, den ihr Mann für sie gekauft hatte. In ihren hochhackigen Schuhen war sie genauso groß wie Edda, hatte dunkle, fast schwarze, kinnlange Locken und freundliche Augen.

»Hatten Sie eine gute Reise, Edda?« Isabelle Brunet betonte den letzten Buchstaben ihres Namens, es klang elegant.

»*Oui, merci beaucoup, Madame Brunet.*« Mehr fiel Edda nicht ein, jedenfalls nicht auf Französisch.

Die Brunets führten Edda ins Wohnzimmer, den Salon, wo bereits der Tisch gedeckt war.

»Wir dachten, wir nehmen heute ein frühes *Dîner* ein«, sagte Madame Brunet, wobei sie Edda mit einer Geste einen Platz anbot. »Danach zeigen wir Ihnen unser *Quartier*, damit Sie wissen, wohin es Sie verschlagen hat.«

Vom Flur her vernahm Edda Gewisper. Monsieur Brunet rief lachend: »*Venez, les enfants!* Seid nicht so schüchtern und begrüßt Edda.«

Herein kamen Camille, Jean-Luc und Henri, deren Namen Edda bereits aus den Briefen kannte, die ihr Madame Brunet nach Frankfurt geschrieben hatte. Die zehnjährige Camille, ihrer Mutter wie aus dem Gesicht geschnitten, hielt ihre jüngeren Brüder an der Hand.

»*Bonjour, Mademoiselle*«, sagten die Kinder im Chor, worüber Edda schmunzeln musste. Alle drei betrachteten sie prüfend, aber auch etwas unsicher.

»Nennt mich bitte Edda«, erwiderte sie und war von Henris Zahnlücken, die sich zeigten, als der Kleine sie angrinste, sofort hingerissen. Gänzlich gebrochen wurde das Eis, als sie ihre Mitbringsel auspackte: einen Frankfurter Bembel, Apfelwein und mit Mandeln verzierte Bethmännchen. Obwohl es gleich Abendessen gäbe, durften alle das süße Gebäck probieren. Auf Französisch zu erklären, dass es ein Franzose namens Jean Jacques Gautenier kreiert hatte, der im 19. Jahrhundert als Küchenchef im Hause der Frankfurter

Bankiersfamilie Bethmann tätig gewesen war, fiel Edda nicht leicht. Doch die Brunets schienen sie zu verstehen, und erstaunt waren sie über die Geschichte nicht.

»Beim Essen macht uns Franzosen eben niemand etwas vor«, sagte Monsieur Brunet, was seine Frau gleich unter Beweis stellte, als sie ein köstliches Essen auftischte: als Vorspeise eine leichte Gemüsesuppe, gefolgt von gedünstetem Rindfleisch mit Kartoffeln, dazu ein Glas Rotwein für Edda und die Eltern Brunet sowie eine cremige Mousse au Chocolat.

»Bekommen wir auf dem Spaziergang trotzdem noch einen Crêpe?«, bat Camille ihren Vater.

»*Bien sûr*, zur Feier des Tages. Edda, wie ist es? Möchten Sie zuerst Ihr Zimmer sehen oder Notre-Dame?«

Edda musste nicht lange überlegen. Es zog sie in die Stadt, je eher, desto besser. Sie dachte an Kai. Was er jetzt wohl täte? Ob er sich Paris ansähe? Wo würde er schlafen? Das hatte Edda ihn gar nicht gefragt.

Während sie das benutzte Geschirr in die Küche trugen, erkundigte sich Madame Brunet: »Haben Sie schon entschieden, Edda, ob Sie uns morgen früh nach Orléans begleiten? Wir würden uns freuen.«

Nach Orléans? Davon war nie die Rede gewesen. Oder doch? Auf gar keinen Fall könnte sie jetzt wegfahren. Kai wartete doch auf sie. Sollte sie den Brunets das sagen? Aber wäre es nicht unhöflich, deren nette Einladung auszuschlagen?

Madame Brunet schien Eddas Irritation zu bemerken, denn sie wandte sich an ihren Mann. »Hast du Edda nicht gesagt, dass uns Marie-Claire über das Wochenende eingeladen hat?«

Wie sich herausstellte, war das Monsieur Brunet entfallen.

»Es ist eine schöne Idee«, antwortete Edda zögerlich. »Allerdings findet morgen mein Sprachtest statt.«

Mit der flachen Hand schlug sich Monsieur Brunet an die Stirn. »*Mais oui*, die Alliance Française! Das hatte ich völlig vergessen. Dabei habe ich Sie doch selbst dort angemeldet.« Ratlos sah er seine Frau an. »Wenn wir erst nach dem Test losfahren, wird es zu spät. Das würde Marie-Claires Planung durcheinanderbringen. *Mon dieu*, du weißt ja, wie sie ist.«

Mit einer bedauernden Geste sagte Madame Brunet zu Edda: »Verzeihen Sie, dass wir uns an Ihrem ersten Wochenende nicht ordentlich um Sie kümmern.«

Edda fiel ein Stein vom Herzen. »Machen Sie sich keine Sorgen, Madame. Ich komme schon zurecht.«

Etwas später bummelten sie durch die Straßen des Quartier Latin. Sie liefen an Notre-Dame vorbei bis hin zum Hôtel de Ville, gingen an der Seine spazieren, und wie versprochen, spendierte Monsieur Brunet Edda und den Kindern leckere Crêpes. Nachdem Edda später dabei geholfen hatte, Jean-Luc und Henri ins Bett zu bringen und Camille gute Nacht gesagt hatte, begleitete Madame Brunet sie in die sechste Etage, zu ihrem *Chambre de bonne*. Etwa zehn Quadratmeter war es groß und ausgestattet mit einem Bett, einem Stuhl, einem Klapptisch und einer hübschen Kommode, über der ein Spiegel hing. Unter der Dachschräge war ein Vorhang angebracht worden, hinter dem sich eine Stange mit Kleiderbügeln befand sowie eine Waschschüssel mit einem Krug.

»Die Toilette ist auf dem Gang«, erklärte Madame Brunet.

Sie legte Edda einen Pariser Stadtplan sowie einen Schlüssel aufs Bett und lud sie ein, am nächsten Morgen zum gemeinsamen Frühstück herunterzukommen.

Nachdem Madame Brunet gegangen war, trat Edda auf den kleinen Balkon hinaus, der zu ihrem Zimmer gehörte.

Was für eine Aussicht! Direkt unter ihr lag die Universität Sorbonne, linker Hand entdeckte Edda die Kuppel des Panthéon, sah die Kathedrale Notre-Dame, und in der Ferne, auf dem Hügel des Künstlerviertels Montmartre strahlte in Weiß die Kirche Sacré-Cœur. Obgleich sie von weltberühmter Architektur umgeben war, kamen Edda allein schon die Pariser Dächer mit ihren kuriosen Schornsteinen wie eindrucksvolle Kunstwerke vor. Sie stellte ihren einzigen Stuhl auf den Balkon und machte es sich darauf bequem. Der laue Wind strich ihr zart über die Haut, und einen Moment lang schloss Edda die Augen. Was für eine schöne Nacht. Wenn ihr danach wäre, könnte Edda bis zum Sonnenaufgang hier sitzen und zusehen, wie die Stadt erwachte; niemand würde sie davon abhalten. Endlich, endlich fühlte sie sich frei, so frei wie nie zuvor.

*

Eine Stunde zu spät erreichte Edda den Eiffelturm. Außer Atem blickte sie sich nach Kai um. War er gegangen, weil er annahm, Edda hätte ihn versetzt? Plötzlich entdeckte sie ihn. Die Lederjacke lässig über die Schulter geworfen, stand er neben einem der stählernen Turmfüße und starrte zur Spitze hinauf. Als Edda nach ihm rief, winkte Kai und lief ihr entgegen. Er trug ein frisches Hemd, und als Edda ihm um den Hals fiel, rochen seine Haare gewaschen.

»Entschuldige«, sagte sie. »Ich habe unterschätzt, wie groß Paris ist.«

»Jetzt bist du ja da.« Kai lächelte. »Wie war dein Test?«

»Ganz gut. Meine Lehrerin heißt Madame Fleury. Sie ist nett, glaube ich.«

Kai zog Edda enger an sich und sie versank im hellen Grün seiner Augen. Wie viele Wochen war es her, dass sie einander berührt hatten! Kais Nähe erschien ihr ungewohnt, und das hatte etwas Erregendes. Eddas Lippen fanden seine, und in ihr wuchs die Lust, mit Kai zu schlafen. Als sie sich an ihn presste, spürte sie, dass es ihm ebenso erging.

Ist es zu fassen? Wir stehen knutschend unter dem Eiffelturm, blitzte es ihr durch den Kopf.

»Fast ein bisschen zu kitschig«, sagte Kai, als sie diesen Gedanken aussprach. »Wie in einer Liebesschnulze.«

Sie liefen um den Eiffelturm herum, aber hinauffahren, das wollte Kai nicht. Die Aussicht wäre auch woanders schön, meinte er.

»Wo hast du eigentlich übernachtet?«, erkundigte sich Edda, als sie Hand in Hand zu seinem Moped schlenderten.

»Bei Gabriel«, antwortete Kai.

»Was für ein Gabriel?«

Kai erzählte, dass er am Abend zuvor kreuz und quer durch die Stadt gefahren war. Schließlich war er durch die malerischen Gassen von Montmartre geschlendert, hatte sich Baguette und Wein gekauft und sich damit auf den Stufen vor Sacré-Cœur niedergelassen. Dort hatte er einigen Musikern zugehört, die Gitarre oder Saxophon spielten. Einer von ihnen, Gabriel, hatte ihn angesprochen. Brüderlich hatten sie Kais Wein geteilt, im Gegenzug war Gabriel so nett gewesen, Kai einen Schlafplatz anzubieten.

»Aber du weißt doch gar nicht, was für ein Typ das ist!«, rief Edda erschrocken aus, worüber Kai nur lachte. Er startete den Motor seines Mopeds.

»Ich lebe ja noch. Komm, spring auf!«

Während sie, Edda an Kai geschmiegt, durch Paris flitzten und der Fahrtwind ihre Haare zerzauste, war Edda nun doch froh, nicht allein in der fremden, riesigen Stadt zu sein. Mehr denn je war sie in Kai verschossen, als hätte Paris ihre

Gefühle angefacht. *Paris loves lovers.* Hatte das nicht einmal jemand gesungen? Als sie hungrig wurden, begaben sie sich zu den Markthallen nahe der Seine, aßen Zwiebelsuppe und beobachteten das emsige Treiben an den Straßenständen, wo Händlerinnen und Händler Obst, Gemüse und Blumen feilboten. Sie bummelten durch das Marais-Viertel, sonnten sich auf dem wunderschön angelegten Place des Vosges und besichtigten dort das Haus, in dem einst der Schriftsteller Victor Hugo gelebt hatte. Gegen Abend fuhren sie nach Montmartre, um Kais Sachen aus Gabriels Wohnung zu holen. Zum Abschied schenkte Gabriel ihm einen Joint. Kurz hoffte Edda, dass Kai ihn ablehnen würde, aber er schob ihn dankend in seine Jacke. Etwas später stiegen sie die vielen Stufen zu Eddas Zimmer unter dem Dach empor. Da die Brunets verreist waren, würden sie von Kais Besuch nichts mitbekommen. Kai und Edda wären ungestört, die nächsten zwei Nächte würden ihnen gehören.

Als Edda erwachte, war es um sie herum dunkel und still. Sie fand Kai, bekleidet in seinen Jeans, auf ihrem Balkon. Im silbernen Mondlicht leuchtete sein nackter Rücken, was Edda an sich sexy fand, aber dass Kai kiffte, verstimmte sie. Einen Streit wollte sie trotzdem nicht vom Zaun brechen. Sie trat hinter ihn und umschlang mit ihren Armen Kais Taille.

»Hey, ich dachte, du schläfst«, sagte er.

Nachdem er ein weiteres Mal inhaliert hatte, drückte er den Joint vorsichtig aus und legte ihn in einen der kleinen Blumentöpfe, die das Geländer zierten.

»Kommst du?«, fragte Edda und wollte ihn mit sich ins Zimmer ziehen, doch Kai hielt sie zurück.

»Warte noch. Gut möglich, dass wir eine Sternschnuppe sehen.«

Er legte ihr den Arm um die Schultern, und gemeinsam blickten sie in den klaren Nachthimmel. Nirgendwo war ein Lichtstreif zu sehen, und Edda lehnte seufzend ihren Kopf an Kais Schulter. »Ich bin sowieso wunschlos glücklich.«

Kai drückte ihr einen Kuss aufs Haar. »Darum beneide ich dich.«

Überrascht blickte sie zu ihm auf. »Wieso? Ich dachte, du lebst längst so, wie du willst.«

Es dauerte eine Weile, bis Kai antwortete: »Vor allem bin ich froh, dass ich dich nicht verloren habe. Dass du mir noch eine Chance gegeben hast. Ich wünschte nur, wir könnten uns öfter sehen.«

»Das stimmt, Berlin ist ganz schön weit weg. Aber …« Edda begann, Kais Rücken zu streicheln. »Aber jetzt sind wir zusammen. Kommst du also mit ins Bett?«

Kai hatte ihren koketten Unterton bemerkt und grinste. »Geh schon vor, ich bin gleich bei dir.«

*

Edda klopfte sich Schnee vom Mantel und schlang ihren Schal enger um den Hals. Noch immer lieferten sich Camille, Jean-Luc und Henri johlend eine herrliche Schneeballschlacht. Edda war soeben lachend daraus geflüchtet. Obwohl sie fröstelte, beschloss sie, die fröhliche Toberei noch nicht zu beenden. Die Schultage der Kinder waren lang und auch zu Hause verbrachten sie viel Zeit mit Aufgaben und Büchern, da sich Madame und Monsieur Brunet ausschließlich mit Bestnoten zufriedengaben. Edda streifte die feuchten Handschuhe ab und hauchte in ihre klammen Hände. Wieso hatte sie nicht daran gedacht, heißen Tee mitzunehmen? Bei der klirrenden Kälte wäre das eine Wohltat gewesen. Edda rief Camille zu, dass sie sich, um nicht zu erfrieren, die Füße vertreten würde.

»D'accord«, brüllte Camille zurück – ein kleiner Moment der Unachtsamkeit, den ihre jüngeren Brüder dazu nutzten, sie mit einer Salve von Schneebällen zu attackieren. Amüsiert winkte Edda und lief los.

Über Paris hatte sich eine Schneedecke gebreitet, die auf den Straßen für Chaos sorgte, dem Jardin du Luxembourg jedoch etwas Märchenhaftes verlieh. Vom Haus der Brunets aus war der Park nicht weit und in den letzten dreieinhalb Monaten hatte Edda hier viel Zeit verbracht. Bei einem ihrer ersten Spaziergänge hatte sie zu ihrem großen Erstaunen plötzlich der Freiheitsstatue gegenübergestanden. Bloß drei Meter hoch war sie, sah ansonsten jedoch genauso aus wie ihre große Schwester in New York. Später hatte Madame Brunet Edda erklärt, dass Frédéric Auguste Bartholdi dieses kleine Modell für die Weltausstellung 1900 erschaffen hatte, aber Edda stellte sich lieber vor, dass Lady Liberty sie im Jardin du Luxembourg erwartet hätte, um sie in ihrem neuen Leben zu begrüßen.

Mittlerweile hatte sich ihr Pariser Alltag eingespielt. Frühmorgens brachte Edda die Kinder zur Schule und holte sie am Nachmittag wieder ab. In der Zwischenzeit räumte sie die Wohnung auf, bügelte Blusen und Hemden und hatte alle möglichen Erledigungen zu machen. Noch immer glich jeder Gang durchs Quartier Latin einem kleinen Abenteuer, bei dem Edda hübsche Plätze oder neue Geschäfte entdeckte. Einige Ladenbesitzer kannten inzwischen ihren Namen und Edda freute sich darüber, dass sie fast alles, was man zu ihr sagte, verstand. Im Sprachkurs an der Alliance Française hatte sie Agnes aus Schweden und die Britin Jane kennengelernt. Mit ihnen traf sie sich wochenends, um den Louvre oder ein anderes Museum zu besuchen. Hin und wieder gingen sie ins Kino oder, wenn ihr knappes Budget es erlaubte, in ein Theaterstück. Agnes klagte häufig darüber, dass sie sich als Au-pair ausgenutzt fühlte, während Jane die Atmosphäre in ihrer Gastfamilie als beklemmend steif und förmlich empfand. Sogar die Kinder hatten ihre eigenen Eltern zu siezen. Edda gewann den Eindruck, dass sie es bei den Brunets recht gut getroffen hatte. Etwas anstrengend war nur, dass Edda unter der Woche wenig Freizeit hatte, denn Isabelle und Claude Brunet arbeiteten viel und gingen regelmäßig aus. Dann musste Edda bei den Kindern bleiben. Abends kochte sie ihnen Nudeln, half Camille bei den Hausaufgaben, wobei sie die Geschichte Frankreichs besser kennenlernte, las Henri aus dem *Dschungelbuch* vor und sorgte dafür, dass Jean-Luc sich nicht vor dem Zähneputzen drückte. Schliefen die Kinder, blätterte Edda in *Le Monde*, betrachtete die Modebilder in der *Marie-Claire* oder sah fern.

Jetzt hatte es wieder zu schneien begonnen. Leise schwebten die Flocken vom Himmel, zerschmolzen auf Eddas Mantel und in ihrem Haar. Unschlüssig wandte sie sich nach Camille, Jean-Luc und Henri um, die in ihren knalligen orangenen Jacken gut zu erkennen waren. Sollten sie nicht doch lieber heimgehen? Wenn sie sich erkälteten, würde Madame Brunet ihr die Schuld dafür geben. Das Lachen der Kinder wehte zu ihr hinüber. Die Schneeballschlacht schien ihren Reiz verloren zu haben, dafür bauten sie nun zusammen mit ein paar älteren Jungen einen Schneemann. Einer von ihnen zog Henri die blaue Bommelmütze vom Kopf und setzte sie dem Schneemann auf, doch sofort war Camille zur Stelle und eroberte die Mütze für ihren Bruder zurück. Wieder ertönte Gelächter, und Edda schmunzelte. Auch sie hatte als Kind den ersten Schnee genossen, vor allem, wenn ihr Vater mit ihr in den Taunus gefahren war, der sich, getunkt in leuchtendes Weiß, in eine magische Landschaft verwandelt hatte. Fröhlich kläffend war Bonnie durch den Schnee gejagt und hatte darin kleine Spuren hinterlassen. Edda hatte gewusst, dass wunderbare Stunden der Freiheit vor ihr lagen. Soweit sie sich daran erinnerte, hatte ihr Vater ihr nie verboten, im glitschigen Geäst der verschneiten Bäume herumzuklettern. Stolz hatte Edda ihm aus beachtlicher Höhe zugewunken. Es waren Momente, in denen sie einander näher gewesen waren als sonst.

Edda blieb stehen und sah den Kindern beim Spielen zu. Sofort kroch ihr die Kälte unter den Mantel und in die Stiefel. Woran mochte ihr Vater damals gedacht haben, wenn er reglos im Schnee stehend verharrte? Rückblickend glaubte sie nicht, dass ihr Vater lediglich in den zauberhaften Anblick der Natur versunken gewesen war, sondern dass ihn unsichtbare Fäden in eine ihr unbekannte Welt hineingezogen hatten. Dass darin, wie bei so vielem, der Krieg eine Rolle gespielt hatte, war bis heute nicht mehr als eine Ahnung. Danach gefragt hatte Edda ihren Vater nie. In ihrer Erinnerung hatte er sich erst wieder um sie gekümmert, wenn Bonnie aus Langeweile bellte. Dann rief er Edda zu sich und nahm sie fest an die Hand. Über zerrissene Strumpfhosen oder beschmutzte Jacken hatte sich nur ihre Mutter aufgeregt, aber dann hatte Edda ihren Spaß längst gehabt.

Nein, sie würde Camille, Jean-Luc und Henri jetzt nicht stören. Viel zu selten spielten sie, ohne die argusäugige Aufsicht von Lehrern, Eltern oder ihres Au-pair-Mädchens. Während sie weiterlief, schob sie ihre Hände tiefer in die Manteltaschen. Es gefiel ihr, begleitet vom Knarzen des frischen Schnees unter den Sohlen, ihre Gedanken treiben zu lassen. Eine kleine Runde wäre noch drin. Danach brächte sie die Kinder nach Hause, damit es nicht wieder Ärger mit Madame Brunet geben würde wie vor ein paar Tagen.

Auf dem Heimweg von der Schule hatten sie einen Schlenker durch den Jardin du Luxembourg gemacht. Im Quartier Latin waren sie in einen Demonstrationszug geraten. Interessiert war Edda stehen geblieben. Wogegen protestierten die Studentinnen und Studenten? Ähnlich wie Ariane in Frankfurt gegen überfüllte Hörsäle und, wie Eddas Freundin es ausdrückte, verkrustete Strukturen des Systems? Was würden die jungen Leute hier wohl davon halten, dass in der Hamburger Universität während eines Festaktes, zu dem die Professoren in ihren traditionellen Talaren erschienen waren, zwei Studenten ein Banner mit der Aufschrift *Unter den Talaren – Muff von 1000 Jahren* entrollt hatten? Laut Ariane hatte das bundesweit für Furore gesorgt.

Während der Protestzug an ihnen vorbeigezogen war, hatte sich Edda mit Camilles Hilfe bemüht, die französischen Transparente und Rufe besser zu verstehen, doch Jean-Luc und Henri, beunruhigt von den lautstarken Stimmen, hatten sie gedrängt, weiterzugehen. Als Madame Brunet ihnen die Tür geöffnet hatte, war Henri, als wäre unterwegs sonst etwas geschehen, in Tränen ausgebrochen. Hatte er so große Angst gehabt? Oder hatte der kleine Racker mit den Bonbons gerechnet, die seine Mutter ihm zum Trost schenkte? Jedenfalls hörte er sofort auf zu weinen, als er sich die Süßigkeiten in den Mund schob. Mit ungewöhnlich scharfer Stimme hatte Madame Brunet Edda zurechtgewiesen und angeordnet, dass sie sich künftig mit den Kindern von jeglichen Aufzügen fernzuhalten hätte, und Henri, dem scheinbar nicht entgangen war, dass Edda mit den Tränen kämpfte, hatte ihr eins seiner klebrigen Bonbons zugesteckt. Als Madame Brunet über »Chaoten« und deren »Nonsens« wetterte, hatte sich Edda an die Litaneien ihrer Eltern erinnert gefühlt. Mit Agnes und Jane hatte sie darüber nicht reden können. Jane hatte mit den Schultern gezuckt und unumwunden zugegeben, sich weitaus mehr für die Suche nach einem geeigneten Ehemann zu interessieren als für Ideen, die die Welt veränderten, und Agnes sah es ähnlich.

In diesem Moment hatte Edda Ariane vermisst, deren Briefe eher an Flugblätter erinnerten als an eine persönliche Nachricht. Manchmal war Edda enttäuscht gewesen, dass Ariane seitenweise über den Vietnamkrieg, die umstrittenen Notstandsgesetze oder den Tod Che Guevaras sinnierte, jedoch kaum darüber berichtete, wie es gemeinsamen Freundinnen erging oder ob es mit Navid gut lief. Dafür knüpfte Ariane immer wieder an Fragen an, die Ereignisse wie der Schah-Besuch oder Karins Rede ja auch in Edda angestoßen hatten. Künftig würde sie Arianes Briefe mehr zu schätzen wissen. Eine Freundin wie sie fehlte Edda in Paris.

»Ä-dá! Ä-dá!«

Die Panik in Camilles Stimme ließ ihren Namen noch verfremdeter klingen. Edda fuhr herum, ihre Gedanken zerstoben. Außer Atem, das Gesicht hochrot, rannte Camille auf sie zu. Mit einem raschen Blick erfasste Edda, dass der Schneemann einsam und verlassen auf dem verschneiten Rasen stand, lediglich umspielt von weißen Flocken. Sein Mittelstück fehlte noch, aber auf dem Kopf trug er Henris blaue Bommelmütze. Aufgeregt hastete sie Camille entgegen.

»Wo sind deine Brüder?«

Camille ergriff ihre Hand und zerrte Edda mit sich.

»Schnell!«, rief sie. »Jean-Luc traut sich nicht vom Baum herunter.«

»Was? Ihr seid auf Bäume geklettert? Bei dem Wetter? Henri auch?«

»*Mais non!*«

Hand in Hand hetzten sie durch den fast menschenleeren Park. Es dämmerte, der Schnee fiel dichter und verschluckte den Großstadtlärm. In Eddas Kopf ratterte es. Noch schien niemandem etwas passiert zu sein. Zum Glück! Und wenn das größte Problem wäre, dass Jean-Luc auf einem Ast festsaß, wäre das nicht so dramatisch. Dann könnte Edda ihm helfen. Aber was, wenn der Ast Jean-Luc nicht hielte? Oder wenn er abrutschte und sich etwas bräche? Bei der Vorstellung wurde Edda angst und bange.

»Wie weit ist es noch?«, fragte sie, als Camille unvermittelt stehen blieb.

»Weiß ich nicht.«

Verzweifelt schaute sich Camille um. »Wenn alles weiß ist, sieht jeder Weg gleich aus.«

Eddas zunehmende Sorge um Jean-Luc ließ sie gereizt reagieren. »Wart ihr vielleicht in der Nähe des Medici-Brunnens? Oder des Palais? Verflixt, Camille, denk nach! Und das nächste Mal bitte, bevor ihr einfach irgendwo hinlauft.«

Als ob Camille nicht gerade gerügt worden wäre, hellte sich ihre Miene auf. »Dort entlang!«

Sie hasteten weiter, bis sie einen orangenen Fleck erkannten, der durch das Geäst einer Kastanie schimmerte, und zwar ziemlich weit oben.

»Wir sind da, Jean-Luc!«, riefen Edda und Camille nun im Wechsel. »Halte durch!«

Edda fackelte nicht lange. Sie drückte Camille ihre Tasche in die Hand, zog ihren langen Mantel aus und warf ihn auf eine Bank. Trotz ihres dicken Pullovers begann sie sofort zu schlottern, aber es half nichts, beim Klettern wäre der Mantel hinderlich.

»Ich hole dich jetzt«, rief Edda, bemüht sicher zu klingen,

obgleich ihr noch nicht klar war, wie sie Jean-Luc heil hinunterbringen sollte.

»Henri ist weg.«

»Was?«

Es dauerte einen Moment, bis Edda Camilles Worte begriff, so sehr war sie auf Jean-Luc konzentriert gewesen.

»Wo ist er?«, brüllte sie zu Jean-Luc hinauf, verstand jedoch nur zwei Worte: *maman* und *papa*. Camille erklärte ihr den Rest.

»Sie hatten Angst, dass wir nicht kommen. Henri will unsere Eltern holen.«

»Kennt er denn den Weg?«

Betroffen schauten sich Edda und Camille an, und die Kälte kroch nun noch schneller Eddas Rücken hinauf. Henri war ein kleiner Träumer, der hinter seinen Geschwistern herzutrotten pflegte und sich darauf verließ, dass sie ihm sagen würden, wo es langginge.

»*Merde!*«

Normalerweise fluchte Edda nicht, aber jetzt war ihr das Wort herausgerutscht. In Wirklichkeit hätte sie heulen mögen. Was sollte sie denn jetzt machen? Henri suchen? Oder Jean-Luc vom Baum pflücken? Beide bräuchten ihre Hilfe.

»Ich finde ihn«, behauptete Camille selbstbewusst, doch Edda wehrte ab.

»Damit du mir auch noch verloren gehst? Kommt nicht infrage.«

»Wann kommst du denn endlich?«, jammerte Jean-Luc. Edda sah ein, dass ihr keine andere Wahl blieb.

»Camille, nimm den Ausgang zur Rue de Vaugirard. Den findest du, oder? Lauf nach Hause und sieh nach, ob Henri angekommen ist. Wenn nicht, sag deinen Eltern Bescheid. Und sei vorsichtig.«

Camille nickte und brauste los.

Mit ihren Handschuhen fegte Edda den Schnee vom untersten Ast, umklammerte ihn und zog sich daran nach oben. Während sie sich peu à peu aufwärtshievte, sorgsam darauf bedacht, nicht auf den glitschigen Ästen auszurutschen, redete sie ermutigend auf Jean-Luc ein.

»So, und jetzt lotse ich dich«, erklärte Edda ihm, nachdem sie seinen Ast erreicht hatte. »Setze deine Füße genau dorthin, wo ich es dir zeige, dann klappt das schon. Bist du bereit?«

Jean-Luc nickte, aber dann wagte er es doch nicht, sich zu bewegen. Fix und fertig sah er aus, seine Augen waren stark gerötet, in seinen Haaren klebten Eisstückchen und seine Zähne schlugen so heftig aufeinander, dass es ihm kaum möglich war, zu sprechen. Mit Engelszungen beschwor Edda ihn. Warmer Kakao, Pfannkuchen und Comic-Hefte, alles Mögliche versprach sie dem Siebenjährigen, wenn er nur ihren Anweisungen folgte. Nach einer Weile überwand er sich. Unten angekommen, schlug Edda ihren Mantel um ihn und nahm den Jungen fest in den Arm.

»Das hast du großartig gemacht.«

Jean-Luc begann bitterlich zu weinen, und sanft streichelte Edda sein Haar. Die Standpauke, die sie ihm hatte halten wollen, war vergessen, so erleichtert fühlte sie sich. Wären nun auch noch Henri und Camille wohlbehalten zu Hause eingetrudelt, würde sie das Donnerwetter der Brunets, das mit Sicherheit folgte, klaglos über sich ergehen lassen.

»Sehen wir zu, dass wir ins Warme kommen«, sagte Edda und streckte Jean-Luc die Hand entgegen. Ihr war eiskalt. Trotzdem forderte sie ihren Mantel nicht zurück.

Plötzlich stand Camille vor ihnen.

»Camille!«, rief Edda aus. »Was machst du denn hier? Hatte ich dich nicht nach Hause geschickt?!«

Camille sah in keiner Weise schuldbewusst aus. »Ich habe Henri gefunden«, verkündete sie.

Tatsächlich, an der Hand einer jungen Frau kam Henri auf sie zu, seine Kapuze tief in die Stirn gezogen.

»Henri!«

Der Kleine stürmte auf Edda zu. Sie öffnete ihre Arme, fing ihn auf und wirbelte ihn herum. Wie sehr sie fror, war nicht mehr wichtig. Allen drei Kindern ging es gut, nur das zählte.

»*Bonjour.*« Die dunkelhaarige Frau, die Edda begrüßte, musste in Eddas Alter sein und hatte ein sympathisches Gesicht.

»Ich vermute, Sie haben Henri aufgegabelt. *Merci beaucoup!* Sie ahnen vielleicht, wie froh ich bin.«

Die Frau nickte. Als sie lächelte, bildeten sich Grübchen auf ihren Wangen. »Henri hatte sich verirrt und mich nahe der Porte Fleurus um Hilfe gebeten.«

»Der Eingang, wo deine Freiheitsstatue steht«, erklärte Henri.

Edda grinste. Also hatte er sich gemerkt, dass sie sich gern ausmalte, die Statue hätte sie in Paris erwartet.

»Von allen Leuten, die vorbeigekommen sind, hat Florence am nettesten ausgesehen«, plapperte Henri weiter. »Deshalb habe ich sie angesprochen.«

Florence' Lächeln wurde breiter. Offensichtlich war sie Henris Charme bereits verfallen.

Zusammen machten sie sich auf den Weg zum Ausgang nahe dem Palais du Luxembourg, dem Sitz des französischen Senats. Von dort aus würden sie die Rue des Écoles am schnellsten erreichen. Unterwegs gab Camille ein bisschen damit an, Henri und Florence zu Edda geführt zu haben, aber Edda verzichtete darauf, Camille vorzuhalten, dass sie ihre Anweisungen nicht befolgt hatte. Hätte sie es getan, würde im Hause Brunet blanke Panik herrschen. Müssten Maman und Papa überhaupt von dem abenteuerlichen Nachmittag erfahren? Es wäre doch gar nichts Schlimmes passiert. Bittend sahen Camille und Jean-Luc Edda an. Die Möglichkeit, sich Ärger zu ersparen, schien verlockend, doch kam es Edda nicht richtig vor, den Brunets zu verheimlichen, was sich zugetragen hatte. Camille und Jean-Luc murrten zwar, doch sie bettelten nicht weiter.

Als sich Florence von ihnen verabschiedete, sagte Edda: »Wenn wir nicht so durchgefroren wären, hätte ich Sie gern zu einem Café au Lait eingeladen.«

»Dafür bin ich jederzeit zu haben«, entgegnete Florence.

Rasch schrieb sie ihre Nummer auf ein Stück Papier und gab es Edda. »Ruf mich einfach an, wenn du Zeit hast«, sagte sie, wobei Edda es gefiel, dass Florence selbstverständlich zur informellen Anrede übergegangen war.

Als sie die Wohnungstür aufschloss, stand Madame Brunet bereits im Flur. »*Mon dieu*, wo bleibt ihr denn? Es ist schon dunkel.«

Ihr Blick sprang nervös von Edda, die sie inzwischen duzte, zu ihren Kindern. »Lass bitte sofort Wasser einlaufen, Edda, die drei brauchen ein heißes Bad.«

Als Edda zurückkehrte, war Madame Brunet noch dabei, den Jungen zu helfen, sich aus ihren nassen Sachen zu schälen. »Henri, wo ist deine Mütze?«

»Der Schneemann hat sie«, antwortete Henri vergnügt. »Ich habe sie ihm geschenkt.«

Vorwurfsvoll blickte Madame Brunet Edda an. »Wie konntest du das zulassen? Ich habe dir doch gesagt, dass Henri schnell Ohrenschmerzen bekommt.«

Noch ehe Edda dazu kam, etwas zu entgegen, sagte Henri: »Edda kann nichts dafür, sie war ja gar nicht bei uns.«

Fröhlich erzählte er drauflos. Dass sich die Miene seiner Mutter verfinsterte, bemerkte Henri erst gar nicht.

*

Als Edda das Jungenzimmer betrat, um Jean-Luc und Henri eine gute Nacht zu wünschen, fand sie dort auch Camille vor. Die drei saßen auf Jean-Lucs Bett und blickten Edda besorgt entgegen. Überall auf dem Teppich lagen Zettel verstreut, denen Edda keine Beachtung schenkte. An diesem Abend würde sie bestimmt nicht mehr mit den Kindern aufräumen.

»Haben Maman und Papa dich rausgeschmissen?«, fragte Camille unverblümt.

Edda setzte sich zu ihnen, woraufhin sich Henri sogleich an sie schmiegte.

»Nein, sie geben mir noch eine Chance.«

»Ein Glück!«, sagte Camille.

»Aber auch schade.«

Jean-Lucs Worte kränkten Edda, dennoch war sie bemüht, es sich nicht anmerken zu lassen.

Camille verdrehte die Augen. »Red keinen Quatsch, Jean-Luc. Zeig es ihr.«

Jean-Luc hob die Papiere auf, Henri half ihm dabei. Beinahe feierlich überreichten sie Edda einen kleinen Stapel, dabei trat Henri aufgeregt von einem Fuß auf den anderen. »Das haben alles wir geschrieben.«

»Lies mal!«, schlug Jean-Luc vor. Und Edda las. Mit jedem Zettel wurde ihr Grinsen breiter.

Edda soll bleiben! Wir protestieren! Gegen Fernsehverbot! Für mehr Eis und Schokolade! Wir lieben Edda! Paix au Vietnam! Edda darf nicht gehen! U. S. Go Home! Komm zurück, Edda!

Und so ging es weiter. Ein wildes Sammelsurium aus Sprüchen, die Camille während der Proteste im Quartier Latin aufgeschnappt haben musste, sowie harmlose Kinderwünsche, aber der Anlass dafür, dass sie all diese Plakate produziert hatten, war eindeutig Edda selbst.

»Ihr seid unglaublich«, sagte sie gerührt. »Aber was habt ihr denn mit all dem vor?«

Henri warf die Zettel in die Luft und jauchzte, als sie auf ihn niederregneten.

»Wenn sie dich weggeschickt hätten, hätten wir eine Demo gemacht«, erklärte Jean-Luc. »Darauf hatte ich mich schon gefreut.«

Insgeheim war Edda froh, dass es zu dieser Veranstaltung nicht gekommen war, denn sie war sicher, dass Madame und Monsieur Brunet davon wenig erbaut gewesen wären.

Später, allein in ihrem *Chambre de bonne,* schilderte sie Ariane die Ereignisse und beschrieb ihr auch die Plakate, die die Brunet-Kinder für ihre hauseigene Demo entworfen hatten. Bei dem Gedanken daran, musste Edda noch einmal amüsiert lächeln. Erziehung zum Ungehorsam? Wenigstens das war ihr an diesem Tag ja wohl gelungen.

*

»Das gibt es nicht! Und das sagst du erst jetzt?«

Wie vor den Kopf geschlagen fühlte sich Edda von dem, was Kai ihr soeben erzählt hatte. Nachdem sie ihm in aller Ausführlichkeit ihren Pariser Alltag sowie die hinreißende Plakataktion der Kinder geschildert und er sie seinerseits mit Anekdoten aus der Spandauer Motorradfabrik unterhalten hatte, war es Kai gegen Ende des Telefonates eingefallen, zu erzählen, dass Karl-Heinz Kurras, der Polizist, der Benno

Ohnesorg erschossen hatte, kürzlich freigesprochen worden war.

»Ein Freispruch! Er hat einen Menschen umgebracht! Was für eine Rechtsprechung ist das denn?«

Mit jedem Satz wurde Edda lauter, und zwar nicht nur, weil es in der Leitung rauschte, als läge zwischen Kai und ihr der Ozean. Auf dem Sofa nestelte der kränkelnde Henri unter seiner Decke, und Edda hielt den Atem an. Hatte sie ihn geweckt? Nur ungern wollte sie das Gespräch mit Kai unterbrechen und senkte die Stimme. »Was sagst du denn zu diesem Urteil? Es ist doch total ungerecht!«

»Wir waren alle schockiert, vor allem Ole. Du weißt ja, er kannte Benno ganz gut. Bertold konnte ihn nur mit Mühe davon abhalten, seine Wut an unserem Geschirr auszulassen.« Edda hörte, dass Kai hektisch Münzen in den Fernsprecher steckte. Als ihm eine herunterfiel, fluchte er. Dann fuhr er fort.

»Wenn man dann noch bedenkt, dass der Teufel seit Juni in Untersuchungshaft sitzt, der Kurras aber nicht einen einzigen Tag … Da kommen einem schon Zweifel an den demokratischen Institutionen.«

»Welcher Teufel?«, fragte Edda irritiert.

»Na, der Student, der angeblich einen Stein auf den Schah geworfen haben soll.«

Die Erinnerungen an die Juni-Demonstration vor der Berliner Oper drängten sich ihr auf. Edda sah sich rennen, weg von prügelnden Polizisten und dem Tränengas, das in ihren Augen gebrannt hatte, verzweifelt auf der Suche nach Kai. Sogar jetzt klopfte ihr Herz noch schnell, wenn sie daran dachte. Und alles, was sie vor sich sah, mündete in ein Geräusch, einen Pistolenschuss. Wie eine scharfe Kralle bohrte sich die Empörung in Eddas Magen.

»Es gab doch Zeugen. Irgendjemand muss gesehen haben, dass Kurras geschossen hat.«

»Ja, schon, trotzdem ist ihm scheinbar nicht nachzuweisen, dass er absichtlich getroffen hat. Und es gilt ja: Im Zweifel für den Angeklagten. So stand es in der Zeitung.«

In Eddas Ohr klackerte es, weil Kai weitere Münzen in den Apparat einwarf.

»Gleich geht mir das Geld aus, Edda. Sag mir noch schnell, wann du in Frankfurt ankommst. Schon vor Heiligabend? Bleibst du über Silvester? Ich freue mich wahnsinnig auf dich.«

»Am zweiundzwanzigsten, für zwei Wochen«, antwortete Edda, der es nicht gelang, sich auf Kais Plauderton einzulassen. Zu sehr war sie noch mit dem Urteil beschäftigt.

»Aus Versehen schießt man doch niemandem in den Hinterkopf. Wie kann es sein, dass die Richter einen Polizisten damit durchkommen lassen?«

Henri wimmerte im Schlaf, und besänftigend nahm Edda seine kleine, warme Hand in ihre.

Kai stöhnte leise. »Warum bist du so überrascht? Was hast du denn gedacht? Dass sich ehemalige Waffenbrüder gegenseitig ans Messer liefern?«

»Ich bin nicht überrascht, sondern wütend!«

»Ja, weil du so überrascht bist.« Edda spürte Kais Ungeduld, als er weitersprach. »Es ist doch wirklich nichts Neues, dass die Alten uns dafür hassen, dass wir aufmucken. Für die Richter ist Benno eben ein Rädelsführer. Ein Kommunist. Der Feind.«

In der Leitung ratterte es, genauso wie in Eddas Kopf. Auf die prügelnde Berliner Polizei mochte das ja zutreffen. Von studierten Richtern hätte Edda etwas anderes erwartet, nämlich, dass sie Kurras bestraften. Gerechtigkeit eben.

»Ach, Kai, wenn ich mir vorstelle, dass dieser Polizist ungestört Weihnachten feiert …«

Kai unterbrach sie. »Ich hätte mir auch ein anderes Urteil gewünscht. Aber du und ich, wir können nichts daran ändern. Ohnesorgs Anwalt vielleicht, der geht in Revision. Sag, Edda, kann ich dich vom Zug abholen? Oder wissen deine Eltern nicht, dass ich zu Weihnachten Frankfurt unsicher mache?«

Er lachte. Es klang so nah, dass Edda fast meinte, Kais Lippen an ihrem Ohrläppchen zu spüren. Sie seufzte. »Auf diese Heimlichkeiten habe ich gar keine Lust.«

Rauschen, ein Klicken.

»Kai?«

Doch Kai war fort. Wie weggezaubert, nur sein Lachen hallte noch nach. Als es verklang, blieb ein Gefühl von Leere zurück.

»Meine Ohren tun so weh«, jammerte Henri.

Um ihn aufzuheitern, kitzelte Edda ihn an den Füßen, doch Henri verzog kläglich das Gesicht. Da würde wohl nur ein Zwiebelumschlag helfen. Wie man ihn machte, hatte Madame Brunet ihr gezeigt. Als Edda sich erhob, entdeckte sie, wo sie gesessen hatte, einen zerknitterten Zettel. Er musste ihr aus der Tasche gefallen sein. Darauf stand die Nummer von Florence.

»Was möchtest du denn trinken, *mon petit prince*?«, fragte sie Henri, während sie den Zettel mit der Nummer einsteckte. »Tee oder vielleicht lieber eine heiße Schokolade?«

Jetzt lächelte Henri doch.

*

Eigentlich hatte sie vorgehabt, Florence den versprochenen Kaffee im Quartier Latin zu spendieren. Stattdessen lief Edda nun durch Neuilly–sur-Seine, einen noblen Vorort im Westen von Paris. Florence, deren Eltern übers Wochenende verreist waren, hatte beschlossen, eine kleine Party zu geben, ganz locker, ohne Tamtam, wie sie am Telefon gesagt hatte. Trotzdem war Edda aufgeregt. Mit was für Leuten Florence wohl befreundet war? Würde sich Edda mit ihnen verstehen? Letztlich kannte sie ja selbst Florence nur flüchtig.

Deren dunkle Augen strahlten, als sie Edda die Tür öffnete, ihre beneidenswert dichten schwarzen Locken hatte sie zusammengebunden, nur einige ringelten sich charmant um ihr Gesicht. »*Salut*, Edda. Schön, dass du da bist.«

Während sie Edda den Mantel abnahm, erkundigte sich Florence nach dem kleinen Henri, und Edda erzählte ihr, wie stolz er auf sein Abenteuer im Park gewesen war.

Vertraute Rhythmen der Beatles drangen vom anderen Ende des großzügigen Flurs zu ihnen und vermischten sich mit lebhaften Stimmen. Auf dem Weg zum Salon bewunderte Florence Eddas neues rotes Wollkleid, Edda hingegen den knallgelben Pulli, den Florence trug.

Florence lachte auf. »Wir reden wie unsere Mütter. Komm, ich stell dir ein paar Leute vor. Und was möchtest du trinken?«

Während Florence ihr ein Glas Rotwein einschenkte, sah Edda sich neugierig um. Die Sessel und Stühle waren von jungen Leuten belagert, die Wein tranken, rauchten und sich unterhielten. Undenkbar, im aufgeräumten Wohnzimmer der Noltings solche Partys zu feiern. Junge Frauen im Minirock, die sich in den Sesseln fläzten? Bier trinkende junge Männer und ein Hauch von Haschisch in den Gardinen? Wenn ihre

Eltern so etwas mitbekämen, würde es ein Donnerwetter geben und vermutlich Stubenarrest.

Der großzügige Raum mit seiner hohen Stuckdecke, dem schwarzen Flügel und dem Kamin, in dem ein gemütliches Feuer loderte, erschien Edda so edel, dass es ihr fast unpassend vorkam, sich, wie es eine kleine Gruppe getan hatte, auf dem Fußboden niederzulassen.

»Bloß keine Brandflecke«, bat Florence und reichte ihnen einen weiteren Aschenbecher. »Maman bringt mich um, wenn ihr Perser etwas abbekommt.«

»Dem passiert schon nichts«, antwortete ein Mann in Pulli und Jackett, dem andere dabei zusahen, wie er einen Joint drehte. Genüsslich streckte sich seine Freundin neben ihm aus und bettete ihren Kopf auf seinen Schoß. Ihr blondes Haar floss über seine Beine.

Florence zog Edda zum Sofa neben dem Kamin. »Rutscht mal rüber!«

Die beiden Frauen, die Florence angesprochen hatte, rückten zur Seite. Sie trugen keinerlei Make-up, der Stoff ihrer Cordhosen wies fadenscheinige Stellen auf und ihre Blusen wirkten bieder. Trotzdem oder gerade deshalb strahlten sie etwas Provozierendes aus.

»Das ist Edda. Sie lebt noch nicht lange in Paris«, erklärte Florence. »Und das sind Adèle, meine jüngere Schwester, und Chantal, eine Freundin von ihr.«

»*Salut*, Ida.«

»Sie heißt Edda«, korrigierte Florence, obwohl Edda nichts dagegen hatte, dass Adèle, wenn es ihr leichter fiele, Ida zu ihr sagte. Dennoch entspann sich zwischen den Schwestern ein kurzer Disput, bei dem Edda den Eindruck gewann, dass es in Wirklichkeit um ganz andere geschwisterliche Animositäten ging.

»Ich besorge uns mal etwas zum Knabbern«, sagte Florence spitz, kehrte jedoch nicht zurück, weil sie sich mit anderen Gästen festquatschte. Adèle und Chantal unterhielten sich über Menschen, die Edda nicht kannte. Sollte sie zu Florence hinübergehen? Oder sähe es so aus, als käme Edda nicht allein zurecht? Edda überwand sich und sprach Adèle und Chantal an. Wie es sich herausstellte, waren sie genauso alt wie Edda. Im Herbst hatten sie ihr Geschichtsstudium begonnen, im Pariser Vorort Nanterre, wo zwischen Industriegebieten und Armenvierteln drei Jahre zuvor eine neue Universität aus dem Boden gestampft worden war, um die völlig überfüllte Sorbonne zu entlasten. Adèle erzählte, dass sie die neuen funktionalen Kästen aus Beton, Stahl und Glas verabscheute. Allerdings, so räumte sie ein, sei es auch von Vorteil, dass sie auf dem hässlichen Campus wohnte und nicht jeden Abend aus der Banlieue zu ihren Eltern nach Hause fahren müsse. Dadurch führte sie ein relativ unabhängiges Leben, solange sich Florence, die ebenfalls in Nanterre studierte, nicht wie ihre Gouvernante aufführte.

»Mir ist meine Freiheit auch das Wichtigste«, pflichtete Edda Adèle bei. Sie fand großen Gefallen daran, sich zum ersten Mal seit ihrer Ankunft in Paris mit gleichaltrigen Französinnen zu unterhalten, nicht nur mit Madame Fleury, ihrer Sprachlehrerin, oder den Brunets, so nett sie auch waren.

Adèle nickte verständnisvoll und musterte Edda. Ihre dunklen Augen ähnelten denen ihrer Schwester. »Studierst du auch in Nanterre? Oder gehörst du zu den Glücklichen, die einen Platz an der Sorbonne ergattert haben?«

»Weder noch«, antwortete Edda. »Ich arbeite als Au-pair, bei einer Familie im Quartier Latin.«

»Ach so.«

»Ist Edda ein flämischer Name? Kommst du aus Belgien?«, erkundigte sich Chantal, womit sie Edda zum Lachen brachte.

»Aber nein, ich bin Deutsche. Hört man das nicht?«

Chantal schüttelte den Kopf. »Du hast nur einen leichten Akzent, ich dachte, einen belgischen.«

Edda spürte, dass sie vor Freude errötete. Adèle hatte schweigend zugehört, jetzt sagte sie: »Mit anderen Worten: Du hütest also die privilegierten Kinderchen der Bourgeoisie.«

Verblüfft blickte Edda sie an. Adèle klang, als hätte sie Edda eines Verbrechens für schuldig befunden. Was fiel ihr ein, Eddas Arbeit anzuprangern? Edda ärgerte sich, und zugleich war sie verunsichert. Bei ihrem ersten Besuch wollte sie es sich auf keinen Fall mit der Schwester von Florence verscherzen.

Im Radio lief Johnny Hallydays französische Version von *San Francisco*. Edda entschied sich einzulenken. »Ich würde einfach sagen, ich kümmere mich um Kinder, deren Eltern arbeiten.«

Unerwartet erhielt sie Beistand von der blonden Frau, Nadine, die mit ihrem Freund Pierre auf dem Teppich lungerte.

»Schau dich mal um, Adèle.« Mit ihrem Joint in der Hand deutete Nadine mit einer ausladenden Handbewegung auf den Flügel, die deckenhohen Bücherregale, Schallplatten, Bilder und Möbel. »Bourgeoiser als bei euch geht's nicht mehr.«

Einige lachten, Adèles Augen verengten sich. »Ich arbeite daran, ein anderer Mensch zu werden«, verkündete sie grimmig. »Leute wie ihr träumen doch bloß von einer gerechten Welt. Ihr trinkt, kifft und schlaft bis in die Puppen. So organisiert man bestimmt keine Revolution.«

»Zusammen mit moralinsauren Dogmatikern habe ich dazu auch gar keine Lust«, konterte Pierre und inhalierte extra tief. Dann begann er, hingebungsvoll mit Nadine zu knutschen.

Adèle stieß Chantal an und meinte spöttisch: »Hätte ich mir denken können, dass Florence lauter Leute einlädt, denen der Klassenkampf gleichgültig ist. Kommst du mit an die frische Luft? Hier drin ersticke ich.«

Gekränkt sah Edda ihnen nach. Eben noch hatte sie gedacht, in den beiden neue Freundinnen zu finden, und jetzt ließen sie sie einfach sitzen. Und doch beeindruckte es Edda, mit welcher Ernsthaftigkeit Adèle ihren Standpunkt vertrat. Sie nahm ihr Glas und ging nun zu Florence hinüber, die sich mit einem jungen Mann in Anzug unterhielt.

»Na, hat meine Schwester Rabatz gemacht?«

Edda zuckte mit den Schultern. »So schlimm war es nicht.«

Dennoch seufzte Florence. Ihre langen Finger spielten mit einer Zigarette und ließen sie wirken wie ein elegantes Accessoire.

»Wir diskutieren gerade, was der November-Streik in Nanterre gebracht hat«, erklärte Antoine. »Ob er überhaupt etwas bewirkt hat.« Alle Augenblicke strich sich Antoine sein Stirnhaar zurück. »Wenn ihr mich fragt, haben wir uns umsonst verausgabt.«

Er schimpfte auf die sogenannte Fouchet-Reform, die zu Beginn des Studienjahres in Kraft getreten war und zu den studentischen Protesten geführt hatte. Der ehemalige Erziehungs- und aktuelle Innenminister, Christian Fouchet, hatte sie entwickelt, um das Studieren effizienter zu organisieren. Dabei hatte er sich, so die Kritik, weniger an den Bedürfnissen der Studentinnen und Studenten orientiert als an denen der Wirtschaft und Industrie.

»Und was heißt das für uns?« In einem Zug kippte Antoine seinen Wein hinunter. »Strikt begrenzte Studienzeit, noch härtere Auslese, noch mehr Druck.«

Obwohl sie selbst nicht studierte, hatte Edda gebannt zugehört. Vom Streik in Nanterre hatte sie gelesen, und es war spannend, zu erfahren, was diejenigen dachten, die daran beteiligt gewesen waren.

Florence widersprach Antoine: »Fast alle Studierenden haben sich dem Streik angeschlossen, das ist doch ein Riesenerfolg.«

Antoine machte eine wegwerfende Handbewegung. »Haben wir mehr Mitbestimmung erreicht? Nein. Und wieso nicht?«

Wie ein Lehrer blickte Antoine von Florence zu Edda. Erwartete er, dass sie sich äußerte? Etwas unsicher sagte sie: »Tun sich französische Lehrer genauso schwer damit wie unsere, dass junge Leute nicht mehr alles hinnehmen, was von ihnen verlangt wird? Dass wir eigene Vorstellungen haben und mitreden möchten? Dann würde ich sagen, sie fürchten um ihre Autorität.«

»Um ihre Macht«, präzisierte Antoine.

An diesem Punkt gab Florence ihm recht und fügte hinzu: »Wie im Mittelalter.«

Edda, erleichtert, dass ihre Ansicht auf Zustimmung gestoßen war, fielen auf Florence' Stichwort hin die Hamburger Studenten ein, die ihre altertümlich kostümierten Professoren vorgeführt hatten. »Unter den Talaren – Muff von 1000 Jahren« – wie übersetzte man das? Nachdem Edda noch etwas mehr Wein getrunken hatte, sprudelten die Worte aus ihr heraus.

»Dein Französisch ist *superbe*«, lobte sie Antoine. »Du klingst nicht so hart und abgehackt, wie man es sonst von den

Deutschen kennt.« Militärisch-zackig führte er seine Hand an die Stirn und schlug die Hacken zusammen. »Aaachtung!«, brüllte er auf Deutsch.

Diejenigen, die es mitbekamen, lachten, was Antoine dazu anspornte, seine Parodie auf die deutsche Wehrmacht zu wiederholen. Edda stand daneben und bekämpfte ihren Drang, zu versichern, dass sie, drei Jahre nach Kriegsbeginn geboren, mit den Soldaten der Wehrmacht nichts zu tun hätte. Ihre gute Laune hatte einen Dämpfer erhalten, und sie fand nicht ins Gespräch zurück.

»Wo ist denn das Bad?«, fragte sie Florence, die es ihr zeigte.

Das Edda bislang nicht bekannte Unbehagen, eine Deutsche zu sein, rumorte in ihr. Warum nur fühlte sie sich so angegriffen?

Jemand läutete und wurde im Flur mit lautem Hallo begrüßt. Gleichzeitig hämmerte es heftig an die Tür des Badezimmers.

»Einen Moment, bitte.« Edda öffnete ihren Zopf, der an der Kopfhaut stremmte, und schüttelte ihr Haar aus. Dann schminkte sie ihre Lippen nach und kehrte in den Salon zurück.

Dort war das Licht gedimmt worden, statt des Radios lief eine Platte der Rolling Stones, und im hinteren Teil des Wohnzimmers wurde zu *Satisfaction* getanzt. Gegen den Türrahmen gelehnt, sah Edda zu, ihr Fuß wippte zur Musik mit. Auch Florence tanzte. Dabei bedeutete sie einem großen, dunkelhaarigen Mann, der lachend abwehrte, mitzumachen. War das ihr Freund? Er schien ein paar Jahre älter zu sein, und sah in seinem schwarzen Pullover, den engen Jeans und mit seinen etwas wirren Locken ziemlich gut aus. Schmunzelnd sah sie zu, wie Florence den Widerstrebenden mit sich zog, der sich mit einer Geste ergab und nun doch tanzte.

Grundsätzlich lagen Edda die Beatles mehr, aber diesen Song der Stones, die Hymne der Unzufriedenen, wie Kai ihn nannte, mochte sie. Edda ging zur Tanzfläche und ließ sich mit geschlossenen Augen in den Rhythmus hineinfallen, in ihre Bewegungen und die Stimmen, die »I can't get no, oh no, no, no, hey, hey, hey« mitgrölten. Als sie die Augen öffnete, traf sie auf den Blick des attraktiven Mannes. Seine dunklen Augen hielten sie gefangen, nein, mehr noch, sie zogen Edda an. Es kam ihr vor, als bewegte sie sich auf ihn zu oder war er es, der ihr mit jedem Beat ein Stück näher kam? Ihr wurde bewusst, dass sie flirtete, aber der Mann tat es offensichtlich auch. Ein neues Musikstück setzte ein, *Cry To Me*, eine langsame Nummer. Paare fanden sich und tanzten eng umschlungen weiter, während Edda und der Unbekannte einander gegenüberstanden und sich ansahen.

»Marcel«, rief Antoine. »Wie ist es heute in der Kommission gelaufen?«

Auch als Marcel antwortete, löste er seine Augen nicht von Eddas: »Ganz in Ordnung.«

Gemeinsam gingen sie zu Antoine und Florence hinüber, die es sich auf dem Sofa bequem gemacht hatten, und setzten sich zu ihnen, Edda neben Marcel. Florence, zu seiner Linken, lehnte den Kopf an Marcels Schulter, und er legte den Arm um sie. Waren sie nun ein Paar oder nicht? Vorsichtshalber rückte Edda von Marcel ab. Der Unterhaltung entnahm sie, dass der Dekan der Universität Nanterre infolge des Streiks Kommissionen ins Leben gerufen hatte, in denen Studierende und Professoren miteinander über die Modernisierung einzelner Fächer diskutierten. Marcel, der Jura studierte, setzte sich für Verbesserungen in der Rechtswissenschaft ein.

»Als ob den Erziehungsminister unsere Vorschläge interessieren würden! Träumt mal schön weiter. Ich vermute – «

Adèle, die genügend frische Luft geschnappt hatte und zurückgekehrt war, machte eine schwungvolle Handbewegung. »Ich vermute, sie landen – schwupps – im Müll.«

»So sieht's aus«, pflichtete Antoine ihr bei. »Der Muff von tausend Jahren will nicht abziehen.« Antoine nickte Edda zu, und es freute sie, dass er auf das, was sie erzählt hatte, Bezug nahm.

»Ohne die Erlaubnis des Erziehungsministers darf unsere Unileitung nicht einmal die Hausordnung ändern«, erklärte Florence, während sie sich aus Marcels Arm schälte, um eine Zigarette anzuzünden. »Deshalb ist Männern der Zutritt zu unserem Wohnheim noch immer streng verboten.«

Unmut wurde laut, bloß Adèle zuckte mit den Schultern. »Ach, wenn schon. Es gibt Wichtigeres. So scharf darauf bin ich nicht, dass die *mecs* unsere Toiletten benutzen.«

Florence grinste, hielt aber dagegen. »Es geht um gleiche Rechte, Adèle. Wieso darf Marcel nach 22 Uhr eine Frau auf sein Zimmer einladen, ich aber keinen Mann? Oder anders gesagt: Warum werden ihm sexuelle Bedürfnisse zugestanden, die ich offenbar nicht haben soll?«

Hier und da applaudierten Frauen, und Edda war beeindruckt, wie freizügig Florence über das Thema sprach.

»Gute Güte, denkt doch mal größer. Revolutionär.« Chantal, die Edda bis jetzt für den treuen Schatten von Adèle gehalten hatte, sprach entschlossen. Und schnell, weshalb Edda sich anstrengen musste, ihr zu folgen. »Überall auf der Welt kämpfen Menschen gegen Unterdrückung und Imperialismus, wie die Black Panther in den USA oder der Vietcong in Vietnam. In China gibt es eine Kulturrevolution. Und ihr lamentiert über eine popelige Hausordnung.«

Chantal schnaubte, worauf sich Pierre vom Perserteppich aufrappelte. »Verschon uns mit deinen propagandistischen

Vorträgen. Warum suchst du dir nicht einen netten Lover? Das würde dich auf andere Gedanken bringen.«

»Du bist ein Idiot«, zischte Chantal.

»Du kannst es dir vielleicht nicht vorstellen, Pierre, aber vom Vögeln werden die Probleme der Welt nicht gelöst«, bemerkte Marcel trocken, worüber alle lachten, einschließlich Pierre.

»Im Gegenteil!«, konterte er. »Hast du im Seminar über Wilhelm Reich etwa nicht aufgepasst? Ich bin jedenfalls davon überzeugt, dass befreiter Sex die Welt friedlicher machen würde.«

Als Pierre sogleich begann, an den Lippen seiner Freundin zu saugen, stieß Nadine ihn von sich. »Hast du sie noch alle? Nicht so fest!«

Edda warf Marcel einen amüsierten Seitenblick zu, aber Antoine hatte ihn schon wieder in ein Gespräch verwickelt.

»Habt ihr noch einmal die ›schwarzen Listen‹ thematisiert?«

»Dabei ist nichts Neues herausgekommen«, antwortete Marcel. »Manche Professoren behaupteten, es gäbe sie, Dekan Grappin bestreitet es.«

Während er sprach, haftete Eddas Blick an Marcels sinnlichen Lippen, um die herum ein Dreitagebart spross. Verlegen räusperte sie sich, was den Frosch in ihrem Hals nicht ganz vertrieb. »Was denn für schwarze Listen?«

»Das Gerücht darüber sorgt schon länger für Ärger«, antwortete Marcel.

Im letzten Frühjahr hatten einige Studenten das Wohnheim der Frauen besetzt. Das Gebäude war daraufhin von der Polizei umstellt worden, aber am nächsten Morgen hatte die Unileitung den Besetzern versprochen, sie ohne Aufnahme der Personalien straflos abziehen zu lassen.

»Ein paar Tage später sollte ich vom Campus fliegen. Dabei hatte ich an der Besetzung gar nicht teilgenommen.«

»So ging es auch anderen«, schaltete sich Antoine ein. »Deshalb glauben wir, dass jemand die Namen derjenigen, die als politisch aktiv gelten, gegenüber der Unileitung ausgeplaudert hat. An die wurden dann böse Briefe verschickt.«

»Unglaublich«, entfuhr es Edda, obwohl sie, seitdem Benno Ohnesorg getötet worden war, durchaus einiges für möglich hielt, was ihr davor unvorstellbar erschienen wäre.

»Da du unseren traurigen Alltag nun kennst, entschuldigt mich kurz«, sagte Antoine theatralisch, und auch Florence entfernte sich, denn jemand bedeutete ihr, dass neue Leute gekommen wären. Edda und Marcel blieben auf dem Sofa zurück.

»Was ich nicht verstehe …«, begann Edda, brach aber ab, weil sie sich nicht sicher war, ob ihre Frage naiv klänge.

Erwartungsvoll sah Marcel sie an, womit er Edda aus dem Konzept brachte. »Heraus damit. Was willst du wissen?«

»Ihr scheint eurem Dekan nicht zu vertrauen. Wieso arbeitest du dann in seiner Kommission mit?«

In Marcels Augen flackerte es. Oder spiegelte sich bloß die Flamme in ihnen wider, die er mit einem Klick aus dem Feuerzeug aufschnellen ließ?

»Ich hoffe, dass Grappin die Wahrheit sagt und die schwarzen Listen nicht existieren. Er hat in der Résistance gegen die verdammten Nazis gekämpft, damit gehört er zu den Guten. Und außerdem –« Marcel grinste, bevor er fortfuhr. »Außerdem will ich nicht auf irgendeine Revolution warten.«

»Und wenn eure Papiere« – Edda imitierte Adèles Handbewegung – »im Papierkorb landen?«

Marcel zog an seiner Zigarette. »Dann fällt uns etwas anderes ein. Die Studentenschaft ist aufgewacht, ein Zurück gibt es nicht mehr. Wenn man den Status quo ernsthaft verändern will, kann man immer etwas tun. Meinst du nicht?«

Edda deutete ein Nicken an. Dabei dachte sie an ihr letztes Telefonat mit Kai. »Du und ich, wir können gar nichts ändern«, hatte er zu ihr gesagt, als sie sich über Kurras' Freispruch aufgeregt hatte. Danach hatte Kai wahrscheinlich einen Joint geraucht und Gitarre gespielt. Solange man ihn dabei nicht störte, war er zufrieden. Größer denken. Chantal hatte gar nicht so unrecht damit.

»Ist alles in Ordnung?«, fragte Marcel und reichte Edda ihr Weinglas. Als sie danach griff, berührten sich ihre Finger und sie sahen sich an. Das Wollkleid, das Edda anhatte, kratzte plötzlich und erschien ihr viel zu warm. Sie spürte Marcels Oberschenkel an ihrem. Ich will ihn küssen, durchfuhr es sie.

»Jetzt haben wir lange genug über mich geredet«, sagte Marcel. »Was ist mit dir? Jemand sagte, du kämst aus Brüssel? Wie ist es dort? Ich bin noch nie da gewesen.«

Edda musste lachen. »Ich auch nicht.«

»Woher bist du dann? Aus Antwerpen vielleicht?«

»Nein, ganz falsch.« Amüsiert schüttelte Edda den Kopf. »Einen Versuch hast du noch.«

In diesem Moment stürzte Florence ins Zimmer. »Macht die Musik aus! Unser Nachbar hat sich beschwert. Er droht, die Polizei zu rufen.«

»Pass auf!«, rief Edda.

In ihrer Aufregung war Florence gegen den Tisch gestoßen und eine der Flaschen, die darauf standen, kippte um. Blutrot ergoss sich der Wein über den Teppich.

»*Merde!* Mamans Perser!«

Edda reagierte sofort. »Habt ihr Salz im Haus?«

Minuten später war absehbar, dass das Hausmittel funktionierte. Das Salz saugte den Rotwein auf. Florence umarmte Edda. »*Merci, merci,* du hast mich gerettet!«

Das war übertrieben, dennoch freute es Edda, als Marcel ihr spaßeshalber applaudierte.

Für die erste Metro war es noch zu früh am Morgen, aber eine Freundin von Florence erbot sich, Edda in ihrem Citroën mitzunehmen. Zuvor halfen sie, Aschenbecher auszuleeren und schmutzige Gläser einzusammeln. Währenddessen kam Edda zu dem Schluss, dass Florence und Marcel wie gute Freunde miteinander umgingen. Wie ein Liebespaar wirkten sie nicht. Wie könnte sie es anstellen, ihn wiederzusehen? Ihn im Beisein anderer Gäste danach zu fragen, traute sich Edda nicht.

Sie ging in den Salon und öffnete die hohen Fenster. Die frische Winterluft, die hereinströmte, vertrieb den Dunst der Zigaretten. Noch war der Morgen, dunkel und eisig, nicht von der Nacht zu unterscheiden. Marcel trat neben sie und legte Edda ihren Mantel um die Schultern. Einen Moment lang blickten sie schweigend auf die verschneite, menschenleere Straße hinunter, in der es nichts zu sehen gab.

»Hast du Lust, dass wir uns mal treffen, Edda? Auf einen Kaffee vielleicht?«

Zum ersten Mal nannte Marcel sie bei ihrem Namen, und Edda mochte es, wie weich er ihn aussprach. »Gern.«

»Im Studentenwohnheim kannst du mich schlecht erreichen«, erklärte er. »Darf ich mich bei dir melden?«

Edda schrieb die Nummer der Brunets auf Marcels Handgelenk. Äußerlich wirkte sie gelassen, doch ihr Herz trommelte, als wollte es ausbrechen und vor Freude tanzen.

Auf der Rückfahrt, vorbei am Triumphbogen und entlang der großen Boulevards und der Seine, betrachtete Edda die schöne, noch schlafende Stadt. Das Gefühl, immer tiefer in ihr neues Leben einzutauchen, erfüllte sie mit Glück. Frankfurt schien Lichtjahre entfernt zu sein, und Edda vermisste es nicht. Antoines Parodie war fast vergessen, was blieb, war die Erinnerung an einen wunderbaren Abend mit interessanten Menschen und spannenden Gesprächen. Und nun wollte sich auch noch Marcel, der attraktivste Mann der Party, mit ihr treffen. Einen kurzen Moment dachte sie an Kai, schob den Gedanken an ihn jedoch rasch beiseite. Als Edda gegen fünf Uhr morgens, aufgekratzt und müde zugleich, die Rue des Écoles erreichte, war sie davon überzeugt, dass die beste Zeit in Paris noch vor ihr läge.

Bei den Brunets brannte Licht, was Edda wunderte, denn es war Sonntag. Ob es Henri schlecht ginge und er nicht schlafen könnte? Als sie die Stufen zu ihrem *Chambre de bonne* emporstieg, überlegte Edda, ob sie bei den Brunets anklopfen und sich nach ihm erkundigen sollte. Die Frage erübrigte sich. Die Wohnungstür wurde aufgerissen, und im Bademantel standen ihr Isabelle und Claude Brunet gegenüber. Beide wirkten blass.

»*Bonjour!*«, grüßte Edda erschrocken. »Ist etwas mit Henri?«

Madame Brunet, ohne Absatzschuhe deutlich kleiner als ihr Mann, ging auf ihre Frage nicht ein, sondern bat Edda hinein. Während Monsieur Brunet leise die Tür des Wohnzimmers schloss, dämmerte es Edda, dass die beiden auf sie gewartet hatten. Wie besorgte Eltern!

Der unterdrückte Zorn in Monsieur Brunets Stimme war nicht zu überhören. »Was denkst du dir bloß, die ganze Nacht nicht nach Hause zu kommen? Ich war kurz davor, dich als vermisst zu melden. Einem jungen Mädchen kann in Paris wer weiß was zustoßen.«

»Es tut mir leid«, entschuldigte sich Edda. Den Brunets

eine schlaflose Nacht bereitet zu haben, war ihr unangenehm. Doch sie ärgerte sich auch. Hörten diese Predigten denn nie auf? Wenn sie erwachsen genug war, sich um die Kinder der Brunets zu kümmern, wieso schuldete sie ihnen dann eine Erklärung dafür, wie sie ihre Freizeit verbrachte?

»Was hätten wir deinen Eltern gesagt, wenn dir etwas passiert wäre?« Madame Brunet ließ ihre Frage wirken, während sich Edda zwang, ihrem Blick standzuhalten. Ungeschminkt und übernächtigt, wirkte Isabelle Brunet gar nicht mehr so jugendlich wie sonst. »Vergiss nicht, Edda, du bist noch nicht mündig, und solange du bei uns lebst, sind wir für dich verantwortlich.«

Widerwillig nickte Edda, nicht aus Überzeugung, sondern weil sie wusste, dass es die schnellste Methode wäre, dem Streit zu entkommen.

Monsieur Brunet unterdrückte ein Gähnen. »Ich muss ins Bett. Morgen reden wir weiter. *Bonne nuit.*«

Kurz darauf lag Edda unter ihrer Decke. Sobald sie die Augen schloss, schien sich alles zu drehen. Kein Wunder, so viel Alkohol trank sie sonst nie. Sie konzentrierte sich auf die Erinnerung an Marcels dunkle Augen, und dachte daran, wie sie miteinander getanzt und geredet hatten. Würde er sie bald anrufen? Dieser Wunsch und die Eindrücke des Abends begleiteten sie bis in den Schlaf.

*

Das Jahr 1967 endete für Edda mit Fieber. Henris Mittelohrenentzündung war eine Grippe gefolgt, die niemanden in der Familie Brunet verschonte. Edda war im Einsatz wie noch nie. Zusammen mit der kränkelnden Madame Brunet kümmerte sie sich um die Hausarbeit, kochte Brühe und Tee, verabreichte Wadenwickel sowie heiße Zitrone und las den quengeligen Kindern Geschichten vor. Als es Camille, Jean-Luc und Henri etwas besser ging, bastelte sie mit ihnen, obgleich der dritte Advent schon vorüber war, einen hübschen Adventskranz – eine Tradition, die sie nicht kannten, aber mochten. Zwei Tage vor ihrem geplanten Weihnachtsbesuch in Frankfurt hatte es auch Edda erwischt. Auf über vierzig Grad kletterte das Quecksilber und Edda erinnerte sich nicht, wann sie sich jemals so elend gefühlt hatte. Wie sollte sie in diesem Zustand verreisen? Brunets rieten ihr, so schade es für Eddas Familie wäre, in Paris zu bleiben. Gebeutelt von Kopfschmerzen und Schüttelfrost, lag sie im Bett und verschlief die Feiertage. Die Brunets, wieder halbwegs auf den Beinen, kümmerten sich reizend um sie. Nach Weihnachten erreichte Edda Post von ihrer Familie, Ariane und Kai, und sie alle hofften, dass Edda wenigstens zum Jahreswechsel nach Frankfurt kommen könnte. Doch sie kam nur langsam zu Kräften und sagte ihren Besuch schließlich ganz ab.

Kurz vor Silvester stürmte Camille in Eddas *Chambre de bonne* und verkündete, dass ein Mann sie am Telefon zu sprechen wünschte. Dabei kicherte Camille.

Marcel! Endlich. Edda hatte schon gedacht, er würde sie niemals anrufen. Am liebsten wäre Edda zum Telefon geflogen, doch als sie aus dem Bett sprang, tanzten sofort schwarze Punkte vor ihren Augen. Nur mit halbem Ohr hörte sie Camille zu, die, als sie die Treppen zu Brunets Wohnung hinunterstiegen, über *Alice im Wunderland* plauderte, das Buch, das sie soeben ausgelesen hatte. Ob Marcel sie zu einer Silvesterfeier einladen würde? Oh, das wäre wunderbar. Was täte sie nicht alles dafür, um bis dahin auf dem Damm zu sein.

Der Anrufer war Kai, und Edda hatte größte Mühe, ihre Enttäuschung zu verbergen. Ihre leise, etwas raue Stimme schob Kai tröstend auf ihre Grippe, und Edda schämte sich, weil sie sich über seine Zuwendung nicht freute. Kai dagegen war bestens aufgelegt und eröffnete ihr, dass er vorhätte, Edda zu besuchen. »Wenn ich morgen früh mit dem Moped in Frankfurt starte, können wir doch noch zusammen Silvester feiern. Was sagst du dazu?«

Nein, dachte Edda, bitte komm nicht. Natürlich war es süß von Kai, die Reise auf sich zu nehmen, aber ihr war nicht danach, ihn tagelang um sich zu haben. Er gehörte nicht nach Paris.

»Das ist viel zu gefährlich. Es schneit und die Straßen sind glatt.« Da sie ahnte, dass Kai sich davon nicht würde abhalten lassen, fügte sie rasch hinzu: »Außerdem bin ich krank. Wir könnten nichts unternehmen.«

Kai versicherte, dass es ihm darum ginge, bei ihr zu sein. Er würde ihr Tee kochen und sie unterhalten. Edda fühlte sich von seiner Begeisterung bedrängt. Dann fiel ihr ein, dass es Brunets gar nicht recht wäre, wenn sie Kai auf ihrem Zimmer empfinge. Bei seinem letzten Besuch im Sommer war die Familie verreist gewesen. Über die Entfernung hinweg spürte Edda, wie Kais Freude zerstob.

»Wann sehen wir uns denn wieder?«, fragte Kai, jetzt mit trauriger Stimme. »Ich vermisse dich, Edda.«

Sie zögerte. Sollte sie Kai gestehen, dass es ihr anders ging? Dass sie das Gefühl hatte, sie würden nicht mehr zueinander passen? Das brachte sie in diesem Augenblick nicht übers Herz.

»Lass mich erst einmal gesund werden«, redete sie sich stattdessen heraus. »Danach sehen wir weiter.«

So, wie sie es immer getan hatten, hauchten sie je einen Kuss in die Leitung.

In der Silvesternacht trat Edda, noch immer matt und etwas fiebrig, auf ihren kleinen Balkon hinaus, um das Feuerwerk zu betrachten, das den Himmel und die Dächer in bunten Farben erstrahlen ließ. Das Jahr 1968 hatte begonnen. Wäre Edda nicht krank, würde sie jetzt nicht in ihrem Zimmer hocken, denn Florence hatte sie zu einer Party eingeladen. Dort hätten sie getanzt, gelacht und vielleicht wäre im Laufe der Nacht Marcel aufgetaucht. Und dann? Wie wäre es gewesen, ihm zu begegnen? Hätte er sich darüber gefreut? In ihrem Magen wand sich die Enttäuschung darüber, dass sie auch nach fast drei Wochen noch nichts von ihm gehört hatte. Edda lauschte den vielen fröhlichen, johlenden Stimmen auf der Straße und gab sich dabei ihrer Schwermut hin. Hätte sie Kai doch nicht abwimmeln sollen? Womöglich hätten Brunets eine Ausnahme gemacht. Dann wäre Edda nicht so allein gewesen. Was machte Kai eigentlich heute Abend? Sie hatte ganz vergessen, ihn danach zu fragen.

Fröstelnd kehrte Edda in ihr Zimmer zurück, trank einen Schluck Tee und verkroch sich im warmen Bett. Ihre Gedanken kehrten zu Marcel zurück. Vielleicht war es dumm, auf seinen Anruf zu warten. Aber Marcel als unbedeutenden Partyflirt abzutun, gelang ihr nicht. Ihre gegenseitige Anziehung, dessen war Edda sich sicher, hatte sie sich nicht eingebildet. Ob sie Florence nach seiner Adresse fragen sollte? Oder, und das blieb kurz vor dem Einschlafen Eddas brennendste Frage, dachte Marcel schon nicht mehr an sie?

*

Eine Woche später lud Florence Edda ein, Nanterre kennenzulernen. Erfreut sagte Edda zu. In dem roten Citroën von Zoé, der Frau, die Edda nach der Party heimgefahren hatte, machten sie sich auf den Weg, um dabei zu sein, wenn am frühen Abend der Minister für Sport und Jugend das universitäre Schwimmbad einweihen würde. Er ahnte noch nicht, dass die Studentinnen und Studenten diese Gelegenheit nutzen würden, um vor dem Schwimmbad ihren Unmut über die Politik zu äußern. Seitdem Edda von dieser Veranstaltung wusste, hoffte sie, dort Marcel zu begegnen.

Kettenrauchend lenkte Zoé ihren 2CV durch den Verkehr, während Florence auf der Rückbank döste und Edda sich ihr Wiedersehen mit Marcel ausmalte. Bereits nach wenigen Kilometern schien ihr Paris sehr weit weg. Die Tristesse der Vororte stand in krassem Gegensatz zu den eindrucksvollen Gebäuden der Hauptstadt sowie dem quirligen Leben auf den Straßen.

»Lauschig ist Nanterre nicht«, pflichtete Zoé ihr bei. Zwar würden, da Paris aus allen Nähten platzte, Industrien, Sozialwohnungen und Bürotürme wie Pilze aus dem Boden schießen, aber vieles, was das Leben angenehm machte, fehlte. In der Nähe des Campus gäbe es weder Kinos noch Cafés oder Buchläden, die Universitätsbibliothek befand sich erst im Bau, und auf den Schnellzug nach Paris könnten sie noch lange warten.

Lachend beugte sich Florence vor. »Beklag dich nicht, Zoé. Dafür haben wir jetzt ein Schwimmbad. Ist das etwa nichts?«

Zoé grinste. »Vor allem, wenn es stimmt, was auf den Handzetteln steht, die sie an der Uni verteilt haben.«

Florence reichte Edda einen Zettel nach vorne, auf dem stand: *Heute Abend um 18 Uhr Sexorgie im Schwimmbad.*

»Ein Scherz, oder?«, fragte Edda vorsichtig, woraufhin Florence in schallendes Gelächter ausbrach.

»Vielleicht schauen ja manche vorbei, die auf Protest keine Lust gehabt hätten. Wir können jede Unterstützung gebrauchen.«

Es dämmerte, als sie nahe der Universität parkten. Der Campus wirkte grau und öde, der zum Teil noch unbefestigte Boden war gefroren. An manchen Stellen gab die dünne Eisschicht nach, so dass die drei jungen Frauen auf dem Weg zum Schwimmbad immer wieder knöcheltief in den Schlamm einsanken. Dutzende Studentinnen und Studenten hatten sich vor dem neuen Gebäude versammelt. In der Hoffnung, irgendwo Marcel zu entdecken, stellte sich Edda auf die Zehenspitzen, aber einzelne Gesichter auszumachen, war nicht leicht. Wegen seiner roten Haare stach ihr ein junger Mann ins Auge, der mit anderen angeregt diskutierte, und einer von ihnen war ... ja, das war Marcel. Zwar stand er mit dem Rücken zu ihr, doch seine schönen, wirren Locken ließen keinen Zweifel. Als hätte er ihren Blick gespürt, drehte Marcel sich um. Hatte er sie erkannt? Ihr wurde ein wenig flau, und schüchtern hob Edda die Hand. Marcel grüßte zurück und wandte sich wieder dem rothaarigen Studenten zu. Es betrübte Edda, dass Marcel ihr nicht mehr Beachtung schenkte, doch in diesem Moment öffnete sich die Tür des Hallenbads und einige Herren traten heraus, die Einweihung war offenbar beendet. Augenblicklich verstärkte sich das Stimmengewirr.

Florence deutete auf die beiden Männer an der Spitze der Delegation. »Der Jüngere ist Misoffe, der Jugendminister, der mit Brille unser Dekan Grappin.«

»Was macht Dany denn jetzt?«, rief Zoé aus.

Das hatte sich wohl auch der Dekan gefragt, denn er versuchte, den rothaarigen Studenten, der, wie Zoé erklärte, eigentlich Daniel Cohn-Bendit hieß und als Anarchist galt, zurück in die Reihe der Zuschauer zu drängen. Vergeblich. Fasziniert beobachtete Edda, dass der Student den Jugendminister um Feuer für seine Zigarette bat. Den Minister persönlich?

Er hätte Misoffes Weißbuch über die Jugend gelesen, verkündete Dany lautstark durch ein Mikrophon und jetzt würde es ihn doch interessieren, wieso er auf dreihundert Seiten kein einziges Wort über die Forderung gefunden hätte, in den Wohnheimen der Studentinnen Männerbesuche zu gestatten. Zoé und Florence applaudierten und Edda wartete gespannt darauf, wie es weiterginge. Würde sich der Jugendminister auf das Gespräch einlassen?

Dieser riet Dany ironisch, seinen sexuellen Nöten Herr zu werden, indem er ins kalte Wasser des Schwimmbades spränge. Empörtes Gejohle erscholl daraufhin, und auch Edda buhte den Minister aus. Es war doch immer dasselbe. Überall scheuten die Erwachsenen das Gespräch mit den Jüngeren. Kluge Reden taten sie als Unfug ab, Proteste ignorierten sie und nahmen weder Fragen noch Forderungen ernst.

Florence stimmte Edda zu und hakte sich bei ihr unter, eine beiläufige Geste, die Edda etwas bedeutete.

Als die Delegation sich entfernte, löste die Versammlung sich auf. Edda hielt Ausschau nach Marcel.

»Dany riskiert Ärger«, sagte Zoé hörbar beeindruckt. Sie wandte sich an Edda. »Er ist übrigens auch Deutscher.«

»Ach ja?«

Noch ehe Edda dazu kam, weitere Fragen zu stellen, rief Florence aus: »Marcel, Antoine! Wartet mal!«

Allein bei dem Gedanken, Marcel nah zu sein, bekam Edda weiche Knie. Während sie sich alle mit französischen Luftküssen begrüßten, klopfte ihr Herz schneller, doch hoffte sie, dass es ihr gelänge, ihre Nervosität zu überspielen. Gemeinsam analysierten sie Daniel Cohn-Bendits Auftritt. Antoine meinte gehört zu haben, dass der Dekan bereits ein Nachspiel angekündigt hätte. Immer wieder suchte Edda vergebens Marcels Blick. Auf keinen ihrer Kommentare ging er ein. Edda konnte sich sein Verhalten nicht erklären. Weshalb ignorierte Marcel sie, obwohl es auf der Party zwischen ihnen spürbar geknistert hatte? Es schien, als hätte er zwischen ihnen eine Glaswand errichtet, durch die Edda ihn zwar sehen, aber nicht mit ihm sprechen konnte.

Florence lud Zoé und Edda zu einer Tasse Tee auf ihrem Zimmer ein. Die Männer dürften ja nicht mit. Edda hätte sich gern aufgewärmt, aber dann keine Gelegenheit gehabt, mit Marcel zu reden. Und die wollte sie unbedingt noch nutzen. Ihre Stimme klang kratzig, als sie ihn fragte: »Hast du einen Augenblick Zeit?«

Zum ersten Mal an diesem Abend schaute Marcel sie direkt an. Er bejahte. Nachdem Florence ihr beschrieben hatte, wie sie später ihr Zimmer fände, hörte Edda sie im Fortgehen sagen: »Da habe ich wohl etwas nicht mitbekommen.«

Dann war Edda mit Marcel allein.

»Laufen wir ein Stück?«

»Ja.«

In der Ferne erahnte Edda die Armensiedlungen, die *Bidonvilles,* die sich an das Unigelände anschlossen. Florence hatte erzählt, dass Marcel regelmäßig dorthin ging, um algerische Arbeiter zu unterrichten. Manchmal trank er mit ihnen Tee. Sollte sie ihn, um das Gespräch in Gang zu bringen, danach fragen?

»Worüber möchtest du reden, Edda?«

Okay, kein Smalltalk also. In ihrem Kopf verknäulten sich deutsche und französische Halbsätze, einen davon bekam sie zu fassen. »Ich habe das Gefühl, du behandelst mich wie Luft.«

Marcel zündete sich eine Zigarette an, und durch den feinen Nebel aus Rauch und Atem trafen sich ihre Blicke. Trotz der Kälte schien es Edda, als würde ihre Haut glühen.

Als sie weiterliefen, sagte Marcel: »Ich hatte einfach überhaupt nicht erwartet, dich hier zu treffen. Tut mir leid, wenn du den Eindruck hattest, ich hätte dich nicht gesehen.«

Dass er sich ohne Umschweife entschuldigte, gefiel Edda.

»Ich hatte gehofft, dich wiederzusehen«, gab sie zu, was ihr nicht leicht über die Lippen ging, aber Marcel sollte wissen, dass sie nicht nachtragend war.

»Ehrlich gesagt, Edda …« Marcel hielt kurz inne. »… wäre mir klar gewesen, dass du Deutsche bist, hätte ich dich nicht nach deiner Nummer gefragt.«

Edda blieb stehen und blickte Marcel ungläubig an. »Was? Weil ich aus Deutschland komme? Meinst du das ernst?«

Marcel sah nicht so aus, als ob er scherzen würde.

Irritiert schüttelte Edda den Kopf. »Aber du kennst mich doch gar nicht, und dass ich Deutsche bin, verrät nichts darüber, was für ein Mensch ich bin.«

Marcel warf ihr einen düsteren Seitenblick zu. »Wenn du so überzeugt davon bist, wieso hast du dich dann als Belgierin ausgegeben?«

Edda entfuhr ein überraschter Laut. »Das ist nicht wahr, ihr habt mich für eine Belgierin gehalten. Ich mache doch kein Geheimnis aus meiner Herkunft.«

»Ach, nein?« Marcel warf seine Zigarette in den Schneematsch, wo sie sofort erlosch. »Mir hast du's nicht verraten. Nicht einmal, als ich dich gefragt habe, ob du aus Brüssel kämst, oder aus Antwerpen.«

Er blickte an ihr vorbei, als würde er in der Ferne etwas Interessantes beobachten.

Edda rief sich ihr Geplänkel auf der Party ins Gedächtnis. »Das war doch bloß ein Spiel. Es hat mir geschmeichelt, als du meinen Akzent nicht erraten hast. Und dann, als Florence das Malheur mit der Rotweinflasche passiert ist, hat sich alles nur noch um den verhunzten Teppich gedreht.«

Schließlich schien Marcel bereit zu glauben, dass Edda nicht beabsichtigt hatte, ihm etwas vorzumachen, und sie atmete auf. Was für ein merkwürdiges Missverständnis. Aber Edda entschied sich, nun, da es aus dem Weg geräumt war, Marcel einen versöhnlichen Schritt entgegenzukommen.

»Hast du denn jetzt Lust, mit mir einen Kaffee zu trinken?« Sie deutete ein Lächeln an und schob hinterher: »Mit diesem Dany verstehst du dich doch auch, obwohl er Deutscher ist.«

Ihr Ton war entspannter geworden, Marcels hingegen barsch: »Das ist etwas völlig anderes. Cohn-Bendits Eltern waren Juden und sind vor den Nazis aus Deutschland geflohen.«

Edda zuckte zusammen. Das war schrecklich, keine Frage, aber wieso klang Marcel, als mache er auch sie, Edda, dafür verantwortlich? Das Bild von Antoine, der in ihrem Beisein auf der Party die Wehrmacht parodiert hatte, flackerte vor ihr auf. Was Marcel gerade zu ihr gesagt hatte, traf sie viel mehr.

Es war kalt, dunkel und still, niemand außer ihnen schien auf dem Gelände unterwegs zu sein. Marcel schlug den Weg zum Wohnheim der Studentinnen ein, und Edda hatte Mühe, mit ihm Schritt zu halten. Was könnte sie sagen, damit er einsähe, dass es falsch wäre, alle Deutschen mit den Nationalsozialisten in einen Topf zu werfen?

»Meine Generation würde es niemals zulassen, dass Nazis an die Macht kämen. Das kannst du mir glauben.« Edda staunte selbst, mit welcher Gewissheit sie das sagte. Sie wollte Marcels Vorwurf nicht auf sich sitzen lassen.

»Ach, ja? Und wie stellt ihr das an?«

Lag da eine Ironie in seinen Worten oder sprach aufrichtiges Interesse daraus? Edda entschied sich für Letzteres. Dank ihrer Briefwechsel mit Ariane hatte sich ihre Haltung in den vergangenen Monaten gefestigt. Ob ihr das dabei helfen würde, Marcel zu überzeugen?

»Wir sind ganz anders als unsere Eltern«, begann sie. »Schon gar nicht so autoritätshörig wie sie.«

Dann erzählte sie ihm, was ihr auf Französisch nicht ganz leichtfiel, von den umstrittenen Notstandsgesetzen, gegen deren Verabschiedung in der Bundesrepublik zurzeit massiv demonstriert wurde. Und warum? Weil viele Deutsche es nicht hinnähmen, dass der Regierung damit die Macht verliehen würde, Grundrechte einzuschränken wie zu Hitlers Zeiten. Und seit dem Mord an Benno Ohnesorg, bei dem der Täter ungestraft davongekommen war, protestierten immer mehr junge Menschen dagegen, dass ehemalige Nationalsozialisten unbehelligt ihre Karrieren verfolgten, als wäre nichts geschehen.

Sie erreichten das Wohnheim und stellten sich im Eingangsbereich unter. Marcel klopfte zwei Zigaretten aus der Packung, wobei ihm einfiel, dass Edda nicht rauchte. Dennoch nahm sie die Zigarette an. Als Marcel ihr Feuer gab, kamen sich ihre Gesichter sehr nah, und ihre Hände, mit denen sie einen Windschutz um die Flamme geformt hatten, berührten sich.

»Interessiert ihr euch denn auch dafür, was eure Eltern während des Krieges gemacht haben?«

»Aber natürlich.«

Die Zigarette schmeckte ihr nicht, weshalb Edda sie nach wenigen Zügen zu den übrigen gerauchten Kippen auf den Boden warf.

»Und?« Marcel inhalierte, wobei die Glut in der Dunkelheit aufleuchtete wie ein drittes wachsames Auge. »Wie ist das denn bei deinen Eltern? Weißt du das?«

Edda brauchte nicht lange nachzudenken. »Meine Mutter war Ärztin«, erwiderte sie. »Ich nehme an, sie hat in einem Lazarett gearbeitet. Mein Vater hat sich als Truppenarzt um die Verwundeten gekümmert.«

»Hast du eine Ahnung, wo er gewesen ist?«

Edda kramte in ihrem Gedächtnis, aber viel war es nicht, was sie dort über Viktor Noltings Kriegsjahre fand. Wie denn auch, ihr Vater sprach ja nie darüber.

»Irgendwo im Osten«, antwortete sie zögerlich.

»Auch in Frankreich?«

Edda runzelte die Stirn. »Weiß ich nicht.«

Wie in einem Kreuzverhör kam sie sich vor. Aber es war ihr auch peinlich, wie wenig sie über ihren Vater zu sagen hatte. Um davon abzulenken, fragte sie: »Weißt du über deine Eltern Bescheid? Ich meine darüber, was sie im Krieg erlebt haben?«

Es entstand eine Spannung, die sich in Marcels Gesicht widerspiegelte. »Meine Eltern waren in der Résistance. Ich war noch ein Baby, da haben die Deutschen meine Mutter getötet. Hingerichtet haben sie sie, und ihre Leiche in irgendeinem Wald verscharrt. Von ihrem Tod hat sich mein Vater nie erholt. Und mich quälen immer wieder dieselben Fragen: Wie haben die deutschen Soldaten sie umgebracht? War sie sofort tot oder musste sie leiden? Hat man sie vorher gefoltert oder vergewaltigt?«

Das kalte Licht der Neonröhren, das durch die Glastür hindurchstrahlte, ließ Marcels Haut bleich erscheinen. Er sprach ruhig, fast sachlich, wodurch das, was er sagte, Edda noch grausamer erschien. Blitzlichtartig sah sie eine Frau vor sich, der ein Wehrmachtssoldat den Pistolenlauf an die Schläfe hielt. Aber auch einen kleinen Jungen, der nach seiner Maman fragte. Sein Vater musste ihm erklären, dass es die Deutschen gewesen waren, die ihm seine Mutter geraubt hatten.

»Das tut mir entsetzlich leid«, sagte Edda mit belegter Stimme, und noch nie hatte sie diesen Satz so ernst gemeint.

Marcel winkte ab. »Ich will nur, dass du verstehst, wieso ich mich nicht auf dich einlasse.«

Was? Da hatten sie so lange miteinander geredet und er wies sie dennoch aufgrund ihrer Herkunft zurück? Ein absurder Gedanke schoss ihr durch den Kopf.

»Marcel! Du denkst doch nicht etwa, dass mein Vater deine Mutter umgebracht hat?« Das würde jedenfalls erklären, wieso er sich mehr dafür interessiert hatte, wo Viktor Nolting stationiert gewesen war, als dafür, was Edda dachte.

»Das ist sehr unwahrscheinlich.« Marcel fixierte Edda. »Aber kannst du es mit Sicherheit ausschließen? Dir ist ja nicht einmal bekannt, ob dein Vater Frankreich besetzt hat. Was weißt du denn überhaupt von ihm?«

Betroffen starrte Edda ihn an, aber Marcel sprach weiter.

»Im Mist der eigenen Familie zu wühlen, ist schwer, viel schwerer, als gegen irgendeinen Politiker mit Nazi-Vergangenheit zu demonstrieren. Und trotzdem, Edda, ich habe keine Lust, mit einer Frau auszugehen, die nicht einmal versucht hat, herauszufinden, ob ihr Vater an einem Massenmord beteiligt gewesen ist.«

Jedes einzelne seiner Worte traf Edda bis ins Mark, und ein Geflecht aus unangenehmen Gefühlen schien sich um ihren Brustkorb zu schlingen und ihn zusammenzupressen. Was Marcel ihrem Vater unterstellte, war ungeheuerlich. Dass er mit ihr nichts zu tun haben wollte, verletzend. Aber am schwersten wog die Scham, die sie empfand, weil Marcel sie wie ein Staatsanwalt vorgeführt hatte. Und sie, Edda, hatte ihm nichts entgegenzusetzen.

Marcel trat seine Zigarette aus und schlug den Mantelkragen hoch. Den Blick, mit dem er sie bedachte, konnte Edda nicht deuten.

»Mach's gut, Edda«, sagte er erstaunlich sanft.

Noch bevor er in der Dunkelheit verschwunden war, stieß Edda die Glastür des Wohnheims auf. Während sie den grauen Gang zu Florence und Zoé entlanglief, kamen ihr die Tränen.

*

Alle zwei Wochen rief Edda bei ihren Eltern an, und an diesem Nachmittag war es wieder so weit. Normalerweise sprach sie mit ihrer Mutter, doch dieses Mal war ihr Vater am Apparat. Damit den Brunets keine Unkosten entstünden, rief er Edda zurück, und während sie darauf wartete, dass das Telefon läutete, scherzte sie mit Camille und Jean-Luc, die am Wohnzimmertisch saßen und malten.

»Hallo, Papa«, begrüßte sie ihn schließlich. »Wie geht es euch?«

»Bei uns ist alles beim Alten«, antwortete ihr Vater. Seine Stimme klang müde. »Und du? Bist du wieder kerngesund?«

»Ja, ein Glück.«

Im Hintergrund begannen sich Camille und Jean-Luc um die Stifte zu streiten, woraufhin Edda die beiden aufforderte, die Farben abwechselnd zu benutzen und leiser zu sein.

Viktor Nolting lachte. »Mit der Rasselbande hast du wohl alle Hände voll zu tun? Noch einmal ausgebüxt sind dir die Kinder aber nicht?«

Edda verneinte. Mittlerweile bereute sie es, ihren Eltern von dem Vorfall im Park berichtet zu haben. Immer wieder rieben sie ihn ihr unter die Nase.

»Ist Mutter in der Kirche?«, wechselte sie das Thema.

»Sie hat sich hingelegt. Ihre Migräne macht ihr zu schaffen.«

»Aha. Daran leidet sie in letzter Zeit recht häufig«, erwiderte Edda. Als ob sie nicht wüsste, was ihr Vater umschrieb. Ihre Mutter hatte sich zu viele »Schnäpschen« genehmigt. Noch so ein Thema, über das niemand in der Familie redete.

»Das wird schon wieder.« Edda hörte, wie sich ihr Vater eine Zigarre ansteckte.

Er befragte Edda zu ihren bevorstehenden Prüfungen und erzählte von einem Besuch ihres Bruders Joachim mit seiner Frau und Baby Markus, doch Edda war nicht ganz bei der Sache. Ihre Gedanken drifteten zu dem Gespräch mit Marcel, das ihr noch immer nachging. »Was weißt du denn überhaupt von deinem Vater? Dir ist ja nicht einmal bekannt, ob er Frankreich besetzt hat«, hörte sie ihn vorwurfsvoll sagen, womit er, wie sich Edda inzwischen eingestanden hatte, ins Schwarze getroffen hatte. Sie beschloss, ihren Vater danach zu fragen. Nur wie, ohne mit der Tür ins Haus zu fallen?

»Hast du heute noch etwas vor?«, erkundigte sich Viktor Nolting.

»Ich gehe gleich mit meinem Sprachkurs ins Theater«, antwortete Edda. »Das hat die Alliance Française organisiert. Man gibt sich hier viel Mühe, uns die französische Kultur nahezubringen. Bist du eigentlich jemals in Paris gewesen, Papa?«

»In Paris? Nein, nie.« Wie aus der Pistole geschossen, kam seine Antwort.

»Und sonst irgendwo in Frankreich?«

»Du weißt doch, dass deine Mutter und ich am liebsten nach Bayern fahren«, wehrte er ab. »Auch schon mal nach

Österreich oder in die Schweiz. Franziska ist es lieb, wenn sie die Landessprache versteht.«

Ferienreisen. Das hatte Edda nun wirklich nicht gemeint.

»Auch nicht während des Krieges?«

Am anderen Ende der Leitung wurde es still. Starrte ihr Vater jetzt ins Leere? Von klein auf kannte Edda diesen Gesichtsausdruck, wann immer die Sprache auf den Krieg kam. Deshalb fiel es ihr so schwer, das Thema anzusprechen. Sie war froh, ihrem Vater nicht ins Gesicht sehen zu müssen.

»Wie kommst du denn jetzt plötzlich darauf?«, fragte Viktor Nolting. »Das ist ja wohl nichts, womit sich ein junges Mädchen beschäftigen sollte.«

»Warum nicht?«, fragte Edda zurück. »Was du erlebt hast, interessiert mich doch.«

Sie hörte ihn seine Zigarre paffen. War es so schwer, ihr eine Antwort zu geben? Edda fiel ein, was er an ihrem Abiturtag gesagt hatte, als sie ihrer Familie von ihren Paris-Plänen erzählt hatte: »Frankreich kommt nicht infrage.« Ein »Warum« zu wagen, war ihr damals nicht in den Sinn gekommen, und nachdem er eingewilligt hatte, nicht mehr wichtig gewesen.

»Hauptsächlich bin ich im Osten eingesetzt worden«, erklärte ihr Vater ruhig. »Für eine Weile dann auch in Frankreich. Ich freue mich, dass du dich dort wohlfühlst. Wenn man ein Land durch die Brille des Krieges gesehen hat, fällt es einem schwer, sich dort seine Tochter vorzustellen.«

Edda hatte sich im Sessel aufgerichtet. Vielleicht wäre es doch leichter, mit ihrem Vater ins Gespräch zu kommen, als sie es sich vorgestellt hatte.

»Das verstehe ich«, entgegnete sie. »Wo in Frankreich warst du denn?«

Viktor Nolting stöhnte leise auf. »Das weiß ich nicht mehr. Überleg mal, wie lange das alles her ist.«

Seine Abwehr war nicht zu überhören, doch Edda ließ nicht locker. »Vergisst man so etwas denn?«

»Man vergisst vieles. Und jetzt ist Schluss mit den alten Kamellen. Ich muss noch arbeiten, und du willst ins Theater.«

»Aber ich möchte …«

»Basta!«

Autoritär schnitt er ihr das Wort ab. Glaubte ihr Vater, dass sich Eddas Fragen dadurch in Luft auflösten?

Kurz darauf legten sie auf. Augenblicklich bestürmten Camille und Jean-Luc Edda mit der Bitte, sich ihre Zeichnungen anzusehen. So kam sie erst etwas später, auf dem Weg zum Theater, dazu, über die Unterhaltung mit ihrem Vater nachzudenken. Sie war enttäuscht, weil sie nicht mehr erfahren hatte. Zwar verstand sie, dass es ihm schwerfiel, über seine Kriegserlebnisse zu sprechen, aber wieso wiegelte er Edda derart schroff ab? Sie hatte ihn doch bloß gefragt, ob er in Frankreich gewesen war – was sich nun immerhin bestätigt hatte. Dass er sich partout nicht daran erinnerte, in welcher Region er sich aufgehalten hatte, das nahm sie ihm nicht ab. Hatte er als Arzt auch kämpfen müssen? Edda hatte immer nur vor sich gesehen, wie er Verwundeten das Leben rettete. So hatte es ihr Bruder Joachim ihr früher einmal beschrieben, anschaulich, als wäre er dabei gewesen, und Edda hatte es ihm gern abgenommen. Wie hätte ihr Vater wohl erst reagiert, wenn Edda ihn gefragt hätte, ob er Menschen getötet hätte, gegnerische Soldaten, Zivilisten oder Frauen wie Marcels Mutter? Kurz schauderte Edda. Wollte sie darüber wirklich Gewissheit haben?

Jemand rief ihren Namen. Von der anderen Straßenseite aus winkten Agnes und Jane, und auch Madame Fleury, ihre Lehrerin, wartete bereits vor dem Theater.

»Nachher müssen wir unbedingt etwas trinken gehen.«

Agnes wirkte noch hibbeliger als sonst. »Ich habe etwas zu besprechen.«

Ich auch, dachte Edda, sagte es aber nicht. Jane kicherte hinter vorgehaltener Hand. »Wir wollen doch wissen, was Edda dazu sagt.«

»Was ich wozu sage?«

»Bertrand hat Agnes einen Antrag gemacht«, platzte Jane heraus.

»Bertrand?« Eddas Augenbrauen hoben sich erstaunt. »Ist das nicht der Typ, den du neulich in der Metro kennengelernt hast? Der behauptet hat, er würde dir eine Rolle beim Film besorgen?«

»Genau der«, lachte Agnes.

»Sag bloß, den willst du ernsthaft heiraten?«

Gut gelaunt hakte sich Agnes bei Edda unter. »Eben das will ich mit euch bequatschen. Wäre ich naiv oder könnte Bertrand die Chance meines Lebens sein?«

Wenigstens in dieser Sache hatte Edda eine klare Meinung.

*

Edda stand im Wohnzimmer der Brunets und bügelte. Darin hatte sie Routine entwickelt, weshalb sie es wagte, währenddessen fernzusehen, ohne zu fürchten, die Kragen oder Manschetten der Blusen und Hemden anzubrennen. Der Krieg in Vietnam flimmerte über den Bildschirm, seit einigen Monaten in Farbe statt in Schwarz-Weiß. Näher und noch grausamer wirkte er auf Edda dadurch: die dröhnenden Schwärme der amerikanischen Kampfhubschrauber, die Bombergeschwader, die Napalm abwarfen und ganze vietnamesische Dörfer in Flammen aufgehen ließen, verzweifelte

Vietnamesinnen, die mit schreienden Kindern auf dem Arm flüchteten, all die Toten und Verletzten. Wieso beendete Präsident Johnson dieses massenhafte Sterben nicht? Konnte ihn denn nichts und niemand dazu bewegen?

Edda faltete die gebügelte Wäsche zu einem ordentlichen Stapel, den sie auf einen Sessel legte. Bevor sie sich weitere Hemden vornahm, drehte sie den Fernseher lauter. Soeben begann ein Bericht über die noch andauernde Tet-Offensive, welche die kommunistische, nordvietnamesische Volksarmee und die Guerilla-Kämpfer des Vietcong Ende Januar in Südvietnam gestartet hatten. Noch bevor der Beitrag beendet war, wurde die Wohnungstür aufgeschlossen und Edda vernahm Henris fröhliches Geplapper. Hastig stellte sie den Fernseher aus. Obwohl sie gern mehr erfahren hätte, wollte sie nicht, dass die erschütternden Bilder den Kleinen verstörten. Da kam Henri schon ins Wohnzimmer geflitzt und begann, wild auf dem Sofa zu hüpfen.

»Oma und Opa kommen!«, jubelte er und sprang, ohne Edda vorzuwarnen, in ihre Arme. Sie fing ihn auf und wirbelte ihn im Kreis umher.

Ebenfalls gut gelaunt, betrat Isabelle Brunet das Wohnzimmer, legte ihre Tasche mit Schulbüchern auf einen Sessel und streifte sich die Schuhe von den Füßen. »Nachdem der Weihnachtsbesuch ausgefallen ist, haben meine Eltern Sehnsucht nach uns. Vor allem nach den Kindern.«

»Wie schön«, entgegnete Edda und nahm sich Claude Brunets nächstes Hemd vor. »Wie lange bleiben sie?«

»Ungefähr zehn Tage.« Isabelle Brunet ließ sich aufs Sofa fallen, Henri hopste auf ihren Schoß. »Möchtest du in dieser Zeit nach Hause fahren, Edda? Du hast deine Familie auch lange nicht gesehen. Meine Eltern werden jede freie Minute mit den Kindern verbringen wollen und meine Mutter wird sich das Kochen nicht nehmen lassen. Du hättest also nicht wirklich etwas zu tun.«

Nachdenklich schürzte Edda die Lippen. Im Grunde spräche nichts dagegen. Die Arbeitsblätter aus dem Sprachkurs würden Jane oder Agnes für sie aufheben und auf die Prüfungen könnte sie sich bei ihren Eltern genauso gut vorbereiten wie in ihrem *Chambre de bonne*.

»*Merci*«, sagte sie zu Madame Brunet, die begonnen hatte, in einer Zeitschrift zu blättern. »Ich überlege es mir.«

Abends im Café de Flore erzählte sie Florence von ihren Plänen. Diese nippte an ihrem Wein und sagte: »Oder du kommst mit nach Westberlin.«

Überrascht sah Edda sie an. »Du willst nach Berlin?«

Seit dem vergangenen Juni war sie nicht dort gewesen, und es zog sie auch nichts hin, nicht einmal mehr Kai. Dieser Gedanke erschreckte Edda. Wann hatte sie das letzte Mal an Kai gedacht? Nachdem Edda seinen Silvesterbesuch abgewimmelt hatte, hatten sie nur noch einmal miteinander telefoniert, kurz bevor Kai nach Berlin zurückgekehrt war. Drei Wochen war das bestimmt schon wieder her. Nachdenklich zwirbelte Edda an ihrem Haar.

Florence zündete sich eine Zigarette an und schob Edda die Schachtel hin. »Dort findet ein internationaler Vietnamkongress statt. Aus Nanterre fahren viele hin, auch Zoé und ich. Mensch, Edda, wenn du uns begleiten würdest, hätten wir unsere eigene Dolmetscherin.«

Sie lachten.

»Was passiert denn auf diesem Kongress?«

Florence zeigte Edda ein Flugblatt, das diese rasch las. Aus zahlreichen Ländern kämen zwei Tage lang junge Leute zusammen, um darüber zu diskutieren, wie sie sich mit dem Vietcong solidarisieren könnten. Verbaler Protest, so der Tenor, reichte nicht mehr, es wäre an der Zeit, Widerstand zu leisten. Gastgeber wäre der Sozialistische Deutsche Studentenbund, dessen bekanntestes Gesicht, Rudi Dutschke, in der Bundesrepublik jedem geläufig war, wenngleich viele Erwachsene ihn nicht mochten. Dutschke live zu erleben, diese Vorstellung reizte Edda.

»Eigentlich hatte ich nie etwas gegen die USA.« Nachdenklich legte Edda das Flugblatt beiseite. »Ich mag die Musik, freier und demokratischer als die Bundesrepublik kamen sie mir auch vor. Aber was sie in Vietnam anrichten, ist nicht auszuhalten. Und dann behaupten sie noch, es ginge darum, unsere Freiheit und Menschenwürde gegen den Kommunismus zu verteidigen. Schlimmer als dieser Krieg kann der doch gar nicht sein.« Edda nahm Florence die Zigarette aus der Hand und steckte sich an deren Glut eine eigene an. Der Rauch kratzte im Hals, aber husten musste sie nicht. »Wenn ich Nachrichten höre, denke ich immer, ich müsste etwas gegen diesen Krieg unternehmen. Aber ich weiß nicht, was.«

»Dann komm doch mit nach Berlin. Vielleicht sind wir danach schlauer.« Florence grinste. »Und wenn nicht, dann haben wir eben eine aufregende Reise gemacht.«

Warum eigentlich nicht? Der Vietnamkongress interessierte Edda, und bestimmt hätten sie eine tolle Zeit zusammen. Ihre Eltern müssten davon nichts erfahren, Edda sähe sie dann eben zu Ostern wieder. In Gedanken versunken, paffte sie ein paar Züge. Könnte sie nicht wieder bei Kai wohnen? Vielleicht wäre es sogar eine gute Gelegenheit, sich auszusprechen und zu klären, was sie überhaupt noch füreinander empfanden.

»Was ist mit Marcel?«, fragte sie Florence. »Fährt *er* nach Berlin?«

Florence schüttelte den Kopf, bevor sie den Rest ihres Weines austrank. »Wo denkst du hin? Er trifft sich ja nicht einmal mit dir, weil du aus Deutschland kommst. Glaubst du, da fährt er in eine Stadt, wo es von Deutschen nur so wimmelt?«

Seitdem Edda aufgelöst vor Florence' Zimmertür gestanden hatte, wusste diese über das desaströse Gespräch mit Marcel Bescheid. Florence, die mit Marcel seit Jahren befreundet war, kannte seine Geschichte. Trotzdem fand sie, es ginge zu weit, wie er sich Edda gegenüber verhalten hatte. Sie hatte sogar angekündigt, ihm den Kopf zurechtzurücken, wogegen Edda sich jedoch verwehrt hatte.

Jetzt nahm Florence mitfühlend Eddas Hand. »Dich hat es ganz schön erwischt, was? Obwohl dich Marcel so fertiggemacht hat?«

Edda nickte. Es fiel ihr schwer, gegenüber Florence in Worte zu fassen, dass seine Zurückweisung sie zwar getroffen, er jedoch auch Fragen in ihr angestoßen hatte, die Edda nicht mehr losließen. Und küssen, daran hatte sich nichts geändert, wollte sie ihn immer noch.

»Manches, was er gesagt hat, ist richtig«, meinte sie nur, woraufhin Florence mit den Schultern zuckte.

»Manches, was du gesagt hast, aber auch«, erwiderte sie.

Sie baten um die Rechnung, denn beide mussten früh raus. Außerdem war Eddas Budget für die Woche sowieso erschöpft.

An der Metro-Station verabschiedeten sie sich voneinander.

»Der freie Platz in Zoés Auto ist begehrt«, erinnerte Florence. »Gib mir bald Bescheid, ob du mitfährst.«

Aber Edda hatte sich bereits entschieden.

Westberlin,
Februar 1968

Im völlig überfüllten Audimax der Westberliner Technischen Universität drängten sich Tausende. Auf dem Podium saßen diejenigen, die den Vietnam-Kongress organisiert hatten, darunter, in kariertem Hemd, der Studentenführer Rudi Dutschke. Hinter der Bühne, in den Farben des Vietcongs, prangte auf einem riesigen rot-blauen Fahnentuch mit einem gelben Stern die Parole: *Für den Sieg der vietnamesischen Revolution. Die Pflicht jedes Revolutionärs ist es, die Revolution zu machen.* Der Presse, die sich mit Mikrophonen und Kameras im Saal verteilt hatte, bot sich vor dem Hintergrund von Che Guevaras Kampfansage ein eindrucksvolles Motiv.

Am Rednerpult beendete ein Student seinen Beitrag, in dem er eindringlich dargelegt hatte, wie ungerecht und brutal der Krieg der amerikanischen Supermacht gegen ein kleines, ostasiatisches Land wäre. Unter frenetischem Applaus kehrte er zu seinem Platz auf dem Podium zurück. Auch Edda applaudierte, während ihr Blick dem Redner folgte. Mit seinem schwarzen, lockigen Haar, der dunklen Kleidung und einer Zigarette, die ihm lässig im Mundwinkel hing, erinnerte er sie an Marcel. Es war inzwischen fünf Wochen her, dass er sie hatte abblitzen lassen. Seitdem waren sie sich nicht mehr begegnet, aber er beschäftigte sie noch immer.

Edda fing ihre umherschweifenden Gedanken ein und erwartete mit Spannung die nächste Rede. An ihrer Seite, mit dem Rücken an eine Wand gelehnt, dösten Florence und Zoé. Anfangs hatte Edda sich bemüht, den beiden jeden deutschen Beitrag zu übersetzen, doch das hatte sie nicht durchgehalten, und ihre Freundinnen, wie man sah, genauso wenig. Auch Edda steckte die lange Autofahrt noch in den Knochen, und in diesem stickigen Saal stundenlang mit angezogenen Knien auf dem Boden zu sitzen, war reichlich unbequem. Trotzdem wäre es ihr nicht eingefallen zu schlafen. Noch nie waren ihr so viele junge Leute aus verschiedenen Ländern begegnet. Das Sprachengewirr im Foyer vor Beginn der Veranstaltung war faszinierend gewesen, und es hatte Edda großen Spaß gemacht, sich auf Englisch, und falls das nicht reichte, mit Händen und Füßen zu unterhalten.

Edda ließ ihren Blick durch den Saal und über die Empore wandern, überwältigt von der Vorstellung, dass alle, die hier dicht gedrängt saßen, ein gemeinsamer Wunsch verband: gegen den Krieg in Vietnam etwas zu tun. Ein Student verlas Grußbotschaften, die von überall auf der Welt eingetroffen waren. Beeindruckend, dass namhafte Persönlichkeiten wie Jean-Paul Sartre den Kongress unterstützten, ebenso der Philosoph Ernst Bloch oder Bertrand Russell, ein hochbetagter Brite, der im sogenannten Russell-Tribunal unter anderem mit Sartre, Simone de Beauvoir und dem Schriftsteller Peter Weiss Kriegsverbrechen in Vietnam untersuchte.

Mucksmäuschenstill wurde es bei einem Grußtelegramm aus Vietnam. Sogar dort hatte man von diesem Kongress gehört? Immer stärker wurde Edda von dem Gefühl ergriffen, an einer geschichtsträchtigen Veranstaltung teilzunehmen. Plötzlich stürmte ein Mann mittleren Alters auf die Bühne. Dem vortragenden Studenten riss er das Mikro aus der Hand und rief hinein: »Wir protestieren gegen diese Konferenz, meine Damen und Herren!«

Wie viele andere war Edda aufgesprungen, um besser zu sehen, was auf der Bühne vor sich ging.

»Was fällt dem denn ein? Spinnt der?«

Nach einem kurzen Gerangel führten einige junge Männer den Eindringling unter Pfiffen und Buh-Rufen aus dem Saal.

»Was ist los?« Irritiert blickten sich Florence und Zoé um, und Edda erklärte es ihnen. In ihr brodelte es. Schlimm genug, dass der Berliner Senat die Demo für den nächsten Tag noch immer nicht genehmigt hatte. Jetzt sollten sie auch noch daran gehindert werden, in der Uni zu diskutieren?

Eine Frau mit Männerhut, die offenbar Französisch verstand, meinte: »Manche Berliner haben Schiss, dass die Amis wegen unserer Proteste die Lust verlieren, sie vor den Kommunisten zu beschützen.« Sie grinste. »Also auch vor uns.«

Edda streifte der Gedanke, dass ihre Eltern das vermutlich auch so sehen würden. Wenn sie ahnten, dass Edda an einem Kongress teilnähme, bei dem das häufigste gebrauchte Wort »Revolution« lautete, wären sie außer sich.

Rasch übersetzte sie Florence und Zoé, was die Frau mit dem Hut gesagt hatte.

»Ich bin keine Kommunistin«, stellte Florence gleich klar. »Aber diesen Störenfried finde ich trotzdem unmöglich.«

In ohrenbetäubenden »Ho, Ho, Ho Chi Minh«-Rufen gingen ihre Worte unter.

*

Am Abend verließ Edda müde, aber euphorisch das Audimax, um nach Florence und Zoé zu suchen. Die Vorträge und

Diskussionen waren den beiden zu viel geworden. Sie hatten jedoch versprochen, im Foyer auf Edda zu warten. Erfüllt von Eindrücken, sehnte sich auch Edda nach Entspannung, doch was der charismatische Rudi Dutschke gesagt hatte, beschäftigte sie. Leidenschaftlich hatte er gefordert, eine radikal veränderte Welt zu erschaffen, in der alle Menschen ohne Hunger, Krieg und repressive Arbeit leben könnten. Das klang phantastisch. Aber wäre es möglich? Rudi Dutschke wirkte sehr überzeugt davon, dass es vom Willen eines jeden Einzelnen abhinge, wie diese historische Phase, wie er es nannte, endete. In dem Krieg der Amerikaner in Vietnam, den Befreiungsbewegungen armer Länder sowie dem Protest gegen die Notstandsgesetze in der Bundesrepublik schien Rudi Dutschke eine Gemeinsamkeit zu sehen: Überall kämpften Unterdrückte dafür, die Fesseln autoritärer Herrschaft abzuschütteln. Diesen Zusammenhang hatte Edda bis jetzt noch nicht gesehen und als Beifall aufbrandete, hatte sie zunächst gezögert. Wäre es angesichts von Bomben und Napalm nicht anmaßend, die Situation des vietnamesischen Volkes mit der in der Bundesrepublik zu vergleichen? Sich überhaupt unterdrückt zu fühlen? Doch dann hatte sie an Benno Ohnesorg gedacht. Hatte er nicht, weil er für seine Meinung auf die Straße gegangen war, sterben müssen? Bei diesem Gedanken hatte Edda dann doch applaudiert, heftig und aus vollem Herzen.

Mittlerweile war sie durch das Foyer geschlendert, ohne dass sie Florence und Zoé an den Büchertischen oder in den Waschräumen entdeckt hätte. Dafür begegnete sie Daniel Cohn-Bendit. Im Vorbeilaufen grüßte Edda ihn und er, obgleich er sie nicht kannte, grüßte mit strahlenden blauen Augen zurück. Als Edda an einem Raum vorkam, in dem man Blut für den Vietcong spenden konnte, öffnete sich die Tür und – Edda stockte der Atem – Marcel kam heraus. Marcel? Er war es, ja, er war es, nicht der dunkelhaarige Student vom Podium, der ihm ähnelte. Florence hatte doch behauptet, Marcel würde keinesfalls nach Berlin fahren? Und jetzt war er doch gekommen? Edda verspürte leichte Panik.

»*Salut*, Edda.« Marcels Stimme klang tief, etwas kehlig, sexy. Ihre hingegen, obwohl sie nur ein Wort sagte, vibrierte in einer Höhe, die Edda nicht gefiel.

»*Salut*.«

Was sonst sollte sie zu einem Mann sagen, der ihrem Vater eine Nazi-Vergangenheit unterstellte und ihr selbst vorwarf, sich um diese nicht zu scheren? Sie war noch immer verletzt, gleichzeitig pochte ihr Herz schneller. Marcel sah einfach umwerfend aus.

Da Edda keinen Schimmer hatte, wie sie sich verhalten sollte, rettete sie sich in eine spitze Bemerkung. »Was machst *du* denn in Deutschland?«

Marcel zog eine Zigarette aus seiner Manteltasche und klemmte sie sich hinters Ohr. »Na ja, ich dachte, ich überzeuge mich davon, ob es so ist, wie du gesagt hast«, erwiderte er, ohne Ironie, charmant sogar. »Dass ihr anders seid als eure Eltern.«

Verblüfft sah Edda ihn an. Und? Zu welchem Schluss kommst du?, hätte sie ihn am liebsten gefragt, biss sich aber auf die Zunge.

»Wollt ihr rein oder raus?«, rief eine resolute Frauenstimme aus dem Blutspende-Raum. »In jedem Fall schließt die Tür!«

»'tschuldigung«, rief Edda zurück und sagte zu Marcel: »Eigentlich suche ich Florence und Zoé. Sind sie da drin?«

Marcel bejahte. Als er die beiden getroffen und sich erkundigt hätte, wie ihnen der Vietnamkongress gefiele, erzählte

Marcel, hätten sie sich darüber beklagt, dass mehr über die Weltrevolution debattiert würde als darüber, wie konkrete Hilfe für Vietnam aussehen könnte. Deshalb hatte er Florence und Zoé vorschlagen, gemeinsam Blut zu spenden.

Edda musste schmunzeln. »Keine schlechte Idee.«

Marcel fuhr sich durchs Haar, wobei seine Zigarette herunterfiel. Er bückte sich und hob sie auf. »Gleich gehe ich mit ein paar Leuten in einen Musik-Keller. Er ist nicht weit von hier. Habt ihr Lust, nachzukommen?«

Fragend sah er sie an, und Edda errötete vor Freude. Hatte Marcel seine Meinung geändert? Wie gern würde sie mit ihm in diesen Musik-Keller gehen. Aber sie hatte doch Kai versprochen, den Abend bei ihm zu verbringen.

»Mal seh'n«, antwortete Edda. »Ich habe noch etwas vor.«

Vielleicht würde es Marcel ja beeindrucken, wenn er wüsste, dass sie nicht gleich antanzte, sobald er mit dem Finger schnippte.

»Ich würde mich freuen«, sagte er.

»Haltet euren Plausch gefälligst woanders«, tönte erneut die Frauenstimme, dieses Mal ungehaltener. Edda und Marcel lächelten sich kurz an, dann verabschiedeten sie sich.

Von einer Liege am Fenster des Raumes aus winkte Florence. Edda ging zu ihr. Ihr Herz vibrierte, ihr Magen flatterte, und Florence grinste. Fluchend schloss die Krankenschwester die Tür.

*

Der dunkle Musik-Keller war rappelvoll, eine Band spielte experimentellen Jazz, Menschen unterschiedlicher Herkunft tanzten und knutschten miteinander. Einige Gesichter erkannte Edda vom Kongress wieder, darunter einen Vertreter der Black-Power-Bewegung und die Französin, die als einzige Frau das Wort am Mikrophon ergriffen hatte. Edda stutzte, als ihr das bewusst wurde. Mit einem Bierglas in der Hand kam Marcel auf sie zu.

»Da seid ihr ja«, begrüßte er Edda, Florence und Zoé erfreut. Edda bestellte drei Gläser Bier, die der Barkeeper ihnen auf die Theke knallte.

»Prost!«, rief Florence mit französischem Akzent. »Auf unsere Dolmetscherin!«

Edda lachte. »Bier zu bestellen, hättest du auch hinbekommen.«

»Mag sein«, sagte Florence mit einem Augenzwinkern. »Ansonsten wären wir ohne dich aber aufgeschmissen gewesen. Wenn ich da an die Hinfahrt denke ... An der Grenze hätten wir alles falsch gemacht.«

»Wie meinst du das?«, fragte Marcel interessiert. Den Wagen, in dem er mitgefahren war, hatten die DDR-Beamten herausgewunken und durchforstet.

Florence erzählte ihm, was Edda ihnen eingeschärft hatte: bloß nichts essen, keine Musik hören, erst recht keine Einwände erheben. Eisern hatten sie sich daran gehalten, und siehe da, die Grenzkontrolle war reibungslos verlaufen. Edda war die Lobhudelei etwas peinlich.

»Ich habe meine Lektion letzten Sommer gelernt«, gab sie zu. »Vielleicht hatten wir aber auch nur Glück.«

»Dann fahre ich wohl besser mit euch zurück«, stellte Marcel fest, woraufhin Florence ihn freundschaftlich in die Seite knuffte.

»Nur, wenn du dich gut benimmst«, sagte sie, und Edda wurde das Gefühl nicht los, dass die beiden über sie gesprochen hatten.

Die Musik war melodisch geworden, und ein amerikanischer Student fragte Zoé, ob sie Lust hätte, mit ihm zu tanzen. Sie ging mit ihm, während Florence per Handzeichen eine weitere Runde Bier orderte.

»Dir ist gerade Blut abgezapft worden«, warnte Marcel.

Ohne auf ihn einzugehen, schleckte sich Florence genüsslich Schaumreste von den Lippen.

»Seht mal, der Blonde im blauen Hemd! Der tanzt süß, oder?« Mit einer schnellen Bewegung befreite sie ihre Locken vom Haarband und schüttelte sie. »Nach all dem Gerede heute will ich mich amüsieren. Ihr etwa nicht?«

Sie warf Edda einen auffordernden Blick zu, bevor sie sich mit wiegenden Hüften auf den blonden Mann zubewegte, der sie mit offenen Armen empfing. Edda und Marcel schauten den Tanzenden zu, wobei Edda endlich Gelegenheit fand, ihn zu fragen, was er von dem Kongress hielte. Er wäre froh, antwortete Marcel lebhaft, dass er sich entschieden hätte, herzufahren.

»Wann hat man sonst die Möglichkeit, mit Leuten aus aller Welt zu diskutieren? Über die speziellen Probleme der USA, in Spanien oder Deutschland habe ich heute so viel erfahren wie noch nie.«

Edda trank einen Schluck Bier. »Und trotz vieler Unterschiede sind wir alle hier, weil wir wollen, dass der Horror in Vietnam aufhört.«

Marcel nickte. »Manche aber auch, weil sie auf die Weltrevolution hoffen. Was denkst du darüber?«

Edda, die den Alkohol bereits spürte, fühlte sich von dieser Frage überfordert. Sie hatte zu wenig geschlafen, war randvoll mit Eindrücken des Kongresses und dazu noch überwältigt von ihren Emotionen. Wie sollte sie da eine geistreiche Antwort auf Marcels gewichtige Frage finden? Sie beobachtete, wie Marcels schlanke Finger geschickt Tabak in einem Blättchen verteilten und seine Zungenspitze vorsichtig den Kleberand entlangstrich. Wollte sie die Weltrevolution?

Ihre Gedanken taumelten und wurden mitgerissen von der Lust, mit Marcel zu tanzen.

»Vielleicht ist sie ja nötig«, beantwortete Marcel sich seine eigene Frage. »Was haben Demonstrationen, Diskussionen und schriftliche Stellungsnahmen bis jetzt gebracht? Nichts. Der Krieg dauert an, und in Nanterre ist es uns nicht einmal gelungen, das Bildungssystem zu verändern.«

Er reichte Edda eine Zigarette und kramte in seiner Hosentasche vergeblich nach einem Feuerzeug.

»Weltrevolution – was für ein gigantisches Wort«, meinte Edda, froh, dass ihr doch noch etwas eingefallen war. »Es klingt nach noch mehr Blutvergießen, nicht nach weniger.«

»Das ist auch wieder wahr«, gab Marcel zu. Seine Finger spielten mit der Zigarette.

Edda öffnete ihre Handtasche, holte eine Schachtel Streichhölzer heraus und ließ ein Hölzchen aufflammen. Marcel beugte sich zu ihr vor, dabei blickte er Edda tief in die Augen. Der Raum mit all den Menschen schien zu schrumpfen, sogar die Musik klang auf einmal gedämpft. Es kam Edda vor, als gäbe es nur noch Marcel und sie. Edda roch sein Haar und seinen mit Tabak gewürzten Atem, als er hektisch das Streichholz ausblies, das Edda zwischen ihren Fingern beinahe vergessen hätte. Sie lachten. Er streichelte ihre Wange, was sich so erregend anfühlte, dass Edda den Atem anhielt. Sie legte die Arme um Marcels Nacken und küsste ihn, ohne groß darüber nachzudenken. Nur für einen winzigen Augenblick tauchte Kais Gesicht vor ihrem inneren Auge auf, doch dann spürte sie nur noch Marcels weiche Lippen auf den ihren.

Edda nahm die Welt um sich herum erst wieder wahr, als Zoé ihr auf die Schulter klopfte.

»Ich bleibe heute Nacht bei John«, erklärte sie. »Wir sehen uns morgen zur Demo.« Zoé grinste. »Ihr beide habt wahrscheinlich gar nicht mitbekommen, dass sie genehmigt worden ist.«

John grüßte mit »Hi« und »Bye«, dann zog Zoé mit ihm ab.

»Wie spät ist es eigentlich?«, fragte Edda Marcel, der sie wieder enger an sich zog.

»Gleich halb elf.«

»So spät?« Bestimmt wartete Kai schon lange auf sie. »Es tut mir leid, ich muss los.«

»Sofort?«

Marcel wirkte erstaunt, aber dann erinnerte er sich, dass Edda angekündigt hatte, verabredet zu sein. Zu ihrer Erleichterung fragte er nicht weiter nach.

Nachdem sich Edda von Florence verabschiedet hatte, begleitete Marcel sie zum Bahnhof Zoo. Mehrere U-Bahnen fuhren ohne Edda ab, denn sie und Marcel schafften es nicht, sich voneinander loszureißen. Endlich stieg Edda in einen Waggon.

»Bis morgen!«

Die Türen schlossen sich. Bis die Bahn anfuhr, pressten sie ihre Hände gegen die Scheibe, als ob sie das Glas, das sie voneinander trennte, damit zum Schmelzen bringen könnten.

*

»Kai?«

Leise öffnete Edda die Zimmertür, die Kai extra, damit sie sich in seiner WG wohlfühlte, in den Rahmen eingehängt hatte. Sein Zimmer roch etwas muffig, aber nicht nach Marihuana. Neben Kais Matratze stand ein Aschenbecher mit zahlreichen Kippen darin, eine leere Flasche Bier sowie ein kleiner Teller, auf dem sich das Wachs einer herunter-gebrannten Kerze verteilt hatte. Kai schien zu schlafen. Die Bettdecke, die er sich bis unters Kinn gezogen hatte, hob und senkte sich leicht. Der Anblick seines hübschen Gesichtes mit den Jim-Morrison-Locken ließ Edda das Herz schwer wer-den. Was sollte sie jetzt machen? Immer noch spürte sie Mar-cels Küsse und seine Hände, die durch ihr Haar und ihren Rücken entlangstrichen. Unmöglich, sich in diesem Zustand neben Kai zu legen.

Auf Zehenspitzen schlich Edda aus dem Zimmer und zog die Tür zu. In der Küche traute sie ihren Augen nicht. Wie eine Festtagsdecke lag ein weißes Laken auf dem Tisch, der für zwei gedeckt worden war, sogar an Kerzen hatte Kai ge-dacht. Während er einen romantischen Abend mit ihr vor-bereitet hatte, war Edda in Marcels Armen zerflossen. Ihr schlechtes Gewissen drückte sie auf den Stuhl, auf dem sie schon vor Stunden hätte sitzen sollen. Wie viel Mühe sich Kai dieses Mal gegeben hatte. Kein Vergleich zu ihrem Besuch im letzten Juni, als er sie bekifft empfangen hatte und, statt sich um Edda zu kümmern, am Wannsee bei Daisy und ihrem LSD geblieben war. Damals hatte Edda gedacht, ihre Welt bräche zusammen, wenn sie nicht mehr mit Kai zusammen wäre. Wann hatten sich ihre Gefühle verändert? In Paris oder schon davor?

Aus der entkorkten Rotweinflasche goss Edda sich ein Glas ein, doch nach dem ersten Schluck schob sie es beiseite. Noch mehr Alkohol würde sie nicht vertragen. Sie räumte die Tel-ler ins Regal, faltete das weiße Laken zusammen und legte es auf einen Stuhl. Sie lüftete die Deckel der Töpfe, die auf dem Herd standen, einer war voller Nudeln, aus dem ande-ren stieg ihr der Duft nach einer köstlichen Soße in die Nase. Ihr Magen knurrte gierig, aber sich zu bedienen, wäre Edda unpassend erschienen. Die Vorstellung, dass Kai nach seiner Schicht in den Motorradwerken für sie gekocht hatte, rührte und bedrängte Edda. Sie öffnete das Fenster, an dem sie vor Monaten in Sorge um Kai mit Ariane gesessen und auf die Macht der Sterne gehofft hatte. In dieser Nacht waren keine zu sehen. Edda weinte ein bisschen, dann schlüpfte sie doch, bekleidet in T-Shirt und Unterwäsche, zu Kai unter die Decke. Sein Körper fühlte sich warm und so vertraut an, dass Edda automatisch ihren Arm um ihn legte. Seufzend drehte Kai sich auf die Seite, wobei er Edda den Rücken zuwandte.

Am nächsten Morgen war Kai nicht mehr da. Als Edda, noch etwas schlaftrunken, in der Küche nach ihm schaute, stand auf dem Tisch eine saubere Tasse und eine Thermoskanne mit Kaffee, an der ein Zettel lehnte.

Guten Morgen, Edda, der Kaffee ist stark, die Milch leider leer. Ich bin den ganzen Tag unterwegs. Du fährst heute Abend nach Paris zurück? Also sieht es so aus, als würden wir uns nicht mehr treffen. Wenn Du gehst, lass den Schlüssel einfach auf dem Tisch. Eine Bitte habe ich: Wenn Du das nächste Mal nach Berlin kommst und nichts weiter von mir willst als eine Unterkunft, dann such Dir eine andere Matratze. Mach's gut, Kai.

Seine Worte trafen Edda. Den Kaffee ließ sie unberührt, zog sich an und packte ihre Tasche. Auf die Rückseite von Kais Zettel schrieb sie: *Lieber Kai, es tut mir leid. Edda.*

Daneben legte sie seinen Schlüssel und ging.

*

Aufregend viele Menschen marschierten an diesem nasskalten Sonntag aus Protest gegen den Vietnamkrieg den Berliner Ku'damm entlang. Zehntausend? Zwanzigtausend? Es war die größte Demonstration, an der Edda je teilgenommen hatte. Marcel und Florence, die sich rechts und links bei ihr eingehakt hatten, erging es genauso. Sie liefen in den französischen Reihen, aus denen sich Zoé, die sie nach der Demo wiederträfen, ausgeklinkt hatte. Sie hatte keine Lust gehabt, hinter dem Banner herzulaufen, auf dem geschrieben stand: *La révolution sera socialiste ou elle ne sera pas* – Die Revolution wird sozialistisch sein oder es wird sie nicht geben. Edda hatte sich über Zoé gewundert. Musste sie diesen Spruch derart auf die Goldwaage legen? Das tat nicht einmal Florence, die resolut verkündete, keine Kommunistin zu sein. Worin genau bestand eigentlich der Unterschied zwischen Kommunismus und Sozialismus? Gab es da einen?

Sie, Edda, fühlte sich inmitten dieser Menschenmenge, umgeben von Leuten, die sie kannte, am wohlsten. Ob sie dabei im Block der SPD, christlicher Gruppen, Schüler oder Lehrlinge mitliefe, war ihr gleichgültig, solange es allen gemeinsam darum ginge, den Krieg in Vietnam anzuprangern.

Neben roten Fahnen wallten vor wie hinter ihnen die Flaggen des Vietcongs, riesige Transparente und Sprechchöre forderten die amerikanische Armee auf, aus Vietnam zu verschwinden. Auch Edda rief mit, wobei sie die an Holzlatten befestigten Portraits, die manche vor sich hertrugen, betrachtete. Rosa Luxemburg war darunter, Ho Chi Minh und natürlich Che Guevara, der schöne Revolutionär mit Baskenmütze, der vor wenigen Monaten in Bolivien hingerichtet worden war. Auf dem berühmt gewordenen Foto wirkte er, wie Edda und Florence feststellten, geradezu sexy – erst recht im Vergleich zu all den uralten Männern, die sonst dabei mitmischten, die Geschicke der Welt zu lenken.

An dem Bild eines durch Napalm entstellten vietnamesischen Gesichtes blieb ihr Blick hängen. Edda schauderte. War das eine Frau oder ein Mann? Von menschlichen Zügen hatten die schweren Verbrennungen nicht viel übrig gelassen. Sie machte Marcel darauf aufmerksam. Warum nur taten Menschen anderen Menschen etwas so Grausames an? Instinktiv brüllte sie beim nächsten Ruf noch lauter, und nicht nur sie, so schien es ihr, sondern Tausende, in unterschiedlichen Sprachen und doch mit einer einzigen kraftvollen Stimme.

Edda warf Marcel einen Seitenblick zu, den er auffing. Seine Augen blitzten kämpferisch, aber Edda erkannte auch die Funken, die er für sie versprühte. Ohne es zu wollen, dachte sie an Kai. Hatte er jemals so für etwas gebrannt? Sich dafür eingesetzt, die Welt ein wenig besser zu machen? Lieber schraubte er doch an seinem Motorrad herum. Das Bild seines festlich gedeckten Küchentisches kam Edda in den Sinn. Für einen kurzen Moment fühlte sie sich schlecht, bis Marcel sich überraschend zu ihr beugte und sie küsste. Dabei stolperten beide und fielen sich lachend in die Arme.

»Passt auf, ihr bringt unsere Reihen durcheinander«, sagte Florence, grinste aber.

Der Demonstrationszug stoppte. Edda trank einen Schluck Wasser, Marcel drehte Zigaretten. Parolen ertönten, die die Schaulustigen einluden, sich dem Protest anzuschließen. Manche winkten ihnen von den Balkonen der Wohnhäuser zu, andere drohten gestenreich.

»Verbrennen sollte man diese Gestalten, alle miteinander!«, rief eine aufgebrachte Stimme. Edda schnappte nach Luft. Als sie sich umsah, stach ihr eine Sonntagsspaziergängerin im Alter ihres Vaters ins Auge. Mit unverhohlener Feindseligkeit betrachtete sie die Demonstrierenden. Eddas Blick huschte zu Marcel und Florence, die kein Deutsch verstanden und daher nicht einmal mitbekommen hatten, dass ihnen jemand einen qualvollen Tod gewünscht hatte. Arglos unterhielten sie sich, während die Frau ungeniert weiter hetzte. Früher hatte sie wahrscheinlich die Juden beschimpft. In Edda brodelte es. Wieso unterbrach sie niemand? Genügend Gaffer standen doch daneben. Edda löste sich von Marcel. Hatte sie ihm nicht versichert, junge Leute in Deutschland würden nicht wegschauen oder weghören, so wie es die Generation ihrer Eltern getan hatte? Dann müsste sie jetzt reagieren. Sie nahm all ihren Mut zusammen.

»Wissen Sie eigentlich, was Sie da sagen?« Dabei deutete Edda auf eines der Plakate, die das verbrannte Antlitz eines Menschen zeigten. Deutlicher konnte man der Frau die Grausamkeit ihrer Worte nicht vor Augen halten. Ohne dass sich deren Miene verändert hätte, schaute sie das Plakat und anschließend Edda an.

»Von einer wie dir lassen wir uns garantiert nicht den Mund verbieten.«

Der schmächtige Mann mit dem akkuraten Seitenscheitel an ihrer Seite zischte: »Kommunistenschlampe.«

Edda bekam kleine Speichelspritzer ab, die sie angewidert abwischte.

»Nazi!« Zu leise, als dass der Mann es vernommen hätte, hatte Edda das Wort herausgepresst. Erleichtert fühlte sie sich trotzdem.

»Was wollten die von dir?«, fragte Marcel, der plötzlich neben ihr stand.

Edda zögerte. Würde der Vorfall Marcels Vorbehalte gegenüber den Deutschen nicht verstärken? Aber um die ging es ja gar nicht, sondern um sie, um Edda. Und sie hatte dem hetzerischen Ehepaar, das schon nicht mehr zu sehen war, die Stirn geboten. Sie erzählte es ihm. Die Anerkennung, die sie in Marcels Augen las, gab ihr das Gefühl, eine Bewährungsprobe bestanden zu haben.

Als sie schließlich auf die Deutsche Oper zusteuerten, wo die Demo enden würde, fühlte sich Edda beklommen. Ausgerechnet in der Nähe des Ortes, an dem Benno Ohnesorg getötet worden war, fände die Abschlusskundgebung statt. Bisher war der Tag weitgehend ruhig verlaufen, aber in den Seitenstraßen waren – das hatte sie gesehen – grüne Minnas und Wasserwerfer aufgefahren. Ob die Emotionen doch noch hochschlagen würden? Müssten sie sich womöglich in eine der evangelischen Kirchen flüchten, die angeboten hatten, ihre Türen für die Demonstrierenden zu öffnen? Wo genau, fragte sich Edda, befände sich die nächstgelegene Kirche?

Glasklar sah sie vor sich, wie der Schah und Farah Diba an der klobigen, grauen Oper vorgefahren waren. Einmal mehr spulte sich blitzschnell in Edda ab, was danach geschehen war: Prügel, Panik, Blut, Flucht, die Suche nach Kai, der Schuss. Und wie immer reagierte ihr Körper nervös auf diese Erinnerungen. Eddas Handflächen wurden feucht, ihre Nasenspitze kalt, ihre Fingerkuppen kribbelten.

»Was ist los?«, fragte Marcel besorgt. »Ist dir nicht gut?«

Ein paarmal atmete Edda durch, Marcel reichte ihr eine Wasserflasche.

»*Merci*, gleich geht es wieder«, entgegnete Edda. »Es ist nur ... dieser Ort.«

Während durch ein Megaphon amerikanische Soldaten zum Desertieren aufgefordert wurden, erzählte Edda Marcel, was sie hier erlebt hatte. Zum ersten Mal erwähnte sie Kai, ihren damaligen Freund, und tatsächlich kam es ihr gerade so vor, als gehörte Kai bereits der Vergangenheit an, ebenso wie die Edda, die zufällig auf der Anti-Schah-Demo gelandet war und sich fehl am Platz gefühlt hatte.

Marcel legte seinen Arm um Edda. Er wirkte erschüttert, aber auch beeindruckt. »Du hast das Drama miterlebt?«

Edda nickte und zog an Marcels Zigarette. Er drückte Edda an sich.

»Was auch immer heute geschieht«, versicherte er. »Wir bleiben zusammen.«

Während um sie herum Tausende die internationale Solidarität reklamierten, besiegelten sie Marcels Versprechen mit einem leidenschaftlichen Kuss. Danach skandierten sie mit, berauscht von dem Gefühl, Teil einer mächtigen Woge zu sein, die sich unaufhaltsam ihren Weg in eine bessere Welt bahnte.

Paris,
März 1968

In Paris hatte der Frühling Einzug gehalten, und das nicht nur kalendarisch. Auf über zwanzig Grad kletterten die Temperaturen, was Edda nach einem langen, harten Winter als Wohltat empfand. Zum ersten Mal in diesem Jahr trug sie ihren Minirock ohne Strümpfe und fand, ihren Beinen könnte ein wenig Bräune nicht schaden. Nachdem sie die Wintermäntel der Familie Brunet in der Reinigung abgegeben hatte, lief Edda zum Jardin du Luxembourg. Dort würde sie Marcel treffen. Allein bei dem Gedanken pochte ihr Herz schneller, so sehr freute sie sich auf ihn. Fünf volle Tage hatten sie sich nicht gesehen, denn von montags bis freitags blieb Marcel auf dem Campus in Nanterre. An den Wochenenden besuchte er seinen Vater, doch seitdem sie aus Berlin zurückgekehrt waren, kam Marcel, so sagte er es, vor allem wegen Edda nach Paris. Trafen sie sich nicht mit anderen in den Kneipen des Quartier Latin, gingen sie zu zweit am liebsten ins Kino, denn hier bot sich die Möglichkeit, unbeobachtet und im Warmen zu knutschen. Edda hatte Marcel bereits scherzhaft angekündigt, sich die neue Komödie »Alexandre, le bienheureux« lieber mit einer Freundin anzusehen, denn ginge sie mit ihm in die Vorstellung, würde sie niemals erfahren, wie der fleißige Bauer Alexandre dazu gekommen wäre, sich den gesellschaftlichen Leistungsanforderungen zu verweigern und zur

Lebensart der Hippies zu bekennen. Versunken im weichen Kinosessel, pflegten Marcels Hände sie nämlich von dem Geschehen auf der Leinwand abzulenken. Jeder Kuss und jede Berührung fachten ihr und sein Verlangen an, leidenschaftlicher, als Edda es je erlebt hatte. Dass es unbefriedigt blieb, weil es keinen Ort gab, an den sie sich hätten zurückziehen können, war zum Verrücktwerden. Marcels Idee, sich ein Hotelzimmer zu nehmen, scheiterte nicht nur am knappen Budget, sondern bereits daran, dass sie nicht verheiratet waren. Wo fänden sie als verliebtes junges Paar eine Rezeptionistin, die ihnen einen Zimmerschlüssel aushändigen würde?

Trotz dieses Dilemmas lag ein leichtherziger Monat hinter Edda, wozu ihr Bruder Joachim insofern beigetragen hatte, als dass er ihr versprochen hatte, Eddas heimliche Berlinreise bei den Eltern nicht zu verpfeifen. Andernfalls hieße es *au revoir, Paris,* denn Edda traute ihren Eltern zu, sie allein deshalb nach Frankfurt zurückzuordern, weil sie trotz ihres Verbots bei Kai geschlafen hatte. Zum Glück war auf Joachim Verlass, weshalb Edda keine Sekunde gezögert hatte, ihren Bruder um Hilfe zu bitten, als auf der Rückfahrt nach Paris Zoés roter Citroën kurz hinter Dortmund liegen geblieben war. Joachim, der nicht weit entfernt in Essen wohnte, hatte den Wagen abgeschleppt, in eine Werkstatt, die einem ehemaligen Mandanten gehörte, und der Wagen war im Nullkommanichts repariert worden. In der Zwischenzeit hatte Eddas Schwägerin Helga sie mit Butterbroten und Tee bewirtet, während Baby Markus mit seinem niedlichen Gebrabbel über alle Sprachbarrieren hinweg für Heiterkeit gesorgt hatte. Edda war stolz auf ihre gastfreundliche Familie gewesen. Beim Abschied hatten sich Florence und Zoé überschwänglich bedankt, und auch Marcel hatte ihrer Schwägerin und Joachim herzlich die Hände geschüttelt.

Ganz ohne Einwand hatte Joachim seine Schwester aber nicht ziehen lassen. »Ich werde dichthalten«, hatte er ihr versichert, als die anderen ihre Taschen und Schlafsäcke wieder im Citroën verstauten. »Das bedeutet aber nicht, dass ich grundsätzlich bereit bin, jede Eskapade zu decken. Warum spielst du nicht einfach noch mit? Ein Jahr und ein paar Zerquetschte, dann bist du volljährig und machst, was du willst. Wenn es sein muss, auch die Revolution.«

Sein nachsichtiges Lächeln, das Edda das Gefühl gegeben hatte, ein Kind zu sein, über dessen Flausen Joachim großzügig hinwegsähe, hatte sie geärgert. Joachim würde doch nicht, womöglich weil er Vater geworden war, anfangen, wie die anderen Erwachsenen zu reden? War an dem gängigen Spruch »Trau keinem über dreißig« doch etwas dran?

»Die Menschen in Vietnam sterben *jetzt*«, hatte sie ihm geantwortet. »Deshalb muss ich *jetzt* dagegen protestieren, nicht in einem Jahr und ein paar Zerquetschten.«

Es war eine kleine Pause entstanden, bevor Joachim sie kurz gedrückt hatte. »Dieser Punkt geht an dich, Schwesterherz.«

Als Edda nun durch das imposante Eisentor den Jardin du Luxembourg betrat, herrschte dort Urlaubsstimmung. Es schien, als wäre ganz Paris aus dem Winterschlaf erwacht, freie Bänke und Stühle waren kaum noch zu ergattern. Mütter fuhren ihre Babys im Kinderwagen aus, ihre älteren Sprösslinge spielten auf den Wiesen Ball und Fangen, so wie Edda es am Tag zuvor mit Camille, Jean-Luc und Henri getan hatte. Unter Eddas Aufsicht hatten sie sich zu regelrechten Kletterassen gemausert. Die Stunden mit den Kindern erfüllten Edda mit Freude, manchmal auch mit Wehmut, wenn sie daran dachte, die drei in einigen Monaten verlassen zu müssen. Rasch verscheuchte Edda diesen Gedanken. Der

Abschied von Paris war wirklich das Letzte, womit sie sich an diesem Nachmittag beschäftigen wollte. Sie steuerte auf den von hohen Bäumen gesäumten Medici-Brunnen zu, an dem Marcel saß, auf den Knien einen aufgeschlagenen Jura-Wälzer, in dem er offensichtlich nicht las. Stattdessen hatte er den Kopf in den Nacken gelegt und streckte sein Gesicht der Märzsonne entgegen. Vorsichtig schlich Edda sich an und überraschte Marcel mit einer Umarmung, woraufhin er ihre Hand ergriff und sie auf seinen Schoß zog. Sie küssten sich, bis Edda meinte, ihre Lippen würden brennen, ebenso ihre Haut, zum einen vor Begehren, aber auch, weil Marcels Dreitagebart an ihren Wangen pikste. An ihren Zärtlichkeiten störte sich niemand. Kein Wunder, denn es waren überwiegend verliebte Paare, die sich an diesem verschnörkelten Brunnen trafen, dessen Statuen passenderweise eine Liebesszene aus der griechischen Mythologie präsentierten. Der Jüngling Acis hielt seine Geliebte Galatea im Arm und betrachtete hingerissen deren ihm in erotischer Pose entgegengereckten Körper.

»Meinst du, die beiden haben sich schon geliebt, oder werden sie es noch tun?«, flüsterte Edda in Marcels Ohr.

Marcel streichelte ihren Arm, wobei Eddas Härchen sich aufstellten. Marcel bemerkte es und grinste. »Ich glaube, sie haben es schon getan und weil es so göttlich war, lieben sie sich gleich wieder.«

Edda lachte hell auf, woraufhin Marcel den lockeren Knoten, zu dem sie ihr Haar geschlungen hatte, öffnete. Es wallte über ihre Schultern, und er vergrub sein Gesicht darin.

»Nur traurig, dass sie die drohende Gefahr nicht bemerken«, murmelte er.

Auf einem Felsenvorsprung über Acis' und Galateas Köpfen kniete eine dritte Statue, ein potthässlicher Riese. Der

Sage nach hatte Galatea von ihm nichts wissen wollen, weshalb er, rasend vor Eifersucht, ihren geliebten Acis zerschmettert hatte.

»Ich hoffe, mich erwartet kein ähnliches Schicksal.« Neckend zwickte Marcel Edda in die Seite. »Oder muss ich mich auf die Rache eines Widersachers gefasst machen?«

Kai huschte durch Eddas Gedanken. Seit ihrem Besuch in Berlin hatte er kein Wort mehr von sich hören lassen. Das passte zu Kai, einen wutentbrannten Berserker zu mimen hingegen nicht.

»Nein«, antwortete Edda in leichtem Ton. »Wir sind ganz sicher. Es sei denn, du hast mir eine eifersüchtige Rivalin vorenthalten.«

Marcel schob sich lässig seine Sonnenbrille auf den Kopf und blinzelte in die Sonne. »Nicht, dass ich wüsste.«

Erst jetzt bemerkte Edda die dunklen Ringe unter Marcels Augen. Zärtlich, als könnte sie sie fortwischen, strich Edda mit den Fingern darüber. »Hast du gestern Nacht lange gearbeitet?«

Marcels juristische Prüfungen stünden bald an. Er bereitete sich intensiv darauf vor, denn er plante, nächstes Jahr sein Abschlussexamen abzulegen.

Marcel schüttelte den Kopf. »Zum Lernen hatte ich keine Zeit.«

Er bot Edda eine Zigarette an. Als sie dankend ablehnte, zündete er sie sich selbst an und inhalierte. Der Rauch strömte mit seinen Worten heraus. »Wir haben gestern in Nanterre das Verwaltungsgebäude der Uni besetzt. Mehr als hundert Leute haben mitgemacht. Cohn-Bendit war dabei, Antoine, sogar Florence und Adèle, ihre Schwester.«

Vor Überraschung weiteten sich Eddas Augen. »Aber wieso denn?«

Zwei Abende zuvor hatte es aus Protest gegen eine neue amerikanische Militäroffensive in Vietnam eine kleine Demonstration gegeben, in deren Verlauf die Scheiben einer American-Express-Filiale zu Bruch gegangen waren. Dabei war Xavier Langlade, ein Student aus Nanterre, festgenommen worden, was eine riesige Welle der Solidarität ausgelöst hatte.

»Ich verstehe ihn«, gestand Marcel ein. »Mittlerweile sind wir doch alle wütend darüber, dass niemand uns zuhören will, solange wir bloß brav demonstrieren.«

Während Marcel redete und rauchte, sah Edda vor sich, wie eine Gruppe junger Männer loszog, um mit Eisenstangen die Fenster der amerikanischen Bank zu zertrümmern. Glas zersplitterte und Scherben häuften sich auf dem Gehweg. Sinnlose Randale, würde ihr Vater es nennen. Hätte er nicht recht? Was hatte Xavier Langlade denn geglaubt, damit zu erreichen? Bei American Express war das Glas längst ausgewechselt worden und der Krieg in Vietnam nahm seinen Lauf.

»Hat denn eure Besetzung etwas gebracht?«, fragte Edda, während sie sich einen freien Stuhl heranzog.

»Langlade ist wieder auf freiem Fuß, wenn du das meinst. Aber es kommt noch besser.« Marcel machte eine Spannungspause. »Langlades Festnahme hat dazu geführt, dass sogar politisch verfeindete Gruppen – anarchistische, kommunistische, maoistische, trotzkistische – zusammengerückt sind. Ab sofort gibt es die *Bewegung des 22. März.*«

Marcels Müdigkeit schien wie weggeblasen, als er Edda erklärte, was für einen Riesenerfolg es sei, dass ideologische Gräben überbrückt worden wären. Die gemeinsame Erklärung, die sie auf die Beine gestellt hätten, reichte von den bekannten Forderungen nach besseren Studienbedingungen bis hin zum Kampf gegen kapitalistische Unterdrückung. So ließen sich laut Marcel auch Studierende mobilisieren, die sich mehr für Universitätsangelegenheiten interessierten und nicht – jedenfalls nicht sofort – für die Revolution.

Edda ließ sich von Marcels Begeisterung anstecken. Plötzlich wünschte sie sogar, sie hätte die ganze Aktion miterlebt. Nicht wegen Xavier Langlade – seinem Glasbruch konnte Edda nichts abgewinnen –, aber hätte die Besetzung nicht diejenigen, die daran teilgenommen hatten, zusammengeschweißt? Wären sie nicht in dem überwältigenden Gefühl auseinandergegangen, der Welt gemeinsam einen neuen Dreh zu geben? So hatte Edda es empfunden, als sie eingereiht zwischen Marcel, Florence und all den anderen durch Berlin marschiert war.

Sie stibitzte Marcel die Zigarette und nahm einen Zug. »Dank eurer Initiative begreift die Presse vielleicht, wie falsch sie mit ihrer Einschätzung liegt, die französische Jugend sei unpolitisch.«

Eine Woche zuvor war in *Le Monde* ein Artikel erschienen, in dem der Autor der französischen Jugend eine eingeschränkte Auffassung von Menschenrechten attestierte. Er monierte, dass in Deutschland, Japan, sogar im kommunistischen Polen und in Francos diktatorisch geführtem Spanien junge Leute zuhauf für Frieden und Demokratie protestierten, wohingegen die französischen Studenten mit der Frage beschäftigt wären, ob sie ungehindert die Schlafräume der Studentinnen betreten dürften.

Marcel verzog das Gesicht. »Dieser Journalist hat nichts kapiert. Und er scheint Sexualität für unbedeutend zu halten. Ob er sich einmal ernsthaft mit jungen Leuten unterhalten hat? Dann hätte ihm klar werden müssen, dass es bei dieser Debatte um nichts Geringeres geht als um den Kampf für unsere Freiheit, egal, wie wir politisch ticken.«

»Und gleichgültig, ob wir Männer oder Frauen sind«, fügte Edda hinzu.

Marcel trat seine Zigarette, die er sich zurückerobert hatte, aus, legte den Arm um Edda und zog sie nah zu sich heran. Nachdem ihre Lippen sich gefunden und wieder voneinander gelöst hatten, fragte Edda: »Bist du eigentlich Kommunist?«

Zweifelnd wiegte Marcel seinen Kopf hin und her. »Mit marxistischen Ideen kann ich etwas anfangen, aber mit der Kommunistischen Partei und ihrer Bürokratie habe ich nichts am Hut. Ich tendiere zu den Anarchisten. Ihnen ist Freiheit das höchste Gut, und außerdem kommen sie ohne Hackordnung aus. Das ist mir sympathisch.«

Edda grinste. »Und dann studierst du ausgerechnet Jura?«

Marcels Gesicht verfinsterte sich kurz, auf Eddas Bemerkung ging er nicht ein. Hatte sie etwas Falsches gesagt?

Zum Glück klang Marcel nicht beleidigt, als er zurückfragte: »Und du? Wie tickst du?«

»Ich weiß es nicht«, erwiderte Edda wahrheitsgemäß. Sich einer Partei oder Organisation anzuschließen, hatte sie noch nie in Betracht gezogen. Tanzkurse und der Turnverein, das waren bisher die einzigen Gruppen gewesen, für die sie sich engagiert hatte.

Marcel lachte, als sie das sagte, aber auszulachen schien er sie nicht, was Edda ermutigte, mit dem Sinnieren fortzufahren. Ja, sie wünschte sich eine Welt, in der alle Menschen gleichberechtigt lebten. Wäre sie deshalb eine Kommunistin? Maoistin ganz bestimmt nicht. China war ihr fremd, ebenso wie die tiefe Verehrung für einen Revolutionsführer, der seine eigenen Zitate in kleine rote Bücher drucken ließ, die in China alle lesen mussten, ob sie es wollten oder nicht. Das hatte ihr jemand auf dem Vietnamkongress erzählt, wo die sogenannte Mao-Bibel an diversen Büchertischen verkauft

worden war. Hierarchien verabscheute Edda ebenso sehr wie
Marcel. Aber war sie eine Anarchistin, weil sie es hasste, dass
Eltern, Erzieherinnen und Lehrer über Kinder wie Jugendliche bestimmten? Ihnen, wenn sie nicht parierten, die Wi-
derworte mit harter Hand austrieben? Auf der Straße erle-
digten den Job dann Regierungen und Polzisten, Schlagstock
statt Rohrstock, Gürtel oder Teppichklopfer. Woher nahmen
sie alle das Recht, andere Menschen zu schlagen?

»Höchste Zeit, dass sich das ändert«, schloss Edda.

»Jetzt klingst du wie eine Revolutionärin!«

Marcels Lächeln zeigte Edda, wie sehr ihm das gefiel, und
sie würde den Teufel tun, Marcel zu widersprechen, damit
er bloß nicht aufhörte, sie so verliebt anzuschauen, wie er es
eben tat. Sie tauchte in seine dunklen, Marcel in ihre grauen
Augen ein. Je glücklicher sie wäre, desto klarer schimmerten
sie, sagte er, fast bläulich, so wie jetzt. Edda betastete Marcels
Lippen mit ihren, dann erkundete seine Zungenspitze ihren
Gaumen, wobei sich seine Hand unter ihren Minirock schob,
behutsam und doch voller Verlangen.

»Lass uns gehen«, flüsterte er Edda ins Ohr und reichte ihr
die Hand, die sie, etwas benommen vom Küssen, ergriff. Niemand nahm Notiz davon, dass sie den Medici-Brunnen verließen, am wenigsten natürlich Galatea und Acis, auf ewig
versteinert im letzten Augenblick ihres Glücks.

*

Nachdem sie den Jardin du Luxembourg verlassen hatten, waren sie nicht, wie Edda vermutet hätte, in einem Café auf dem
Boulevard Saint-Michel eingekehrt. Vielmehr hatte Marcel
gefragt, ob sie Lust hätte, die Nacht bei ihm zu verbringen, in
der Wohnung seines Vaters, der an diesem Wochenende ver-

reist wäre. Was für eine Frage! Und ob Edda Lust dazu hatte. Die Vorfreude darauf, endlich mit Marcel ungestört zu sein, versetzte sie in Hochstimmung, und die ernsten Gespräche, die sie im Park geführt hatten, verblichen angesichts der Vorstellung, Haut an Haut, in Marcels Armen zu liegen. An der Metro-Station fanden sie einen öffentlichen Fernsprecher, von dem aus Edda Madame Brunet darüber informierte, dass sie bei ihrer Freundin Florence übernachten würde. Danach liefen Edda und Marcel Hand in Hand die Stufen zu der Metro hinab, die sie zum Gare de l'Est brächte. Auf der Fahrt dorthin alberten sie so ausgelassen herum, dass ältere Mitreisende über sie den Kopf schüttelten; eine alte Dame jedoch lächelte ihnen zu, als sie ausstiegen. Sie passierten den Bahnhofsvorplatz, La Place du 11 Novembre 1918, und warteten darauf, die Rue du 8 Mai 1945 zu überqueren. Die Straßennamen erinnerten an das Ende des Ersten und Zweiten Weltkriegs, an deutsche Kapitulation und Schuld. Edda warf Marcel einen Seitenblick zu, aber er konzentrierte sich lediglich auf den Verkehr. In einem günstigen Augenblick nahm er Eddas Hand und vorbei an Autos, Bussen und Mopeds schlängelten sie sich auf die gegenüberliegende Seite. Kurz darauf bogen sie in ein Sträßchen ein, in dem sich Handwerksbetriebe an kleine Läden reihten. Vor einem Haus, dessen Fassade einen neuen Anstrich vertragen hätte, blieb Marcel stehen.

»Da sind wir.«

Beiläufig grüßte er mit einer Geste drei dunkelhäutige Männer, die Stühle und einen Tisch auf den Gehweg gestellt hatten, an dem sie saßen und Tee tranken. Aus einem geöffneten Fenster drang Musik in einer Sprache, die Edda nicht erkannte, aus einem anderen die markante Stimme von Elvis Presley. Wirklich gut klang dieses Duett nicht.

»So angesagt wie das Quartier Latin ist dieses Viertel nicht«, sagte Marcel, während er die Haustür aufschloss. »Aber ich bin gern hier aufgewachsen, unter sogenannten kleinen Leuten.«

Galant hielt er Edda die Haustür auf. Während sie, dicht gefolgt von Marcel, in die zweite Etage hinaufstieg, genoss Edda das Wissen, dass Marcels Blicke über ihre unbedeckten Beine strichen.

Die Wohnung war rasch erkundet. Neben dem Wohnzimmer gab es eine Stehküche mit Tresen, da für einen Esstisch kein Platz gewesen wäre, ein kleines Bad mit Sitzbadewanne sowie zwei Zimmer. In einem davon schlief René Carnot, Marcels Vater, im anderen Marcel. Obwohl spartanisch eingerichtet – ein schmales Bett, ein Schrank und ein Schreibtisch, auf dem sich neben einer Kamera juristische Wälzer türmten –, wirkte der Raum vollgestellt, und lediglich die Poster der Rolling Stones und von Bob Dylan sorgten für eine persönliche Note.

Dafür, dass es keine Musik gäbe, weil er seinen Plattenspieler nach Nanterre verfrachtet hatte, entschuldigte sich Marcel, dabei störte es Edda gar nicht. Ihr war es romantisch genug, dass Marcel zwei Kerzen anzündete und sie dann, eng umschlungen, auf sein Bett sanken.

Den Straßenlärm nahm Edda nicht mehr wahr, kein Hupen, keine Rufe, kein Hundegebell, wahrscheinlich hätte selbst Elvis sich die Seele aus dem Leib singen können, ohne dass Edda ihn durch das geöffnete Fenster gehört hätte. Die Welt um sie herum war versunken, nein, nicht die Welt, Edda und Marcel waren es, die in einen Rausch abtauchten, so überwältigend, wie Edda es nicht für möglich gehalten hätte. Als Marcel ihr mit ungeduldigen Fingern den Slip ausziehen wollte, hielt Edda seine Hand fest.

»Was ist?« Überrascht sah Marcel sie an. »Willst du nicht?« Edda küsste ihn lang und feucht, ihre Haare fielen über sein Gesicht.

»*Déshabillez-moi, oui, mais pas tout de suite, pas trop vite ...*« Halb flüsterte, halb sang sie den Text des Skandal-Chansons von Juliette Gréco, in dem diese mit erotisch dunkler Stimme besang, wie sie sich wünschte, entkleidet zu werden, nicht sofort und nicht zu schnell. Edda kannte den Text in- und auswendig, und das tat offenbar auch Marcel, der nun begann, beinahe unerträglich langsam die Knöpfe ihrer Bluse zu öffnen.

»Nimmst du eigentlich die Pille?«, fragte Marcel, während er ihr die Bluse schließlich abstreifte.

Edda schüttelte den Kopf. Woher sollte sie die bekommen? Zwar wurde die Anti-Baby-Pille endlich auch unverheirateten Frauen verschrieben, aber in der Regel nicht, wenn sie minderjährig waren.

»Frag Florence«, riet ihr Marcel. »Sie kennt eine Ärztin, die das nicht so eng sieht.«

»Aber ich will dich jetzt«, raunte Edda, als kein Stückchen Stoff mehr zwischen ihnen klebte, heiser und drängend. »Hast du denn kein Präservativ im Haus?«

Marcel verneinte. Er zog Edda auf sich, seine Hände umschlossen fest und warm ihre Hüften und ihre Blicke verschmolzen ineinander. Noch nie hatte Edda sich so begehrt gefühlt.

»Keine Angst, ich passe schon auf«, sagte Marcel mit keuchendem Atem.

Als er in sie eindrang, zuckte Edda kurz zusammen. Mit Kai hatte sie nie ungeschützt geschlafen. Sie würde doch nicht, wenn sie es jetzt mit Marcel ein einziges Mal täte, gleich schwanger werden? Während Marcel sich langsam und tief in ihr bewegte, verstummte die warnende Stimme der Vernunft in ihrem Kopf. Marcels Hände schienen überall zu sein. Seine Schweißperlen tropften auf Eddas Haut, vermischten sich mit ihren, und Edda meinte, vor Glück zu zerfließen.

*

Irgendetwas hatte sie geweckt. Vielleicht der Durst, vielleicht das Knattern eines vorbeifahrenden Autos. Der Mond erleuchtete das Zimmer und einen Moment lang betrachtete sie Marcels schlafendes Gesicht, eingerahmt von seinen dichten, dunklen Locken. Edda konnte es nicht lassen, sie ihm aus der Stirn zu streichen und anschließend seine vollen Lippen zu küssen. Ohne davon zu erwachen, erwiderte er ihren Kuss. Doch anstatt sich enger an Marcels Körper zu schmiegen, schälte Edda sich sachte aus seiner Umarmung. Ihr war bewusst, wie unvorsichtig sie gewesen waren, und ein weiteres Mal miteinander zu schlafen, hieße, das Schicksal herauszufordern. Edda schnappte sich Marcels Hemd und zog es über. Auf dem Weg in die Küche, aus der sie sich ein Glas Wasser holen wollte, versuchte sie, nicht an Seifeneinläufe und Stricknadeln zu denken. Leider fiel ihr die Geschichte von Tante Emmi ein, die sie mit ungefähr sechs Jahren zum ersten Mal gehört hatte, ohne recht zu begreifen, worum es ging.

Damals hatte sie unter dem Kaffeetisch gekauert, den ihre Mutter für ihre Kirchenfreundinnen gedeckt hatte. Die weiße Tischdecke, die nur für besondere Anlässe aus dem Schrank geholt wurde, reichte fast bis zum Boden, so dass Edda hoffte, die Gespräche der Erwachsenen unbemerkt zu belauschen. Als ihr langweilig wurde, betrachtete sie die roten, grünen, gelben und gepunkteten Damenschuhe, die sie umzingelten. Als plötzlich die Frauen ihre Stimmen senkten, horchte Edda auf. Je gedämpfter die Erwachsenen miteinander redeten, desto interessanter wurde es, das hatte Edda schon kapiert. Enttäuscht vernahm sie, dass sich die Unterhaltung um Stricknadeln drehte. Ihre Mutter strickte regelmäßig, Handschuhe und Socken, die auf dem Kirchenbasar verkauft wurden. Das war doch nichts Besonderes. Dann klang es aber, und das beunruhigte Edda, als wäre das Hantieren mit Stricknadeln lebensgefährlich. Selbst Kleiderbügel und Seifenlauge schienen nicht ausschließlich der Ordnung und Sauberkeit zu dienen, sondern gaben den Frauen reichlich Anlass zu Seufzern und Getuschel.

Da hatte Franziska Nolting von ihrer Tante Emmi erzählt, die als junges Mädchen mit Stricknadeln in ihrem Leib herumgestochert und sich dabei so heftig verletzt hatte, dass sie verblutet war. Voller Entsetzen hatte Edda zugehört und gemeint, in ihrem Bauch schmerzhafte Stiche zu spüren. Warum nur hatte diese Tante Emmi etwas so Dummes getan? Dass die meisten Damen des Kaffeekränzchens der Ansicht gewesen waren, Tante Emmi allein träfe die Schuld an ihrem tragischen Tod, hatte Edda trotzdem gemein gefunden. Offensichtlich hatte niemand der Tante erklärt, wie man richtig strickte, und dafür konnte sie schließlich nichts.

In den folgenden Jahren hatte Edda immer mal wieder an Tante Emmi gedacht, mit einem mulmigen Gefühl. Aber erst, als sie mit Kai ihre Sexualität entdeckte, wurde ihr siedend heiß klar, dass deren Schicksal zu ihrem eigenen werden könnte. Also hatten sie höllisch gut aufgepasst. Einmal jedoch war Kais Pariser gerissen. Die Tage, bis Eddas Periode einsetzte, erinnerte sie als eine abscheuliche Zitterpartie. Und eine solche stünde ihr jetzt wieder bevor.

In einem Küchenschrank hatte Edda Gläser gefunden, befüllte eines mit Wasser und begab sich ins Wohnzimmer. Müde war sie zwar, fühlte sich aber zu aufgewühlt, um neben Marcel einzuschlafen. Sie würde sich bloß herumwälzen und ihn damit wecken. Edda knipste eine Stehlampe an und ließ sich auf das Sofa plumpsen. Ihr Glas stellte sie auf dem Couchtisch ab, wo ausgebreitet einige Zeitungen lagen. Fände Edda vielleicht, nachdem sie ein wenig gelesen hätte, in den Schlaf zurück? Mit einem Gähnen griff sie sich eine Ausgabe der *L'Humanité*, eine kommunistische Tageszeitung, die sicher Marcels Vater gekauft hatte. Marcel hatte ihr erklärt, dass sein Vater die Stalin-freundliche Haltung der Kommunistischen Partei Frankreichs zwar stets kritisch betrachtet hätte, trotzdem stand er der KPF nahe, weil die Opferbereitschaft und das Engagement, das die französischen Kommunisten zu Zeiten der Résistance an den Tag gelegt hatten, für ihn weitaus mehr zählten. Als Edda die Zeitung zurücklegte, fiel ihr Blick auf ein Buch, das ebenfalls auf dem Tisch lag. Seinen Titel kannte sie: *La Rose blanche* – Die Weiße Rose. Überrascht blätterte Edda darin. Las Marcels Vater die Geschichte von Sophie und Hans Scholl? Oder gehörte das Buch Marcel? Interessierte er sich dafür, dass Münchner Studentinnen und Studenten zum Widerstand gegen die Diktatur Hitlers aufgerufen hatten? Edda erinnerte sich, dass ihre Deutschlehrerin mit Eddas Klasse über die tapferen jungen Leute gesprochen hatte. Bei einer Flugblattaktion in der Universität waren sie von der Gestapo festgenommen und nur wenige Tage später, im Februar 1943, hingerichtet worden. Ihr Schicksal hatte Edda sehr berührt. Weshalb hatte sie sich das Buch nicht längst besorgt? Im Schein der Stehlampe begann sich Edda durch die Kindheit und Jugend der Geschwister Scholl zu lesen, die sich anfangs sogar für die Hitlerjugend begeistert hatten. Als sie mitbekamen, wie Jüdinnen und Juden immer grausamer schikaniert und verfolgt wurden, wuchsen ihre Zweifel am Nationalsozialismus, bis sie schließlich den gefährlichen Weg des Widerstandes wählten. In einem ihrer letzten Flugblätter hieß es:

Sollen wir auf ewig das von aller Welt gehasste und ausgestoßene Volk sein? Nein! Darum trennt euch von dem nationalsozialistischen Untermenschentum! Beweist durch die Tat, dass ihr anders denkt! Ein neuer Befreiungskrieg bricht an. Der bessere Teil des Volkes kämpft auf unserer Seite. Zerreißt den Mantel der Gleichgültigkeit, den ihr um euer Herz gelegt! Entscheidet euch, ehe es zu spät ist!

War es nicht heute genauso? Taten nicht viele Menschen, als ginge sie das Leiden und Sterben in Vietnam nichts an? Auch ihre Eltern verhielten sich so. Solange sonntags ein Braten auf dem Tisch stand und sie im Sommer nach Österreich juckeln konnten, schien ihre Welt in Ordnung zu sein. Wobei, nicht ganz, denn würde ihr Vater sonst manchmal mit leeren Augen vor sich hinstarren und ihre Mutter sich mehr »Schnäpschen« genehmigen, als ihr guttaten? Ein Grund dafür war sicher der Krieg, das ahnte Edda schon lange. Was sie jedoch nicht wusste, war, inwieweit ihre Eltern den nationalsozialistischen Ideen zugestimmt hatten. Waren ihnen im Verlauf der Hitler-Herrschaft Bedenken gekommen? Oder hatten sie es bevorzugt, ihre Augen, Ohren und Herzen zu verschließen? Hatten sie damals den Weckruf der Weißen Rose gehört? Oder waren Sophie und Hans Scholl für sie nichts als Störenfriede gewesen, so wie Rudi Dutschke, Benno Ohnesorg, Eddas Mitschülerinnen Karin und Ariane, sogar Kai, nur, weil er sich sein Haar hatte wachsen lassen? Ob Edda, wenn sie in den vierziger Jahren gelebt hätte, ebenso couragiert gehandelt hätte wie Sophie Scholl? Sie hoffte es, aber beschwören würde sie es nicht. Sie fühlte sich ja bereits rebellisch, wenn sie an einer Demonstration teilnahm.

»Edda?«

Sie fuhr zusammen. Mit verschlafenem Gesicht kam Marcel herein, setzte sich zu ihr und legte den Arm um sie. Als er das Buch in ihrer Hand entdeckte, erklärte er ohne Umschweife: »Ich habe es von meinem Vater bekommen. Er sagt, zu wissen, dass es mutige junge Leute wie die Geschwister Scholl gegeben hat, hätte ihm geholfen, nicht alle Deutschen zu hassen.«

Marcels Worte schnürten Edda den Hals zu, denn sie begriff, wie sehr Marcel mit seinen Gefühlen für sie gerungen hatte. Aber auch nach Wegen, ihre Liebe möglich zu machen, hatte er gesucht.

»Weiß dein Vater von mir?«

Bei der Vorstellung war Edda etwas unbehaglich zumute. Schließlich hatte Marcel ihr einmal entgegengeschleudert, dass René Carnot die Ermordung seiner Frau niemals verwunden hatte.

»Nicht *en détail*. Aber von unserem Streit habe ich ihm erzählt. Und dass ich mich trotzdem in dich verliebt habe. Daraufhin hat er mir das Buch geschenkt.«

Marcel stand auf und zog Edda auf die Füße. »Möchtest du ihn mal sehen?«

Er führte sie in das andere Schlafzimmer, das ähnlich karg ausgestattet war wie Marcels, aber an den Wänden hingen einige Fotos, die von Liebe und Verlust zeugten. Eins zog Edda besonders in seinen Bann. Vor dem Portal einer imposanten gotischen Kathedrale standen René und Louise Carnot, groß, schlank, dunkelhaarig. Louise hielt ihr Baby auf dem Arm, es war Marcel. Das Paar strahlte einander an, als gäbe es keinen Krieg, keine Verzweiflung, keinen Tod.

»Es ist das einzige Foto, auf dem wir als Familie zu sehen sind«, sagte Marcel leise. »Einen Monat später war meine Mutter schon nicht mehr am Leben.«

War Louise Carnot bewusst gewesen, welch ein fragiles Glück sie erlebte? Hatte sie an jenem Tag im Mai 1944 geahnt, wie schnell es zerbrechen würde? Diese Gedanken trieben Edda Tränen in die Augen, und in ihrer Kehle bildete sich ein Kloß, der sie am Sprechen hinderte. Wortlos ergriff sie Marcels Hand und drückte sie. Wie leid es ihr tat, was seiner Mutter, seiner Familie zugestoßen war, das wusste er. Aber wäre es nicht an der Zeit, ihm zu erzählen, dass er in Bezug auf ihren Vater richtig gelegen hatte? Dazu hatte Edda sich bisher nicht durchringen können. So verliebt Marcel auch wirkte, ganz losgeworden war sie ihre Sorge nicht, er würde einen Rückzieher machen, sobald er erführe, dass Viktor Nolting während des Krieges durch Frankreich marschiert war und dort womöglich Menschen getötet hatte. Dennoch, sich in Schweigen zu hüllen wie ihre Eltern, diesen Fehler wollte Edda nicht begehen. Ihre Stimme zitterte ein wenig, als sie Marcel erzählte, was sie herausgefunden hatte. Und Marcel ließ ihre Hand nicht los.

Frankfurt am Main,
April 1968

Das Café Laumer nahe der Frankfurter Goethe-Universität war gut besucht. Dennoch war es Edda und Ariane gelungen, einen Fensterplatz zu ergattern. Bei Kaffee und gedecktem Apfelkuchen erzählten sie einander, was sie in den vergangenen Monaten erlebt hatten. Es freute Edda, wie genüsslich Ariane sich gabelweise Sahne in den Mund schob, denn bevor Edda nach Paris gegangen war, hatte sie befürchtet, Ariane könnte es mit ihrem Bestreben, dem spindeldürren Model Twiggy nachzueifern, übertreiben. Doch damit schien es vorbei zu sein. Leidenschaftlich studierte Ariane Soziologie und besuchte Vorlesungen der bekannten Professoren Theodor W. Adorno und Jürgen Habermas, deren kritische Gesellschaftsanalyse rebellierende Studentinnen und Studenten wie sie inspirierten. Wie hatte es geschehen können, dass aufgeklärtes Denken in die grausame Barbarei des Nationalsozialismus umgeschlagen war? Welche Möglichkeiten gäbe es, basierend auf der marxistischen Analyse des Kapitalismus und den psychoanalytischen Erkenntnissen Sigmund Freuds den Boden für eine freie Gesellschaft zu bereiten? Und wie verhinderte man, dass die Menschen, die sich doch emanzipieren sollten, eingelullt würden von Werbung, wachsendem Wohlstand und Konsum? Edda notierte sich einige Titel der Bücher, von denen ihre Freundin meinte, Edda müsste sie unbedingt lesen. Ariane brannte für diese Themen und inzwischen auch für Jörg, einen Kommilitonen mit Bart und Nickelbrille, den sie in einem dieser Seminare kennengelernt hatte.

»Mit Navid und mir, das wäre sowieso nicht mehr lange gut gegangen.« Ariane schleckte die letzte Sahne von ihrer Kuchengabel. »Selbst auf Partys hat er von nichts anderem mehr geredet als von der iranischen Revolution. Aber wenn ich dann mit einem anderen getanzt habe, war er sauer. Jörg kratzt so etwas nicht.«

Edda verstand Ariane, schließlich hatte sie selbst das Gefühl gehabt, nicht mehr zu Kai zu passen. Als sie von Marcel sprach, schmunzelte Ariane.

»Dich hat es ganz schön erwischt, was?«

»Wie noch nie«, gestand Edda. Gleichzeitig seufzte sie in einer Weise, die Ariane aufhorchen ließ. Forschend blickte sie Edda an.

»Was ist denn los? Gibt's etwa schon Probleme?«

Nachdem Edda sich rasch umgesehen hatte, um sicherzugehen, niemanden zu kennen, beichtete sie Ariane, dass sich, als sie eine Nacht mit Marcel zusammen gewesen war, ihr Verstand ausgeknipst hatte. Sie schnippte mit den Fingern. »Einfach so.«

Ariane legte ihre Kuchengabel beiseite und flüsterte: »Du bist doch nicht etwa schwanger?«

Plötzlich schmeckte Edda der Kaffee nicht mehr. Ob das ein Anzeichen dafür wäre?

»Hoffentlich nicht.«

Ariane nickte langsam. »Was sagt denn Marcel dazu?«

»Dass er aufgepasst hat.«

Ariane schnaubte. »Als ob wir Frauen uns je darauf verlassen konnten. Hatte der Pariser denn keinen Pariser?«

Sie mussten lachen, und Edda erklärte Ariane, dass Marcel ihr einen Tipp gegeben hätte, wie sie sich künftig die Pille beschaffen könnte. »Was ist mit dir, Ariane. Nimmst du sie?«

»Klar, schon länger. Ulla hat es mir sofort erlaubt, als ich sie darum gebeten habe. Anfangs hatte ich ständig Kopfschmerzen, aber jetzt geht es.«

»Ulla? Nennst du deine Mutter jetzt so?«

Ariane grinste. »Das war ihre Idee. Sie sagt, sie erteile damit der hierarchischen Struktur in unserem Haushalt eine Absage.«

»Wow.«

Mit einer Mutter, die so fortschrittlich dachte, würde Edda auch ohne Scham über das Thema Verhütung sprechen. Im Hause Nolting wäre das undenkbar. »Du, Flittchen« – das waren die Worte ihrer Mutter gewesen, nachdem Edda im vergangenen Juni von Kai aus Berlin zurückgekehrt war. Ein geschwängertes »Flittchen« wäre noch schlimmer.

»He, das wird schon.«

Ariane kramte eine Packung Papiertaschentücher aus ihrer Handtasche und reichte sie Edda, der die Tränen in die Augen geschossen waren. »Falls nicht, fällt uns etwas ein. Versprochen.«

Edda nickte und schnäuzte sich die Nase. Nachdem sie gezahlt hatten, verließen Edda und Ariane das Café und verabschiedeten sich, denn Ariane hatte in der Unibibliothek zu tun. Edda machte sich auf den Weg zu ihrem Vater.

Nicht einmal zehn Gehminuten lag die Praxis der Noltings vom Café Laumer entfernt. Da ihr Vater beim Frühstück erwähnt hatte, nachmittags keine Patienten mehr zu empfangen, sondern einige Berichte fertigzustellen, hoffte Edda, dass er sich etwas Zeit für sie nähme. Seit ihrer Ankunft vor drei Tagen hatte sie noch keine Gelegenheit gefunden, ihn unter vier Augen zu sprechen. Dabei brannte Edda darauf, einen neuen Versuch zu starten, Genaueres über Viktor Noltings Stationierung in Frankreich zu erfahren.

Auf ihrem Weg kam Edda an der Westendsynagoge vorbei, der einzigen Frankfurter Synagoge, die bei dem Novemberpogrom 1938 nicht komplett ausgebrannt und von den Nationalsozialisten dem Erdboden gleichgemacht worden war. Edda blieb stehen, um das eindrucksvolle Bauwerk genauer zu betrachten. Plötzlich erinnerte sie sich daran, was ihre Deutschlehrerin über den Architekten gesagt hatte. Durch den Bau der Westendsynagoge um 1910 hatte Franz Roeckle sich einen Namen gemacht und war von jüdischen Frankfurtern mit weiteren Arbeiten beauftragt worden. Seine guten Kontakte hatten ihn, nachdem sich der politische Wind in Richtung Nationalsozialismus gedreht hatte, nicht davon abgehalten, der NSDAP beizutreten und sich an der tödlichen Hetzjagd auf ein jüdisches Ehepaar aus der Berliner Theaterwelt zu beteiligen.

Ein Mann mit Kippa stieg die Treppen der Synagoge hinab und sprach Edda an. »Suchen Sie etwas?«

Etwas befangen verneinte sie und sah dem Mann nach, als er sich daraufhin mit einem freundlichen Gruß entfernte. Er mochte um die fünfzig sein, was bedeutete, dass er zu Zeiten Hitlers ein junger Mann gewesen war. Wie hatte er überlebt? In einem Konzentrationslager? In einem Versteck? Oder hatte er es geschafft, aus Deutschland zu fliehen und war nach dem Krieg zurückgekehrt? Fühlte er sich heimisch in einem Land, das Bundeskanzler Kiesinger regierte, der bereits 1933 in die NSDAP eingetreten war? Das von Bundespräsident Lübke repräsentiert wurde, der für ein Ingenieurbüro gearbeitet hatte, das für Konzentrationslager Baracken baute? Deshalb gab es in der Öffentlichkeit immer wieder

Debatten, die Eddas Vater, wenn Forderungen nach Rück-
tritten laut wurden, mit einem Zitat Konrad Adenauers kommentierte: »Man schüttet kein dreckiges Wasser aus, wenn
man kein reines hat!«

Nachdenklich erreichte Edda die Friedrichstraße, wo
sich Viktor Noltings orthopädische Privatpraxis befand. Es
dauerte einen Moment, bis sich, nachdem Edda geklingelt
hatte, die Tür mit einem Surren öffnete. Ihr Vater empfing
sie mit erstauntem Gesicht, seine Stimme klang kraftvoll und
tief. »Ja, Edda! So eine Überraschung. Komm herein.«

»Hallo, Papa.«

Sie folgte ihm vorbei am menschenleeren Wartezimmer
und an einem Raum, in dem ein Röntgengerät stand. Ursprünglich war Viktor Nolting Internist und Radiologe gewesen. Zum Facharzt für Orthopädie hatte er sich erst nach
dem Krieg ausbilden lassen, obwohl er damals bereits auf die
fünfzig zusteuerte. Seine Patientinnen und Patienten schätz-
ten ihn als kompetenten Arzt und an der Universität, so ließ
er manchmal verlauten, waren seine Vorlesungen bestens besucht.

In Viktor Noltings Behandlungszimmer saß, mit aufge-
rollten Ärmeln, ein korpulenter Mann, der – als wäre Edda
die Königin von England – regelrecht aufsprang, als sie eintrat.

»Das ist meine Tochter«, stellte ihr Vater sie ihm vor.

Der Mann streckte Edda seine Hand entgegen, warm und
schwitzig fühlte sie sich an, obwohl das Außenthermometer
gerade mal zehn Grad anzeigte. »Heinz Damme. Sehr erfreut.«

Im ersten Augenblick glaubte Edda, einen Patienten vor
sich zu haben, weil das Gesicht des Mannes ungesund rot
aussah und die Adern an seiner Schläfe so prall hervortra-

ten, als könnten sie jeden Augenblick zerplatzen. Doch dann bemerkte sie auf dem Schreibtisch zwei Gläser und eine Cognac-Flasche, die Heinz Damme mit einer Selbstverständlichkeit ergriff, die darauf schließen ließ, dass sich die beiden Männer gut kannten.

»Trinkt die junge Dame ein Schlückchen mit uns?«

Dankend lehnte Edda ab. »Ich will nicht stören«, entschuldigte sie sich. »Soll ich später noch einmal vorbeischauen?«

Ihr Vater legte den Arm um sie. »Das kommt gar nicht infrage. Wir haben alles Notwendige besprochen. Stimmt's, Heinz?«

Heinz Damme rückte seine Krawatte zurecht. »Ich wollte sowieso gerade aufbrechen«, behauptete er, wonach es, wie Edda fand, ganz und gar nicht ausgesehen hatte.

Heinz Damme schlüpfte in sein Jackett und kippte den letzten Schluck Cognac hinunter. »Ich danke dir, Viktor.«

Es klang, als meinte er mehr als nur den Cognac. Sie klopften einander auf die Schultern, und instinktiv war Edda klar, dass sie sich aus dem Krieg kennen mussten. Doch wie sich herausstellte, hatten sie bereits Mitte der zwanziger Jahre ihre Assistentenjahre gemeinsam in München verbracht. Heutzutage, erklärte Viktor Nolting, besuchten sie sich hin und wieder und schwelgten in alten Zeiten.

Alte Zeiten – wäre das ein geschickter Übergang, um tiefer in die Vergangenheit ihres Vaters einzusteigen?

Er nahm Mantel und Hut von der Garderobe. »Es ist kühl, aber sonnig. Sollen wir zum Opernplatz bummeln?«

Dann fielen ihm die neuesten Radiomeldungen ein. In der vergangenen Nacht waren in der Innenstadt zwei Feuer ausgebrochen, eins im Kaufhof, das andere im Kaufhaus Schneider. Die Polizei ging von Brandstiftung aus, erwischt hatte sie die Schuldigen aber noch nicht.

»Vielleicht ist die Gegend abgesperrt«, mutmaßte Viktor Nolting. »Hast du eine andere Idee, wohin wir gehen könnten?«

Während sie die Treppen hinunterliefen, hakte Edda sich bei ihrem Vater unter. Wenn er wie heute flache Slipper und nicht seine guten Schuhe mit Absatz trug, war er nur um wenige Zentimeter größer als sie.

»Weißt du, wozu ich Lust hätte, Papa? Auf einen Spaziergang im Taunus. So wie früher.«

Im trüben Grau seiner Augen sah Edda Unternehmungslust aufblitzen. »Holen wir den Wagen.«

Nicht viel später liefen sie dieselben Wege entlang, über die Edda schon als Kind mit Bonnie und ihrem Vater gewandert war. Genau wie damals machte er sie auf Blumen, Farne und Vögel aufmerksam.

»Du bist so still, Edda. Bedrückt dich etwas?« Prüfend musterte ihr Vater sie.

»Es ist nichts, Papa. Ich habe mich bloß an unsere Spaziergänge mit Bonnie erinnert.«

Ihr Vater nickte. »Ja, das war immer schön.«

Edda machte sich bereit, den Bogen zu der Frage zu spannen, die ihr im Kopf herumspukte. »Ich habe mich oft gefragt, woran du damals wohl dachtest, wenn du, versunken in den Anblick der Bäume, da standest. Du schienst ganz woanders zu sein. Im Krieg, nicht wahr?«

Augenblicklich verfinsterte sich Viktor Noltings Gesicht. »Willst du mich schon wieder löchern?« Gedehnt atmete er aus. »Hör damit auf, Edda.«

Edda schluckte, ließ aber nicht locker. »Bitte, Papa. Du hast mir doch selbst erzählt, dass du damals in Frankreich gewesen bist. Ich lebe nun einmal dort. Kannst du nicht verstehen, dass es mich interessiert, wo du gewesen bist?«

Ihr Vater klang abweisend. »Ich habe dir schon gesagt, dass ich vieles vergessen habe. Warum konzentrierst du dich nicht lieber auf deine Zukunft? In vier Monaten kommst du aus Frankreich zurück. Was willst du danach machen? Das solltest du dich mal fragen.«

Er verschloss sich, weshalb der Rückweg zunehmend schweigsam verlief. Mit aufeinandergepressten Lippen ließ Viktor Nolting Eddas Fragen an sich abperlen wie Regentropfen vom Wachs. Als Edda eine halbe Stunde später in der Wolfsgangstraße ausstieg, hatte sie nichts Neues erfahren.

»Richte deiner Mutter aus, dass ich zum Essen zu Hause bin«, sagte ihr Vater knapp und fuhr davon. Wütend kickte Edda eine weggeworfene Zigarettenschachtel vom Gehweg.

*

Wenige Tage später wartete Edda auf ihre Mutter, die sich an der Wohnungstür mit einer Nachbarin unterhielt. Edda schaltete den Fernseher ein, direkt hinein in einen Beitrag über den afroamerikanischen Bürgerrechtler Martin Luther King, den ein Fanatiker vor zwei Tagen in Memphis erschossen hatte. In einer Rückblende wurde Kings legendäre Rede *I have a dream* ausgestrahlt. Zu sehen, wie er vor über zweihunderttausend Menschen inbrünstig für Freiheit und Gleichheit eintrat, trieb Edda Tränen in die Augen, so ergriffen war sie. Als die Moderatorin von heftigen Ausschreitungen berichtete, die infolge des Anschlags in den USA wüteten, fühlte sich Edda aufseiten derjenigen, die in ihrer Trauer nicht still bleiben wollten.

»Ich bin so weit. Können wir los?« In einem adretten Kostüm und perfekt toupiertem Haar, an diesem Tag eine rothaarige Perücke, betrat Franziska Nolting das Zimmer. Als sie sah, was im Fernsehen lief, seufzte sie.

»Mord und Totschlag nehmen wohl nie ein Ende.« Sie warf einen Blick auf ihre Armbanduhr und stieß einen alarmierten Laut aus. »Mach das aus, Edda, sonst verpassen wir noch den Bus.«

Die Aussicht auf einen Einkaufsbummel versetzte Franziska Nolting in Hochstimmung. In solchen Momenten war Edda gern mit ihrer Mutter zusammen. Auf der Fahrt in die Stadt fragte Franziska Nolting nach den Brunets und Edda erzählte ihr auch von Agnes, Jane und Florence. Marcel erwähnte sie nicht. Als ihre Mutter sie lobte, weil Edda in der französischen Familie und mit der neuen Sprache ausgezeichnet zurechtkäme, freute sich Edda, denn Anerkennung verteilte ihre Mutter nur spärlich. Tat sie es dann doch einmal, fühlte es sich an wie ein Ritterschlag. Es versprachen unbeschwerte Stunden zu werden, und da es Franziska Nolting viel bedeutete, dass ihre Kinder etwas hermachten, zeigte sie sich spendabel. Anstandslos bezahlte sie, was Edda sich aussuchte: neben Unterwäsche und Strumpfhosen einen Rock in Orange, ein gestreiftes Sommerkleid, eine schicke Jacke und passende Schuhe. Nur Eddas Bitte, eine Jeans zu erstehen, schlug ihre Mutter ab.

»Damit dich die Leute für eine Gammlerin halten? Kommt nicht infrage.«

Normalerweise hätten sie noch im Kaufhaus Schneider vorbeigeschaut, doch dessen Abteilung für Damenbekleidung war durch die Brandanschläge von vor drei Tagen zerstört worden. Im Kaufhof sah es kaum besser aus, so dass Franziska Nolting die Einkaufstour für beendet erklärte. Allerdings nicht, ohne sich darüber aufzuregen. »Was sind das für abscheuliche Menschen, die so etwas tun? Es ist eine Schande!«

Innerlich verspannte sich Edda. Würde ihre Mutter mitten auf der Zeil zu einer weiteren Litanei über die schreckliche Jugend von heute ansetzen? So, wie sie es bereits am Frühstückstisch getan hatte, als es in den Radionachrichten hieß, dass die Polizei vier Tatverdächtige festgenommen hatte: die Germanistikstudentin Gudrun Ensslin, den Journalisten Andreas Baader, Thorwald Proll, einen Theatermacher, sowie den Schauspieler Horst Söhnlein. Sie hatten ausgesagt, mit den Brandsätzen gegen den Konsumterror und die Gleichgültigkeit gegenüber dem Vietnamkrieg zu protestieren.

Als Franziska Nolting, anstatt zu wettern, vorschlug, im Café Wipra nahe der Paulskirche einzukehren, atmete Edda auf. Mit dem Café Wipra verband sie schöne Erinnerungen. Als Kind waren sie manchmal als Familie hierhergekommen, um Eis oder Mohnkuchen zu essen, umgeben von exotischen Pflanzen, kreischenden Papageien, Affen und bunten Fischen, die entlang der Wände in geräumigen Käfigen, Vogelvolieren und Aquarien gehalten wurden. Edda hatte diese Ausflüge geliebt, denn während die Erwachsenen ihre totlangweiligen Gespräche geführt hatten, war sie in ihrer Phantasie auf Reisen gegangen, als Tierärztin nach Afrika oder als Forscherin an den Amazonas. Leider gelang es ihr heute nicht mehr, die Wirklichkeit auszublenden. Stärker als ihre Freude an den Tieren empfand Edda deren Not, eingesperrt in Käfigen, eingeräuchert von Zigaretten, belästigt von Stimmengewirr und Kindergeschrei. War das nicht Tierquälerei?

Franziska Nolting amüsierte sich über Eddas Bemerkung. »Du bist aus demselben Holz geschnitzt wie dein Bruder Joachim. Diese Weichheit habt ihr zwei von eurem Vater.«

Zu weich für die Ostfront, schoss es Edda durch den Kopf. Hatte ihre Mutter ihm das nicht einmal vorgeworfen? Damals, nachdem ihr Vater Edda aus ihrem Arrest im Keller befreit hatte? Oder hatte sie *zu schwach* gesagt? An den genauen Wortlaut erinnerte Edda sich nicht mehr, wohl aber an den höhnischen Tonfall ihrer Mutter.

Genüsslich nippte Franziska Nolting an ihrem Kaffee. »Joachim hätte am liebsten sämtliche Tiere laufen lassen, die aus dem Zoo gleich mit. Und was hat Peter gemacht?« Eddas Mutter lachte hell. »Er hat lautstark Tiergeräusche imitiert oder sich wie ein Gorilla auf die Brust getrommelt.«

»Fandest du das nicht ungezogen?«

»Ach, Quatsch. Peter hat mit seinem Gehabe so niedlich ausgesehen.«

Ihre Mutter gab weitere Anekdoten über Joachim und Peter zum Besten, in manchen kam auch Eddas Vater vor.

»Wie ist Papa eigentlich früher gewesen?«, fragte Edda, als Franziska Nolting ihren Redefluss unterbrach, weil sie der Kellnerin winkte. »Ich meine, warum hast du dich in ihn verliebt?«

»Oho, führen wir jetzt ein Frauengespräch?«

Sie lächelten sich an, und zu Eddas Erstaunen bestellte ihre Mutter nicht nur Kaffee, sondern auch zwei Gläser Eierlikör.

»Dein Vater war der attraktivste Arzt der ganzen Uniklinik.« Bei dieser Erinnerung erwärmten sich Franziska Noltings braune Augen. »Wäre er noch ein paar Zentimeter größer gewesen, hätte ich ihn perfekt gefunden. Aber wer ist schon vollkommen? Im Sommer '33 war ich als blutjunge Assistenzärztin in der Frauenabteilung beschäftigt, Viktor arbeitete zusammen mit Dr. Holfelder in der Radiologie und galt als vielversprechender Röntgenarzt.«

»Wer ist Dr. Holfelder?«

In diesem Moment servierte ihnen die Kellnerin den Kaffee und Eierlikör. Edda und ihre Mutter prosteten einander zu, im Hintergrund kreischten zwei Papageien.

»Dr. Hans Holfelder war Viktors Vorgesetzter, international bekannt auf dem Gebiet der Strahlenmedizin«, fuhr ihre Mutter fort. »Beinahe wäre er Peters Pate geworden. Weshalb es nicht geklappt hat, weiß ich nicht mehr. Aber letztlich war es wohl besser so.«

»Wieso?«

Franziska Nolting strich sich über das rote Kunsthaar auf ihrem Kopf. »Na ja, er ist so ein Hundertfünfzigprozentiger gewesen. Du weißt, was ich meine. Familiär mit ihm verbandelt zu sein, hätte sich nach dem Krieg schlecht gemacht. Ein phantastischer Arzt war Dr. Holfelder trotzdem, und auf Viktor hielt er große Stücke. Deshalb hat er ihn konsequent gefördert, obwohl Viktor nicht einmal in die Partei eingetreten war.«

»War er nicht?«

Als Franziska Nolting den Kopf schüttelte, jubilierte Edda innerlich. Ihr Vater war also kein Nazi gewesen.

Franziska Nolting kam auf ihre eigentliche Geschichte zurück. »Zunächst bin ich deinem Vater nur begegnet, wenn ich Patientinnen zur Radiologie begleitete. Aber dann besuchte mich Viktor immer häufiger auf meiner Station. Er besaß Charme, war unternehmungslustig und erfolgreich. Einen Mann wie ihn hatte ich noch nicht getroffen.«

Versonnen leckte sich Franziska Nolting Likörreste von den Lippen, bevor sie weitersprach: »Eines Tages stand ich am Waschbecken des Ärztezimmers, um mir die Hände zu desinfizieren. Als Viktor hinter mich trat, lächelte er wie ein Filmstar und als sich unsere Blicke im Spiegel trafen …« Sie machte eine kleine Pause. »Ja, da war es um mich geschehen.«

Edda war es immer schwergefallen sich vorzustellen, dass ihre Eltern einmal jung und verliebt gewesen waren. Jetzt, als ihre Mutter davon erzählte, sah sie es jedoch vor sich.

Als erahnte sie Eddas Gedanken, sagte Franziska Nolting: »Der Krieg hat uns alle verändert. Ihr jungen Leute habt keine Ahnung. Seid nicht so streng mit uns.«

Edda wusste nicht recht, was sie darauf erwidern sollte, doch ihre Mutter ließ keine Pause entstehen. »Reden wir lieber von deinen Schwärmereien. Hast du noch einmal von diesem Kai gehört?«

Mit einem winzigen Lächeln in den Mundwinkeln sah ihre Mutter Edda an, vor ihr stand ein weiterer Eierlikör. Wie schön wäre es, sich ihr anzuvertrauen. Aber Edda gab dem kurzen Drang, den sie verspürte, nicht nach. Sie wusste, danach würde es Vorhaltungen hageln.

»Soweit ich weiß, studiert Kai noch in Berlin«, antwortete sie ausweichend. »Wir haben nichts mehr miteinander zu tun.«

Offenbar war es das, was ihre Mutter hatte hören wollen, denn sie nickte und bedeutete der Kellnerin, dass sie die Rechnung wünschte. Dann trank sie den Likör aus.

»Es gibt bestimmt jemanden, der besser zu dir passt«, versicherte sie, und sofort dachte Edda an Marcel. Die weitere Woche, die sie auf seine Berührungen würde verzichten müssen, erschien ihr plötzlich unerträglich lang.

Als Edda und ihre Mutter bereits im Aufbruch begriffen waren, trat ein Paar in zerschlissenen Jeans an den Tisch.

»Da haben wir ja Glück! Alle anderen Tische sind besetzt.«

Die Frau, die sie ansprach, musste in Eddas Alter sein, ihr Haar trug sie streichholzkurz, ihr Freund hatte seines zu einem Zopf gebunden.

Edda wünschte den beiden einen schönen Nachmittag und folgte ihrer Mutter, die, als hätte sie es eilig, zum Ausgang des Cafés vorausgegangen war.

»Was für eine verkehrte Welt. Die Männer sehen weibisch aus und die Frauen wie Kerle«, platzte es aus Franziska Nolting heraus, als sie zum Bus liefen. »Wieso setzt man dieses Gesocks nicht vor die Tür?«

Edda brauchte eine Sekunde, ehe sie begriff, dass von dem Pärchen im Café Wipra die Rede war. Die beiden hatten nichts verbrochen, sie waren freundlich gewesen. Daran erinnerte Edda ihre Mutter, was diese mit einer harschen Handbewegung abwehrte. »Solche Typen sind es doch, die unsere Kaufhäuser anzünden, die es darauf anlegen, alles zu zerstören, was *wir* nach dem Krieg mühsam aufgebaut haben.«

Wie schnell ihre Mutter bereit war, fremde Menschen aufgrund ihres Äußeren zu verurteilen, ärgerte Edda. Aber gegenüber der älteren Generation, die Europa verwüstet hatte, verlangte sie mehr Toleranz?

»Man hat die Brandstifter doch gefasst«, widersprach Edda gereizt. »Die zwei im Café können es also nicht gewesen sein.«

Für ihren unverhohlenen Unmut erntete Edda einen warnenden Blick. »Sei nicht so frech, Frollein!« Dann, gedämpfter, schob Franziska Nolting hinterher: »Eins kann ich dir sagen: Mit all diesen Gestalten hätte der Führer kurzen Prozess gemacht.«

Was das bedeutete, verdeutlichte sie, indem sie sich mit der Handkante über die Kehle fuhr.

Der Bus stand schon bereit, und mit den selbstbewussten Schritten einer Frau, die sich im Recht fühlte, stieg Franziska Nolting ein. Edda stakste hinterher, mit beißender Wut im Bauch.

*

Am selben Abend, um kurz vor elf – Ärger wäre wegen der Stunde Verspätung zu Hause vorprogrammiert –, verließ Edda den Club Voltaire. Hier traf sich Frankfurts rebellische Jugend, aber nicht nur sie. Wer immer sich gern in schummerigem Licht die Köpfe über Politik und Kultur heißredete, moderne Musik mochte oder an progressiven Filmen und Vorträgen interessiert war, kam hierher. Zu Schulzeiten hatte sich Edda, wenn sie Ariane in den Club Voltaire begleitet hatte, fehl am Platze gefühlt. Die aufrührerischen Gespräche hatten sie eingeschüchtert und jedes Mal hatte sie gefürchtet, jemand könnte sie nach ihrer Meinung fragen, obgleich sie doch zu vielen Themen keine gehabt hätte. Heute war es anders gewesen. Edda hatte von den studentischen Unruhen in Frankreich erzählt, die niemand der Anwesenden so hautnah miterlebt hatte wie sie. Ariane und ihr neuer Freund Jörg hatten an ihren Lippen gehangen, und manchmal hatten sich Umstehende eingemischt, um Edda, als wäre sie eine Expertin, mit Fragen zu Paris und Nanterre zu löchern. Hätte sie denen vielleicht sagen sollen »Tut mir leid, Leute, ich muss um zehn zu Hause sein«? Ausgeschlossen. Lieber riskierte sie bis Ostern Arrest, als sich im Club Voltaire lächerlich zu machen.

Anstatt aufzubrechen, hatte sich Edda um Viertel vor zehn bei der Wirtin eine Brezel und ein Getränk geholt und war an ihren Tisch zurückgekehrt. Hier wurde inzwischen erneut über das Topthema des Abends diskutiert: die Festnahme der Kaufhausbrandstifter. Zu ihrer Überraschung saß auch Eddas ehemalige Klassenkameradin Dora in der Runde. Nachdem ihre Eltern sich nicht hatten erweichen lassen, ihr ein Medizinstudium zu erlauben, erlernte sie nun die Krankenpflege, danach sähe sie weiter. Ihre braven Zöpfe hatte Dora gegen eine wilde Mähne eingetauscht, ihre weißen Blusen gegen eine dunkle Lederjacke. Dora wusste zu berichten, dass Gudrun Ensslin mit den drei anderen Brandstiftern im Club Voltaire ihr »Feierabend-Bier« getrunken hatte. Einer von ihnen hatte wohl nicht gerade leise mit der Tat geprotzt, möglicherweise ein Grund für die rasche Verhaftung.

»Wärt ihr zur Polizei gegangen, wenn ihr die vier erkannt hättet?«, fragte Dora mit einem Blick in die Runde.

»Na, klar.« Ariane reagierte wie aus der Pistole geschossen. »Die haben schließlich Menschen in Gefahr gebracht. Was gibt es denn da zu überlegen?«

Jörg nickte. »Sehe ich genauso. Puddingattentate und Eierwürfe meinetwegen. Aber zündeln? Nein, das ist total scheiße.«

Dora reichte eine Schachtel Zigaretten herum, und auch Edda griff zu.

»Ich hätte sie trotzdem nicht verpfiffen.« Der Satz fiel aus Eddas Mund und es überraschte sie selbst, wie überzeugt sie klang.

Ariane ließ ihr Streichholz sinken. »Ist das dein Ernst? Würdest du das auch sagen, wenn jemandem etwas passiert wäre? Was, wenn die Arbeiter, die nachts im Kaufhof die Rolltreppen gewartet haben, die Flammen nicht rechtzeitig bemerkt hätten? Das hätte verdammt böse enden können.«

»Ist es aber nicht.«

Selbstverständlich fand Edda es falsch, in einem Kaufhaus Feuer zu legen. Sie hatte ja schon Xavier Langlades Aktion, beim American Express in Paris die Scheiben zu zertrümmern, nichts abgewinnen können. Doch Doras Frage hatte in eine andere Richtung gezielt. Wie könnte Edda Gleichgesinnte anzeigen, die versucht hatten, die ignorante Masse der Deutschen aufzurütteln, denen der Vietnamkrieg herzlich egal zu sein schien? Von diesen selbstbezogenen Bürgerinnen und Bürgern gab es, darin waren sich am Tisch alle einig, viel zu viele.

Dennoch wies Ariane Eddas Argument scharf zurück. »Interessiert sich deine Mutter etwa mehr für Vietnam, weil sie heute beim Schneider nicht einkaufen konnte? Wird sie sich deshalb bei der nächsten Demo bei uns einreihen? Wohl kaum. Du hast selbst erzählt, dass sie nur noch heftiger über uns junge Leute schimpft. Ich wette, sie ist nicht die Einzige.«

Nachdenklich zog Edda an ihrer Zigarette. Die ungeordneten Gedanken einzufangen, die ihr durch den Kopf schwirrten, fiel ihr unter Arianes und Jörgs skeptischen Blicken schwer. Sie vermisste Marcel, er hätte sie sicher verstanden.

»Kennt ihr nicht das Gefühl, mit Worten nichts zu erreichen? Kaum durchzudringen? Mir geht das oft so.«

»Mir auch«, stimmte Dora zu. »Wie lange protestieren wir schon gegen diesen schrecklichen Krieg? Dennoch, er dauert und dauert, die Menschen sterben und sterben.«

»Ja, es ist zum Kotzen«, sagte Ariane und trank ihr Bier aus. Jörg ging zur Theke, um für Nachschub zu sorgen, während Edda ihren gedanklichen Faden weiterspann.

»Martin Luther King war ein begnadeter Redner, ein Meister des Wortes, der jegliche Gewalt ablehnte. Und was ist passiert? Er wurde erschossen. Wir selbst haben friedlich gegen den Besuch des persischen Schahs demonstriert. Ist er deshalb nicht gekommen? Doch, und anschließend war Benno Ohnesorg tot.«

Mit einem resignierten Seufzer drückte Edda ihre Zigarette aus und nahm dankend das Bier an, das Jörg ihr reichte.

»Trotzdem heiligt der Zweck nicht jedes Mittel«, klinkte sich dieser ins Gespräch ein, und Ariane fügte kategorisch hinzu: »Es gibt rote Linien, das ist für mich ganz klar.«

Ariane hatte beinahe geklungen, als stünden sie nicht mehr auf derselben Seite, dachte Edda nun, als sie durch die Bockenheimer Anlage nach Hause radelte. Vermutlich hätten sie sich darüber gestritten, wären nicht die Unterleibschmerzen, die Edda den ganzen Tag über geplagt hatten, so heftig geworden, dass Edda sich für einen Moment entschuldigt hatte. Nach einer Weile war ihr Ariane zur Toilette gefolgt und hatte, nachdem sie den Grund für Eddas langes Fortbleiben herausgefunden hatte, einen Tampon und eine Schmerztablette für sie aufgetrieben. Bevor sie gemeinsam in den Gastraum des Club Voltaire zurückgekehrt waren, hatten sie einander erleichtert umarmt, womit ihre Verstimmung passé gewesen war. Leider würde zu Hause die nächste auf Edda warten.

*

So leise wie möglich schloss Edda die Tür auf. Vielleicht hatte sie Glück und ihre Eltern schliefen bereits. Ganz gleichgültig wäre es ihr eben doch nicht, wenn sie bis Ostern nicht mehr ausgehen dürfte. Allein deshalb, weil sie am nächsten Tag eine öffentliche Telefonzelle aufsuchen wollte, um von dort aus ein ungestörtes Gespräch mit Marcel zu führen. Zumindest, dass sie nicht schwanger und ihr Vater kein Nazi wäre, müsste sie ihm erzählen, und falls das Geld danach noch reichte, natürlich auch, dass der Protest gegen den Vietnamkrieg in Frankfurt nicht nur hohe Wellen, sondern auch Flammen geschlagen hatte.

Die Tür des Gästezimmers, in dem ihr Vater meist nächtigte, stand offen. Es brannte kein Licht, also war er nicht da. Die Schlafzimmertür ihrer Mutter war geschlossen, doch durch einen Spalt schimmerte der Schein einer Lampe hindurch. Ihre Mutter wartete also auf sie. Unschlüssig blieb

Edda vor der Tür stehen. Sollte sie in ihr eigenes Zimmer huschen und abwarten, was geschähe? Nein, entgehen würde sie dem Donnerwetter sowieso nicht. Da brächte sie den Ärger am besten gleich hinter sich.

Edda klopfte, horchte und trat ein. Das »Herein« musste sie sich eingebildet haben, denn ihre Mutter schien fest zu schlafen. Auf der unbenutzten Seite des Ehebettes lagen Briefe, die Viktor Noltings Handschrift trugen, weitere, zu Stapeln gebunden, befanden sich in einem weißen Karton.

»Mutter?«, flüsterte Edda.

Franziska Nolting reagierte nicht. Sie lag auf der Seite und atmete ruhig. In Edda keimte Hoffnung auf. Hatte ihre Mutter nicht mitbekommen, dass sie zu spät gekommen war?

Klirrend fiel eine leere Weinflasche um, die vor dem Bett gestanden hatte. Edda war aus Versehen dagegengestoßen. Sie hielt den Atem an, als Franziska Noltings Lider zu zucken begannen, wach wurde sie nicht. Edda betrachtete das schmale Gesicht ihrer Mutter. Feine, schwarze Linien aus verschmierter Wimperntusche zogen sich über ihre Wangen, als hätte sie dunkle Tränen geweint. Die rothaarige Perücke war verrutscht, und ihre echten Haare schauten wie eine stumpfe, graue Wahrheit darunter hervor. Eddas Blick huschte zum sperrangelweit geöffneten Schrank, aus dessen Inneren ihr sechs Styroporköpfe mit Perücken unterschiedlicher Länge und Farbe entgegenstarrten, einer davon war kahl. Aufgereiht standen sie da, dicht an dicht, als versuchten sie, etwas zu verbergen. Als Edda näher kam, um den Schrank zu schließen, entdeckte sie, was es war. Flaschen: Frauengold, Wein und Likör. Du liebe Zeit, trank ihre Mutter etwa jeden Abend? Hatten Alkohol und Tränen etwas mit all diesen Briefen zu tun? Einen davon hatte ihre Mutter im Schlaf nicht losgelassen. Vorsichtig nahm Edda ihn ihr ab und las.

Geliebte Franzi,

ich hoffe, Du bist wohlauf und unsere Jungen sind es auch. Dass ich an ihrem ersten Geburtstag nicht bei Euch sein kann, schmerzt mich. Aber darum werde ich besonders schöne Geschenke mitbringen. Versprochen. Meine Reise mit Dr. Holfelder ist ein voller Erfolg. Ich bin ihm dankbar dafür, dass er an seiner Einladung an mich, ihn zu begleiten, festgehalten hat. Gestern beim Bier erzählte er mir, dass so manch ein Kollege mit Parteiabzeichen darauf spekuliert hatte, mich zu ersetzen, nachdem mein Antrag auf Parteiaufnahme ein weiteres Mal zurückgewiesen wurde. Für einen deutschen Arzt macht sich das natürlich nicht gut.

Schluss damit. Ich sollte nicht klagen, denn unsere Arbeitsergebnisse sind sensationell, und ich bin sicher, sie werden meine Karriere beflügeln. Dank des fruchtbaren Austausches mit dem renommierten brasilianischen Arzt Dr. Manuel de Abreu und des technischen Fortschritts wird es bald möglich sein, unsere gesamte Bevölkerung gründlich und kostengünstig zu durchleuchten. Sogar noch asymptomatische Tbc-Fälle werden wir mit dem neuen Verfahren diagnostizieren. Als Ärztin weißt Du, was das bedeutet: Diese Seuche wird endlich ausgerottet, und der deutsche Volkskörper gesunden und gedeihen wie nie zuvor. Dazu, liebste Franzi, leistet Dein Mann einen beachtlichen Beitrag, und mit Fug und Recht kannst Du stolz auf mich sein. Wer weiß, wenn ich in der Forschung weiterhin reüssiere, wird es vielleicht dann doch noch etwas mit der NSDAP.

Nun lass mich noch ein wenig von Brasilien schwärmen. Tropischer Urwald, endlos scheinende Strände, Sonne, Meer und Samba – trotz der Armut, die es auch gibt, kommt mir das Le-

ben hier in Rio viel leichtherziger vor als bei uns. Hin und wieder ertappe ich mich dabei, mir zu wünschen, hier noch einmal von vorne anzufangen. Wenn nicht mit beinahe vierzig, wann dann? Dr. de Abreu, der selbst einige Jahre in Frankreich praktiziert hat, deutete an, dass er sich über einen engagierten Kollegen wie mich freuen würde. Im Ernst, Franzi, könntest Du Dir vorstellen, Deutschland den Rücken zu kehren, wenigstens für eine Weile?

Nun ruft mich die Pflicht, genauer gesagt, Hans Holfelder, der von meinen abenteuerlichen Ideen natürlich nichts ahnt.

In Liebe, Dein Viktor

Brasilien! Wie war ihr Vater darauf gekommen, anzunehmen, dass ihre Mutter sich darauf einlassen würde? Aber dieser Gedanke streifte Edda bloß, denn was sie beschäftigte, besser gesagt, schockierte, war die Erkenntnis, dass ihr Vater nur deshalb nicht in Hitlers Partei eingetreten war, weil die Nazis *ihn* nicht gewollt hatten. So wie es ihre Mutter im Café Wipra dargestellt hatte, hatte Edda geglaubt, er hätte aus Überzeugung darauf verzichtet. Genau das hätte sie auch gern Marcel gesagt. Edda faltete den Brief zusammen und legte ihn aufs Bett zurück. Weshalb man ihn wohl abgelehnt hatte? Sein Gerede vom Gedeihen des deutschen Volkskörpers hatte unbestreitbar systemkonform geklungen.

Franziska Nolting schnarchte jetzt leise, und bei jedem Ausatmen bildete sich in ihrem Mundwinkel ein Bläschen aus Spucke. Enttäuschung und Wut brodelten in Edda und hinterließen in ihrem Magen ein fieses Brennen. Wären ihre Eltern doch bloß nach Brasilien gegangen! Ihrer Familie wäre der Krieg erspart geblieben und Edda müsste sich nicht mit der Frage quälen, ob ihre Eltern Schuld auf sich geladen hatten. In Brasilien, weit entfernt von Hitler und den Gräueltaten der Nationalsozialisten, hätte sich ihr Vater dem Kampf gegen die Tuberkulose gewidmet, ihre Mutter hätte vielleicht die Frauen in den Armensiedlungen behandelt, und Edda hätte allen Grund gehabt, stolz auf ihre Eltern zu sein.

Vorsichtig ließ sie sich auf dem Rand der freien Matratze nieder. Ihre Mutter behielt sie im Blick, als ihre Finger in die verstreuten Briefe hineinglitten. Wahllos zog sie eine Postkarte heraus.

Berlin, März 1934

Liebste Franzi,
ohne Dir ein paar Zeilen zu schreiben, soll meine Konferenz-
pause nicht enden. Rate mal, wo ich gerade sitze? Im Kranzler,
und zwar genau an dem Tisch, an dem wir beide vor weni-
gen Wochen Kaffee getrunken haben. Wie gern denke ich da-
ran zurück und sehne mich nach Dir. Ach, Franzi, das sagt ein
Mann, der alles andere als ein Süßholzraspler ist. Glaub mir,
wäre ich ungebunden, würde ich keinen Augenblick zögern,
Dich zu bitten, meine Frau zu werden. Aber Du kennst meine
komplizierte Situation. Sag, sehen wir uns nächste Woche bei
der Nachtschicht? Dein Viktor

Wow! Dass ihr Vater schon einmal verheiratet gewesen war, wusste Edda. Dass ihre Eltern währenddessen eine Affäre gehabt hatten, war ihr allerdings neu. Ein starkes Stück, bedachte man, wie sie sich als Moralaposteln aufspielten, wenn es um Eddas Liebesleben ging. Den Namen der Ex-Frau kannte Edda ebenso wenig wie die Geschichte, die Viktor Nolting mit ihr verbunden hatte. Bei der Trennung jedenfalls hatte, wie es aussah, ihre Mutter die entscheidende Rolle gespielt. Edda verschlang einen Brief nach dem anderen, eine

Postkarte nach der nächsten, was ihr half, sich manches zusammenzureimen.

Im Frühjahr 1935 war Viktors Ehe geschieden worden und schon wenige Monate später hatte er Franziska geheiratet. Seine Familie empfing sie wohlwollend, insbesondere sein jüngerer Bruder Konrad, der eine tiefe Abneigung gegen Viktors erste Ehefrau gehegt haben musste. Von Franziskas Seite war allein ihre Tante Käte, die Edda nicht mehr kennengelernt hatte, zugegen gewesen. Nachdem Franziska während des Ersten Weltkriegs ihre Eltern verloren hatte – den Vater in der Schlacht, ihre Mutter an der Spanischen Grippe –, war sie bei ihrer Tante in München aufgewachsen.

Für Franziska brachte die Hochzeit eine grundlegende Veränderung mit sich. Ihr Chef trug ihr an, ihre Stelle als Ärztin aufzugeben. Viktor, im August 1935 unterwegs auf einer Vortragsreise in Wien, bemühte sich, seine Frau zu trösten: *Natürlich verstehe ich, dass Du niedergeschlagen bist, liebste Franzi. Aber Du sagst ja selbst, dass es im Sinne des Führers ist, einem Familienvater den Vortritt zu lassen. Schließlich weißt Du künftig einen gut verdienenden Ehemann an Deiner Seite.*

Aber das schien Franziska nicht gereicht zu haben. Sie hatte nach einer neuen Aufgabe gesucht, von der Viktor nichts hielt. Er schrieb: *Du willst Dich am Erbgesundheitsgericht bewerben? Davon rate ich Dir entschieden ab, wenngleich ich Deinen Wunsch verstehe, eine Tätigkeit ohne Schichtdienst zu finden. Aber Franzi, Du weißt doch, dass es viele Frauen gibt, die einfach nicht einsehen wollen, wie sehr sie Deutschland mit ihren vererblichen Krankheiten schaden. Manche reagieren heftig auf die gerichtliche Entscheidung. Mit Händen und Füßen wehren sie sich. Ich fürchte, am Gericht spielen sich genauso hässliche Szenen ab, die Dich – erst recht, wenn Du selbst bald ein Kind erwartest – belasten würden.*

Staubtrocken fühlte sich Eddas Gaumen an, rau, als hätte sie auf Sand gebissen. Sie hatte davon gehört, dass unter den Nationalsozialisten Menschen gegen ihren Willen sterilisiert worden waren. Unwillkürlich sah sie eine verzweifelte Frau vor sich, die auf eine Liege gezwungen wurde, dabei schoben sich die Gesichter ihrer Eltern ins Bild. Hatten sie einem solch furchtbaren Prozedere tatenlos zugesehen? Das wollte sich Edda gar nicht erst vorstellen. Wie recht Marcel gehabt hatte, als er behauptete, im Mist der eigenen Familie zu wühlen, wäre schwer. Es war mehr als das, es war beängstigend. Dabei war Edda beim Lesen der Briefe noch nicht einmal bis in die Kriegszeit vorgedrungen. Was fände sie dort, wenn sie weitergrübe?

In diesem Augenblick wünschte sich Edda, Marcel wäre bei ihr und würde den Arm um sie legen, so dass sie ihr Gesicht an seiner Brust vergraben könnte. Allerdings wäre er der Letzte, der es ihr zugestehen würde, die Augen vor der Geschichte ihrer Familie zu verschließen.

Tapfer zog Edda den weißen Karton mit Briefen zu sich heran; alle, die auf dem Bett verteilt lagen, hatte sie bereits gelesen. Sie nahm einen Stapel heraus und löste das Bändchen, das ihn zusammengehalten hatte. Es war Feldpost, anstatt mit Adressen mit Nummern versehen, um den Einsatzort der Truppen nicht zu verraten. Edda hatte keinen Schimmer, für welche Länder sie standen. Wie ein Daumenkino ließ sie die Umschläge durch ihre Finger laufen. Ob Briefe aus Frankreich darunter wären? Mit heißen Wangen sah Edda nach, wurde jedoch enttäuscht. Diese Briefe aus dem Jahre 1942, in denen aus Viktors zärtlicher Anrede »Franzi« nun »Franziska« geworden war, hatte er, wie Edda herausfand, im sogenannten Warthegau geschrieben, dem damals von den Deutschen besetzten Westteil Polens. Hektisch fuhr sie sich durchs Haar. Steckten die Briefe aus Frankreich in einem der anderen Stapel? Soeben hatte Edda entschieden, welchen sie durchforsten wollte, da knarzten im Flur die Dielen. Schlief ihr Vater nicht in der Praxis, wie so oft, wenn es bei der Arbeit spät geworden war? Hastig knipste Edda das Licht aus, schlich zur Schlafzimmertür und horchte. Es näherten sich Schritte, dann klopfte es leise.

»Franziska? Bist du wach?«

Ihr Vater hatte den Lampenschein also bemerkt. Würde er nach seiner Frau sehen? Edda presste sich gegen die Wand, so dicht, als versuchte sie, darin zu verschwinden. Was sollte sie tun, wenn ihr Vater hereinkäme, ihre Mutter erwachte und die beiden Edda entdeckten? Ob sie sich traute, ihren Eltern die Frage entgegenzuschleudern, die ihr nicht mehr aus dem Kopf wollte: »Seid ihr damals Nazis gewesen?« Das gäbe ein Riesentheater, aber aufgewühlt, wie Edda im Augenblick war, fürchtete sie sich davor nicht.

Der Zigarrenrauch ihres Vaters stieg Edda in die Nase. Er kam durch den Türspalt gekrochen und breitete sich aus wie das Unbehagen, das noch immer im Raum und Edda nachhing. Wie hatte ihr Vater so mitleidlos von den bedauernswerten Frauen schreiben können, die womöglich unfruchtbar gemacht worden waren? Und ihre Mutter? Einen Hehl daraus, dass sie Langhaarige verabscheute, machte sie nie. Daran, dass sie deshalb früher schon einmal den Führer bemüht hätte, erinnerte sich Edda jedoch nicht. Ihre drastische Bemerkung zu den Brandstiftern war nachmittags wie aus dem Nichts aus ihr herausgeplatzt. Mit einem Husten wälzte sich ihre Mutter auf ihrer Matratze zur Seite. Edda stand ganz still und meinte zu spüren, dass hinter der Schranktür die weißen Styroporköpfe ihre leblosen Augen auf sie gerichtet hielten.

Nachdem ihr Vater sich ins Bad zurückgezogen hatte, verlor Edda keine Sekunde mehr. Erst in ihrem Zimmer fiel ihr auf, dass sie noch immer den Brief aus Polen in der Hand hielt.

*

Bis zum nächsten Morgen hatten sich Eddas Regelschmerzen gebessert, dennoch schob sie ihre Periode vor, um sich vor dem gemeinsamen Kirchenbesuch mit ihren Eltern zu drücken. Wie eine Heuchlerin wäre Edda sich vorgekommen, hätte sie, randvoll mit Misstrauen, neben ihnen gesessen, während der Pfarrer über Vergebung und Versöhnung zur Osterzeit gesprochen hätte. Als ihr Franziska Nolting, frisch frisiert in Kastanienbraun und mit einem tadellosen Makeup, das lediglich die geröteten Augen nicht zu kaschieren vermochte, eine Wärmflasche ans Bett brachte, wich Edda ihrem Blick aus.

»Bis nachher, Edda«, sagte ihre Mutter, schob sich die Sonnenbrille ins Gesicht und verließ zusammen mit ihrem Mann die Wohnung.

Kaum, dass die Tür ins Schloss gefallen war, warf Edda sich ihren Bademantel über und rief bei Joachim an. Seitdem er ihr, als nach dem Vietnamkongress Zoés Wagen schlappgemacht hatte, ohne mit der Wimper zu zucken, geholfen hatte, fühlte sich Edda ihm noch stärker verbunden.

»Wir glauben, Markus zahnt«, seufzte Joachim, während das Kind im Hintergrund herzzerreißend brüllte. Joachim verzog sich in einen anderen Raum, und Edda hörte, wie er sich eine Zigarette anzündete. »Was gibt's, Schwesterherz? Wieso seid ihr nicht im Gottesdienst?«

Tja, wo sollte sie anfangen? Sie begann bei Adam und Eva, also bei ihrem heftigen Streit mit Marcel im Januar und ihren Versuchen, sich mit der Vergangenheit ihrer Eltern auseinandersetzen, was an deren beharrlichem Schweigen gescheitert war – bis auf ein einziges Mal. Joachim, der bisher alles, was Edda gesagt hatte, bloß mit »Mhm«- und »Aha«-Lauten kommentiert hatte, wurde gesprächiger.

»Tatsächlich? Vater war Sanitätsarzt in Frankreich? Ich dachte, er wäre die ganze Zeit im Osten gewesen.« Nach einer kleinen Pause fuhr er fort: »Davon hat er mir mal ein wenig erzählt. Mutter hat, wenn ich als Junge wissen wollte, wo Papa wäre, geantwortet: ›Dein Vater ist im Krieg.‹ Und manchmal hat sie Peter und mir dann das Lied vom Maikäfer vorgesungen. Na ja, was weiß ich, wie ich es meinen Kindern erklärt hätte.«

Im Hintergrund ertönte nun erneut das Geschrei von Markus, in das Helga etwas hineinrief.

»Ich komme gleich«, erwiderte Joachim unwirsch und erklärte Edda, nachdem es ruhiger geworden war: »Helga hat Markus die ganze Nacht auf dem Arm gehabt. Jetzt bin ich dran.«

»Nur noch ein paar Minuten«, bat Edda, denn das Wichtigste, von ihrem nächtlichen Fund, hatte sie Joachim doch noch nicht erzählt. Nach ein paar Sätzen unterbrach er sie.

»Wie hat es dich aufgeregt, als unsere Eltern dein Tagebuch gelesen haben. Aber in Vaters Briefen zu schnüffeln, die allein für seine Frau bestimmt waren, das findest du vertretbar?«

Fassungslos schnappte Edda nach Luft. Mit einem Vorwurf hatte sie nicht gerechnet, nicht von Joachim.

»Als ob ich nach den Briefen gesucht hätte«, gab sie mit kratziger Stimme zurück. »Sie lagen offen herum, und ich bin sicher, du hättest sie auch gelesen.«

Schweigend rauchte Joachim, in der Ferne plärrte Markus.

»Mensch, Joachim!« Erregt umklammerte Edda den Hörer. Sie war wütend auf ihn, aber auflegen sollte er trotzdem nicht. »Unsere Eltern scheinen mitbekommen zu haben, dass Menschen mit bestimmten Krankheiten zwangsweise sterilisiert worden sind. Haben sie etwas dagegen unternommen? Fanden sie es am Ende richtig? Oder, was am schlimmsten wäre …« Jetzt flüsterte Edda, als sollten nicht einmal ihre eigenen Ohren es hören. »… hatten sie mehr damit zu tun? Ich will es wissen, Joachim, du nicht auch?«

Eine Tür quietschte und Helga zischelte etwas, woraufhin Joachim in versöhnlichem Ton in den Hörer sagte: »Es ist ein blöder Tag für so ein heikles Thema. Wir reden Ostern weiter, in Ordnung?«

Er legte auf, noch ehe Edda sich richtig verabschieden, geschweige denn die Briefe aus Polen erwähnen konnte. Sie starrte den Hörer an und wählte sogleich Marcels Nummer. Edda sehnte sich nach ihm, und an einem Sonntagvormittag stünden die Chancen gut, ihn in Paris zu erreichen.

Als sie Marcels raues »*Allô?*« vernahm, lächelte sie.

»*C'est moi.*«

Ich bin's, mehr sagte sie nicht. Sie fand, es klang sexy, wie in einem französischen Film.

»*Pardon, mademoiselle*, wer ist am Apparat?«

Nach einer Schrecksekunde begriff Edda: Das war Marcels Vater, der Résistance-Kämpfer. Seine und Marcels Stimme ähnelten sich. Hastig, als glühten nicht nur ihre Wangen vor Scham, sondern auch der Hörer, legte Edda auf.

Als sie Minuten später im Bad ihr Haar bürstete, schallt sie ihr Spiegelbild für ihr kindisches Verhalten. Monsieur Carnot kannte sie doch gar nicht. Weshalb hatte sie sich nicht einfach entschuldigt und nach Marcel gefragt? Und wieso meldete sich Marcel nicht bei ihr? Natürlich, zwei Wochen waren keine lange Zeit, letztlich kaum der Rede wert. Dennoch gestand Edda sich ein, wie enttäuscht sie darüber war, dass Marcel nichts von sich hören ließ. Vermisste er sie überhaupt? Missmutig schrubbte Edda ihre Zähne, bis das Zahnfleisch blutete. Kai hätte längst angerufen und ihr schon mindestens zwei Briefe geschrieben. Plötzlich fehlte er ihr. Es war noch nicht lange her, da wäre er der Erste gewesen, dem sie von den Briefen ihres Vaters erzählt hätte.

In ihrem Zimmer schloss Edda die Schublade auf, in der sie Kais Briefe aufbewahrte, und warf sich damit auf ihr Bett. Kai schrieb, wie er sprach, beinahe meinte Edda, den vertrauten Klang seiner Stimme zu hören. Manchmal musste sie über seinen Humor lachen, doch wesentlich öfter verschwammen die Zeilen vor ihren Augen. Mit wie viel Sorgfalt hatte er die Liedtexte ausgewählt, die er fast jedes Mal passend zum Anlass für Edda abgeschrieben hatte. Hatte sie sich jemals dafür bedankt? Beim Lesen summte sie die Melodie eines Songs der Four Tops mit. Kai hatte ihn ihr geschickt, als er nach Berlin gezogen war und Edda Angst gehabt hatte, nicht nur den Geliebten, sondern ihren besten Freund zu verlieren.

Now if you feel that you can't go on
Because all of your hope is gone
And your life is filled with much confusion
Until happiness is just an illusion
And your world around is crumblin' down
Darling, reach out, come on girl, reach out for me
I'll be there with a love that will shelter you

Ein Schluchzer befreite sich aus ihrer Kehle und zum ersten Mal, seitdem sie im Februar die Tür von Kais Kreuzberger Wohnung hinter sich zugeschlagen hatte, weinte sie wegen ihm. Nachdem ihre Tränen versiegt waren, sammelte Edda Kais Briefe zusammen. Sie packte sie in die Kommode zurück und knallte deren Schublade mit einem entschiedenen Rumms zu. Anschließend schrieb sie an Marcel.

*

Während ihres restlichen Besuches ging Edda ihren Eltern so gut es ging aus dem Weg. Sonderlich schwer war das nicht, denn ihr Vater hatte in der Praxis zu tun, ihre Mutter mit den Vorbereitungen zum Osterfest. Edda half ihr beim Einkauf und Backen, ansonsten zog sie sich in ihr Zimmer zurück oder traf Dora und Ariane im Club Voltaire. An Gründonnerstag hatten Ariane und ihre Mutter Edda zum Abendessen eingeladen. Zu dritt saßen sie in der kleinen, gemütlichen Küche und verspeisten Spinat, Kartoffelbrei und Rührei. Ulla Finke fragte nach Eddas Osterplänen und Edda erzählte, dass ihre Brüder mit ihren Familien nach Frankfurt kämen. Ihren Nichten hatte sie versprochen, Eier auszublasen und zu bemalen, sie würden am Osterfeuer der evangelischen Gemeinde teilnehmen und am Sonntag, nach dem Gottesdienst, natürlich Ostereier suchen.

»Kommst du mit uns zum Ostermarsch?«

Schon seit Jahren demonstrierte Ulla Finke für atomare Abrüstung und eine Welt ohne Waffen. Dieses Jahr würden der Krieg in Vietnam, die Militärdiktatur in Griechenland sowie die deutschen Notstandsgesetze im Fokus stehen.

Edda schüttelte den Kopf. »Am Montag sitze ich schon wieder im Zug nach Paris. Bis dahin wird mich meine Familie einspannen.«

Ulla Finke nickte und schickte sich an, Edda eine zweite Runde Spinat auf den Teller zu laden. Lachend wehrte Edda ab. »Danke, danke, es schmeckt prima, Frau Finke, aber ich bin pappsatt.«

Arianes Mutter räusperte sich. »Wolltest du mich nicht Ulla nennen?«

»Ach, ja.«

Ariane schmunzelte. Sie durchschaute wohl, dass sich Edda erst daran gewöhnen müsste, eine Frau um die vierzig, die nicht zu ihrer Familie gehörte, zu duzen.

»Für mich wäre es nichts, die halbe Osterzeit in der Kirche zu sitzen«, verkündete Ariane. »Bestehen deine Eltern darauf oder glaubst du tatsächlich noch an Gott?«

Edda überging Arianes provokanten Unterton. »Ich denke, es ist beides«, antwortete sie bloß.

Ariane puhlte sich Spinatreste aus den Zähnen. »Mir ist der Glaube abhandengekommen. Ich verstehe nicht, wie man bei so viel Elend auf der Welt in Erwägung ziehen kann, dass irgendwo da oben …« – sie deutete zur Decke – »… gute Mächte schützend die Hand über uns halten. Das ist total naiv.«

»He, Moment mal, hältst du mich für naiv?«, konterte Edda. »Oder die Frau von Rudi Dutschke? Sie studiert Theologie und kämpft mit ihm für eine gerechte Welt. Das schließt sich doch nicht aus.«

»Sie haben ihren Sohn Hosea-Che genannt«, warf Ulla Finke ein. »Hosea ist ein Prophet aus dem Alten Testament.«

Ariane ging auf die Bemerkung ihrer Mutter nicht ein. »Schon möglich«, entgegnete sie. »Trotzdem sehe ich die Kirche kritisch. Was hat sie unternommen, als die Nationalsozialisten sechs Millionen Juden ermordet haben? Nichts.«

Ulla Finke zündete sich eine Zigarette an und legte die Schachtel einladend auf den Tisch. »Das ist zu einfach, Ari. Zahlreiche Kirchenleute haben Widerstand geleistet. Denk an Pfarrer Gollwitzer, an Pfarrer Niemöller oder Bonhoeffer, der dafür hingerichtet worden ist. Es gibt auch immer die anderen, die Mutigen und Aufrechten.«

Edda erzählte daraufhin, dass Marcels Vater, um genau das bestätigt zu wissen, das Buch über die Geschwister Scholl gelesen hatte.

Schließlich erhob sich Ulla Finke. »Ich sollte längst weg sein. Übernehmt ihr den Abwasch?«

»Na, klar.«

Ariane winkte ihrer Mutter, die aus der Küche eilte, und Edda rief ihr nach: »Tschüss, Frau … Ulla!«

Frau Ulla. Noch als sie abwuschen, lachte Ariane darüber.

»Ich beneide dich, Ariane«, sagte Edda. »Wie offen deine Mutter mit uns redet, ist großartig.«

Ariane wurde ernst. »Über alles spricht sie auch nicht. Ich habe noch immer keinen Schimmer, warum mein Vater ohne uns in die USA zurückgekehrt ist. Sogar seinen Namen verschweigt sie mir, als ob der Mann nicht existiert hätte.«

Als hinge ihr Leben daran, schrubbte Ariane den nächsten Teller, bevor sie ihn Edda zum Abtrocknen reichte. Edda warf ihr einen mitfühlenden Blick zu. Sie hatte nicht bedacht, wie sehr Ariane darunter litt, dass sie kaum mehr über ihren Vater wusste, als dass er ein Besatzungssoldat gewesen war. Wie es sich anfühlte, auf Fragen keine Antworten zu bekommen, konnte Edda allerdings bestens nachvollziehen. Auf einmal drängte es sie, sich ihrer Freundin anzuvertrauen und ihr von den Briefen zu erzählen.

»Ich glaube, in jeder Familie gibt es blinde Flecken«, begann sie, woraufhin Ariane nickte.

»Wahrscheinlich hast du recht.«

Damit schaltete sie das Radio ein, in dem gerade mit den Worten »And of course it rains everyday« die Bee Gees verklangen. Edda setzte an, um weiterzureden, doch kam ihr der Radiosprecher zuvor. Auf den Studentenführer Rudi Dutschke sei ein Mordanschlag verübt worden, verkündete er. Ein junger Rechtsextremist hätte auf ihn geschossen. Bestürzt starrten sich Edda und Ariane an. Was? Rudi Dutschke rang mit dem Tod? Das konnte doch nicht wahr sein.

Das nicht gespülte Geschirr blieb liegen und wenige Minuten später radelten sie zum Club Voltaire. Er war voll, denn ebenso wie Edda und Ariane hofften viele, hier ihre Fassungslosigkeit mit Gleichgesinnten zu teilen. Wäre Rudi Dutschke nach Benno Ohnesorg etwa der nächste Student, der sein politisches Engagement mit dem Leben bezahlte? Auch als Edda in ihrem Bett lag, quälte sie diese Frage noch, und je länger sie darüber nachdachte, desto stärker verwandelte sich ihr Entsetzen in Wut, die ihr bis zum frühen Morgen den Schlaf raubte.

*

Am nächsten Tag rief Marcel an. Schlagartig verbesserte sich Eddas gedrückte Stimmung. Sie fläzte sich in einen der Wohnzimmersessel, ihre Eltern waren nicht in Sicht.

»Wie geht es dir, Edda?«

Im ersten Moment kam ihr der Klang seiner Stimme fast ein bisschen fremd vor, doch die Art, wie Marcel ihren Namen aussprach, war wie eine zärtliche Geste.

»Ich habe kaum geschlafen«, antwortete Edda. Zu hell, zu mädchenhaft, fand sie und setzte noch einmal tiefer an. »Stell dir vor, gestern hat jemand auf Rudi Dutschke geschossen.«

Edda hörte, wie sich Marcel eine Zigarette anzündete. »Ja, ich weiß. Was für eine Riesenschweinerei. Im Quartier Latin wird es morgen eine Demo geben.«

»Echt? Sogar in Paris? Wirst du hingehen?«

»Na, was denkst du denn? Das verlangt allein schon die internationale Solidarität.«

Während er ihr aufzählte, wer alles dabei wäre – Florence, Zoé, Antoine, Adèle und viele andere –, fragte sich Edda, ob sie sich richtig entschieden hatte, nicht an den Protesten in Frankfurt teilzunehmen. Aber täte sie es, wäre bei Noltings zu Ostern der Teufel los. Der gesamten Familie das Fest zu ruinieren, brachte Edda nicht übers Herz. Vor allem Jutta freute sich riesig auf das Wiedersehen mit Edda, und sie hatte ihrer süßen Nichte versprochen, sie bei der Suche nach den schönsten Ostereiern zu unterstützen.

»Dazu kommt noch etwas anderes.« Marcel senkte die Stimme. »Wir beide haben uns auf dem Vietnamkongress miteinander versöhnt. Irgendwie fühle ich mich Rudi Dutschke dadurch in besonderer Weise verbunden. Findest du das seltsam?«

Edda musste lächeln. »Überhaupt nicht.«

Gemeinsam erinnerten sie sich an ihre Küsse inmitten der wogenden Menge Demonstrierender und Edda sehnte sich noch mehr nach Marcel. Dieser lachte leise, als sie ihm das sagte.

»Am liebsten würde ich in den nächsten Zug steigen und zu dir kommen«, flüsterte Edda. Die intime Wendung, die das Gespräch genommen hatte, gefiel ihr. Just in diesem Moment betrat ihr Vater, bekleidet im dunkelgrauen Festtagsanzug, das Wohnzimmer. Edda erschrak. Wäre sein Französisch gut genug, um zu verstehen, was sie gesagt hatte? Ihr Vater legte Franziska Noltings weiße Damastdecke, die er mitgebracht hatte, auf einem der Stühle ab.

»Mit wem telefonierst du?«, fragte er.

»Mit einer Freundin aus Paris. Florence.«

Edda hörte, dass Marcel scharf inhalierte. Gleichzeitig forderte ihr Vater sie mit einer knappen Geste auf, das Gespräch zu beenden.

»Du solltest deiner Mutter helfen«, sagte er und begann, den ausziehbaren Esstisch zu vergrößern.

»Wir sehen uns am Montag«, versprach Marcel, der die Lage erfasst hatte, und es ärgerte Edda, dass sie gezwungen waren, sich mit einem nüchternen »*à bientôt*« zu verabschieden.

Viktor Nolting, der noch immer am Tisch herumhantierte, sah auf. »Was wollte deine Freundin denn? So ein Ferngespräch ist doch teuer.«

»Sie hat gefragt, wann mein Zug ankäme. Sie holt mich in Paris ab.«

»Aha.«

Mit Schwung breitete Viktor Nolting die Damastdecke aus, die die glänzenden Kristallgläser sowie das gute Geschirr an diesem Festtag zur Geltung bringen sollte. Ehe ihr Vater auf die Idee käme, weitere Fragen zu stellen, verzog sich Edda in die Küche, wo ihre Mutter gerade das Mittagessen zubereitete. Im Radio sang Peter Alexander melancholisch über eine erst glühende und dann erloschene Liebe und Franziska Nolting sang inbrünstig mit. Sie schimpfte nicht darüber, dass Edda erst jetzt aufkreuzte, sondern erteilte ihr einige Anweisungen, wie sie ihr zur Hand gehen könnte. Schließlich schob ihre Mutter den Karfreitagsfisch in den Ofen und entledigte sich der Küchenschürze. Es schellte.

»Wunderbar, pünktlich auf die Minute.«

Mit einem zufriedenen Lächeln zupfte sich Franziska Nolting ihre blonde Perücke zurecht und eilte hinaus, genau in dem Augenblick, als der große Zeiger der Küchenuhr auf die Zwölf rutschte. Eine Sekunde später stürmten Eddas Nichten Ingrid und Jutta in die Wohnung und Edda hörte ihre Eltern lachen. Dabei hatte sie das Gefühl, der Vorhang eines großen Theaters hätte sich gehoben.

*

Nach einem üppigen Mittagessen hatten alle Noltings Lust, sich am Main die Füße zu vertreten, und ungeduldig wartete Edda auf eine Gelegenheit, Joachim allein zu erwischen. Als er hinter der Gruppe zurückblieb, um sich einen geöffneten Schnürsenkel zuzubinden, ging sie zu ihm.

»Können wir noch einmal über Papas Briefe reden?«

Mit einem Stöhnen, aus dem Edda nicht lesen konnte, ob es ihrem Anliegen oder seinem Rücken galt, richtete Joachim sich auf. Er sah müde aus.

»Natürlich, nur bitte nicht jetzt. Markus hat uns die ganze Nacht auf Trapp gehalten. Ich bin froh, dass ich am Steuer nicht eingeschlafen bin.«

Edda hielt seinen Arm fest. »Bitte, Joachim. Der Gedanke, dass unsere Eltern etwas mit den Sterilisationen zu tun gehabt haben könnten, macht mich ganz kirre. Mit wem soll ich denn darüber reden, wenn nicht mit dir?«

»Tun wir ja, nur nicht heute«, erwiderte Joachim kurz angebunden und gab Helga und seinem Vater ein Zeichen, zu warten.

Nachdem sie zu ihnen aufgeschlossen hatten, schlug Viktor Nolting seinem Sohn anerkennend auf die Schulter. »Ich habe gehört, es gibt Neuigkeiten. Erzähl mal, was für eine Kanzlei ist das, die dich deiner jetzigen abwerben will?«

Über seine Karriereplanung kann er reden, dachte Edda grimmig, und beantwortete einsilbig die Fragen ihrer Schwägerinnen Helga und Martina, die einiges über Paris wissen wollten.

Zu Hause bemalte sie mit ihren Nichten ausgeblasene Eier, mit denen sie die Weidenkätzchen dekorierten, die Franziska Nolting in großen Vasen im Wohnzimmer aufgestellt hatte. Jutta schenkte Edda ein buntes Ei, mit dessen Bemalung sie sich besonders viel Mühe gegeben hatte. Am Nachmittag fuhr Franziska Nolting selbst gebackenen Frankfurter Kranz auf. Die Kirschen darauf, erklärte sie ihren Enkelinnen, symbolisierten die Rubine der ehemaligen Kaiserkrone, woraufhin die Mädchen den Kuchen noch viel lieber aßen. Eddas Mutter war in Hochstimmung, umso mehr, als sich klärte, aus welchem Grund Helga sowohl den Begrüßungssekt als auch den Kaffee abgelehnt hatte. Leise gab Helga zu, dass das zweite Kind schneller käme, als sie es geplant hätten. Franziska Nolting fegte Helgas Bedenken mit einem Handstreich weg. Sie selbst hätte sogar Zwillinge großgezogen. Und Martina – sie nickte ihrer anderen Schwiegertochter zu – schaffte das auch. Als sie in die Runde blickte, wurde ihre Stimme weicher. »Ich habe mir immer eine große Familie gewünscht. Ihr wisst ja, früher hatte ich nur Tante Käte.«

Viktor Nolting legte kurz seine Hand auf die seiner Frau, und zu Eddas Erstaunen entzog Franziska Nolting sie ihm nicht.

»Was machst du eigentlich für ein Gesicht?«, fragte Peter seine Schwester. »Plagt dich der Abschiedsschmerz, weil du uns bald wieder verlässt?«

Peter grinste, als ob er selbst nicht daran glaubte, und Edda verdrehte die Augen.

»Sie ist schon seit Tagen so mundfaul«, bestätigte Franziska Nolting Peters Eindruck. »Reiß dich etwas zusammen, Edda, dir hat niemand etwas getan.«

Edda schluckte eine barsche Antwort hinunter und gab Juttas flehentlicher Bitte nach, mit ihr »Schere, Stein, Papier«

zu spielen. Richtig bei der Sache war sie nicht. Sie ärgerte sich über Peter, der sie immer nur foppte und keine ernsthaften Antworten von ihr erwartete, über ihre Mutter, die ihr, so lange Edda denken konnte, lieber Anweisungen als Zärtlichkeit gegeben hatte, aber auch über ihren Vater, der als Patriarch am Kopfende des Tisches thronte, eingehüllt von Zigarrenrauch wie von den Nebeln der Vergangenheit, die er zu verschleiern versuchte. Wirklich wütend war Edda aber auf Joachim. Hätte er nicht ein paar Minuten erübrigen können, um mit ihr über die Briefe zu sprechen?

Während Jutta jubelte, dass ihre »Schere« Eddas »Papier« zerschnitt, hörte Edda genervt zu, wie sich Joachim von Peter ein neues Familienauto aufschwatzen ließ – praktisch, günstig und sparsam im Verbrauch. Es stimmte tatsächlich, Konsum und Wohlstand lenkten von den wesentlichen Dingen ab; ihre Familie bot das beste Beispiel dafür.

Auf der anderen Seite des Tisches kam das Gespräch zwischen Helga und Martina auf den gestrigen Mordanschlag. Den schlafenden Markus in ihren Armen wiegend, sagte Helga: »Weißt du, dass Rudi Dutschke für seinen kleinen Sohn Medizin kaufen wollte? Deshalb stand er vor der Apotheke, als Josef Bachmann auf ihn geschossen hat. Irgendwie hat mich das mitgenommen.«

Martina nickte verständnisvoll. »Hoffen wir, dass Dutschke überlebt und der Kleine nicht ohne Vater aufwachsen muss.«

Franziska Nolting schenkte Kaffee nach. »Er wird seinen Sohn zu einem Krawallmacher erziehen«, prophezeite sie. »Ich finde, so einer wie der Dutschke dürfte gar keine Kinder in die Welt setzen.«

Eddas und Joachims Blicke trafen sich. Ihm war die Bemerkung der Mutter also auch aufgestoßen. Wie gern würde Edda jetzt einhaken und mit ihm gemeinsam ihre Eltern zur

Rede stellen. Doch Joachim schaute wieder weg, und Peter lachte nur.

»Ach, Mutter, das Kinderkriegen kannst du nun wirklich niemandem verbieten.«

Franziska Nolting zuckte mit den Schultern. Edda schloss die Augen und atmete tief durch. Sie erschrak, als Jutta auf ihren Schoß hopste, und musste sich zwingen, überschwänglich das Bild zu loben, das die Kleine für sie gezeichnet hatte.

»Hoffentlich wird es in Frankfurt keinen Rabatz geben.« Viktor Nolting runzelte die Stirn. »In Berlin haben die roten Chaoten die Auslieferung der Springer-Presse blockiert. Ist das deren Vorstellung von Meinungsfreiheit?«

Er sah Joachim an, als benötigte er die Bestätigung eines Juristen.

»Natürlich ist das nicht in Ordnung«, pflichtete Joachim ihm bei. »Aber wir dürfen nicht vergessen, dass Springers Schreiberlinge keinen seriösen Job gemacht haben. Ohne Ende gehetzt haben sie gegen Rudi Dutschke. Dieser Bachmann scheint ihn für den Volksfeind Nr. 1 gehalten zu haben.«

»Ist er das etwa nicht?« Franziska Nolting war mit einer vollen Sektflasche aus der Küche zurückgekehrt. Während sie am Korken pfriemelte, fuhr sie fort: »Er fordert junge Leute dazu auf, unsere Gesellschaft zu torpedieren. Was müsste jemand noch tun, um als Volksfeind zu gelten?«

Mit einem Knall, bei dem alle zusammenzuckten, löste sich der Korken und der Sekt spritzte heraus. Die anderen lachten, betupften die feuchte Tischdecke mit ihren Servietten und Franziska Nolting ließ den Sekt in die Gläser sprudeln. Edda schaffte es nicht mehr, mit ihrer Meinung hinter dem Berg zu halten.

»Mutter, es klingt, als würdest du Rudi Dutschke für den Täter halten. Es war aber der Rechte, der geschossen hat. Müsstest du dich nicht über ihn aufregen?«

Einen Moment lang herrschte Stille, und Franziska Nolting starrte Edda an. Ihr Paroli zu bieten, war in den Augen ihrer Mutter eine Frechheit, im Beisein der ganzen Familie erwuchs es sich zu einem Affront. Viktor Noltings Zigarre schien stärker zu qualmen, Ingrid und Jutta ließen die Stifte sinken und Helga zupfte an Markus' Jacke herum, als wäre sie voller Flusen.

Franziska Nolting sammelte sich schnell. »Geh bitte in dein Zimmer, Edda.«

Edda merkte, dass sie rot wurde. Die Reaktion ihrer Mutter war mal wieder demütigend. Sie war im Begriff, aufzustehen, da mischte sich Peter ein.

»Wartet mal«, sagte er mit einer bittenden Geste. »Diese Ereignisse haben mit unserer Familie doch gar nichts zu tun. Wir sollten uns davon nicht den Tag verderben lassen.«

Edda spürte, dass alle aufatmeten, in gewisser Weise auch sie.

»Peter hat recht. Karfreitag, das ist ein Tag der Versöhnung. Wir sollten uns nicht streiten. Erst recht nicht vor den Kindern.« Viktor Nolting legte seine Zigarre in einen Aschenbecher und hob sein Glas. »Stoßen wir lieber an, ehe der Sekt schal wird.«

Es fühlte sich falsch an, einander zuzuprosten, und der stechende Blick ihrer Mutter verriet Edda, dass sie es genauso empfand. Und dass der Ärger noch kommen würde.

»Weißt du, Edda«, sagte ihr Vater versöhnlich. »Es ist gar nicht so, dass ich den Dutschke für einen Dummkopf halte. Im Gegenteil. Würde er zügig studieren, anstatt zu krakeelen, könnte er für viele junge Leute ein gutes Vorbild sein.«

Er deutete auf Edda, als säße sie vor ihm als Vertreterin ihrer Generation. »Fleiß und Durchhaltevermögen, das ist es, was ihr lernen müsst. Nur damit haben wir das zerbombte Deutschland wiederaufgebaut.«

»Hättet ihr es nicht zerstört, wäre das gar nicht nötig gewesen.«

Hundertmal hatte Edda diesen Gedanken gehabt, wenn Erwachsene sich rühmten, aus Deutschlands Ruinen Wohlstand erschaffen zu haben. Jetzt, als hätte sich ein Ventil geöffnet, war er ihr entwischt. Ein weiteres Mal, das war Edda klar, würden ihre Eltern Eddas Widerspruch nicht hinnehmen. Sie erhob sich.

»Setz dich wieder hin.«

Jedes einzelne Wort betonte ihr Vater. Aber Edda blieb stehen. Sie nahm die anschwellenden Adern an seinen ergrauten Schläfen wahr, Viktor Noltings Stimme aber klang weit weg.

»Solange du deine Füße unter meinen Tisch stellst, verlange ich, dass du spurst.«

Wie sie vom Wohnzimmer ins Treppenhaus gekommen war, daran erinnerte sich Edda später kaum noch. Nur daran, dass aufgeregte Stimmen sie verfolgt und ihre Nichten geweint hatten. Das hatte Edda leidgetan. Mit einem Gefühl von Übelkeit lief sie Richtung Innenstadt. Tränen strömten ihr die Wangen hinab. Trotzdem fühlte sie sich befreit, frei zu tun, was sie für richtig hielt.

*

Im Gallus-Viertel, vor der Societäts-Druckerei, über deren Walzen auch täglich die Seiten der *Bild*-Zeitung rollten, bot sich Edda ein Anblick, der ihr Unbehagen bereitete. Mehrere Hundertschaften standen, ausgerüstet mit Knüppeln und

Wasserwerfern, circa zweitausend Protestierenden gegenüber, die die Ausfahrt der Druckerei an der Mainzer Landstraße besetzt hielten. Mit Brettern, Balken sowie einem umgestürzten Bauwagen hatten sie eine Barrikade errichtet, die verhindern sollte, dass die Verlagsautos das Gelände verließen, um die *Springer*-Blätter an die üblichen Verkaufsstellen zu verteilen. Ohne Ariane und Jörg – Dora schob Nachtschicht im Krankenhaus – hätte sich Edda verloren gefühlt. Aber zum Glück hatte sie die beiden gefunden, und als Ariane sich erstaunt erkundigt hatte, wie Edda es geschafft hätte, sich von ihrer Familie loszueisen, hatte Edda geantwortet: »Frag jetzt bitte nicht.« Wortlos hatte ihre Freundin sie in den Arm genommen.

Jetzt sagte Ariane: »Auf der anderen Seite der Druckerei befindet sich eine zweite Ausfahrt und es heißt, unsere Leute bräuchten dort Unterstützung.«

»Na, dann los.«

Edda hakte sich bei Ariane und Jörg ein und sie zogen, zusammen mit einigen anderen, los. Immer wieder wichen sie Rangeleien mit Polizisten aus und beobachteten besorgt, dass weitere Wasserwerfer eintrafen. Jörg setzte seinen Sturzhelm auf, den er mitgebracht hatte.

»Machen wir uns auf etwas gefasst«, sagte er düster und Edda war froh, dass Jörg, woher auch immer, für sie und Ariane zwei Bauhelme aufgetrieben hatte, so dass sie sich, sollte die Polizei von Schlagstöcken Gebrauch machen, damit schützen könnten. So viel zum Thema Meinungsfreiheit, dachte Edda bitter. Ihr Vater hatte diese durch die Blockade der Springer-Presse in Gefahr gesehen, dabei bestand das eigentliche Problem ja wohl viel mehr darin, dass die Polizei bereit wäre, mit allen Mitteln die Auslieferung einer Zeitung zu verteidigen, die Studentinnen und Studenten als »Eiterbeulen« bezeichnete und dazu aufforderte, sogenannte Unruhestifter auszumerzen. Ausmerzen. Als wären sie Ungeziefer. Das war Nazi-Jargon. Wieso schrillten nicht alle Alarmglocken, wenn so etwas gedruckt wurde?

»Seht mal!«, rief Ariane. »Die Lieferwagen versuchen, die Sperre zu durchbrechen.«

Im selben Augenblick ertönte der scharfe Polizeiruf: »Schlagstock frei!«

Plötzlich sah sich Edda umgeben von Polizisten, ein Schlag traf sie am Rücken, sie schnappte nach Luft. Sie hörte Ariane kreischen: »Edda, komm hier weg!«

Edda rannte los, obwohl ihr Rücken schmerzte.

»Wo ist Jörg?«, rief Edda im Lauf.

»Dort! Er winkt uns.«

Sie flüchteten sich mit Jörg hinter eine Barrikade aus Mülltonnen, wo andere junge Leute dabei waren, Pflastersteine auszugraben.

»Steht doch nicht so belämmert da«, schnauzte eine Frau sie an. »Tut was!«

Edda bückte sich und hob einen Stein auf. Hart und schwer lag er in ihrer Hand. Wie weit könnte sie ihn werfen?

Ariane hielt ihren Arm fest. »Bist du verrückt? Lass den Scheiß!«

Nicht weit von ihnen entfernt ging ein junger Mann zu Boden und wurde von Polizisten verprügelt. Ein Wasserwerfer spritzte seinen harten Strahl in die Menge, und Edda hörte Schreie. Sie sah Ariane an. Noch zögerte sie.

Paris,
April 1968

Eng umschlungen lagen sie auf Marcels Bett und rauchten gemeinsam eine Zigarette. Marcel strich Edda das verschwitzte Haar aus dem Gesicht und liebkoste sanft ihre Brüste. Gerade erst hatte sich ihr Herzschlag beruhigt, doch Eddas Lust erwachte sofort aufs Neue. Marcel drückte die Zigarette in den Aschenbecher, dann streichelte er Edda, bis sie sich mit einem lustvollen Stöhnen an ihn drängte. Marcel hielt sie fest.

»Du siehst wunderschön aus«, raunte er, doch als Edda ihn erneut voller Leidenschaft küsste, schob Marcel sie zärtlich von sich und grinste sie an.

»Tut mir leid, ich brauch' eine Pause.«

Lachend gab Edda ihn aus ihrer Umarmung frei, und Marcel zündete zwei neue Zigaretten an, wovon er Edda eine reichte. Sie drehte sich auf den Bauch und sah zu, wie Marcel aufstand, in seine Jeans stieg und von seinem Schreibtisch die Kamera holte, die Edda schon bei ihrem ersten Besuch aufgefallen war. Im Einsatz gesehen hatte sie Marcel damit noch nie, aber jetzt machte er ein Bild nach dem anderen, und Edda bemühte sich, Blicke zu imitieren, die sie im Kino bei Brigitte Bardot, Catherine Deneuve oder Romy Schneider gesehen hatte. Mal spielten ihre Finger dabei mit der Zigarette, mal mit ihrem langen Haar.

Eine halbe Ewigkeit lang hatten sie sich, als Edda vor ein paar Tagen aus Frankfurt zurückgekehrt war, mitten auf dem belebten Bahnsteig am Gare de l'Est in den Armen gelegen. Dann hatte Marcel sie ins Quartier Latin gebracht, wo die Brunets Edda mit einem leckeren Abendessen erwartet und die Kinder wie die Kletten an ihr gehangen hatten. Etwas später war Edda auf den Balkon ihres winzigen *Chambre de bonne* getreten, hatte den Blick über die altehrwürdige Sorbonne und die Dächer der Stadt schweifen lassen und das Gefühl gehabt, endlich wieder frei atmen zu können.

»Ich hätte gern ein paar Aufnahmen, auf denen du nicht lächelst«, sagte Marcel in einem Ton, als wäre er ein professioneller Fotograf und Edda sein Model. In ihrer Hochstimmung fiel es Edda gar nicht leicht, ernst zu bleiben, und je stärker sie sich darum bemühte, desto mehr musste sie lachen.

»Bitte«, sagte Marcel in gespielter Verzweiflung. »Stell dir einfach vor, du wärst Julie Kohler, dann gibt es nichts mehr zu lachen.«

Der Film *Die Braut trug schwarz* war gerade in die Kinos gekommen und Edda hatte ihn mit Marcel zusammen gesehen. Darin spielte Jeanne Moreau eine Frau namens Julie, die besessen war von der Idee, den Tod ihres frisch angetrauten Ehemannes zu rächen.

Nachdem Eddas Versuche, geheimnisvoll oder tragisch dreinzublicken, in Lachsalven untergegangen waren, machte Marcel einen anderen Vorschlag. »Schau mich an, als würdest du dich auf den nächsten Steinwurf konzentrieren. *Voilà*, schon besser.«

Tatsächlich war Edda das Lächeln vergangen, und sie spürte, wie sie die Stirn runzelte. Marcel drückte mehrmals hintereinander auf den Auslöser. Vor Edda blitzten die Bilder aus den letzten beiden Tagen auf, die sie in Frankfurt verbracht hatte. Die Stimmung bei den Noltings war eisig gewesen. Nur der Fürsprache ihrer Brüder war es zu verdanken, dass ihre Eltern, die zu der Ansicht gelangt waren, Edda wäre in Frankreich schlechten Einflüssen ausgesetzt, ihr die Rückkehr nach Paris nicht untersagt hatten. Das wusste Marcel. Musste er sie in diesem zauberhaften Augenblick unbedingt daran erinnern? Bloß, um die Fotos zu bekommen, die er sich vorstellte?

»Jetzt reicht's!«, sagte sie, zog sich die Bettdecke über die Schultern und drehte ihm den Rücken zu.

»Na dann.«

Sie hörte, wie Marcel die Kamera auf den Tisch zurücklegte und Musik anstellte, einen Song der britischen Rockband Cream. Marcel sang mit, besonders laut den Refrain: »I've been waiting so long to be where I'm going in the sunshine of your love.« Edda stimmte mit ein. So oft, wie Marcel ihr den Song vorgespielt hatte, kannte sie den Text inzwischen auswendig. Marcel legte sich wieder neben sie.

»Das ist es, was ich mal machen will«, sagte er.

Überrascht wandte sich Edda ihm zu. »Du willst Musiker werden? Ich dachte, Anwalt.«

Marcel lachte auf, aber anstatt ihr zu antworten, öffnete er die Schublade seiner Kommode am Bett und zog einen Umschlag heraus. Darin steckten Fotos, die er Edda reichte. Einige zeigten einen Demonstrationszug im Quartier Latin und Transparente, auf denen die Springer-Journalisten als Rudi Dutschkes Mörder angeprangert wurden. Auf anderen erkannte Edda die kalten Campus-Hochhäuser von Nanterre. Bis zum 1. April, erklärte Marcel, hatte Dekan Grappin die Universität schließen lassen. Zuvor hatten Rechtsradikale angekündigt, eine dort anberaumte Diskussionsveranstaltung der Bewegung 22. März aufzumischen. Der Aktionstag, bei dem es unter anderem um den Kapitalismus, die Kämpfe der Arbeiterklasse, aber auch um die Erschaffung einer kritischen Universität hätte gehen sollen, hatte dann ein paar Tage später doch stattgefunden. Marcels Bilder dokumentierten ihn. Bei strahlendem Sonnenschein waren massenhaft junge Leute auf den Campus geströmt, bester Laune auch deshalb, weil das Erziehungsministerium es geduldet hatte, dass eine politische Versammlung in den Räumen der Universität stattfand – ein absolutes Novum und ein Riesenerfolg für die Studierenden. Marcel hatte engagiert diskutierende Menschen geknipst, auch eindrückliche Wandparolen wie: *Wir werden nichts fordern, wir werden auch um nichts bitten, wir werden besetzen.* Was die Studierenden dann auch getan hatten, als ihnen die zugeteilten Räumlichkeiten zu klein erschienen waren.

Marcels Nahaufnahmen hatten es Edda am meisten angetan, es kam ihr vor, als stünden ihr die Personen darauf leibhaftig gegenüber, so lebendig wirkten sie: der rothaarige Daniel Cohn-Bendit, der mit blitzenden Augen gestikulierte, rauchend und dunkel Alain Geismar, ein weiterer französischer Wortführer, der Vorsitzende des Sozialistischen Deutschen Studentenbundes Karl Dietrich Wolff, der aus Berlin angereist war, aber auch Zoé, mit Ironie im Blick, Adèle und Chantal, die etwas in den Saal riefen, Adèle mit erhobener Faust, Antoine, mit aufmerksamer Miene eine Zigarette drehend, Pierre, der glaubte, Kriege ließen sich durch Sex verhindern, und Florence mit dunkler Lockenmähne sowie einem Lächeln, das eher in ihren Augen als in den Mundwinkeln steckte und so intim wirkte, als wäre es allein für den Fotografen gedacht. Edda spürte einen Stich, der sie daran erinnerte, dass sie Marcel und Florence zunächst für ein Liebespaar gehalten hatte. Innerlich schalt sie sich kleinbürgerlicher Eifersucht und lobte Marcel für seine beeindruckenden Bilder.

»Wenn du Fotograf werden willst, warum studierst du dann Jura?«

Jetzt war es Marcels Gesicht, das sich verdüsterte. Er schien zu zögern. Dann zuckte er mit den Schultern.

»Das ist schon in Ordnung«, sagte er schließlich und packte die Fotos wieder in den Umschlag.

Edda beließ es dabei. Sie schätzte es selbst, dass Marcel nicht nachgebohrt hatte, als sie ihm von den Briefen ihres Vaters erzählt hatte. Dass dieser sich der Tuberkulose-Forschung gewidmet hatte. Dass er nicht in die NSDAP aufgenommen worden war. Auch Marcel war nach allem, was Edda herausgefunden hatte, der Meinung gewesen, dass Viktor Noltings Oppositionsgeist nicht der Grund dafür gewesen wäre. Auf weitere Spekulationen hatte er jedoch verzichtet. Als Edda es bedauert hatte, keine Feldpost aus Frankreich gefunden zu haben, hatte Marcel bloß gesagt, dass sie ja noch einmal danach suchen könnte, jetzt, da sie wüsste, wo ihre Mutter die Briefe aufbewahrte. Von ihrem Verdacht, der die Sterilisationen betraf, hatte Edda nichts erwähnt, darüber wollte sie zunächst mit ihrem Bruder sprechen; bald, wie Edda hoffte.

»Wie ist die Geschichte auf der Demo eigentlich weitergegangen?«, fragte Marcel. Mit hinter dem Kopf verschränkten Armen sah er sie an. »Vorhin waren wir auf einmal anderweitig beschäftigt und du hast es mir gar nicht erzählt.«

»Was glaubst du denn?«, fragte Edda mit Koketterie in der Stimme.

Marcel schürzte die Lippen und musterte sie. »Nun, du warst ziemlich aufgebracht wegen Dutschke und wegen des

Streites mit deinen Eltern. Ja, ich denke, du hast den Stein geworfen.«

Erwartungsvoll sah er Edda an. Sie schüttelte den Kopf.

*

In der zweiten Aprilhälfte ging Edda so oft wie möglich mit Camille, Jean-Luc und Henri in den Jardin du Luxembourg, manchmal auch an die Seine, wo sie Crêpes aßen und den Ausflugsdampfern nachwinkten, die den Fluss entlangschipperten. Mit Agnes und Jane genoss sie nach dem Französischkurs in einem der vielen Terrassencafés die warme Frühlingssonne und unternahm etwas mit Florence und Zoé. Marcel zeigte sich entsetzt darüber, dass Edda noch immer nicht auf dem Eiffelturm gewesen war, und an einem sonnigen Nachmittag lud er sie dazu ein. Nachdem sie gemeinsam 765 Stufen erklommen hatten, und ein Aufzug sie das letzte Stück bis zur höchsten Plattform gebracht hatte, standen sie Arm in Arm da, überwältigt von der grandiosen Aussicht. Noch nie hatte Edda die Welt aus derart schwindelerregender Höhe betrachtet, und es schien ihr, als genügte ein Handgreif und sie könnte den Himmel berühren.

Abends, wenn Edda nicht die Kinder hüten musste, fuhr sie zu Marcel. Mal wieder war sein Vater verreist, und da René Carnot seinem Sohn lächelnd versichert hatte, ihm bald Genaueres zu erklären, mutmaßte Marcel, dass er eine Frau kennengelernt hätte, die er außerhalb von Paris besuchte. Edda und Marcel war das nur recht, denn die Reisen von Marcels Vater gaben ihnen die Gelegenheit, sich zu zweit zu treffen und zu lieben. Marcel hielt sich dieser Tage oft in Paris auf und begab sich nur noch nach Nanterre, um zusammen mit anderen die dort für Anfang Mai geplanten sogenannten Anti-imperialistischen Tage vorzubereiteten. Große Aufregung war dabei entstanden, als bekannt geworden war, dass die Polizei Daniel Cohn-Bendit in seiner Wohnung verhaftet hatte. Man warf »Dany, le Rouge« vor, die Rezeptur eines Molotow-Cocktails verbreitet zu haben. In seiner Zusammensetzung war er zwar, wie beabsichtigt, wirkungslos, den Humor der Polizei hatte Dany damit jedoch nicht getroffen.

Davon erzählte Marcel Edda und Florence, als sie tags darauf im Jardin du Luxembourg saßen. Gleichzeitig behielt Edda die drei Brunet-Kinder im Blick, die auf den Parkbäumen ihre Kletterfertigkeiten perfektionierten. Zwar hatte Edda sonntags frei, doch Camille, Jean-Luc und Henri hatten so herzerweichend darum gebettelt, dass Edda sie mit in den Park genommen hatte. Henri war begeistert gewesen, Florence wiederzusehen, die Frau, die ihn im letzten Winter vor dem sicheren Kältetod bewahrt hatte. So hatte der Kleine den dramatischen Tag in Erinnerung behalten. Florence hatte Henri auf ihren Schoß genommen und ihn noch einmal dafür gelobt, wie tapfer er gewesen wäre. Erst jetzt erfuhr Marcel die ganze Geschichte, wie Edda und Florence sich begegnet waren. Als Jean-Luc ihn gefragt hatte, ob er gern den Baum sehen würde, von dem Edda ihn hatte retten müssen, war Marcel sofort aufgestanden. Während die beiden sich entfernten, hatte Camille Edda zugeflüstert, dass Marcel wie ein Filmstar aussähe, ein bisschen wie Alain Delon.

Jetzt beobachtete Edda, dass Camille ihre Brüder an die Hand nahm und auf sie zukam. Der Anblick der drei rührte Edda und sie seufzte, was Marcel missverstand, weil er es auf seine Erzählung bezog.

»Dany hat den Tag im Knast gut verkraftet, und seine Verhaftung hat dazu gedient, unsere heterogene Koalition gegenüber der Staatsgewalt zu festigen. Das ist doch super.«

Edda deutete jedoch auf die Kinder und sagte: »Ich werde sie sehr vermissen.«

Plötzlich brannten Tränen in ihren Augen. Wegen der Kinder. Aber nicht nur von ihnen würde sie sich verabschieden müssen.

Kurz drückte Marcel sie an sich.

»Ein paar Monate hast du sie ja noch«, tröstete Florence. »Fährst du in den Sommerferien nicht sogar mit ihnen weg?«

»Zu Madame Brunets Eltern nach Bordeaux, ja.«

Dann standen Camille, Jean-Luc und Henri vor ihnen. Marcel öffnete das Etui seiner Kamera, die er neuerdings häufig bei sich trug. »Darf ich ein paar Bilder von euch machen?«

»Au ja!«

Die Kinder waren Feuer und Flamme, und Edda freute sich über Marcels Idee. Sie posierten, bis Edda anmahnte, dass es höchste Zeit wäre, aufzubrechen.

»Eins noch«, bat Marcel und reichte Camille seine Kamera. »Möchtest du es mal versuchen?«

Ehrfürchtig nickte Camille, und Marcel zeigte ihr, welchen Knopf sie zu drücken hatte. Dann legte er seinen Arm um Edda und sie um ihn.

»Komm schon, Flore«, rief Marcel und streckte seine Hand nach Florence aus. Eddas Enttäuschung darüber verflog, als sich Florence an ihre Seite gesellte. Eingerahmt von den beiden Menschen, die ihr – neben den Kindern – in Paris am meisten ans Herz gewachsen waren, stand Edda da, und das Bild, das Camille knipste, würde sie später gern betrachten. Es war die Erinnerung an einen unbeschwerten Frühlingstag, kurz bevor in Paris der Mai begann.

*

Eddas zwanzigster Geburtstag, am dritten Mai, startete heiter. Frühmorgens weckten die Kinder sie mit selbst gemalten Zeichnungen, Madame Brunet hatte den Frühstückstisch mit Kerzen dekoriert, und nachdem sie alle miteinander warme Croissants verdrückt hatten, brachte Edda die Kinder zur Schule. Sie liefen an der Sorbonne vorbei, die aussah wie immer: Die ordentlich gekleideten Studierenden schienen nichts anderes im Sinn zu haben, als zu ihren Vorlesungen zu eilen. Im Augenblick deutete nichts darauf hin, dass es hier im Laufe des Tages Proteste geben könnte. Das hatte ihr Marcel am Abend zuvor gesteckt, als er Edda, während sie auf die Kinder aufpasste, bei Brunets angerufen hatte. Dass Dekan Grappin den Campus in Nanterre auf unbestimmte Zeit schließen ließe, hatte Edda schon aus den 20-Uhr-Nachrichten erfahren. Seine Entscheidung hatte er damit begründet, dass während der Anti-imperialistischen Tage Auseinandersetzungen mit den Schlägern der rechten Organisation Occident zu befürchten gewesen wären. Außerdem hätten linke Studenten sich wieder einmal das Recht herausgenommen, beliebige Hörsäle zu besetzen und Professoren zu beleidigen.

»Unsere Wortführer, auch Dany, müssen sich nächste Woche vor dem Disziplinarrat verantworten«, hatte Marcel berichtet. »Aber wir werden nicht zulassen, dass unsere Leute von der Uni fliegen. Das werden wir morgen beweisen.«

Als Edda vorsichtig nachgefragt hatte, ob er denn trotzdem rechtzeitig zu ihrer Verabredung kommen würde, hatte Marcel gelacht. »Du hast vielleicht Sorgen. Aber klar, bis zum Nachmittag wird alles über die Bühne gegangen sein.«

Am Schultor umarmten die Kinder Edda, nicht nur, weil sie Geburtstag hatte, sondern auch, weil sie übers Wochenende nach Orléans zu Monsieur Brunets Eltern fahren würden. Edda winkte ihnen nach, dann stieg sie in die Metro.

Auf dem Weg zur Alliance Française las sie ihre Geburtstagspost. Ihre Brüder hatten geschrieben, genauso Dora und Ariane und natürlich ihre Eltern. Genervt faltete Edda deren Brief zusammen. Zwar erwähnten sie den Streit der Ostertage mit keinem Wort, aber sie hatten es sich nicht verkneifen können, Edda zu ermahnen, sich ernsthaft Gedanken um ihre Berufswahl zu machen. Gehörte das in einen Glückwunsch zum Geburtstag?

Nachmittags, nach dem Unterricht, saß Edda mit Agnes und Jane in einem Café in der Nähe des Boulevard Saint-Germain. Gut gelaunt stießen Marcel, Florence und Zoé zu ihnen. Alle drei hatten an der Demo im Innenhof der Sorbonne teilgenommen.

»Ist alles gut gegangen?«, fragte Agnes, nachdem sie sich einander vorgestellt hatten, und blickte interessiert in die Runde. Bewundernd blieben ihre Augen an Marcel hängen. Obwohl Agnes, die dem seltsamen Bertrand den Laufpass gegeben hatte, versuchte, mit Marcel zu flirten, nahm Edda erleichtert zur Kenntnis, dass ihre Freundinnen von der Sprachschule sich mit Marcel, Florence und Zoé gut verstanden.

»Zum Glück ist es friedlich geblieben«, antwortete Florence und nippte an ihrem Café au Lait. »Zwischendurch dachte ich, dass es krachen würde.«

Marcel, der den Film seiner Kamera wechselte, nickte. »Wenn die rechten Occident-Typen aufgetaucht wären, hätte es das.«

»Gut, dass es ein Fehlalarm war«, sagte Zoé und biss herzhaft in ihr Madeleine. »Jetzt passiert nichts mehr.«

Marcel machte ein paar Aufnahmen, und zu Eddas großer Freude bat er Jane, ihn zusammen mit Edda zu fotografieren. Das Thema Nanterre hatte sich erschöpft, sie sprachen über

Filme, Musik und Orte, die sie gern bereisen würden. Gerade als Edda um die Rechnung bat, hörten sie Schreie. Im nächsten Augenblick hetzten junge Leute an ihnen vorbei, verfolgt von behelmten Polizisten. Innerhalb von Sekunden verwandelte sich die Straße in ein Schlachtfeld. Mit ihren Gummiknüppeln schlugen die Polizisten das Geschirr von den Tischen der Restaurants. Teller, Tassen und Gläser zerbrachen. Wer im Weg stand, riskierte Hiebe, so, wie der amerikanische Tourist vom Nebentisch, dem es nicht gelungen war, schnell genug auszuweichen.

Wie alle Café-Besucher war Edda aufgesprungen. Voller Entsetzen sah sie, dass bereits der nächste Tross Polizisten auf sie zustürmte. Eine Mutter mit drei kleinen Kindern flüchtete sich ins Innere des Cafés. Sollten sie ihr folgen? Mit wilden Gesten forderten die Kellner sie dazu auf.

»Da drin sitzen wir in der Falle!«, brüllte Marcel. »Wir müssen hier weg.«

Er umfasste ihren Arm und schob Edda vor sich her durch die Menge; Florence, Zoé, Jane und Agnes drängten ihnen nach. Aus den Seitenstraßen strömten nun, teils verletzt, immer mehr Menschen und rissen sie mit.

»Bleibt zusammen!«, rief Edda ihren Freundinnen zu.

Plötzlich stockte ihr der Atem. Tränengas! Edda nahm die entsetzten Gesichter der Passanten wahr, die aus der Metro-Station Saint-Michel kamen und nicht glauben konnten, was sie draußen sahen. Hustend und mit brennenden Augen hastete sie weiter, bemüht, Marcel und die anderen nicht zu verlieren. In einer ruhigen Straße verschnauften sie. Die Verkäuferin eines Tabakladens brachte ihnen Wasser. Andere Anwohner versorgten Verletzte mit Pflaster und Verbandszeug. Edda war von der Hilfsbereitschaft der Bevölkerung überwältigt.

Marcel trank einen Schluck, dann reichte er die Flasche an Edda weiter.

»Verrückt«, meinte er. »Ständig rätseln wir darüber, wie wir die Menschen dazu bringen, sich mit uns zu solidarisieren. Jetzt passiert es. Einfach so.«

»Einfach so, nennst du das?« Aufgebracht deutete Jane auf die Straßen. »In meinem ganzen Leben hatte ich noch nie eine solche Panik. Es gibt Verletzte, vielleicht Tote. Das wissen wir doch noch gar nicht.«

»Und auch nicht, wer überhaupt angefangen hat«, pflichtete Agnes Jane bei.

Edda stimmte den beiden nur teilweise zu. »Nichts rechtfertigt, dass die Polizei das gesamte Quartier Latin niederknüppelt.«

»Könnt ihr darüber später diskutieren?«, mischte sich Zoé ein. »Was machen wir jetzt? Wo sollen wir hin?«

Edda schaffte es, einen klaren Gedanken zu fassen. Die Rue des Écoles lag nur wenige Minuten entfernt. »Zu mir.«

Agnes und Jane, die ebenfalls in der Nähe wohnten, entschieden sich, heimzugehen; Marcel, Florence und Zoé begleiteten Edda. Immer wieder waren sie gezwungen, der Polizei auszuweichen, aber auch Steinen, die geworfen wurden. Endlich schloss Edda die Haustür auf und knipste das Licht an. Florence und Zoé liefen gleich weiter die Stufen hinauf, Marcel war stehen geblieben.

»Was ist?«, fragte Edda. »Kommst du?«

Marcel schüttelte den Kopf.

»Ich habe die Kamera bei mir. Diesen Wahnsinn muss ich festhalten.«

Einen Moment starrte Edda Marcel an.

»Wegen ein paar Bildern willst du dich in Gefahr bringen? Das ist doch irre!«

Doch Marcels Augen leuchteten. »Den Redakteuren der *France-Soir* haben meine Fotos gefallen. Du weißt schon, die Bilder aus Nanterre, die ich dir gezeigt habe. Sie haben gesagt, ich solle wiederkommen, wenn ich ihnen etwas Aktuelles liefern könnte. Dieser Tag ist heute.«

Draußen heulten Sirenen, sie hörten Schreie, Glas klirrte und wenn Edda einatmete, roch sie, dass der Gestank des Tränengases an ihren Kleidern haftete. Sie gab noch nicht auf.

»Für Zeitungen arbeiten professionelle Fotografen. Die *France-Soir* kommt auch ohne dich an ihre Bilder.« Aus Angst um ihn hatte sie schneidend gesprochen. Sie wollte, dass er bei ihr bliebe.

Marcel umarmte sie. »Ich melde mich morgen.«

Er näherte sich ihren Lippen, traf aber nur Eddas Wange, da sie den Kopf zur Seite drehte. Sie blickte ihm nach, als er in den vernebelten Straßen verschwand. Hätte es Marcel aufgehalten, wenn sie ihm erklärt hätte, dass sie vor Sorge kein Auge zumachen würde? Es schien ihr, als scherte sich Marcel gar nicht darum, wie es Edda erging. Sie schlug die Tür hinter ihm zu und folgte ihren Freundinnen.

Nachdem Florence wie Zoé ihre Eltern und Edda Familie Brunet in Orléans telefonisch beruhigt hatten, stiegen sie in die sechste Etage zu Eddas *Chambre de bonne* hinauf. Sie ließen das Radio laufen und starrten von Eddas winzigem Balkon aus fassungslos auf das Quartier Latin hinunter. Es sah aus, als wäre dort ein Bürgerkrieg entbrannt, und irgendwo, mittendrin, war Marcel unterwegs und fotografierte.

*

Vorsichtig setzte Edda einen Fuß vor den anderen. Unter ihren Stiefeln knackten trockene Zweige, ganz in der Nähe hämmerte ein Specht in die Rinde eines der alten Bäume des Bois de Boulogne, ein Waldgebiet und riesiger Park im Westen von Paris. Edda hatte die Augen geschlossen und ließ sich von Marcel einen schmalen Weg entlangführen. Es roch nach feuchter Erde und Blumen. Auf einmal blieb Marcel stehen, schob sich hinter sie und legte seine Hände über Eddas Augen.

»Hörst du es?«

Marcels warmer Atem streifte ihren Nacken. Edda lauschte. Im Gebüsch raschelte es, vielleicht eine Maus oder ein Eichhörnchen. Insekten summten. In der Ferne kläffte ein Hund. Eine Ente quakte.

»Das Rauschen?«, fragte sie zurück. »Meinst du das?«

»Genau.«

Aber noch gab Marcel ihre Augen nicht frei, und Edda wurde ungeduldig. Eigentlich war sie zu solchen Spielchen nicht aufgelegt. Ihr steckten der letzte Tag sowie die schlaflose Nacht in den Knochen. Und wie verwüstet das Quartier Latin gewesen war, als sie vor gut einer Stunde das Haus verlassen hatte! Dafür, dass es überhaupt so weit hatte kommen können, gaben sich, wie Edda aus den Nachrichten erfahren hatte, Polizisten und Studierende gegenseitig die Schuld. Neben Nanterre war nun auch die Sorbonne geschlossen worden, was neuen Ärger provozieren würde – direkt vor Eddas Haustür. Natürlich war Edda aber auch vor allem erleichtert, dass Marcel nichts zugestoßen war. Sie freute sich sogar für ihn, dass seine Fotos tatsächlich in der Zeitung erscheinen würden. Dennoch trug sie ihm nach, dass er ihre Einwände ignoriert hatte.

Marcels Hände wanderten abwärts und zwängten sich in ihre Jackentaschen.

»Jetzt!«, raunte er Edda zu, und als sie, geblendet vom Sonnenlicht, die Augen öffnete, entfuhr ihr ein Laut der Überraschung.

»Wie wunderschön.«

Sie standen inmitten einer blühenden Wiese und blickten auf einen Wasserfall, der sich in einen von Bäumen gesäumten See ergoss. Auf der Wasseroberfläche spiegelten sich Zedern, Ginkgos, Platanen und Eichen, deren Abbilder zerflossen, sobald Enten darüber hinwegschwammen. Geradezu surreal kam Edda diese Idylle vor, als hätte Marcel sie in eine andere, eine märchenhafte Welt versetzt, Lichtjahre entfernt von Paris.

Marcels Finger liebkosten ihre, als er meinte: »Nächstes Mal besichtigen wir den Rosengarten oder sehen uns im Musée Marmottan Monet-Bilder an.«

»Und heute?«

»Heute zeige ich dir etwas, das mir sehr viel bedeutet.«

Jetzt hatte er Edda neugierig gemacht. Hand in Hand entfernten sie sich vom Seeufer und liefen einen Waldweg entlang. An einer weißen Steele blieb Marcel stehen.

»Ein Denkmal für die Widerstandskämpfer der Résistance. Kurz vor der Befreiung von Paris im August 1944 hat die Gestapo sie verhaftet und erschießen lassen. Niemand von ihnen war älter als zweiundzwanzig.«

Edda verspannte sich. Musste Marcel sie ausgerechnet heute hierherbringen? Sie hatte doch noch nicht einmal die Brutalität der vergangenen Nacht verarbeitet. Trotzdem las Edda die eingravierten Namen. Fünfunddreißig junge Männer hatten dort, wo Edda jetzt stand, auf ihren Tod gewartet. In einer der Eichen erkannte sie die Einschusslöcher der Kugeln, die François, Jacques, Roger, Pierre und all die anderen durchbohrt hatten. Die Landschaft, die Edda so lieblich erschien, war in Wirklichkeit durchtränkt von Blut.

»Es wäre mir respektlos vorgekommen, diesem Ort keine Beachtung zu schenken«, sagte Marcel. Zu Eddas Erstaunen führte er sie in das Wäldchen hinein, das hinter der Gedenkstätte begann. War es gar nicht die Stelle, die er Edda hatte zeigen wollen?

Vor einer hochgewachsenen Platane blieb Marcel stehen. »Hier ist es.«

Die an den Baumstamm genagelte Holztafel stach Edda sofort ins Auge.

Für Louise. Du lebst in unseren Herzen. René und Marcel.

Sie hatten die Worte in Farbe geschrieben, rot wie die Liebe, rot wie Blut.

Edda verharrte still. Sie wusste, dass es für Louise Carnot nie ein Grab gegeben hatte. Ihr Leichnam war von deutschen Soldaten irgendwo verscharrt worden. Plötzlich fühlte sich Edda schwer, als hätte ihr jemand ein dichtes Gewand aus Traurigkeit übergestülpt. Wie niederdrückend musste die Trauer erst auf Marcels Seele lasten? Schweigend umarmte sie ihn.

»Du hast mich neulich gefragt, wieso ich Jura studiere«, sagte er mit belegter Stimme. »Bevor meine Mutter zu ihrem letzten Einsatz aufgebrochen ist, hat sie mir einen Brief geschrieben. Mein Vater gab ihn mir, als ich fünfzehn oder sechzehn Jahre alt wurde.«

Marcel stockte, als ob es ihm schwerfiele, darüber zu reden. In diesen Sekunden sah Edda es vor sich: Die schöne, dunkelhaarige Louise Carnot sitzt an einem Küchentisch und schreibt einen Brief. Sie ist jung, mutig, und das, was sie vorhat, tut sie nicht zum ersten Mal. Mit ihrer freien Hand schuckelt sie die Wiege, in der Marcel schlummert. Louise versucht, sich vorzustellen, ihr Baby womöglich niemals wiederzusehen. Es gelingt ihr nicht. Sie ringt um Worte. Was möchte sie ihrem Sohn sagen, für den Fall, dass sie nicht zu ihm zurückkehren wird?

Marcel hatte sich gefangen und sprach weiter. »Sie schrieb mir, dass niemand auf der Welt für sie wichtiger wäre als ich. Deshalb müsste sie mit allen Mitteln dafür kämpfen, dass ich in einem freien Land aufwachsen könnte. Aber sie hatte auch einen Auftrag für mich: Ich sollte mich dafür einsetzen, die erkämpfte Freiheit und Gerechtigkeit zu bewahren.«

Sie hatten sich auf einen gefällten Baumstamm gesetzt.

»Als Jurist könntest du das«, stellte Edda fest. Sagte Joachim nicht manchmal, Worte wären die wirksamste Waffe?

»Das dachte mein Vater auch, als er mir nach der Schule zur Rechtswissenschaft riet. Aber ich glaube nicht mehr daran! Wenn du nicht auf der Seite der Mächtigen stehst, bringt es nichts, Anträge zu stellen und Veränderungen vorzuschlagen. Das haben wir in Nanterre doch erlebt. Erst gestern ist endlich Bewegung in die Sache gekommen.«

Marcel zündete sich eine Zigarette an und reichte sie Edda. »Es ist die letzte«, sagte er bedauernd.

Aus seiner Tasche zog er zwei Fotos.

»Sind sie das?«, fragte Edda aufgeregt.

Strahlend gab Marcel ihr die Bilder und nahm im Gegenzug die Zigarette zurück. »Heute Abend werden sie in der *France-Soir* veröffentlicht.«

»Wahnsinn!«

Edda betrachtete die Aufnahmen. Eine zeigte einen bis über die Nase maskierten Mann, der gerade einen Stein geworfen hatte. Seine Augen fixierten ihn so konzentriert, als lenkte er durch seine Blicke die Flugbahn. Auf dem zweiten Foto stellte sich eine Demonstrantin mit Pferdeschwanz einem behelmten Polizisten entgegen. Ihr Blick sprühte vor Zorn, aber er schaute an ihr vorbei, als interessierte es ihn nicht, was sie sagte. Obwohl die junge Frau völlig ungeschützt vor ihm stand, strahlte sie Stärke aus.

»Phantastisch!«, rief Edda aus.

Marcel hatte die Stimmungen so gut eingefangen, dass es ihr schwerfiel, sich von den Fotos loszureißen.

»Ich glaube mehr an die Kraft von Bildern«, sagte Marcel. »Daran, dass ich durch sie etwas bewirken kann.«

Nachdem sie den Bois de Boulogne verlassen hatten, lud Edda Marcel in ihr *Chambre de bonne* ein. Ihr Ärger auf ihn war verflogen, zumindest wäre es ihr kleinlich vorgekommen, noch einmal davon anzufangen. Immerhin hatte Marcel sich ihr geöffnet und sie an den Ort gebracht, an dem er sich seiner Mutter nahe fühlte. War das nicht ein Beweis seines Vertrauens in Edda? Und was hatte er denn letztlich getan? Er hatte etwas riskiert, um zu erreichen, was er für richtig hielt.

Am Abend besorgten sie sich eine Zeitung und stießen auf Marcels Erfolg an, verliebt und elektrisiert von ihrem aufregenden Leben.

*

Misstrauisch überprüfte der Polizist Eddas Papiere. Noch glaubte er ihr nicht, dass sie in der Rue des Écoles wohnte, sondern hielt Edda für eine der protestierenden Studentinnen, die er von der Sorbonne fernhalten sollte. Edda versuchte gelassen zu wirken, innerlich bebte sie jedoch. Madame Brunets Kleider, die sie aus der Reinigung abgeholt hatte, lagen schwer über ihrem Arm. Glaubte der Polizist vielleicht, die nähme sie mit zu einer Demonstration? Diese Kontrollen waren nervtötend, doch seitdem im Quartier Latin immer wieder Straßenkämpfe entbrannten, gehörten sie zu Eddas Alltag. Mit einem plötzlichen Wink ließ der Polizist Edda passieren. Sie atmete auf und ging wortlos weiter.

Kurz darauf spülte sie in der Küche der Brunets Geschirr. Währenddessen hörte sie Radio, in den letzten Tagen war es fast pausenlos gelaufen. Im Augenblick berichtete ein Reporter, dass seit der Frühe nun auch Schülerinnen und Schüler auf die Straße gingen. Sie protestierten gegen autoritären Unterricht und erklärten sich solidarisch mit den Studenten, die während der Unruhen verhaftet worden waren. Unwillkürlich lächelte Edda. Es war unglaublich, wie viele Menschen sich innerhalb der letzten Woche den Protesten angeschlossen hatten. Bei jeder Demo wurden es mehr.

»*Bonjour*, Edda.«

Ungewöhnlich zeitig war Isabelle Brunet heimgekommen.

»*Bonjour, Madame.*«

»Ich hole ein paar Unterlagen, dann bin ich wieder weg!«, rief sie gestresst.

Während Edda Teller und Tassen abtrocknete, führte der Reporter ein Interview mit einer Schülerin, die ankündigte, sich am Abend mit ihrer Klasse bei der geplanten Großdemonstration einzureihen. Edda würde ebenfalls teilnehmen, wovon Madame Brunet allerdings besser nichts erführe. Erst recht nicht, nachdem sie Viktor Nolting ein Versprechen gegeben hatte. Alarmiert von den dramatischen Bildern aus Paris, hatte er nachgefragt – laut Isabelle Brunet in manierlichem Französisch –, ob seiner Tochter Gefahr drohte. Nicht, solange Edda unter ihrer Obhut lebte, hatte Isabelle Brunet versichert und Edda jegliche Teilnahme an Protesten untersagt.

Jetzt kam Isabelle Brunet in die Küche gehetzt und stürzte ein Glas Wasser hinunter. »Was sind das für verrückte Zeiten.

Hoffen wir, dass die Polizei nicht auch noch fünfzehnjährige Gymnasiasten zusammenschlägt.«

Überrascht sah Edda sie an. Dass die konservative Madame Brunet die Polizei kritisierte, war ungewöhnlich. Als wäre ihr das nun selbst aufgefallen, fügte Isabelle Brunet hinzu: »Natürlich auch, dass die Chaoten sich zurückhalten.«

Sie stopfte eine Packung Kekse in ihre Aktentasche. »Heute Abend müsstest du bei den Kindern bleiben. Claude ist ja in der Normandie und ich habe eine außerordentliche Konferenz mit meinem Kollegium.« Sie seufzte. »Angesichts der Umstände wird es wohl spät werden.« Damit wandte sich Isabelle Brunet zum Gehen. »*Merci*, Edda. Bis später.«

Genervt sah Edda ihr nach. Madame Brunet hatte nicht einmal gefragt, ob Edda abends etwas vorhatte, sondern verfügte einfach über ihre Zeit. Während Edda das saubere Geschirr in die Schränke sortierte, gestand sie sich ein, dass sie sich im Grunde gar nicht ausgebeutet fühlte. Sie wäre nur gern bei der Demo dabei gewesen. Jedes Mal, wenn sie mit Zehntausenden durch Paris marschierten, meinte Edda stärker zu spüren, wie unter ihnen der Asphalt vibrierte, als wollte er aufbrechen, um etwas Neues zum Vorschein zu bringen.

Sie rief Marcel an, aber er nahm nicht ab. Vermutlich fotografierte er demonstrierende Schulklassen. Edda wartete noch einige Freizeichen ab, dann legte sie auf. Sie versuchte es bei Florence und Zoé, aber auch sie waren nicht zu Hause. Nachdem Edda die Kinder von der Schule abgeholt hatte, wählte sie erneut alle Nummern, ohne Erfolg. Die anderen würden vergeblich auf sie warten.

Beim Abendessen verfolgten Edda und die Kinder im Radio den Verlauf der Demonstration. Daniel Cohn-Bendit hatte zu Beginn die Forderungen wiederholt: Die Polizei müsste aus dem Quartier Latin und der Sorbonne verschwinden und die verhafteten Studierenden sollten freigelassen werden. Jean-Luc beeindruckte es, dass Daniel Cohn-Bendit an der Place Denfert-Rochereau mit einem Megaphon auf den steinernen Löwen von Belfort geklettert war. War die Skulptur nicht wahnsinnig hoch? »Jaja«, sagte Edda und hörte gebannt zu, als die Journalisten von *RTL* und *Europe 1* darüber berichteten, wie der Zug an dem Gefängnis vorbeizog, in dem man die Inhaftierten vermutete. Lautstark verlangte die Menge deren Freiheit. Es ertönten euphorische Kommentare einzelner Demonstrierender und schließlich *Die Internationale*, zu der Jean-Luc und Henri auf dem Sofa herumhopsten und den Refrain halbwegs korrekt mitbrüllten:

Völker, hört die Signale!
Auf zum letzten Gefecht!
Die Internationale
erkämpft das Menschenrecht.

Edda war froh, dass Madame und Monsieur Brunet das nicht hörten. Damit die Kinder sich beruhigten, schlug Edda ihnen vor, aus alten Modezeitschriften Bilder auszuschneiden, um daraus für Camilles Papierpüppchen Kleider zu fabrizieren. Die Jungen fanden Eddas Idee blöd. Andererseits war das immer noch besser, als ins Bett gehen zu müssen. Bei weit geöffneten Fenstern bastelten sie und meinten aus der Ferne die Sprechchöre der Demonstrierenden zu vernehmen.

Als Edda später die drei zu Bett brachte, nahm der Lärm in ihrer Straße zu. Sie eilte zurück ins Wohnzimmer und blickte hinaus. Eine Gruppe junger Leute hatte begonnen, aus Mülltonnen, Pflastersteinen, Holzlatten und einem umgestürzten Bauzaun Barrikaden zu errichten. Nicht wenige Nachbarn, sogar die älteren, feuerten sie mit »Bravo«-Rufen und Applaus an. Manche hatten auf ihre Fenstersimse Transistor-radios gestellt. Am laufenden Band kamen Berichte darüber, dass nach dem Ende der Demo nun in vielen Straßen des Quartier Latin Barrikaden entstanden. Ein Journalist verglich die Ereignisse mit den Straßenkämpfen von 1848, als Arbeiterinnen und Arbeiter sich gegen übermächtige Regierungstruppen zur Wehr gesetzt hatten, und ein anderer klang so erregt, als kommentierte er ein sensationelles Fußballspiel. Es war, als würde dort draußen Geschichte geschrieben – was Edda jedoch leider nur aus zweiter Reihe mitbekäme. Ob Marcel mittendrin steckte? Zusammen mit Florence und Zoé? Auf Krawalle war Edda zwar nicht erpicht. Sie hasste das Tränengas und fürchtete, durch Wasserwerfer oder Steinwürfe verletzt zu werden. Was jedoch hier geschah, schien etwas ganz anderes zu sein. Eine Art Volksfest oder ein Spiel, das allen großes Vergnügen zu bereiten schien.

Edda spürte eine warme Hand in ihrer, es war Henris. Die Geschwister waren aus ihren Betten gekrochen und drängten sich um sie. Edda schickte sie nicht zurück. Sie könnten sowieso nicht schlafen. Das Telefon läutete. Marcel! Er würde wissen wollen, weshalb sie nicht zur Demo gekommen war. Edda flog zum Apparat, die Kinder jagten hinter ihr her.

»Edda! Ist bei euch alles in Ordnung?«

Enttäuscht zog sich ihr Magen zusammen. Es war Monsieur Brunet. Er hatte von den Barrikaden gehört und machte sich Sorgen. Edda beruhigte ihn. Kurz darauf rief Madame Brunet an. Ihre Konferenz dauerte noch an, aber sie würde sich so schnell wie möglich losreißen.

Zu viert kehrten sie ans Fenster zurück, die Kinder in Pyjamas und voller Begeisterung, so dass sie Eddas bedrücktes Gesicht nicht bemerkten. War Marcel derart ins Fotografieren vertieft, dass er nicht daran dachte, sie anzurufen? Oder waren die öffentlichen Telefone womöglich zu Barrikaden verarbeitet worden?

»Lasst uns bitte auch etwas spenden!«, rief Camille und klatschte in die Hände.

Edda sah, was sie meinte. Die Nachbarschaft versorgte die jungen Leute an den Barrikaden mit Lebensmitteln und Getränken. Eifrig brachten Camille und Jean-Luc eine Keksbüchse, zwei Äpfel und eine Wasserflasche. Henri besorgte einen Eimer, an dessen Griff Edda eine Kordel befestigte. Diesen ließen sie auf die Straße hinunter, wofür ihnen die jungen Leute unter Lachen und Gejohle dankten. Die Kinder kicherten, und Edda umarmte sie. Ohne sich darüber bewusst zu sein, hatten die drei es geschafft, sie aufzuheitern.

»*Vive la révolution!* Es lebe die Revolution!«, brüllte Jean-Luc, und Edda war froh, dass seine Eltern auch das nicht hörten.

Die Stimmung schlug um, als ein Trupp Polizisten auftauchte. Edda stockte der Atem. Sie konnte sich denken, was als Nächstes passieren würde.

»Weg vom Fenster!«, befahl sie scharf. Die Jungen gehorchten sofort, aber Camille blieb stehen.

»Edda! Da ist dein Freund!«

»Marcel? Wo?«

Edda sprintete ans Fenster. Camille deutete auf einen Pulk von Beamten, die auf einen Mann eindroschen. Edda verengte ihre Augen, um ihn besser zu fokussieren. Schwarzes Haar, dunkle Jacke – mehr erkannte sie nicht. War es Marcel? Die bloße Möglichkeit brachte Eddas Herz zum Rasen.

So laut sie konnte, rief sie seinen Namen. Ihre Schreie gingen im Lärm unter. Camille klammerte sich an sie. »Das ist er! Das ist er!«, kreischte sie.

Wieso war sich Camille so sicher? Edda warf ihr einen Seitenblick zu und erschrak. Verdammt! Das Mädchen war krei-deweiß geworden. Sofort zog sie Camille vom Fenster weg. Camille hatte noch nie eine Schlägerei gesehen. Wie schockiert musste sie sein.

Edda legte den Arm um Camille und schloss das Fenster. Äußerlich wirkte Edda ruhig, doch in ihr tobte Panik. Wurde dort unten gerade Marcel verprügelt? Eddas Mund befahl Jean-Luc, seiner Schwester ein Glas Wasser zu holen, während ihre Gedanken rotierten. Vielleicht war er es ja nicht. Und wenn doch? Dann müsste sie ihm helfen. Aber die Kinder? Edda durfte sie doch nicht allein lassen.

Inzwischen hatte sie Camille zum Sofa geschoben, damit sie sich setzte. Jean-Luc und Henri rahmten ihre Schwester ein, Henri hielt Camilles Hand.

»Es geht schon wieder«, behauptete Camille.

Prüfend sah Edda Camille an. »Bist du sicher?«

Camille nickte. »Was ist mit Marcel?«, fragte sie.

Die Sirenen herannahender Polizei- und Krankenwagen ertönten. Edda rang mit sich. Dann traf sie eine Entscheidung. »Ihr rührt euch nicht vom Fleck! Verstanden?«

Jetzt nickten alle drei.

An der Tür drehte sich Edda noch einmal um. Kerzengerade saßen die Kinder da und blickten ihr nach.

»Ich bin gleich zurück!«, versprach sie.

Camille versuchte ein tapferes Lächeln, das Edda kurz erwiderte. Dann raste sie die Treppe hinunter.

*

Der Polizeibeamte knallte Edda ein Formular vor die Nase, und sie unterschrieb, dass sie ihre persönlichen Sachen zurückerhalten hätte. Anschließend befahl er ihr, sich zu setzen.

»Darf ich denn nicht gehen?«

So hatte Edda es verstanden, als eine Polizistin ihre Zellentür aufgeschlossen und Edda herausgerufen hatte.

»Sie werden abgeholt«, antwortete der Polizist und deutete mit einer unwirschen Geste auf eine Bank.

Sobald Edda den Kopf an die Wand gelehnt und die Augen geschlossen hatte, spürte sie den Sog der Müdigkeit. An Schlaf war in der überfüllten, stickigen Zelle nicht zu denken gewesen. Vor allem aber hatte Edda die Angst gequält, den Kindern könnte etwas zugestoßen sein. Was hatten sie bloß gemacht, nachdem Edda nicht zu ihnen zurückgekehrt war? Ihr kamen die Tränen bei der Vorstellung, dass Jean-Luc in Panik geraten und Henri geweint hätte oder dass Camille just aus dem Fenster geschaut haben könnte, als Edda in einen Polizeibus gezerrt worden war. Dort hatte ihr, mit geschwollenem Auge, der Mann gegenübergesessen, wegen dem sie hinausgelaufen war. Aus der Nähe betrachtet, sah er Marcel nicht im Geringsten ähnlich.

Auf der Polizeiwache hatte Edda dem Beamten, der die Personalien aufgenommen hatte, ihre Situation geschildert. Dass sie an den Straßenkämpfen nicht beteiligt gewesen war, wollte er ihr nicht glauben. Unter Tränen hatte Edda ihn gebeten, sie heimgehen zu lassen. Was, wenn den Kindern etwas passierte? Das hätte sie sich früher überlegen sollen, hatte der Beamte kühl erwidert und sich der nächsten Gefangenen zugewandt.

Weit nach Mitternacht war es in ihrer Zelle richtig eng geworden. Pausenlos hatte sich die Tür geöffnet, um sogleich wieder krachend ins Schloss zu fallen. Alle, die verhaftet worden waren, sahen fix und fertig aus. Aufgeregt erzählten sie einander, was sie in den letzten Stunden erlebt hatten. So erfuhr Edda, dass die Verhandlungen einer studentischen Delegation mit den Regierungsvertretern gescheitert waren. Der Justizminister hatte angeordnet, die Barrikaden zu räumen, woraufhin im Quartier Latin die Hölle losgewesen war. Eddas Angst um Marcel war erneut aufgeflammt. Sie sah ihn vor sich, wie er sich mit seiner Kamera genau dort einen Weg bahnte, wo es am heftigsten zuging. Eine verheulte Frau, die einen Strickmantel trug, lenkte Edda mit der Frage ab, wie sie hier gelandet wäre. Edda erzählte es ihr. Was? Die Bullen – zum ersten Mal störte Edda das Schimpfwort nicht – ließen nicht zu, dass Edda sich um drei kleine Kinder kümmerte? Was für eine Schweinerei! Ihre Empörung hatte Edda gutgetan, auch wenn sie ihr die Schuldgefühle nicht nahm.

»Edda.«

Beim Klang einer Männerstimme fuhr sie zusammen. Vor ihr stand Claude Brunet, unrasiert und in einem zerknitterten Anzug. Sofort erhob Edda sich.

»Monsieur Brunet, was ist mit den Kindern? Geht es ihnen gut?«

Claude Brunet nickte. »Sie schlafen.«

Vor Erleichterung hätte Edda ihn beinahe umarmt. Die Nacht im Gefängnis, die Müdigkeit und der Durst, die Vorwürfe, mit denen Madame Brunet Edda sicher überschütten würde – all das spielte keine Rolle. Den Kindern war nichts geschehen, nur das zählte.

»Meine Güte, bin ich froh.«

Einen Augenblick musterte Claude Brunet sie. »Wie geht es dir denn?«

Hörbar atmete Edda aus. »Jetzt besser.«

Claude Brunet nickte müde, und Edda fiel ein, dass er beruflich in der Normandie gewesen war. Von dort aus hatte er mitten in der Nacht aufbrechen müssen, um jetzt in Paris zu sein. Auch das hatte Edda zu verantworten. Sie setzte an, um sich zu entschuldigen, doch kam ihr Claude Brunet zuvor. »Dein Freund Marcel hat sich nach dir erkundigt. Du sollst ihn nachher anrufen.«

Noch ein Stein fiel Edda vom Herzen. Auch Marcel war wohlbehalten nach Hause gekommen. Alles würde gut werden.

Der Polizist blickte zu ihnen hinüber.

»Lass uns gehen«, sagte Claude Brunet und nickte dem Beamten zu.

Draußen erwartete sie ein Bild der Verwüstung. Ausgegrabene Pflastersteine lagen haufenweise herum, sogar Dachziegel waren geworfen worden. Edda schauderte. Der Anblick zertrümmerter Fensterscheiben und umgestürzter, ausgebrannter Autos ließ sie an Szenen aus Kriegsfilmen denken. Claude Brunet erging es wohl ähnlich.

»Vor dieser Kulisse finden in Paris zum ersten Mal offizielle Friedensgespräche zwischen den USA und Nordvietnam statt. Das ist absurd.«

Mit langen Schritten eilte Claude Brunet zur Rue des Écoles. Edda passte sich seinem Tempo an, wobei sie ihm hin und wieder einen unsicheren Blick zuwarf. Warum sagte er nichts? Monsieur Brunet glaubte doch nicht etwa, dass Edda seine Kinder allein gelassen hätte, um sich eine Schlacht mit der Polizei zu liefern?

Im Wohnzimmer saß, mit dunklen Ringen unter den Augen, Isabelle Brunet, vor sich eine Tasse Kaffee und die aufgeschlagene *Le Monde*. Unübersehbar lag eine scheußliche Nacht hinter ihr. Sofort platzte Edda mit einer Entschuldigung heraus.

»Es tut mir so leid, Madame Brunet. Ich verspreche Ihnen, dass ich die Kinder keine Sekunde mehr aus den Augen lassen werde.«

Isabelle Brunet ging darauf nicht ein, sondern erkundigte sich: »Bist du unversehrt?«

»Aber ja. Mir geht es gut. Ich habe mir nur furchtbare Sorgen um die Kinder gemacht.«

Über Eddas Wangen liefen Tränen, auch Isabelle Brunet wischte sich über die Augen. Claude Brunet reichte Edda eine Tasse frisch aufgebrühten Kaffee. »Setz dich, Edda.«

Es stellte sich heraus, dass Isabelle und Claude Brunet wussten, wie es dazu gekommen war, dass Edda die Wohnung verlassen hatte. Camille hatte es ihnen erzählt. Nachdem Edda nicht zurückgekehrt war, hatte Camille beschlossen, nach ihr zu suchen. Derweil war Henri auf einen Stuhl geklettert und hatte das Fenster geöffnet. Eine Nachbarin hätte beinahe der Schlag getroffen, als sie sah, wie weit sich der Kleine hinausbeugte, um nach Camille zu rufen, die in Pyjama und Pantoffeln mitten auf der umkämpften Straße stand. Die Nachbarin hatte die verzweifelte Camille eingesammelt und nach Hause gebracht. Dort hatte sie mit den Kindern auf Isabelle Brunet gewartet.

Entsetzt hatte Edda die Hände vor den Mund geschlagen. Nicht auszudenken, was passiert wäre, wenn Henri das Gleichgewicht verloren hätte. Er wäre aus dem dritten Stock auf den Asphalt gestürzt. Und Camille? Alles Mögliche hätte ihr zustoßen können, und daran war sie schuld, Edda.

Erschöpft strich sich Isabelle Brunet durch ihr dunkles Haar, ihre Stimme klang heiser. »Dafür, dass wir heute nicht zwei unserer Kinder verloren haben, bin ich unendlich dankbar.«

Langsam nickte Edda. Einen Moment schwiegen sie, bis Isabelle Brunet sagte: »Ich weiß, du hast die Kinder gern, Edda, und sie vergöttern dich. Aber leider können wir dir nicht mehr vertrauen.«

Claude Brunet räusperte sich. »Nächste Woche kommen meine Eltern aus Orléans. Sie werden bei uns bleiben, bis wir ein neues Au-pair gefunden haben.«

Eddas Magen verkrampfte sich, ihr wurde speiübel.

»Ich mache es wieder gut«, flehte sie mit tränenerstickter Stimme. »Geben Sie mir bitte noch eine Chance.«

»Deine zweite Chance hattest du im letzten Winter.«

Laut und bestimmt hatte Isabelle Brunet gesprochen. Edda senkte den Blick und starrte auf ihre wie zum Gebet gefalteten Hände. Ja, im Dezember. Als sie Jean-Luc vom Baum gerettet hatte und Henri im Jardin du Luxembourg verschwunden war. Dadurch hatte sie Florence kennengelernt, Zoé und schließlich Marcel.

»Seitdem habe ich mir nichts mehr zuschulden kommen lassen«, versuchte es Edda noch einmal. Doch die Brunets blieben unerbittlich.

»Wenn du einmal selbst Kinder hast, wirst du mich verstehen«, sagte Isabelle Brunet.

An der Wohnungstür riet sie Edda, sich ein paar Stunden auszuruhen. Das Organisatorische würden sie in den nächsten Tagen besprechen, überstürzen müsste Edda ihre Abreise nicht. Ein »Merci« dafür brachte Edda nicht über die Lippen. Stattdessen fragte sie: »Madame Brunet, was hätten Sie denn getan, wenn Sie geglaubt hätten, dass draußen Ihr Mann verprügelt wird? Hätten Sie nicht nach ihm gesehen?«

Zuerst wirkte Isabelle Brunet überrascht, dann verhärtete sich ihr Blick. »Bis morgen, Edda«, sagte sie kurz angebunden und schloss die Tür.

Reglos stand Edda im Treppenhaus, aber in ihr tobte ein Sturm aus Verzweiflung, Hilflosigkeit, Scham und Schuld. Wütend wurde sie aber auch. Das eigentliche Problem war doch nicht, dass Edda entschieden hatte, die Kinder ein paar

Minuten allein zu lassen, sondern dass die Polizei Edda unschuldig festgehalten hatte. Darüber hätten sich die Brunets mal aufregen sollen.

Langsam stieg sie die Treppen hinunter. Was sollte sie in ihrem *Chambre de bonne*? Sie könnte sowieso nicht schlafen. Sie wollte zu Marcel, denn anderswo als in seinen Armen würde sie diesen grässlichen Tag nicht überstehen. Der Gedanke, Paris plötzlich zu verlassen, hing bleischwer an Edda. Als sie sich dann auch noch vorstellte, Marcel bald nicht mehr zu sehen, schmerzte es in ihrer Brust so sehr, dass sie sich unwillkürlich ans Herz griff. Zum ersten Mal hielt Edda es für möglich, dass es brechen könnte.

*

Sie faltete das Laken und legte es ordentlich auf ihr Bett. Es gäbe nichts mehr zu tun, außer endgültig Abschied zu nehmen. Edda ließ ihren Blick durch das kleine Zimmer schweifen, das sie fast ein Jahr lang bewohnt hatte. Noch hafteten ihm ihre Erinnerungen an, unzählige Bilder, sichtbar nur für sie. Heimelig wirkte das *Chambre de bonne* trotzdem nicht mehr. Eddas Topfblumen, die üppig gediehen waren, hatte sie Jane und Agnes geschenkt, ihre Poster und Fotos hatte sie von den Wänden genommen, aus den Regalen die Kerzen, Bücher sowie den hübschen Tinnef, den sie hin und wieder auf dem Flohmarkt erstanden hatte. Prall gepackt stand Eddas Koffer neben der Tür. Er war reisefertig, Edda hingegen war es nicht.

Noch immer hoffte sie, dass ihr Zug nicht abfahren würde. Schließlich könnte es gut sein, dass sich die Angestellten der französischen Bahn in diesen Minuten zum Streik entschließen würden. Marcel zweifelte nicht daran, dass es jeden Moment so weit wäre. Seit der »Nacht der Barrikaden« am vergangenen Wochenende rollte eine enorme Protestwelle durch ganz Frankreich. Fast schien es, als hätte eine Revolution begonnen, denn die Arbeiterschaft hatte sich mit den Studentinnen und Studenten solidarisiert. Überwältigt hatte Edda in der Zeitung gelesen, dass innerhalb weniger Tage Millionen ihre Arbeit niedergelegt hatten, um gegen Polizeigewalt, für höhere Löhne und bessere Arbeitsbedingungen zu streiken. Wann also käme endlich der Zugverkehr zum Erliegen? Dann säße Edda in Paris fest. Unter solchen Umständen würden Brunets sie wohl kaum auf die Straße setzen, und Eddas Eltern könnten rein gar nichts dagegen tun. Einen Plan B gab es leider nicht, obgleich sich Marcel und Edda das Hirn darüber zermartert hatten, nachdem Edda am Tag ihrer Gefängnisentlassung völlig aufgelöst bei Marcel aufgetaucht war. Zunächst war er überzeugt davon gewesen, dass die Brunets sich umstimmen ließen, hätten sich die Wogen erst einmal geglättet. Falls nicht, würden Edda und Marcel sich eben à la Bonnie und Clyde aus dem Staube machen. Seine Zuversicht und seine Scherze hatten Edda beruhigt. Als Marcel ihr zuflüsterte, dass er sie keinesfalls würde gehen lassen, hatte sie ein Happy End tatsächlich für denkbar gehalten.

Brunets hatten jedoch nicht zugestimmt, Edda, wie ursprünglich geplant, weitere vier Monate zu beschäftigen. Allerdings erklärten sie sich dazu bereit, ihr das Zimmer bis zum Ende des Monats Mai zu überlassen, denn die Möglichkeit, das Sprachzertifikat zu erwerben, wollten sie Edda nicht nehmen. Für Edda und Marcel zählte jeder gemeinsame Tag, deshalb war das Angebot besser als nichts. Doch dann hatten ihnen die Noltings einen Strich durch die Rechnung gemacht. Ihre Tochter schien auf Abwege geraten zu sein. Eddas zügelloses Leben müsste so schnell wie möglich ein Ende haben, noch in den nächsten Tagen. Basta.

Edda hatte erwogen, sich ihrer Order zu widersetzen. Könnte sie vielleicht bei Florence oder Zoé Unterschlupf finden? Die Eltern ihrer Freundinnen lehnten das ab. Eine Deutsche, die mit ihrer Au-pair-Familie aneinandergeraten war? Wer wüsste, was für Schwierigkeiten sie ihnen machen würde? Auch Marcels Vater hatte abgewunken. Zwar verstand er die Not der jungen Leute, aber Edda wäre minderjährig und mit Marcel nicht verheiratet. Ihre Eltern könnten ihm riesigen Ärger bereiten. Was hätte Edda also in Paris tun sollen, ohne Unterkunft, ohne Arbeit und Geld? Die Scherze über Bonnie und Clyde waren Marcel und ihr schnell vergangen.

Als Edda sich jetzt den unmittelbar bevorstehenden Abschied von Marcel vorstellte, hätte sie gleich wieder losheulen können. Ihr Vorrat an Tränen schien unerschöpflich. Sie beherrschte sich jedoch und trat auf den kleinen Balkon hinaus, zum letzten Mal. Wehmütig betrachtete sie die Pariser Dächer mit den unzähligen Schornsteinen, die ihr anfangs so skurril erschienen waren. Auf der Kuppel der von Studierenden besetzten Sorbonne wehten in Rot und Schwarz die Flaggen des Sozialismus und der Anarchie, im Innenhof der Universität klimperte jemand auf einem Klavier, und vom Hügel Montmartre aus leuchtete in strahlendem Weiß die Kirche Sacré-Cœur hinab, so erhaben, als ginge sie der ganze Aufruhr nichts an.

Dort oben hatte Edda mit Marcel, Florence, Zoé, Jane und Agnes ihren letzten Abend verbracht. Sie hatten Weinflaschen kreisen lassen, auf Paris geschaut und dabei einem Gitarrenspieler zugehört, der Stücke von Bob Dylan sowie Simon and Garfunkel spielte. Edda hatte ihren Kopf an Marcels Schulter gelehnt, ihr Gesicht nass von Tränen. Marcel hatte sie fest im Arm gehalten. Schließlich hatte der Musiker das Genre gewechselt und mit rauchiger Stimme ein Chanson von Jacques Brel gesungen. »*Ne me quitte pas*, verlass mich nicht«, hatte Marcel die sich wiederholende Textzeile in Eddas Ohr geraunt, und sie hatte gespürt, dass es ihm damit ernst war. Sie hatte Marcels Hand ergriffen und ihn hinter eine der Kirchensäulen gezogen. Salzig und intensiv hatte der drohende Abschied geschmeckt. Später, nachdem Edda die anderen umarmt hatte, war sie mit zu Marcel gegangen, und bis zum Morgen hatten sie sich geliebt. Erschöpft und traurig war Edda in der Frühe in die Rue des Écoles gefahren, um Isabelle und Claude Brunet Lebewohl zu sagen.

An Eddas Zimmertür klopfte es, und sie wandte sich um. »Herein.«

Camille huschte ins Zimmer, gefolgt von Jean-Luc und Henri.

»Marcel ist da«, verkündete sie.

Als ihr Blick auf Eddas Koffer fiel, brach Camille in Tränen aus. »Das ist meine Schuld. Hätte ich nicht geglaubt, Marcel wird verprügelt, wärst du nicht auf die Straße gelaufen.«

Edda sank in die Hocke und umfasste die Schultern des Mädchens. »Nein, Camille, du hast rein gar nichts falsch gemacht.«

Jean-Luc sah das anders. Seine Stimme zitterte. »Camille hat aber recht. Dann hätte dich die Polizei nicht eingesperrt und Maman und Papa wären nicht auf dich sauer.«

Energisch schüttelte Edda den Kopf. »Ich hätte euch nicht allein lassen dürfen. Zumindest hätte ich eine Nachbarin bitten sollen, nach euch zu sehen. Darauf bin ich einfach nicht gekommen.«

Noch einmal unbeobachtet mit den Kindern zu sprechen, tat Edda gut. In den letzten Tagen hatte sie dazu keine Gelegenheit gehabt, da entweder Isabelle und Claude Brunet zugegen gewesen waren oder dessen Eltern.

Henri drückte Edda fest und sie öffnete ihren Arm, um auch Jean-Luc einzuladen. Einen Moment lang standen sie alle eng umschlungen da und weinten zusammen.

»Sehen wir uns wieder?«, fragte Camille. Sie blickte Edda direkt an und verlangte eine ehrliche Antwort.

»Das glaube ich. Bestimmt.«

»Alle behaupten das«, maulte Jean-Luc. »Aber keins unserer Au-pairs ist wiedergekommen.«

»Edda ist anders«, erwiderte Henri. »Und sie hat uns lieb.«

»Genauso ist es.« Edda hüstelte den Kloß fort, der sich schon wieder in ihre Kehle zwängte. »Kommt jetzt, ich muss los.«

Die Kinder trotteten voraus, während Edda ihren Koffer nahm und sich ein letztes Mal umsah, bevor sie die Zimmertür hinter sich zuzog.

*

Nicht weit vom Bahnhof hielt Marcel an und stellte den Motor von Zoés Citroën aus. Schweigend saßen sie nebeneinander. Der gefürchtete Moment war gekommen. Sie umarmten sich und versanken in einem langen, traurigen Kuss. Danach griff Marcel in die Ablage und gab Edda ein Päckchen. »Für dich.«

»*Merci.*«

Es war es höchste Zeit zu gehen. Marcel griff nach ihrem Koffer, doch Edda hielt seine Hand fest.

»Können wir es hier hinter uns bringen?«

Sonst würden sich ihre Hände durch das geöffnete Zugfenster umklammern, bis der Pfiff zur Abfahrt ertönte und sie auseinanderriss. Allein die Vorstellung, zu sehen, wie Marcel auf dem Bahnsteig zurückbliebe und kleiner und kleiner werden würde, tat Edda weh. Marcel widersprach ihr nicht, in seinen Augen standen Tränen.

»*Au revoir*, Edda. Wir sehen uns bald wieder. Anders geht es nicht.«

Ein fragiles Lächeln brachte sie noch zustande, dann wandte sie sich um und ging davon.

Im Zug fand sie einen Fensterplatz und starrte wie betäubt hinaus. Kaum merkte sie, dass der Zug anfuhr. Nach einer Weile erinnerte sie sich an das Päckchen, das Marcel ihr gegeben hatte. Sie entfernte das Papier und hielt ein kleines Fotoalbum in den Händen. Als sie es durchblätterte, fühlte sie sich ein wenig getröstet. Seitdem Marcel ein leidenschaftlicher Fotograf geworden war, hatte er nicht nur Demos und Straßenschlachten dokumentiert, sondern offenbar auch Orte, die in Paris für Edda eine Rolle gespielt hatten. Außerdem hatte er Florence geknipst, Zoé, die lässig an ihrem Citroën lehnte, Antoine mit erhobener Faust in der Sorbonne, Jane und Agnes auf den Stufen vor Sacré-Cœur und sogar Dany mit einem Megaphon in der Hand. Das Foto, das Marcel von Edda und den Kindern im Jardin du Luxembourg gemacht hatte, bewies ihre Verbundenheit, daneben klebte eins, auf dem der Brunnen der Liebenden Galatea und Acis zu sehen war. Wie oft hatten Edda und Marcel dort gesessen. Auf der letzten Seite prangten Edda und Marcel, Arm in Arm in einem Café. An ihrem Geburtstag, kurz bevor im Quartier Latin die erste Straßenschlacht entbrannt war, hatte Marcel Jane gebeten, diese Aufnahme zu machen. Edda betrachtete Marcels Gesicht aus der Nähe. Hatte er sein Versprechen ernst gemeint? Dass sie sich wiedersehen würden, weil sie zueinander gehörten?

Beim gleichmäßigen Rattern des Zuges war Edda eingeschlafen. Sie erwachte erst, als Frankfurt am Main Hauptbahnhof angekündigt wurde. Am Bahnsteig, in Hut und Mantel, erwartete sie ihr Vater. Flüchtig umarmten sie sich, und Viktor Nolting bestand darauf, den Koffer zu tragen.

»Ein Glück, dass du heute abgereist bist«, sagte er. »In Frankreich wird von morgen an die Bahn streiken, auch das Benzin ist knapp. Du wärst aus Paris gar nicht mehr weggekommen.«

Edda erwiderte nichts, sondern warf ihrem Vater einen kurzen Seitenblick zu. Stichelte er? Oder glaubte er ernsthaft, sie wäre erleichtert darüber, den Zug erwischt zu haben? Weder seinem Tonfall noch seinem Gesichtsausdruck konnte Edda das entnehmen. Der Abschiedsschmerz rumorte in ihr, und Edda graute es davor, nach Hause zu kommen.

Essen,
September 1968

Der Herbstregen prasselte gegen die hohen Fensterscheiben, in denen sich die Umzugskisten spiegelten, die Edda am folgenden Tag mit ihrer Schwägerin auspacken würde. Darum hatte Joachim sie gebeten, und ihre Eltern hatten es begrüßt, dass Edda nach Essen führe, um sich im Haushalt ihres Bruders und der hochschwangeren Helga nützlich zu machen. Jeder anderen Reise hätten sie sicher Steine in den Weg gelegt. Seitdem für Franziska und Viktor Nolting endgültig feststand, dass ihre Tochter abgedriftet war, konnte Edda nicht einmal mehr die Wohnung verlassen, ohne mit inquisitorischen Fragen bombardiert zu werden. Umso mehr freute sie sich darauf, ein paar Tage von Ermahnungen und Vorhaltungen verschont zu bleiben.

Mit zwei Flaschen Bier und Gläsern kehrte Joachim ins Wohnzimmer zurück und schloss die Tür.

»Markus ist eingeschlafen und Helga mit ihm«, sagte er und ließ sich neben Edda auf die Couch fallen. »Vielleicht habe ich ihr mit einem Umzug kurz vor dem Geburtstermin zu viel zugemutet.«

»Dafür habt ihr jetzt eine tolle Wohnung.«

Sie prosteten einander zu.

Edda war froh, dass sich endlich die Gelegenheit bot, mit Joachim unter vier Augen über ihre Eltern zu reden. Er entschuldigte sich dafür, dass er, weil er viel um die Ohren gehabt hätte, das Gespräch mit ihr nicht früher gesucht hatte. »Immerhin habe ich ein paar Nachforschungen über Zwangssterilisationen erbkranker Menschen angestellt. Du hattest ja Sorge, unsere Eltern könnten etwas damit zu tun gehabt haben.«

Trotz Jobwechsel, Umzug und zweitem Kind war Joachim also doch nicht so desinteressiert gewesen, wie es auf Edda gewirkt hatte.

»Und hast du etwas herausfinden können?«

»Ob in der Frankfurter Uniklinik, wo unsere Eltern damals beschäftigt waren, solche Eingriffe tatsächlich durchgeführt worden sind, ließ sich nicht eruieren. Eins steht jedoch fest: Bei den Entnazifizierungen spielte das Thema gar keine Rolle. Kein Arzt, der im Rahmen des ›Gesetzes zur Verhütung erbkranken Nachwuchses‹ von 1934 Menschen sterilisiert hat, weil sie taub, stumm oder epileptisch gewesen waren, musste sich deswegen vor Gericht verantworten. Demnach auch Vater nicht, falls er als Röntgenarzt überhaupt eine Lizenz dafür gehabt hätte.«

Edda war fassungslos. »Soll das etwa heißen, niemand interessiert sich dafür, dass Menschen gegen ihren Willen unfruchtbar gemacht worden sind?«

Joachim seufzte. »Die Opfer, es sind Hunderttausende, erhalten nicht einmal eine Entschädigung. Was sie erlitten haben, wird nicht als typisch nationalsozialistisches Unrecht bewertet.«

»Aber die Nazis haben dieses Gesetz doch erlassen!«

»Trotzdem. Die Idee, die erbliche Qualität der Bevölkerung zu verbessern, stammt nicht von ihnen«, erklärte Joachim. »Bereits in der Weimarer Republik wurde darüber nachgedacht. Selbst demokratische Regierungen wie in Skandi-

navien oder den USA sahen in staatlich verordneten Sterilisationen ein legitimes Werkzeug der Bevölkerungspolitik.«

Edda hob die Hände, als wollte sie Joachims Worte abweh-
ren. Sie konnte kaum glauben, was sie hörte.

»Vielleicht geht es Mutter deshalb so leicht über die Lippen, hinauszuposaunen, dass ›einer wie der Dutschke keine
Kinder bekommen dürfte‹.« Sie imitierte Franziska Noltings
rigorosen Tonfall.

Das Bier schäumte über den Rand, als Joachim ihre Gläser auffüllte. Derweil sprachen sie darüber, ob ihre Mutter
wohl am Erbgesundheitsgericht gearbeitet oder auf ihren
Mann gehört hatte, dem das anscheinend nicht recht gewesen war. Joachim ging von Letzterem aus, denn Franziska war
bald nach der Hochzeit schwanger geworden, und so viel er
wusste, hatte sie sich ihrer Rolle als Hausfrau und Mutter gewidmet.

»Und Papa? Lässt sich nicht in Erfahrung bringen, ob er
diese Lizenz besessen hat?«

Joachim schüttelte den Kopf.

Edda nahm einen großen Schluck Bier, doch die Bilder
verzweifelter Frauen, die durch ihren Kopf schwirrten, ließen sich nicht fortspülen.

»Mich hat schockiert, wie mitleidlos unser Vater über
sie geschrieben hat. Von den ›hässlichen Szenen‹, wie er es
nannte.« Etwas unsicher sah Edda ihren Bruder an. »Ich habe
seinen Brief aus Polen dabei. Schaust du ihn dir an?«

»Den hast du immer noch nicht zurückgelegt?«, brummte
Joachim, lehnte jedoch nicht ab.

Kurz darauf beugten sie ihre Köpfe über Viktor Noltings
Feldpost. Aufmerksam betrachtete Joachim die Fotografie,
die Edda darin gefunden hatte. Sie zeigte ihren Vater, der,
sonnengebräunt und lachend, vor einer Kirche stand.

»Man möchte nicht meinen, dass um ihn herum der Krieg tobte«, bemerkte Joachim. Danach vertieften sie sich in den Brief.

Warthegau, Herbst 1942

Liebe Franziska,
hoffentlich seid Ihr alle wohlauf. Wie geht es Peter und Joachim? Sind sie den Keuchhusten los? Gut, dass Du Ärztin bist und ich die beiden Racker in besten Händen weiß. Meine Bronchitis ist mittlerweile überstanden, so dass mir die Arbeit wieder leichter fällt. Zum Glück, denn in Kriegszeiten ist es wichtiger denn je, im Kampf gegen die Tuberkulose nicht nachzulassen. Diese Schlacht will ich gewinnen.

Im Wartheland ist das kein einfaches Unterfangen. Weit mehr als zweihunderttausend erkrankte Polen haben wir ausfindig gemacht, über dreißigtausend leiden an einer offenen Tuberkulose. Für all die Deutschen, die beabsichtigen, sich in Westpolen anzusiedeln, stellt das ein gesundheitliches Risiko dar. Darum gibt es nun die Überlegung, die Schwerkranken einer Sonderbehandlung zu unterziehen. Dreißigtausend Menschen. Mir kommen dabei Bedenken, Franziska. Keine Sorge, laut habe ich sie nicht geäußert.

Hoffentlich schickt Dr. Holfelder mich bald nach Deutschland zurück. Er deutete an, dass die Ärzte des Frankfurter Universitätsröntgeninstituts mit der Auswertung der vielen Aufnahmen überfordert seien und meine Unterstützung gebrauchen könnten. Immerhin kenne ich die aktuellen Röntgengeräte in- und auswendig, da ich sie mit Dr. Holfelder und Dr. de Abreu technisch weiterentwickelt habe. Ich hätte nichts dagegen, Polen den Rücken zu kehren, es geht hier ziemlich rau zu. Aber am Ende hielte man mich noch für einen Drückeber-

ger, der sich in der Heimat verkriecht. Damit wäre meiner Reputation nicht gedient.

Ich denke jeden Tag an Euch. Bitte umarme die Jungen von mir.

Innige Grüße, Dein Viktor

Als wollte er ihn loswerden, schob Joachim den Brief beiseite. Er öffnete das Fenster und atmete ein paarmal tief durch. Die frische Luft, die hereinströmte, roch nach feuchten Blättern und Erde.

»Es klingt«, begann Edda, da er nichts sagte, »als hätte Vater in Polen lediglich seine deutschen Landsleute vor der Tuberkulose schützen wollen. Um die polnischen Kranken ging es ihm nicht.«

Im Licht der Glühbirne, die noch kahl von der Decke baumelte, erschien Joachims Gesicht bleich, seine braunen Augen jedoch dunkler als sonst.

»Mir macht seine Bemerkung über die sogenannte Sonderbehandlung mehr zu schaffen«, erwiderte er.

»Aber das meine ich doch.« Edda unterstrich den Satz mit ihrem Finger. »Vater hatte Bedenken, polnische Patientinnen und Patienten mit offener Tuberkulose einer speziellen Behandlung zu unterziehen. Wieso, wenn es sie hätte retten können?«

Erst irritiert, dann bestürzt blickte Joachim sie an. »Sie hatten nicht die Absicht, ihnen zu helfen, Edda. Sie dachten darüber nach, sie zu ermorden. Das bedeutete es, wenn im Jargon der Nationalsozialisten von einer ›Sonderbehandlung‹ die Rede war.«

Das hatte Edda nicht gewusst.

Vor ihr formte sich ein Bild: Nebeneinander stehen Tausende polnischer Männer, Frauen und Kinder. Deutsche Sol-

daten zielen mit ihren Gewehren auf sie und drücken ab –
einer von ihnen ist ihr Vater. Die Menschen, plötzlich nur
noch leblose Körper, fallen in eine Grube.

Edda umklammerte ihr Glas, trank jedoch nicht. Waren
es solche Erinnerungen, in die ihr Vater versank, wenn seine
Augen sich verschleierten und ihn unerreichbar werden ließen?

Joachim hatte sich wieder neben sie gesetzt und den Arm
um Edda gelegt, wie früher, als er ein Teenager und sie noch
ein Kind gewesen war.

Mit einer abrupten Bewegung setzte Edda das Glas ab.
»Dass dreißigtausend Menschen umgebracht werden sollten,
hat bei Papa *Bedenken* hervorgerufen. Bedenken! Hätte er
nicht Grauen empfinden müssen?«

Sie schwiegen, bis Edda fragte: »Kommst du eigentlich an
die Akten aus den Entnazifizierungsverfahren unserer Eltern
heran?«

Joachim verneinte. »Dazu bräuchte ich ihre Einwilligung,
und das kannst du vergessen. Außerdem, wer etwas auf dem
Kerbholz hat, wird es in den Fragebögen nicht zugegeben haben. Eher findest du dort ›Persilscheine‹, mit denen selbst
überzeugte Nazis versuchten, sich als Judenretter darzustel-
len.«

»Aber vielleicht würden wir trotzdem etwas erfahren.
Kennst du nicht jemanden, den du bitten könntest, dir Vaters
Akte zu beschaffen?« Edda hatte Joachims Hand genommen
und drückte sie. »Du bist doch Anwalt. Kannst du nicht einen
Vorwand erfinden? Komm schon, Joachim, bitte. Einen Ver-
such ist es wert.«

Joachims Augen waren hart geworden. »Das wäre illegal,
und wenn es herauskäme, würde ich in Teufels Küche kommen. Außerdem möchte ich unsere Eltern nicht ausspionie-

ren. Es ist schlimm genug, dass ich heimlich an Mutter adressierte Briefe lese.« Wie zur Bekräftigung faltete er Viktor Noltings Brief zusammen und steckte ihn in den Umschlag zurück. »Sei froh, dass wir in einem Rechtsstaat leben, der unsere Privatsphäre respektiert.«

»Und diverse Nazis ungeschoren davonkommen lässt«, konterte Edda lauter als beabsichtigt, aber Joachims belehrender Ton hatte sie verärgert.

Im Nebenzimmer begann Markus zu weinen. Mit genervter Miene legte Joachim seinen Zeigefinger an die Lippen.

»Tut mir leid«, murmelte Edda.

Kurz darauf erschien Helga, mit Markus auf dem Arm. »Ihr seid ja noch wach.«

Joachim erhob sich, um mit seiner Familie schlafen zu gehen.

Enttäuscht lag auch Edda kurz darauf im Bett. Jemand wie Joachim, obgleich kritisch und modern eingestellt, würde die Welt nicht verändern. Zwar verabscheute er den Nationalsozialismus, aber an der Geschichte seiner eigenen Familie kratzte er nur oberflächlich, als wollte er vermeiden, auf braunen Grund zu stoßen. Joachim wagte nichts, und er würde nichts riskieren. Wenn doch Marcel jetzt bei ihr wäre. Er verstand, dass es ihr nicht gelingen würde, die quälenden Fragen zu verdrängen, er schätzte, ja, er erwartete von ihr, dass sie nach Antworten suchte.

Um das Gebrüll von Markus zu dämpfen, presste sich Edda ein Kissen aufs Ohr, um ein anderes schlang sie fest ihre Arme. Sie stellte sich vor, Marcel läge neben ihr. Edda dachte so intensiv an ihn, dass sie, während sie in den Schlaf glitt, zu spüren meinte, wie seine Hände über ihren Körper strichen.

*

Wenige Tage später hatten sie fast alle Kisten ausgepackt. Abends, nachdem Joachim von der Arbeit zurückgekehrt war, half Edda ihm, Lampen und Regale anzubringen. Während sie bohrten und schraubten, ließ sich alles andere phantastisch ausblenden, so dass sie das Gespräch über ihre Eltern nicht mehr erwähnten.

An diesem wolkenlosen Nachmittag war Edda mit ihrem Neffen Markus am Baldeneysee spazieren gegangen und hatte die Aussicht auf Wiesen, Felder und die Villa Hügel genossen, wo die Unternehmerfamilie Krupp, Symbol der deutschen Rüstungsindustrie, bis zum Kriegsende ihr Domizil gehabt hatte. Als Joachim vor ein paar Jahren nach Essen gezogen war, hatte Edda ihn bedauert. Zechen und Kohlenstaub, etwas anderes hatte sie mit dem Ruhrgebiet nicht verbunden. Mittlerweile hatte sie auch seine idyllischen Seiten kennengelernt.

Erschöpft, da Markus, seitdem er das Laufen erlernt hatte, nicht genug davon bekam, betraten sie die Wohnung. Es duftete nach frisch gebackenem Apfelkuchen, aus der Küche drangen Helgas und Joachims Stimmen.

»Wir sind zurück!«, rief Edda, zog Markus die Jacke aus und legte ihn, da ihm bereits die Augen zufielen, in sein Bett. Helga erkundigte sich nach ihrem Spaziergang und lud Edda ein großzügiges Stück Kuchen mit Sahne auf einen Teller.

»Wir schauen uns Oma Marlenes Album an«, sagte Joachim. »Ich habe es in einem der Kartons gefunden.«

Edda erkannte das Album mit den goldenen Verzierungen. Sie wusste, dass Oma Marlene es Joachim und Peter geschenkt hatte, kurz bevor sie und Opa Friedrich bei einem Luftangriff gestorben waren. Mit den Fingerspitzen strich Edda über den königsblauen Stoffeinband. Als Kind war er ihr so prächtig erschienen, dass sie manchmal gespielt hatte, ein magisches Zauberbuch in den Händen zu halten. Für die

Fotografien hatte sie sich kaum interessiert, denn den meisten Menschen darauf war sie nie begegnet. Jetzt betrachtete Edda sie aufmerksam.

»Wie glücklich Franziska aussieht«, stellte Helga, auf ein Bild deutend, fest. Hochschwanger, blond und strahlend posierte Franziska Nolting vor einem Werbeplakat für die Sommerolympiade 1936 in Berlin und winkte dem Fotografen, wahrscheinlich Viktor, zu. Für Edda sah sie aus wie das nationalsozialistische Idealbild einer deutschen Mutter.

Joachim blätterte zu den ersten Bildern, auf denen er mit Peter in identischen Stramplern zu sehen war. Voller Stolz blickten Franziska und Viktor Nolting auf ihre Söhne. Am ersten Weihnachtsfest hielt Franziskas Tante Käte Joachim im Arm. Ihr grauer Kurzhaarschnitt wirkte modern, was, wie Edda fand, gut dazu passte, dass sie ihre Nichte ermutigt hatte, Medizin zu studieren. Zum ersten Mal bedauerte Edda es, dass sie die einzige Verwandte, mit der ihre Mutter aufgewachsen war, nicht mehr kennengelernt hatte.

Die folgenden Fotos dokumentierten das Familienleben der Noltings. Feste, Ausflüge, Reisen nach Bayern oder in die Schweiz. Vor einem herrlichen Bergpanorama schnitzte Opa Friedrich, ein stattlicher Mann mit Kaiser-Wilhelm-Bart, für Peter und Joachim Wanderstöcke. Eine sehr schöne Aufnahme von Oma Marlene zeigte sie mit ihren Enkeln am Ufer des Mains. Klein, drahtig, das dunkle Haar im Nacken zu einem vollen Knoten geschlungen, gab sie eine elegante Erscheinung ab, in der Edda Züge ihres Vaters erkannte. Auf einem anderen Bild, aufgenommen im Günthersburgpark, thronte einer der Zwillinge auf den Schultern eines hochgewachsenen Mannes mit akkuratem Seitenscheitel und langem Mantel.

»Ist das Onkel Konrad?«

Edda war sich nicht sicher, denn auf dem Bild, das im Wohnzimmer ihrer Eltern hing, wirkte Viktor Noltings jüngerer Bruder wie ein schlaksiger Teenager.

»Ja, genau.« Joachim übersprang ein paar Seiten und zeigte Edda ein anderes Bild. »Hier ist er noch mal.«

1942, Joachims und Peters Einschulung mitten im Krieg. Mit ihren Zuckertüten standen sie rechts und links neben Konrad. In seinem Blick lag etwas Stechendes.

»Unser Gestapo-Onkel«, erklärte Joachim an Helga gerichtet. »Wenn Vater nicht da war, kümmerte er sich um uns. Nach dem Krieg hat er sich aus dem Staub gemacht.«

»Ah«, machte Helga.

»Was ist aus ihm geworden? Lebt er noch?« Darüber hatte Edda nie nachgedacht. Sie kannte Konrad nicht und zu Hause fiel sein Name selten.

Joachim zuckte mit den Schultern. »Keine Ahnung. Ich glaube, nicht einmal Vater könnte dir das sagen.«

Er blätterte weiter. Joachims und Peters siebter Geburtstag. Am Kaffeetisch saß Viktor und sah zu, wie seine Söhne die Kerzen auf dem Kuchen auspusteten. Der Krieg hatte sein Lächeln aufgezehrt.

»War das eine Überraschung, als Vater plötzlich vor uns stand.« Joachim lachte auf. »Er behauptete, er wäre nur wegen unseres Geburtstags nach Hause gekommen. Ich habe es geglaubt.«

Er nahm sich Kaffee nach, vorsichtig, damit kein Tropfen auf die Bilder spritzte.

»Um uns den Geburtstag nicht zu verderben, hat Vater überspielt, wie schlecht es ihm damals ging. Was mit ihm los war, weiß ich nicht, aber es muss gravierend gewesen sein, wenn er deswegen nach Frankfurt zurückgekommen ist. Vielleicht hatte es ja mit seinen Aufgaben in Polen zu tun.«

Nachdenklich schwieg Joachim einen Moment, dann fuhr er fort: »Mutter hat sich ihre Sorge um ihn nicht anmerken lassen. Wisst ihr, was sie Peter und mir geschenkt hat?«

Sein Blick wanderte von Helga zu Edda, ehe er sich selbst die Antwort gab. »Einen ganzen Laib Brot. Für jeden von uns. Endlich durften Peter und ich uns mal wieder satt essen. Mutter hatte ihre Marken gespart und für uns auf ihre Rationen verzichtet.«

Helga, die in den letzten Tagen nahe am Wasser gebaut war, wischte sich eine Träne ab. »Das täte ich auch, wenn meine Kinder in Kriegszeiten aufwachsen müssten.« Schützend legte sie eine Hand auf ihren runden Bauch. »Hoffentlich bleibt ihnen das erspart.«

Edda war erleichtert, dass ihre Schwägerin das Wort ergriffen hatte. Hätte sie selbst den Mund aufgemacht, wären nur neue Unstimmigkeiten entstanden. An sich war es rührend, dass ihre Eltern sich trotz schwerer Zeiten bemüht hatten, ihren Söhnen einen schönen Geburtstag zu bereiten. Dennoch ging Edda die Geschichte nicht nahe. Hatten Franziska und Viktor Nolting nicht mindestens hingenommen, dass andere brutal daran gehindert worden waren, selbst Kinder zu bekommen? Und was war zu jenem Zeitpunkt mit den dreißigtausend tuberkulosekranken Polinnen und Polen passiert? Waren sie getötet worden?

Während sie Helga und Joachim, die darüber sprachen, damals noch vor der Schule lange angestanden zu haben, um in einem Geschäft Lebensmittel für ihre Familien zu ergattern, nur mit einem Ohr zuhörte, begriff Edda etwas. Das unsichtbare Band, das sie seit ihrer Kindheit zwischen Joachim, Peter und ihren Eltern spürte und von dem sie sich ausgeschlossen fühlte, hatte der Krieg geknüpft, aus einem schweren Stoff, in dem Tod, Angst und Not verwoben waren mit Fürsorge und Loyalität. Plötzlich war Edda froh, als Nachkriegskind frei zu sein von diesem Geflecht, aus dem Joachim sich nicht lösen konnte.

Sie hatte eine neue Seite des Albums aufgeschlagen. An einem Familienfoto blieb ihr Blick hängen. *November 1938*, stand darunter. Lauter ernste Gesichter, die Edda im Laufe der letzten Stunde vertrauter geworden waren – bis auf das eines ungefähr achtjährigen Jungen mit dunklem Haar. Auf keinem anderen Bild hatte sie ihn gesehen. Eingerahmt von Viktor, Oma Marlene und Konrad im Rücken, machte er den Eindruck, als fühlte er sich nicht wohl.

»Wer ist das?«

Das Telefon läutete und Helga schob sich an ihnen vorbei.

»Moritz«, sagte Joachim.

»Ein Sohn von Konrad?«

Von wem sonst? Zudem hatten beide fast schwarzes Haar.

Joachim wollte antworten, doch Helga rief Eddas Namen. Brauchte sie Hilfe? Edda und Joachim eilten ins Wohnzimmer.

Mit einem breiten Grinsen streckte Helga ihr den Telefonhörer entgegen.

»Ein Auslandsgespräch«, sagte sie und zog Joachim mit sich fort.

»Marcel?«, fragte sie ungläubig, als sie den Hörer aufnahm und Marcel lachte tief.

»Dein Brief ist angekommen. *Merci*, Edda.«

Einen Moment lang schloss Edda die Augen. Es war schön, seine Stimme zu hören. Darum sagte sie auch nicht, dass sie sich ebenfalls über regelmäßige Post freuen würde.

»Wie geht es dir?«, fragte sie.

»Ich vermisse dich«, antwortete Marcel. Drei Worte, die Eddas Herz schneller schlagen ließen.

»Und ich dich.«

Die kleine Pause, die folgte, war mit Sehnsucht gefüllt.

»Meinst du, dein Bruder wäre damit einverstanden, dass ich dich besuche?«

Vor Freude schoss Edda das Blut in die Wangen, und alles, was sie eben noch beschäftigt hatte, war für einen Moment vergessen. Sie würde Marcel wiedersehen, das war keine Frage.

*

Unter frenetischem Applaus verließ Frank Zappa, gefeierter Underground-Star aus den Vereinigten Staaten, mit seiner Band The Mothers of Invention die Bühne. Ein Mann in schwarzem Rollkragenpulli verschaffte sich durch ein Megaphon Gehör und verkündete, dass es bis zum Auftritt der nächsten Band eine Pause gäbe. Am letzten Abend der Internationalen Essener Songtage war die Grugahalle proppenvoll. Rund vierzigtausend junge Leute hatten fünf Tage lang an verschiedenen Orten der Stadt Antikriegs– und Protestlieder, sphärische Elektronikklänge, Rock, Folk und Blues erlebt. Ein Festival wie dieses hatte es in Europa noch nie gegeben, und live dabei zu sein, fand Edda sensationell. Dass sie es gemeinsam mit Marcel erlebte, war überwältigend. Aufgekratzt und verschwitzt vom Tanzen, umarmte sie Marcel, und er drückte sie an sich. Er wirkte begeistert, trotz der Müdigkeit, die Edda ihm ansah. Von Paris nach Essen zu trampen, hatte länger gedauert als gedacht. Aber nun war er da. Edda konnte es noch immer nicht fassen. Sie strich Marcel durch die dunklen Locken. Während der Lightshow, die Zappas Auftritt begleitet und den Saal in ein bizarres Geflimmer getaucht hatte, durchzuckte Edda die Phantasie, Marcel könnte sich vor ihren Augen auflösen und verschwinden. Als sie nun Marcels warmen Körper und seine fordernde Zunge spürte, durchströmte Edda pures Glück. Sie versanken in einem langen Kuss, woran sich bei diesem Festival niemand störte. Wer hierhergekommen war, legte keinen Wert auf althergebrachte Konventionen. Allerdings wurde es Marcel zu bunt, ständig angerempelt zu werden.

»Lass uns einen Moment rausgehen«, schlug er vor und zog seine Lederjacke an. Edda setzte ihre Baskenmütze auf, hängte sich den Mantel lässig über die Schultern, dann schoben sie sich in die Menge derjenigen, die sich Schritt für Schritt auf den Ausgang der Halle zubewegten. Marcel hatte den Arm um sie gelegt und gemeinsam betrachteten sie all die Menschen in ihren unterschiedlichen Aufmachungen: knappe Kleider und Batikhemden, bunte Stirnbänder, auffällige Hüte auf Lockenmähnen, Fellmäntel, Lederjacken, aber auch gebügelte Blusen und Blazer. Noch im Eingangsbereich roch es nach Zigaretten, Dope, Schweiß und irgendwie auch nach Weihrauch. Ein Journalist interviewte eine Gruppe von Hippies, die die Pause überbrückten, indem sie selbst Musik machten, mit Maultrommeln, indischen Flöten und Drums. Ein Kamera-Team filmte junge Leute, die sich um die Büchertische drängten oder auf ihren Schlafsäcken saßen, quatschten, rauchten, schliefen oder knutschten. Langhaariges Gesocks, Abschaum der Gesellschaft – das würden Eddas Eltern sagen, wenn sie diese Bilder im Fernsehen sähen.

In der Nähe des Ausgangs kamen sie an einem Mann mit Sherlock-Holmes-Mütze vorbei, der ein besprühtes Laken aufhängte. Marcel mutmaßte richtig, dass darauf »Amis raus aus Vietnam« zu lesen war und blieb davor mit verschränkten Armen stehen.

»Wieso schreibt er nicht auch ›Russen raus aus Prag‹? Will er nicht sehen, dass sie genauso Mist gebaut haben?« Wie eine Frage klang das nicht. Sherlock Holmes verstand vielleicht kein Französisch, aber Marcels aggressiver Tonfall war ihm aufgefallen.

»Alles klar, Genosse?«, rief er ihm zu, und Edda bat Marcel, es gut sein zu lassen. Doch Marcel dachte nicht daran.

»Frag ihn mal, ob er weiß, dass sich die Kommunistische Partei Frankreichs nicht dazu durchringen kann, den Einmarsch der Russen in die Tschechoslowakei zu verurteilen. Sag ihm, ich find's zum Kotzen.«

Wenige Wochen zuvor, im August, waren Truppen der Warschauer-Pakt-Staaten in der Tschechoslowakei einmarschiert. Den Versuch, dort eine offenere Form des Sozialismus zu gestalten, hatten sie zerschlagen. Edda hatte schockiert im Fernsehen verfolgt, wie sowjetische Panzer durch Prag rollten. Dass Marcel jedoch wegen eines Vietnam-Transparents so gereizt reagierte, irritierte sie.

»Lass uns gehen«, raunte sie ihm zu.

»Hier sind lauter Linke versammelt«, echauffierte sich Marcel. »Deshalb sollten wir genau das diskutieren.«

Entschieden zog Edda ihn ins Freie. Im Augenblick wünschte sie sich nichts anderes, als einen schönen Abend mit Marcel zu verbringen. Ging es ihm denn nicht genauso? Vier lange Monate hatten sie darauf gewartet.

Sie setzten sich auf eine Bank. Marcel stützte die Ellenbogen auf die Knie und vergrub die Finger in seinem Haar. »Entschuldige, ich habe überreagiert. Wahrscheinlich, weil ich mich schon mit meinem Vater über das Thema gestritten habe. Wie kann er sich einer Partei verbunden fühlen, die es hinnimmt, dass die Sowjets die Freiheit der Tschechen unterdrücken? Abgesehen davon, ist er seltsam geworden. Verreist so häufig wie noch nie, aber wohin fährt er?« Marcel zuckte mit den Achseln. »Wenn ich ihn danach frage, sagt er Dinge wie: ›Alles zu seiner Zeit, Marcel.‹ Als ob ich ein kleiner Junge wäre. Wenn er eine Geliebte hat, warum machte er dann so ein Geheimnis daraus?«

Bei Marcel schien sich ein Ventil geöffnet zu haben, was ihn bedrückte, strömte heraus. Wie sein Frust darüber, dass die Mai-Revolte innerhalb weniger Wochen gescheitert und Dany Cohn-Bendit aus Frankreich ausgewiesen worden war. Erschreckend schnell war die Arbeiterschaft, abgespeist mit einer Gehaltserhöhung und Kompromissen, in die Fabriken zurückgekehrt. Die meisten Studierenden hatten nichts Eiligeres zu tun gehabt, als sich doch noch auf ihre Abschlussprüfungen vorzubereiten. Präsident Charles de Gaulle saß wieder fest im konservativen Sattel. Aber Marcel verkaufte, seitdem sich die Pariser Straßen beruhigt hatten, kaum noch Fotos. Dabei hatte er gehofft, davon leben zu können und dem verhassten Jura-Studium den Rücken zu kehren.

»Irgendwie bleibt doch alles beim Alten.«

»So denke ich auch manchmal«, pflichtete Edda ihm bei. Sie schilderte ihren Disput mit Joachim, den zwar die Auschwitzprozesse entsetzt hatten, der sich aber weigerte, seinen Blick auf das Leben der eigenen Eltern zu richten. Ja, Edda wusste, wie es war, gegen Mauern zu stoßen.

Zu ihren Füßen hatten sich zahlreiche Kippen angesammelt, einige Auftritte hatten sie wohl verpasst. Als Edda fröstelte, nahm Marcel ihr den Mantel, den sie noch immer nicht angezogen hatte, von ihren Schultern. Galant hielt er ihn ihr entgegen und sie schlüpfte hinein. Langsam, Knopf für Knopf, begann Marcel, den Mantel zuzumachen. So tief, wie er ihr dabei in die Augen sah, kam es Edda jedoch vor, als würde er sie *ent*kleiden. Sie genoss den leichten Schwindel, den sie dabei verspürte.

Durchgefroren kehrten sie etwas später in die Grugahalle zurück. Die britische Folk-Sängerin Julie Felix spielte Gitarre und sang mit melancholischer und starker Stimme: »Hey, that's no way to say goodbye.« Stundenlang hätte Edda ihr zuhören können.

Plötzlich ertönten Zwischenrufe aus dem Publikum und rissen Edda aus ihrer Versunkenheit.

»Was ist denn?«, fragte Marcel.

»Jemand beschwert sich, die Musik wäre kein sozialistischer Protest.«

Es entstand Unruhe, und eine Männerstimme hinter Edda rief: »Haltet endlich die Klappe! Ich will das Lied hören.«

Reflexartig wandte Edda sich um. Nein, sie hatte sich nicht getäuscht. Nicht weit entfernt von ihr, in ausgefransten Jeans und mit Stirnband, stand Kai, neben ihm seine Mitbewohner Bertold und Ole. Rasch sah Edda weg. Ob einer der drei sie bemerkt hatte? Kai zu treffen, hatte sie nicht erwartet. Dabei hätte sie damit rechnen müssen, so verrückt wie er nach Musik war.

Während sie Marcel erklärte, dass manche sich über die Störung ärgerten, sah sie vor sich, wie sie in Berlin einen Zettel auf Kais Küchentisch legte. *Es tut mir leid.* Mehr hatte sie nicht geschrieben und sich danach nie wieder bei Kai gemeldet.

»Hey, that's no way to say goodbye«, sang Julie Felix eindringlich, und Eddas Gesicht begann zu glühen. Auf einmal war sie sicher, dass Kai sie gesehen hatte.

Krampfhaft starrte sie auf die Bühne. Als sie meinte, Kais bohrenden Blick in ihrem Rücken nicht länger auszuhalten, sah sie sich noch einmal um. Aber Kai und seine Freunde waren nicht mehr da.

Nach dem Lied trat ein Mann in Jackett ans Mikrophon. »Wir sind doch ins Ruhrgebiet gekommen, um die Bevölkerung politisch bewusster zu machen«, rief er. »Nicht, um schöne Lieder zu konsumieren!«

Es gab Applaus und Buh-Rufe, jemand schlug vor, darüber abzustimmen. Es entbrannte eine hitzige Diskussion, und Marcel bat Edda, sie für ihn zu übersetzen. Als ein Kompromiss zustande gekommen war – die Künstlerinnen und Künstler dürften auftreten, während der Pausen fänden Diskussionen und politische Vorträge statt –, leuchteten Marcels Augen.

»Großartig, eine demokratische Entscheidung. Du hattest recht, Edda, damals in Nanterre. Ihr jungen Deutschen seid wirklich ganz anders als eure Eltern.«

Es freute Edda, dass er das sagte. Durchs Foyer der Halle schlenderten sie in Richtung Getränkestand, als ein Journalist sie ansprach. Er wollte wissen, welche Bands Edda und Marcel an diesem Tag schon gehört hätten. Edda zählte sie ihm auf. Die City Preachers, Amon Düül, Tangerine Dream, The Fugs, Degenhardt und Süverkrüp sowie Frank Zappa, natürlich.

»Seid ihr aus Essen oder für die Internationalen Songtage angereist?«

»Ich komme aus Frankfurt und mein Freund aus Paris.«

Gern wäre Edda weitergelaufen, aber der Journalist fand das interessant. Er fragte Marcel, ob er Englisch spräche, und als dieser bejahte, fragte er weiter, aus welchem Grund Marcel den weiten Weg auf sich genommen hätte. Wegen der Musik oder der Politik?

»*For love*«, antwortete Marcel, wobei er Edda an sich zog. Am liebsten wäre sie im Erdboden versunken, aber der Journalist strahlte. Ein schönes Paar, eine unterhaltsame Antwort, die Szene im Kasten war gut.

»Trotzdem finde ich es richtig, dass wir aufgefordert werden, zu diskutieren. Vor allem mit denjenigen, die sich nicht für Politik interessieren«, fuhr Marcel agitatorisch fort. Ein paar Leute blieben stehen, um ihm zuzuhören, was ihn anzuspornen schien. »Allein mit widerständiger Musik werden wir die Gesellschaft nicht verändern.«

»Bullshit!«, sagte jemand laut. »Das ganze Politisieren verdirbt uns die Stimmung.«

Sofort schwenkte die Kamera um. Auf Kai. Eddas und Kais Blicke kreuzten sich, aber Kai sah weg.

»Labern kannst du, wenn das Festival vorbei ist«, pflichtete sein Freund Bertold ihm bei.

Unter den Schaulustigen ging der Streit von vorne los, und das Kamera-Team räumte das Feld.

Marcel war mit einem Mann ins Gespräch gekommen, weshalb er nicht auf Edda achtete. Sie überwand sich und ging auf Kai zu.

»Hallo, Kai.«

»Hey.«

Bertold, der Edda nicht einmal grüßte, schlug Kai auf die Schulter. »Du weißt, wo du mich findest«, sagte er und schlenderte in Richtung des Getränkeausschanks.

»Wie geht es dir?« Etwas anderes fiel Edda nicht ein.

Anstatt zu antworten, deutete Kai mit einer Kopfbewegung auf Marcel, der dabei war, gestenreich zu argumentieren. »Mein Nachfolger ist also ein lustfeindlicher Polittyp. Der passt doch gar nicht zu dir.«

Wie abfällig er sich über Marcel äußerte, ärgerte Edda. »Zynismus steht dir nicht«, sagte sie wütend. »Wenn's ohne nicht geht, rede ich kein Wort mit dir.«

»Das hast du doch schon sieben Monate nicht mehr getan.«

Plötzlich stand Marcel neben Edda. »Nervt dich der Typ?«
Marcel musterte Kai, der Marcel düster anstarrte.

»Nee, ist schon okay.«

Damit keine unangenehme Pause entstünde, stellte Edda
die beiden einander vor. Als Marcel begriff, wen er vor sich
hatte, begrüßte er Kai knapp, doch Kai ignorierte ihn. Er warf
Edda einen kurzen Blick zu, dann drehte er sich um und ging
fort, hinüber zu Bertold und Ole. Plötzlich tat es Edda leid,
dass ihre Begegnung so schiefgelaufen war.

»Der ist noch verknallt in dich«, stellte Marcel fest. Prüfend schaute er Edda an.

Ganz leicht schüttelte sie den Kopf. »*Ich* habe mich von
Kai getrennt. Schon vergessen? Außerdem …« Sie legte ihre
Arme um Marcels Nacken. »… liebe ich *dich*.«

Ganz selbstverständlich waren ihr diese Worte über die
Lippen gekommen, und Marcel erwiderte sie. Während die
mitreißende Popsängerin Julie Driscoll das Publikum zum
Toben brachte, verließen Edda und Marcel eng umschlungen
das Festival.

Die Nacht verflog viel zu schnell, in Marcels Umarmungen
hatte sich die Zeit aufgelöst. Als Edda erwachte, ballte sie sich
wieder zusammen, zu Sekunden, Minuten und den knappen
Stunden, die ihr mit Marcel noch blieben. Wann würde sie
ihn wiedersehen? Sacht fuhr Edda mit dem Finger über Marcels leicht geöffnete Lippen und kämpfte mit ihrer Traurigkeit.

Frankfurt am Main,
November 1968

»Bitte geh nicht!«

Ein verheultes, fünfjähriges Mädchen klammerte sich an Eddas Hand. Edda ließ sich in die Hocke nieder, um mit Silke auf Augenhöhe zu sein.

»Ich bin doch gleich wieder da«, tröste Edda sie. »Jetzt musst du mich aber zu Frau Gerke gehen lassen.«

Silke schniefte, vom Weinen, aber auch, weil sie sich wie viele andere Kinder erkältet hatte. Kein Wunder, denn seit Tagen nieselte in Frankfurt kühler Novemberregen vom Himmel.

»Schimpft sie mit dir, wenn du nicht kommst?«

Edda lächelte. »Erfreut wäre sie sicher nicht.«

Nachdem Edda versprochen hatte, am nächsten Tag mit Silke mit der Puppenküche zu spielen, lief das Mädchen artig zu seinem Gruppenraum.

Ein kräftiges »Herein« erscholl, nachdem Edda an der Tür der Kindergartenleiterin geklopft hatte. Als sie eintrat, telefonierte Christa Gerke. Mit der freien Hand schrieb sie etwas auf, mit den Augen wies sie auf den Stuhl vor ihrem Schreibtisch. Edda setzte sich.

Seit vier Wochen absolvierte sie hier ein Praktikum, das sie für ihre Ausbildung zur Erzieherin benötigte. Sie mochte die Kinder, und auch die Angestellten waren nett zu ihr, wenngleich deren Erziehungsmethoden oft nicht Eddas Vorstellungen entsprachen.

Christa Gerke, eine sportliche Frau von Mitte vierzig, hatte ihr Telefonat beendet und sah Edda freundlich an. »Was kann ich für dich tun?«

»Ich würde gern eine Idee mit Ihnen besprechen.«

»Nur zu. Gute Ideen sind mir willkommen.«

Es ginge um den obligatorischen Mittagsschlaf, begann Edda. Manche Kinder, insbesondere die älteren, wären einfach nicht müde. An diesem Tag hatte Silke mit ihrer Freundin unter der Decke getuschelt und Quatsch gemacht. Deshalb waren die beiden später vom Blinde-Kuh-Spiel ausgeschlossen worden und hatten in der Ecke stehen müssen.

»Wie wäre es, wenn ich die Kinder, die nicht schlafen möchten, in einem der Gruppenräume betreuen würde? Die anderen könnten sich ungestört ausruhen.«

Edda, die vor dem Gespräch ein wenig aufgeregt gewesen war, erwartete gespannt die Antwort ihrer Chefin.

»Mir gefällt, dass du mitdenkst«, erwiderte Christa Gerke in wohlwollendem Ton. »Wirklich, ich schätze das. Allerdings entspricht dieser Vorschlag nicht unseren Prinzipien.« Ihre Finger spielten mit dem Kugelschreiber. »Du musst bedenken, dass nicht alle Kinder bemerken, wie erschöpft sie sind. Außerdem geht es nicht nur um ihre Bedürfnisse. Sie sollen lernen, sich an unsere Regeln zu halten. Wo kämen wir denn hin, wenn auf einmal jedes Kind täte, was ihm gerade einfällt?«

In gespielter Verzweiflung schlug Christa Gerke die Hände über dem Kopf zusammen. Als ihr Eddas enttäuschtes Gesicht auffiel, wurde sie ernst. »Klopf trotzdem an, wenn du eine Frage oder einen Vorschlag hast. Wir können über alles reden.«

Sie begleitete Edda zur Tür und wünschte ihr einen schönen Nachmittag.

*

Edda sprang in den U-Bahn-Waggon, kurz bevor sich die Türen schlossen. Alle Sitzplätze waren belegt, aber immerhin bekam sie einen der Handriemen zu fassen. Anfang Oktober war die erste Frankfurter U-Bahn-Linie eröffnet worden und hielt praktischerweise in Heddernheim, nahe dem Kindergarten.

Die Bahn rauschte los Richtung Innenstadt. Noch fuhr sie überirdisch, und Edda bemühte sich, eingezwängt zwischen anderen Passagieren, aus dem Fenster zu schauen. Es war enttäuschend. Christa Gerke hatte nur so getan, als hätte sie ihr interessiert zugehört. In Wirklichkeit hatte sie nicht eine Sekunde über ihren Vorschlag nachgedacht. Ob sie jemals etwas von Alexander Sutherland Neill gelesen hatte? Zu dessen Schulkonzept im Internat Summerhill gehörte es, dass Kinder frei von Druck und Angst aufwuchsen. Sollte das nicht auch für jeden Kindergarten gelten?

An der Haltestelle Lindenbaum erkannte Edda das Haus, in dem Ariane kürzlich in eine kleine, nette Wohnung gezogen war, die sie sich mit Jörg und einer anderen Soziologie-Studentin teilte. Was für ein Traum. Als Ariane ihr angeboten hatte, mit ihr dort einzuziehen, hätte Edda gern zugesagt. Um die Miete zu zahlen, hätte sie sofort wieder als Aushilfe im Café Laumer gearbeitet, so wie im Sommer. Aber zu diesem Zeitpunkt auszuziehen, hätten ihre Eltern Edda nicht gestattet, schon gar nicht zu Ariane. Edda hatte das Thema überhaupt nicht erst angesprochen.

An der Holzhausenstraße stieg Edda aus und dachte, als

sie an ihrer alten Schule vorbeilief, kurz an ihre Mitschülerin Karin. Das Hessische Kultusministerium hatte ihr für die mutige Abiturrede, Erziehung zum Ungehorsam, die Theodor-Heuss-Medaille verliehen. Davon sollte Edda vielleicht einmal Christa Gerke erzählen.

Als sie die Tür aufschloss, schallte ihr der Schlager *Mama* des niederländischen Kinderstars Heintje entgegen. Franziska Nolting sang in der Küche mit, Viktor Nolting las im Wohnzimmer die *Frankfurter Allgemeine Zeitung*.

»Hältst du heute keine Vorlesung?«, fragte Edda ihn.

Ihr Vater winkte ab. »In meinem Raum findet mal wieder eine Vollversammlung statt. Während den Rebellen der anderen Fachbereiche die Puste ausgeht, legen die Medizinstudenten erst los.«

»Und wieso?«

»Ihnen passen die Seminare eines Kollegen aus der Chirurgie nicht.

Franziska Nolting kam mit einem Tablett ins Wohnzimmer. »Deckst du bitte den Tisch, Edda? Ich hole den Tee.«

Eigentlich hatte Edda keine Lust, sich zu ihren Eltern zu setzen. Seitdem sie aus Essen zurückgekehrt war, fiel es ihr noch schwerer, ein unbefangenes Gespräch mit ihnen zu führen. Wenn ihr Vater etwas aus der Praxis erzählte oder ihre Mutter von einer Veranstaltung in der Kirche, schossen Edda dabei hässliche Worte wie »Sterilisation« und »Sonderbehandlung« durch den Kopf.

Beim Abendessen, während sie Edda den Korb mit Brotscheiben reichte, fragte Franziska Nolting: »Wie war es heute im Kindergarten?«

»Ganz in Ordnung.«

Genervt rollte ihre Mutter mit den Augen. »Lass dir doch nicht alles aus der Nase ziehen.«

In knappen Sätzen berichtete Edda von ihrem Gespräch mit Christa Gerke.

»Ein Mittagsschlaf ist gesund«, meinte ihr Vater. »Übrigens nicht nur für Kinder. Ich wünschte, mich würde jemand dazu zwingen.« Er lachte kurz auf, wurde aber sogleich wieder ernst. »Verscherz es dir nicht mit deiner Chefin.«

Franziska Nolting pflichtete ihm bei. Dann sagte sie: »Ein Franzose hat angerufen. Er meldet sich später noch einmal. Wer ist er denn?«

Marcel. Edda unterdrückte ein Lächeln.

»Ein Bekannter«, antwortete sie möglichst gelassen.

Viktor Nolting runzelte die Stirn. »Hoffentlich keiner dieser Chaoten, die dich schlecht beeinflusst haben. Was macht er beruflich?«

»Er studiert Jura.«

»Ach, wie Joachim«, stellte Franziska Nolting fest, und zu Eddas Erleichterung fragte ihr Vater nicht weiter.

Edda bot an, den Tisch abzuräumen. Ein guter Vorwand, um der Unterhaltung mit ihren Eltern zu entkommen. Mit ihrem Strickzeug setzte sich Franziska Nolting aufs Sofa, Viktor Nolting schaltete den Fernseher ein. Während Edda das Geschirr abspülte, ertönte aus dem Wohnzimmer ein Aufschrei.

»Unerhört!«, rief ihre Mutter.

Die Hände im Spülwasser, horchte Edda auf. Auch ihr Vater entrüstete sich. »Unser Staat muss härter durchgreifen!«

Hastig trocknete Edda sich die Hände ab und ging ins Wohnzimmer. Was war passiert? Zuerst begriff sie die Aufregung nicht. Bilder des CDU-Parteitages in Berlin, na und? Gleich darauf hielt Edda den Atem an. Eine kurzhaarige Frau tauchte auf und versetzte Bundeskanzler Kiesinger eine kräftige Ohrfeige. »Nazi!«, rief sie mehrmals. Edda konnte es kaum glauben. Am liebsten hätte sie die Aufnahme gleich noch einmal gesehen. Es war bekannt, dass Kiesinger – frühes Mitglied der NSDAP und in den vierziger Jahren stellvertretender Abteilungsleiter in der Rundfunkabteilung des Reichsaußenministeriums – auf eine braune Vergangenheit zurückblickte. Trotzdem war er zum Bundeskanzler gewählt worden. Nun hatte endlich jemand, eine junge Frau, ein Zeichen dafür gesetzt, wie unfassbar das eigentlich war.

Als die Täterin, eine Journalistin namens Beate Klarsfeld, abgeführt wurde, sagte Viktor Nolting erregt: »Die Polizei sollte sie direkt zu Ensslin und Baader in die Zelle stecken.«

Vor einer Woche waren die vier Kaufhausbrandstifter zu einer Gefängnisstrafe verurteilt worden.

»Drei Jahre Haft, nur wegen einer Ohrfeige?« Eddas Stimme klang empört.

Ihre Eltern fuhren herum. Viktor Noltings Wangen glühten, als hätte Beate Klarsfeld auch ihn geschlagen.

»Du findest das also richtig, ja?«, polterte er los, mit dem Zeigefinger auf den Bildschirm deutend.

»Er ist der Bundeskanzler!« Franziska Nolting wirkte bestürzt. Das Strickzeug hatte sie beiseitegelegt. Edda starrte sie an. Wie viele Ohrfeigen hatte ihre Mutter Edda früher verpasst, überzeugt davon, es wäre ihr Recht? War es weniger schlimm, ein Kind zu schlagen als den Bundeskanzler?

Eddas Stimme bebte, als sie hervorstieß: »Welche Strafe schlagt ihr denn für den Kiesinger vor?«

Ihre Mutter war aufgestanden und hatte die Hände in die Hüften gestemmt. »Fängst du auch noch an, so einen Unsinn zu reden!«

Edda zwang sich, dem erbosten Blick ihrer Mutter standzuhalten.

Indes hatte ihr Vater den Fernseher ausgeschaltet. Als er sich umwandte, bemerkte Edda, dass die Ader an seiner Stirn hervorgetreten war.

»Eure Arroganz ist unerträglich. Kiesinger bekennt sich doch heute zur Demokratie. Reicht das denn nicht? Wir haben nun mal unter Hitler gelebt. Ausgesucht habe ich mir das nicht. Aber wir mussten uns arrangieren. Oder hättest du deine Eltern lieber auf dem Schafott gesehen?« Viktor Nolting klappte erzürnt die Hausbar auf und schenkte sich einen Cognac ein.

»Gib mir auch einen«, bat Franziska Nolting.

Schweigend betrachtete Edda ihre Eltern, die nicht nur um die Würde des Bundeskanzlers rangen. Die Verachtung, die Edda für sie empfand, ging tiefer als ihre Wut.

»Und wie weit seid ihr mit eurem Arrangement gegangen?« Voller Zorn fixierte Edda ihren Vater. »Gehörte dazu, dass du im sogenannten Osten unschuldige Menschen umgebracht hast?«

Viktor Nolting erstarrte.

Franziska Nolting, die neben ihm stand, legte ihm die Hand auf den Arm. Tonlos klang ihre Stimme, als sie zu Edda sagte: »Es reicht, Edda. Raus jetzt!«

Aus dem Schrank in ihrem Zimmer holte Edda eine Reisetasche, in die sie Kleidung und ihr Tagebuch stopfte. Sie nahm ihre Handtasche und verließ die Wohnung. Gerade war die Tür hinter ihr ins Schloss gefallen, da klingelte das Telefon.

*

Edda erwachte davon, dass Ariane und Jörg sich nebenan stritten. Nicht schon wieder, dachte sie und zog die Bettdecke über den Kopf. Hoffentlich hatte ihr Zoff nichts damit zu tun, dass Jörg vorläufig sein Zimmer für sie geräumt hatte und mit in Arianes gezogen war.

Seufzend wälzte sich Edda auf die andere Seite. Ihre Schicht im Café Laumer begann erst am Mittag, und eigentlich hätte sie noch zwei Stunden schlafen können. Schade, denn nur, wenn sie schlief, hörten ihre Gedanken auf zu rotieren.

Wenigstens im Café Laumer war alles glattgelaufen. Als sie dort angefragt hatte, ob sie regelmäßige Schichten übernehmen könnte, hatte der Besitzer Helmut Rimbach gleich zugesagt.

»Du bist genauso ein patriarchales Arschloch wie dein Vater!«, schrie Ariane Jörg im Nebenzimmer an. »Wie wäre es, wenn du heute mal das Klo putzt oder den Abwasch erledigst? Ich habe nämlich auch eine Seminararbeit zu schreiben!«

Was Jörg erwiderte, verstand Edda nicht, aber sie wusste, dass er verletzend sein konnte. Edda gab es auf, noch einmal einzuschlafen. Sie setzte Kopfhörer auf, drehte Janis Joplin lauter und kuschelte sich wieder unter die Decke. Die kratzige Stimme der Rocksängerin passte zu Eddas Befinden. Allerdings war *Piece of My Heart* ein leidenschaftliches Liebeslied, bei dem Edda sofort an Marcel dachte. Sie biss sich auf die Lippen, bis der Drang zu weinen, nachließ. Nein, sie würde sich nicht ihrer Sehnsucht hingeben, nicht über der Frage brüten, ob er ihren Brief mittlerweile gelesen hätte oder wann sie seine Antwort bekäme. Auch an ihre Eltern wollte sie nicht denken. Daran, dass ihre Mutter im Kindergarten aufgetaucht war, um Edda zu überreden, nach Hause zurückzukommen, oder daran, dass ihr Vater Arianes Mutter mit der Polizei gedroht hatte, sollte sie sich weigern, die Adresse ihrer Tochter herauszurücken, bei der er Edda zu Recht vermutete. Schließlich hatte sich ihr Bruder Peter eingemischt. Zu Eddas Verblüffung hatte er den Eltern geraten, Edda, obgleich noch nicht volljährig, gewähren zu lassen. Inwiefern könnte ihr die Erfahrung schaden, dass es nicht einfach wäre, ihre Brötchen selbst zu verdienen? Tatsächlich hatten sie Edda dann in den letzten Tagen in Ruhe gelassen. Aber wie lange bliebe es dabei?

Um sich abzulenken, blätterte Edda in der neuen Ausgabe der Zeitschrift *Konkret*, die an der Uni alle lasen, die sich als politisch links verstanden. Im Nachklang des Brandstifterprozesses hatte sich die Journalistin Ulrike Meinhof, deren scharfzüngige Artikel Edda gefielen, kritisch zu den Kaufhausanschlägen geäußert. In dem Gesetzesbruch an sich sah sie trotzdem eine progressive Tat, ein Gedanke, der Edda einleuchtete, seitdem Beate Klarsfeld den Bundeskanzler geohrfeigt hatte. Mit diesem Schlag hatte sie niemanden gefährdet, aber dennoch Millionen Deutsche getroffen. Gleichzeitig hatte sie der Welt bewiesen, dass die deutsche Jugend an der Spitze der Bundesregierung keinen Nazi akzeptierte. Edda war voller Bewunderung.

Sie legte die Zeitschrift beiseite und tastete unter dem Kopfkissen nach ihrem Tagebuch. In der Kladde steckte der Feldpostumschlag, aus dem ein Foto ihres Vaters herausfiel. Das Bild von ihm vor der polnischen Kirche. *Viktor, 1944*, war auf der Rückseite vermerkt. Edda betrachtete das Foto zum zigsten Male. Wie hatte ihr Vater darauf noch lachen können? Sie schob es zurück und schrieb in ihr Tagebuch:

Wenn man mit verbalen Aktionen nichts mehr erreicht, sagt Beate Klarsfeld, müsse man, um einen Skandal aufzudecken, einen Skandal inszenieren. In den Augen meiner Familie ist mein Verhalten zwar skandalös, doch ob es ausreicht, um sie zum Nachdenken zu bewegen? Das glaube ich nicht.

So unerwartet legte Ariane ihre Hand auf Eddas Schulter, dass Edda erschrocken aufschrie. Arianes Augen sahen völlig verquollen aus. Edda nahm die Kopfhörer ab.

»Das Zimmer gehört jetzt dir«, sagte Ariane, noch schluchzend. »Jörg holt morgen seine Sachen ab. Ich habe ihn rausgeschmissen.«

Edda traute ihren Ohren nicht. »So plötzlich? Ari, hat es damit zu tun, dass ich euch auf die Pelle gerückt bin? Sag's mir ehrlich!«

Ariane zündete sich eine Zigarette an. »Quatsch! Ich bin schon lange sauer auf Jörg. Heute habe ich mich geweigert, wieder einmal seine Seminararbeit fertig zu schreiben, damit er in Ruhe die Revolution vorbereiten kann. Da war er beleidigt. Aber ich muss auch lernen und habe später ein Treffen mit meiner Frauengruppe. Unterstützt Jörg mich vielleicht? Im Haushalt rührt er keinen Finger. Warum auch? Hier wohnen ja drei Frauen, sollen die sich doch darum kümmern.«

Ariane weinte nicht mehr, sie hatte sich in Rage geredet.

»Hat er das gesagt?«, fragte Edda.

Ärgerlich schnippte Ariane die Asche in Eddas benutzte Teetasse. »Nein, aber das denkt er. Alle Typen denken das. Ich habe dir doch erzählt, dass Helke Sander vom Aktionsrat zur Befreiung der Frauen gefordert hat, mit der Lösung der gesellschaftlichen Unterdrückung der Frauen nicht bis nach der Revolution zu warten. Was sagten die Herren vom Sozialistischen Deutschen Studentenbund dazu? Gar nichts. Es interessierte sie nicht. Ein Nebenwiderspruch. Nur gut, dass Sigrid Rügers dem Krahl ihre Tomaten an den Kopf geworfen hat.« Ariane grinste schadenfroh. »Hoffentlich hatte er keine Freundin zu Hause, die ihm sein bekleckertes Hemd gewaschen hat.«

Über Arianes Ironie musste Edda lachen. Allerdings stimmte es, dass die Hausarbeit meistens an den Frauen hängen blieb und viele ihren Beruf aufgaben, sobald Kinder kamen. Wie ihre Schwägerinnen Martina und Helga oder ihre Mutter. Vielleicht spülte Franziska Nolting mit ihren Schnäpsen ja auch den Frust darüber hinunter. Marcel und sein Vater hatten sich selbst um saubere Wäsche und ihre Mahlzeiten kümmern müssen. Wie es wohl wäre, mit Marcel zusammenzuleben? Edda hatte laut gedacht, und beim Stichwort Marcel kramte Ariane in ihrer Rocktasche.

»Den hätte ich fast vergessen«, sagte sie, gab Edda einen Brief und erhob sich. »Ich habe genug gejammert. Dich überlasse ich deinem Liebesbrief. Sehen wir uns später im Club Voltaire?«

Nachdem Ariane fort war, riss Edda Marcels Umschlag auf.

Mon amour,
als ich Deinen Brief las, tat es mir sehr leid, nicht bei Dir zu sein. Ich danke Dir, dass Du mir gleich die Anschrift Deiner Freundin Ariane geschickt hast. Ein Telefon gibt es nicht? Der dramatische Tag, den Du durchgemacht hast, war auch für mich ein schrecklicher. Mein Vater ist gestorben. Er hatte Krebs, was ich erst kurz vor seinem Tod erfahren habe. Als es so weit war, habe ich seine Hand gehalten. Ich wünschte, seine »Reisen« hätten tatsächlich etwas mit einer geheimen Geliebten zu tun gehabt, nicht mit leidvollen Tagen im Krankenhaus. Seine Beisetzung findet morgen statt. Danach melde ich mich. Je t'aime, Marcel

Mit brennenden Augen ließ Edda den Brief sinken. Deshalb hatte er bei ihren Eltern angerufen. Um ihr vom Tod seines Vaters zu erzählen. Vielleicht hatte Marcel sie bitten wollen, nach Paris zu kommen. Am Tag der Beerdigung hätte Edda ihm gern beigestanden. Dazu war es nun zu spät. Nicht aber, um Marcel zu trösten. Rasch zog Edda sich an, eilte zu einer Telefonzelle und wählte Marcels Pariser Nummer. Er nahm nicht ab. Sie versuchte es in Nanterre, aber auch dort erreichte sie ihn nicht. Florence, an die sie sich schließlich wandte, erzählte ihr, dass sie Marcel in der Uni nicht mehr gesehen hätte.

»So ist er. Wenn ihn etwas beschäftigt, ist es manchmal, als wäre er wie vom Erdboden verschluckt.«

Was Florence sagte, ließ in Edda die Erinnerung an den Abend in der Essener Grugahalle aufblitzen. Im flirrenden Licht der Stroboskop-Blitze hatte es für Edda ausgesehen, als löste Marcel sich vor ihren Augen auf.

Die Tage vergingen, und, was immer Edda auch tat, zur gleichen Zeit wartete sie auf eine Nachricht von Marcel. Sie schrieb ihm, manchmal rief sie ihn an. Vergeblich.

Endlich, Mitte Dezember, Edda kehrte erschöpft aus dem Kindergarten zurück, lag im Postkasten ein Brief von Marcel. Er war kurz.

Edda, mon amour, bitte verzeih mir, dass ich mich erst jetzt melde. Ich habe inzwischen die Angelegenheiten meines Vaters geregelt. Dabei habe ich etwas erfahren, was mich nicht mehr loslässt. Kannst Du nach Frankreich kommen? Marcel.

Er hatte ihr eine Telefonnummer beigelegt, unter der er nun zu erreichen wäre, und Edda zögerte keine Sekunde. Im Café Laumer und im Kindergarten meldete sie sich krank, dann packte sie ihre Tasche.

Limoges, Frankreich,
Dezember 1968

Mit kreischenden Bremsen fuhr der Zug in den Bahnhof Limoges-Bénédictins ein. Edda reckte den Hals, um einen Blick auf den Bahnsteig zu erheischen, und stellte sich ihr Wiedersehen mit Marcel vor. Gleich, in wenigen Augenblicken, wäre es so weit.

»Glauben Sie mir, Mademoiselle, einen schöneren Bahnhof haben Sie noch nicht gesehen«, behauptete die ältere Dame, neben der Edda die Fahrt verbracht hatte. »Vergessen Sie nicht, sich den Campanile mit den vier Uhren anzusehen.«

Edda, obgleich im Augenblick nicht an Architektur interessiert, versprach es. Sie half der Dame, das Gepäck aus dem Zug zu wuchten, dann sah sie sich nach Marcel um. Es war trubelig, trotzdem entdeckte sie ihn sofort. Groß und düster dreinschauend, stand er nicht weit von Edda entfernt. Als ihre Blicke sich trafen, hellte Marcels Miene sich auf. Er winkte und Edda wäre ihm entgegengeflogen, hätten ihr nicht so viele Menschen im Weg gestanden.

»Dass du wirklich gekommen bist …«, murmelte Marcel, als er sie umarmte.

»Für dich wäre ich bis ans Ende der Welt gefahren«, entgegnete Edda und küsste ihn. Einen Moment schien die Zeit stillzustehen, so lange, bis der durchdringende Ton einer Trillerpfeife die Abfahrt des nächsten Zuges ankündigte.

Marcel ergriff ihre Reisetasche, die andere Hand legte er um Eddas Hüfte. »Gehen wir, ich zeige dir, wo wir wohnen.«

Vor dem Bahnhofsgebäude streifte Eddas Blick nur flüchtig den eindrucksvollen Campanile, ihre Aufmerksamkeit war auf Marcel gerichtet. Blass, mit bläulichen Schatten unter den Augen, sah Marcel sie an. Dass leidvolle Wochen hinter ihm lagen, war offensichtlich. Seine Wangenknochen traten stärker hervor als vor zwei Monaten, wodurch seine Augen größer und schwarz vor Kummer wirkten. Voller Mitgefühl zog sich Eddas Herz zusammen.

Nur ein paar Minuten später bogen sie in eine kleine Straße mit dem vielversprechenden Namen Rue du Paradis ein. Vor einem Fachwerkhaus blieb Marcel stehen.

»Unsere Pension«, erklärte er und hielt Edda die Tür auf. An der Rezeption empfing sie die Besitzerin, Madame Brissaud. Um ihr kurzes blondes Haar hatte sie ein buntes Tuch geschlungen, passend zu ihrem knalligen Kleid. Dass Edda erst zwanzig und mit Marcel nicht verheiratet war, schien Madame Brissaud nicht zu stören. Kommentarlos gab sie Edda den Pass zurück und wünschte ihr einen schönen Aufenthalt.

Das Zimmer war klein, gemütlich eingerichtet und in einem warmen Rot gestrichen. Die langen, dicken Vorhänge sorgten für dämmeriges Licht. Marcel schenkte ihnen zwei Gläser mit Wasser ein, setzte sich aufs Bett und fragte sie nach dem Streit mit ihren Eltern. Edda schmiegte sich an ihn und erzählte davon. Währenddessen beobachtete sie besorgt, wie Marcel eine Zigarette nach der anderen rauchte. Sein Blick mäanderte durchs Zimmer, als hörte er ihr nur halbherzig zu. Nachdem sie geendet hatte, entstand eine Pause. Gern hätte Edda jetzt gewusst, aus welchem Grund Marcel sie gebeten hatte, nach Limoges zu kommen. Doch als sie ansetzte, ihn danach zu fragen, spürte sie, wie sich Marcel verspannte.

»Bitte, Edda«, sagte er. »Noch nicht.«

Er streichelte ihr Gesicht, sie fuhr durch seine dunklen Locken. Marcel schloss die Augen. Sie würde ihn nicht drängen. Die Beerdigung seines Vaters war noch nicht lange her. Und dann hatte Marcel auch noch etwas herausgefunden, das ihn beschäftigte.

Ihre Finger krabbelten unter seinen Pullover, und Marcel seufzte. Liebevoll sah er Edda an.

»Ich wollte nicht harsch sein«, sagte er leise.

Draußen fuhr ein Auto vorbei, ein Hund kläffte, danach war es wieder still. Langsam zog sich Edda den Pullover über den Kopf, dann half sie Marcel aus seinem. Als sie miteinander schliefen, war es anders als sonst, sachte und voller Zärtlichkeit. Auf ihrer Haut spürte Edda Marcels warme Tränen.

*

Etwas später, die Wintersonne stand schon recht tief, unternahmen sie einen Spaziergang durch die Altstadt. Marcels Augen waren zwar noch gerötet, trotzdem kam er Edda gelöster vor. Er erzählte ihr, dass seine Mutter aus Limoges stammte und als junge Frau in einer Porzellanmanufaktur gearbeitet hatte.

»Weißt du, dass Limoges für sein Porzellan bekannt ist?«

Edda verneinte, wobei sie sich fragte, ob seine Mutter wohl der Grund dafür war, dass Marcel nach Limoges gereist war.

»Sie hat Porzellan bemalt«, fuhr er mit einem Lächeln fort. »Mein Vater hat oft gesagt, wenn jemand ein Händchen dafür gehabt hätte, Schönes zu erschaffen, dann wäre es seine Louise gewesen.«

Inzwischen hatten sie die imposante Kathedrale Saint-Étienne erreicht. Durch das bunt bemalte Glas der Fenster fielen letzte Sonnenstrahlen, die das Kirchenschiff in ein mildes Licht tauchten. Auch dass der Organist auf der riesigen Orgel gerade den nächsten Gottesdienst vorbereitete, trug zu einer stimmungsvollen Besichtigung bei. Nachdem sie wieder ins Freie getreten waren, machte Marcel Edda auf ein aus Granit gemeißeltes Portal aufmerksam. Dort war viele Jahre zuvor das einzige Familienfoto der Carnots entstanden. Marcel trug es bei sich, aber Edda hätte sich sowieso an das Bild erinnert, an das strahlende junge Paar mit Marcel auf dem Arm.

»Ich glaube, die Wohnung meiner Eltern lag ganz in der Nähe.« Marcel deutete mit einer vagen Geste auf die Umgebung. »Leider weiß ich nicht, in welcher Straße. Dabei hätte ich gern das Haus gesehen, in dem wir gelebt haben. Gemeinsam, als Familie, wenigstens ein paar Monate lang.«

Bis Louise Carnots von deutschen Soldaten ermordet wurde. Marcel sagte es nicht, aber die schrecklichen Umstände ihres Todes schwangen mit. Auf einmal wurde Edda klar, dass es nicht viel gab, was sie sonst über Marcels Familie wusste. Er erwähnte sie nie.

»Dann bist du also hier aufgewachsen, und nicht in Paris?«, fragte sie, woraufhin Marcel den Kopf schüttelte.

»Ich war drei, als mein Vater mit mir nach Paris gezogen ist. An das Leben in Limoges erinnere ich mich kaum.«

Sie schlenderten weiter in die angrenzenden Bischofsgärten, die im Sommer, bepflanzt mit hübschen Blumen, sicher hinreißend aussähen.

»Warum hat dein Vater Limoges verlassen?«, erkundigte sich Edda. »Eure Verwandten lebten doch hier.«

Marcel zündete sich eine Zigarette an. »Nur die Familie meiner Mutter. Vater kam aus Paris. In Limoges ist er gelandet, weil er für die Straßenbahngesellschaft der Region Limousin einen Auftrag übernommen hatte. Hätte er in jener Zeit nicht Louise Sorel – so hieß meine Mutter vor der Heirat – kennengelernt, wäre er viel früher zurückgekehrt. Außerdem …« Marcel hielt einen Moment inne. »Seit dem Tod meiner Mutter wollte niemand der Sorels noch etwas mit ihm zu tun haben.«

Schockiert sah Edda ihn an. »Warum denn das? Dein Vater konnte doch nichts dafür.«

Marcel inhalierte tief. »Sie gaben ihm die Schuld daran, dass sich Louise der Résistance angeschlossen hatte, letztlich also dafür, dass sie nicht mehr lebt. So hat Vater es mir erklärt, wenn ich wissen wollte, warum wir die Großeltern Sorel oder meine Tante Claire und ihren Mann Patrick nie in Limoges besuchten. Ihre Gesichter kannte ich nur von einem Foto, das ich mir als Kind manchmal angeschaut habe. Damals, mit sechs oder sieben, hatte ich mir eine größere Familie gewünscht, denn nachdem meine Großeltern in Paris verstorben waren, gab es nur noch meinen Vater und mich. Aber irgendwann habe ich nicht mehr darüber nachgedacht.«

Einen Moment lang schauten sie schweigend auf die Vienne hinab, die gemächlich im Dämmerlicht dahinfloss. Wie hart musste es für René Carnot gewesen sein, dass die Verwandten von Louise ihn verstoßen hatten. Ebenso für Marcel. Edda sah ihn vor sich, wie er als kleiner Junge das Foto der Familie Sorel betrachtete. Sicher war er traurig gewesen, dass sie sich nicht für ihn interessierte.

»Den Tod meiner Mutter hat Vater sich selbst nicht verziehen«, fuhr Marcel fort. »Die Mission, die sie ihr Leben gekostet hat, war eigentlich für ihn bestimmt gewesen. Stell dir vor, das hat er mir bei meinem letzten Besuch im Krankenhaus erzählt. Dabei hat er furchtbar geweint.«

Während in den Häusern am gegenüberliegenden Ufer immer mehr Lichter angingen und Edda die Kälte in die Stiefel kroch, strömten aus Marcel die Worte heraus.

René Carnot hätte wichtige Bestandteile für den Bau von Sprengsätzen zu den Eisenbahnern der Résistance bringen sollen. Die Genossen benötigten sie, um das Schienennetz zu sabotieren, das die Versorgung der deutschen Wehrmacht sicherte. Schon im Aufbruch begriffen, verstauchte er sich bei einer ungeschickten Bewegung den Fuß. Louise hatte keinen Augenblick gezögert, seinen Auftrag zu übernehmen. Sollten die Genossen etwa vergeblich auf ihre Lieferung warten? Gerade jetzt, da die Alliierten in der Normandie gelandet waren und die Befreiung nahte, wollte sie alles dafür tun, das Monster des Nationalsozialismus zu vertreiben. Marcel sollte es niemals zu Gesicht bekommen.

»Ich habe Louise gewarnt, aber aufgehalten habe ich sie nicht«, hätte sein Vater auf dem Sterbebett gestanden, berichtete Marcel. Er warf die aufgerauchte Zigarette fort, steckte sich aber gleich die nächste an.

Bewegt hatte Edda zugehört. War es das, was Marcel aus der Fassung gebracht hatte? Zu erfahren, dass seine Mutter hätte leben können?

Um ihre Stimme zu klären, räusperte Edda sich. »Ich glaube, Louise hätte sich nicht aufhalten lassen. Sie muss hundertprozentig davon überzeugt gewesen sein, das Richtige zu tun. Sonst hätte sie dich, ihr Baby, niemals verlassen.«

Marcel tastete nach Eddas Hand und drückte sie. »Heute könnte man meinen, meine Mutter hätte ihr Leben umsonst geopfert. Die Sprengsätze haben die Eisenbahner ja nicht erreicht. Aber das konnten meine Eltern damals nicht wissen. Sie wollten ihr Land befreien. Niemals würde ich ihnen das vorhalten.«

Mittlerweile war es dunkel geworden. Durchgefroren und hungrig kehrten sie in die Pension zurück. Ihre Unterhaltung hing Edda nach. Weshalb hatten Marcels Großeltern in Limoges nicht alles dafür getan, ihren Enkel aufwachsen zu sehen, das einzige Kind ihrer verstorbenen Tochter? Edda begriff es nicht. Aber woher sollte sie schon wissen, was in verzweifelten Eltern vor sich ging?

Während sie Baguette, Käse und Rotwein auf den Tisch stellte, stand auf einmal Marcel neben ihr. Er hatte in seinem Koffer etwas gesucht und offenbar gefunden, denn in der Hand hielt er eine Mappe, der er einen Brief entnahm. Mit einem Blick, den Edda nicht zu deuten wusste, reichte Marcel ihn ihr.

»Mein Vater hat ihn zwischen wichtigen Unterlagen aufbewahrt. Mit anderen Worten, er wollte, dass ich den Brief finde.«

Das Schreiben war handschriftlich verfasst und mit dem Namen Josette Moreau unterzeichnet.

»Wer ist das?«, fragte Edda.

»Meine Cousine«, antwortete Marcel. »Ich habe sie noch nie getroffen.«

Nun war Edda klar, dass Marcel nicht nach Limoges gekommen war, um seiner Eltern zu gedenken, jedenfalls nicht nur.

Marcel hatte ihnen Rotwein eingeschenkt. In einem Zug leerte er sein Glas, während Edda Josettes Zeilen las.

Lieber René,

wie Du Dir denken kannst, war ich ziemlich überrascht, nach über zwanzig Jahren von Dir zu hören. Allerdings nur im ersten Augenblick. Jetzt, da ich weiß, wie es um Dich steht, verstehe ich Dich. Es tut mir sehr leid, René. Was Marcel betrifft, mach Dir keine Gedanken. Sollte er jemals den Wunsch verspüren, zu erfahren, was geschehen ist, werde ich meinen Cousin mit offenen Armen empfangen, das verspreche ich Dir.

Viel Kraft für den schweren Weg, der jetzt vor Dir liegt.

In Verbundenheit

Josette

Verwirrt ließ Edda den Brief sinken.

»Es scheint etwas zu geben, das du wissen solltest. Hast du eine Ahnung, worum es gehen könnte?«

Marcels Kiefer mahlten, er zuckte mit den Schultern. »Noch nicht. Aber was auch immer es ist, wieso hat mein Vater mir nicht selbst davon erzählt? Warum überlässt er das einer Frau, mit der ich gar nichts zu tun habe?«

Marcel goss sich Wein nach und kippte ihn abermals hinunter. Edda ahnte, wie er sich fühlte. Etwas zu erfahren, was innerhalb von Sekunden den Blick auf vertraute Menschen veränderte, konnte verstörend sein. Das wusste sie, seitdem sie die Briefe ihres Vaters entdeckt hatte, nur zu gut.

Edda legte ihre Hand auf seine. »Ich begleite dich«, sagte sie entschieden.

Marcel richtete sich auf. »Du würdest mitkommen?«

Edda nickte nachdrücklich. »Du weißt doch, bis ans Ende der Welt.«

Marcel beugte sich zu ihr und küsste sie. Nachdem sich ihre Lippen voneinander gelöst hatten, meinte er: »Meine

Cousine lebt nicht mehr in Limoges. Sie ist in ein Dorf gezogen, nicht weit von hier, nach Oradour-sur-Glane.«

Aufmerksam, als erwartete er eine Reaktion von Edda, sah Marcel sie an.

»Was für ein schöner Name«, entgegnete Edda, und für den Bruchteil einer Sekunde flackerte Marcels Blick.

»Für einen traurigen Ort«, erwiderte er.

*

Der Bus hielt kurz vor Mittag am Eingang des Dorfes, nahe der Kirche Saint-Martin, wo alle ausstiegen. Beklommen sahen sich Edda und Marcel an. Der Fahrer wendete, und als sich der Bus in Richtung Limoges entfernte, blickte Marcel ihm nach, als wäre er am liebsten wieder mitgefahren. Edda, die inzwischen begriffen hatte, dass dieser Nachmittag auch für sie nicht leicht werden würde, lächelte Marcel dennoch ermutigend zu. Er reagierte mit einem Nicken, also hatte er verstanden, was sie ihm signalisierte. Josette anzurufen, war richtig gewesen, davon blieb Edda felsenfest überzeugt. Nach dem Besuch bei ihr würde sich Marcel nicht mehr mit der Frage herumquälen müssen, was sein Vater ihm verschwiegen hatte.

»Dort entlang«, sagte Marcel.

Über den Kirchplatz hinweg liefen sie auf die Hauptstraße zu, so, wie Josette es ihnen beschrieben hatte. Marcel schwieg, was Edda ganz recht war, denn auch sie versuchte, sich zu sammeln. Was hätte Josette Marcel zu sagen? Und wie würde sie Edda empfangen? Marcel hatte ihr nicht verschwiegen, dass seine Cousine, nachdem er sie gebeten hatte, seine deutsche Freundin mitbringen zu dürfen, am Telefon kurz gezögert hatte. Natürlich war das verletzend. Aber nach allem, was Edda inzwischen über Oradour-sur-Glane wusste, verübelte sie es Josette nicht. Vielmehr empfand Edda Scham.

Schmucklose Häuser aus grauem Beton säumten ihren Weg, weder Bäume noch Sträucher waren zu sehen. Die Straßen wirkten unbelebt, und wäre es nicht Winter, sondern Frühling gewesen, hätte es Edda nicht gewundert, trotzdem keinen Vogellaut zu vernehmen. Zu ihrer Erleichterung begegneten ihnen ein paar ausgelassene Teenager in Sporttrikots, die der Tristesse dieser Ortschaft einen Hauch von Normalität verliehen. Wie war Josette bloß auf die Idee gekommen, Limoges zu verlassen, um nach Oradour-sur-Glane zu ziehen?

Nicht weit entfernt, in Fußnähe, lagen die Ruinen des ursprünglichen Dorfes, in dem im Juni 1944 Soldaten der Waffen-SS ein unfassbares Massaker angerichtet hatten. Davon hatte ihr Marcel erzählt, gleich nachdem Edda versprochen hatte, ihn zu Josette zu begleiten, und gleich nachdem sie den Namen des Dorfes kommentiert hatte. Wegen dieser Bemerkung, die ihrer Unwissenheit entsprungen war, wäre Edda am liebsten im Erdboden versunken. Wie war es möglich, dass sie noch niemals von Oradour gehört hatte? In Frankreich, hatte Marcel gesagt, wüsste jedes Schulkind, was dort geschehen war.

Hunderte von Menschen hatten die deutschen Soldaten in Oradour ermordet. Anschließend hatten sie deren Häuser niedergebrannt und waren weitergezogen in die Normandie, wo wenige Tage zuvor die Alliierten gelandet waren. Die Ruinen, die sie hinterlassen hatten, waren zu sehen gewesen, als der Bus aus Limoges auf Oradour zugefahren war. Edda hatte hingestarrt, ebenso wie Marcel. Seine Hand hatte ihre gefunden, dafür war Edda ihm dankbar gewesen. Den Rest der Fahrt hatte sie kein Wort mehr gesprochen, aus Angst, ihr Akzent könnte sie verraten.

Als ihnen aus der Straße, in der Josette lebte, zwei Frauen mittleren Alters entgegenkamen, beschlich Edda dasselbe unangenehme Gefühl. War es möglich, dass die beiden Edda misstrauisch beäugten, weil sie in ihr eine Deutsche erkannten? Trotz der Kälte glühte Eddas Gesicht. Nachdem die Frauen an ihnen vorbeigelaufen waren, atmete sie auf.

Als Josette Moreau ihnen die Tür öffnete, sah Edda sie verblüfft an. Sie hätte Marcels deutlich ältere Schwester sein können, Edda schätzte sie auf Ende dreißig. Nicht nur Josettes dunkle Augen und Locken erinnerten Edda an Marcel, sondern auch das verhaltene Lächeln. Freundlich bat Josette sie herein. In ihrem Haus herrschte eine gänzlich andere Stimmung als in den trüben Straßen. Es war warm und in den Zimmern hing der Duft von frischem Gebäck, Kaffee und Wachskerzen. Während Josette ihnen die Mäntel abnahm und Mützen, Schals wie Handschuhe auf eine kleine Bank neben dem Küchenofen legte, erkundigte sie sich, ob die Anfahrt gut geklappt hätte, was Marcel mit einem knappen »Oui« bestätigte. Edda fand ihn unhöflich, doch Josette ließ sich von seiner wortkargen Antwort nicht beeindrucken.

»Zum Glück hat es noch nicht geschneit«, entgegnete sie. »Wenn ich an letzten Dezember denke … Der Schnee lag meterhoch, so dass die Busse darin stecken geblieben sind.«

»In Paris war es auch schlimm«, sagte Edda.

Sie bückte sich, um eine kleine weiße Katze zu streicheln, die neugierig um ihre Beine strich. Dabei entspannte Edda sich ein wenig. Ressentiments schien Josette ihr gegenüber nicht zu hegen. Sie begegnete Edda ebenso zuvorkommend wie Marcel.

Im Wohnzimmer lud Josette sie ein, Platz zu nehmen, stellte Tee und Kaffee zur Auswahl und bot aus einer fein bemalten Porzellanschüssel süßes Gebäck an. Edda griff zu, Marcel hingegen lehnte dankend ab. Er wäre nicht hungrig, meinte er, woraufhin Josette verständnisvoll nickte.

»Es tut mir leid, dass dein Vater gestorben ist«, sagte sie. Edda hörte ihrer Stimme an, dass sie es ernst meinte. »René war ein netter Mann, ich habe ihn sehr geschätzt.«

Marcel, der in seinem Kaffee gerührt hatte, sah auf. »Du hast ihn geschätzt?«

»Aber natürlich.« Josette lächelte. »Als ich klein war, bin ich mit ihm zum Angeln gegangen. Später durfte ich Onkel René, wie ich ihn nannte, nicht mehr begleiten. Ich habe ihm zu viel geschwatzt und damit die Fische vertrieben.« Sie lachte kurz auf. »Trotzdem hätte er mich mitgenommen, als er später mit dir nach Paris gezogen ist.«

Marcel lehnte sich in die Stuhllehne zurück. »Davon weiß ich nichts.«

»Du warst erst drei«, erwiderte Josette, während sie ein Stück Gebäck in den Tee tunkte. »Bis dahin habe ich in Limoges bei euch gewohnt. Wenn René arbeiten musste, passte ich auf dich auf. Louise …« Josettes Stimme senkte sich traurig. »Nun, sie war ja nicht mehr da.«

Einen Moment blieb es still, bis auf das regelmäßige Ticken der Wanduhr. Marcel musterte Josette. »Du bist das damals gewesen? Ich dachte immer, mein Vater hätte eine Haushälterin angestellt.«

Marcel nahm sich jetzt doch einen Keks. »Warum bist du in Limoges geblieben?«

Josette strich über die Tischdecke, als wollte sie deren Stoff glätten. »André, mein jetziger Mann, hat mir einen Antrag gemacht.«

Sie wandte sich an Edda. »Wie alt bist du?«

»Im Mai werde ich einundzwanzig.«

Josette nickte, als hätte sie sich das gedacht. »Ich war erst achtzehn, André zweiundzwanzig, als wir geheiratet haben. Für André kam es nicht infrage, sich irgendwo anders niederzulassen als in Oradour. Bei dem Massaker am 10. Juni 1944 hatte er seine ganze Familie verloren. Er wollte den Ort, an dem er sich ihnen nahe fühlte, nicht verlassen und außerdem mithelfen, das neue Dorf aufzubauen. 1947 wurde der Grundstein gelegt, in demselben Jahr ist René mit dir fortgegangen. Wir haben uns voneinander in Freundschaft verabschiedet. All die Jahre habe ich immer wieder an René gedacht, und hin und wieder habe ich mich gefragt, was wohl aus dir geworden ist. Erst jetzt, kurz vor seinem Tod, hat sich dein Vater wieder bei mir gemeldet. Ich bedaure, dass unser Kontakt mit den Jahren eingeschlafen ist.«

»Du gehörst offensichtlich nicht zu den Verwandten, die meinen Vater ablehnen und denen ich gleichgültig bin.« Marcel sprach erst ruhig, wurde dann jedoch mit jedem Satz etwas lauter. »Haben deine Eltern, Tante Claire und Onkel Patrick, jemals daran gedacht, wenigstens *mich* zu besuchen? Und meine Großeltern? Wollten sie nie wissen, wie es mir geht? Leben sie überhaupt noch? Nicht einmal das weiß ich.«

Einen Moment knetete Josette ihre Hände, dann schüttelte sie den Kopf. »Sie sind beide tot.«

»Das tut mir leid«, antwortete Marcel, doch ehrliches Mitgefühl klang anders. Marcel war mit seinem eigenen Thema beschäftigt. Edda suchte seinen Blick, fand ihn aber nicht.

Da beugte sich Marcel so abrupt zu Josette herüber, dass er beinahe seine Kaffeetasse vom Tisch gefegt hätte. »Haben sie denn ernsthaft geglaubt, mein Vater hätte den Tod meiner Mutter verschuldet?«

»Aber so war es doch gar nicht.«

An Josettes Hals hatten sich rote Flecke gebildet.

»Wie war es denn dann, Josette? Das würde ich gern wissen.« Marcel blickte Josette auffordernd an. Seine aufbrausende Art faszinierte und erschreckte Edda gleichermaßen.

Josette strich sich über den Hals, als versuchte sie, den Ausschlag zu verreiben. »Wahr ist, dass Grandmère und Grandpère händeringend versucht haben, Louise aufzuhalten«, räumte sie ein. »Aus blinder Liebe zu René wolle sie ihr Leben riskieren. Das haben sie ihr vorgeworfen. Louise ist deswegen außer sich geraten, daran erinnere ich mich sehr gut. Als Teenager fand ich das Leben meiner Tante aufregend und wild romantisch. Ich habe Louise sehr bewundert.«

Marcels Stuhl schabte über den Boden, als er aufstand und zu der Kommode hinüberging, auf der Josette einige gerahmte Fotografien aufgestellt hatte. In der Zeit, in der Marcel sie betrachtete, schenkte Josette Kaffee nach. Edda streichelte die kleine Katze, die auf ihren Schoß gesprungen war.

»Sind das dein Mann und deine Kinder?«, fragte Marcel nach einer Weile.

»Ja. Das ist André, er arbeitet in Limoges. Céline ist sechzehn, Louis vierzehn. Die beiden sind nicht zu Hause, sonst hätten sie euch längst begrüßt. Louis spielt Fußball. Seit 1964 gibt es in Oradour wieder eine Mannschaft. Céline ist in der Tanzstunde.«

Edda erwähnte, auf dem Weg zu Josette eine Gruppe Jugendlicher in Fußballtrikots getroffen zu haben, und Josette erwiderte, dass Edda dann wohl ihrem Sohn begegnet wäre. Im nächsten Augenblick zog ein Schatten über Josettes Gesicht.

»In meinen jungen Jahren wäre das undenkbar gewesen. Nachdem das neue Oradour aufgebaut worden war, gab es keine Sportvereine mehr, keine Feste, keine Konzerte, nichts.

Nur Trauer. Die meisten wollten es so. Erst dank unserer Kinder findet Oradour peu à peu ins Leben zurück.«

Edda dachte an die Straßen, die sie noch heute Mittag als trostlos empfunden hatte. Dabei war seit jenem furchtbaren Tag fast ein Vierteljahrhundert vergangen. Entsetzlich, wie lang und tief die Spur des Schmerzes war, die die SS-Soldaten in Oradour zurückgelassen hatten.

»Hier stehen nur Bilder von euch vieren. Hast du auch Fotos von meiner Mutter?«, erkundigte sich Marcel und kehrte an den Tisch zurück. »Von unseren Großeltern, Tante Claire und Onkel Patrick? Ich würde sie sehr gern sehen und hören, wie es mit ihnen und meinem Vater weiterging.«

Die Katze verließ Edda und machte es sich auf Marcels Beinen bequem. Er kraulte ihr Fell, woraufhin das Kätzchen so putzig schnurrte, dass Edda und Marcel einen Augenblick abgelenkt waren. Bis ein kühler Wind durchs Wohnzimmer wehte, der sie frösteln ließ. Josette hatte das Fenster geöffnet und blickte auf die Straße hinaus. Edda und Marcel sahen sich an. Die Wanduhr schien lauter zu ticken, als wollte sie Josette antreiben, doch diese ließ sich nicht hetzen. Ein paarmal noch atmete sie tief durch, dann schloss sie das Fenster und wandte sich um.

»Glaub mir, Marcel, ich hätte gern noch viele andere Bilder auf meine Kommode gestellt. Aber das kann ich nicht. Sie sind alle verbrannt.«

Unwillkürlich schlug sich Edda die Hand vor den Mund.

»Während des Krieges?«

Josette setzte sich wieder zu ihnen. Ihre Augen wirkten tiefschwarz, wie Marcels, wenn er aufgewühlt war.

»Am 10. Juni 1944. In Oradour.«

Eddas Blick schoss zu Marcel. Seine Hand, als hätte sie nicht mitbekommen, dass der Rest von Marcel erstarrt war, fuhr fort, die Katze zu streicheln. In seiner Stimme lag nichts Forderndes mehr. »Aber mein Vater sagte doch, die ganze Familie hätte in Limoges gelebt. Nicht nur meine Eltern und ich.«

Josette seufzte.

»Das hat er mir in seinem Brief gestanden. Als René am Ende seines Lebens Zweifel plagten, fand er nicht mehr die Kraft, dir von Oradour zu erzählen. Deshalb hat er mich gebeten, dir die Wahrheit zu erzählen, sollte dir daran gelegen sein.«

Bestürzt rückte Edda näher an Marcel heran und legte den Arm um ihn. Wie er sich fühlte, konnte sie bloß erahnen.

»Sind Grandmère und Grandpère ermordet worden?«, fragte Marcel mit monotoner Stimme.

Josette nickte.

»Tante Claire und Onkel Patrick?«

Wieder Nicken. Josettes Augen hatten sich mit Tränen gefüllt. »Auch Gabrielle, meine kleine Schwester.«

Josette massierte ihre Finger, als ob sie frieren würde.

Edda fielen keine passenden Worte ein. Fest umschloss sie Marcels eiskalte Hand. Völlig reglos saß er da, nur sein Augenlid zuckte nervös. Plötzlich, wie in Zeitlupe, schob er seinen Stuhl zurück und erhob sich. Die Katze landete auf dem Fußboden und flüchtete unter die Kommode. Einen Augenblick stand Marcel vor ihnen, als wüsste er nicht, was er als Nächstes tun sollte, dann drehte er sich um und verließ das Zimmer.

»Marcel! Warte!«, hörte Edda sich rufen. Ihre Stimme klang weit entfernt, als gehörte sie jemand anderem. Hatte Marcel sie trotzdem gehört? Eine Sekunde verging, bis Edda hervorpresste: »Ich muss zu ihm.«

Josette erwiderte etwas, das Edda nicht wahrnahm. Sie sah nur, dass die Haustür weit offen stand, und lief Marcel hinterher. Doch die aschfarbenen Straßen von Oradour schienen ihn verschluckt zu haben. Vor Kälte und Aufregung zitternd, sah Edda sich um. Josette, eingepackt in eine dicke Jacke, holte sie ein und reichte Edda ihren Mantel.

»Komm mit«, sagte sie. »Ich kann mir denken, wohin er will.«

*

Wie eine dunkle Statue stand Marcel am Eingangstor. Als er Edda und Josette kommen hörte, wandte er den Blick von den Ruinen ab und sah ihnen entgegen. Edda umarmte ihn, und kurz drückte Marcel sie an sich.

Josette reichte ihm seinen Mantel. »Es tut mir leid, dass ich keine geeigneten Worte gefunden habe. Es gibt sie nicht.«

Marcels Augen verengten sich. »Nicht du, mein Vater hätte mir sagen müssen, dass Oradour für uns mehr ist als ein historisches Monument, als ein Symbol nationaler Trauer. Er hat es vorgezogen, mich anzulügen. Dass er so feige war, hätte ich nicht gedacht.«

Kurz strich Josette über Marcels Arm, es war das erste Mal, dass sie Marcel berührte. »Ich verstehe dich. Als ich Renés Brief las, habe ich mich auch aufgeregt. Wie kann René mir das aufbürden?, dachte ich. Doch André war der Meinung, ich dürfe nicht vergessen, dass René dir schon den Tod deiner Mutter hatte beibringen müssen. Immerhin hat er dir die Möglichkeit gegeben, die Geschichte deiner Familie zu erfahren.«

Die tiefe Falte zwischen Marcels Brauen glättete sich nicht.

»Damit«, er deutete auf die Ruinen, »hätte ich niemals gerechnet.«

Edda konnte Marcels Zorn gut verstehen. René Carnot

hatte zwar dafür gesorgt, dass die Wahrheit ans Licht käme, ja. Aber verstrickt mit seiner Lüge war sie für Marcel noch schwerer zu ertragen.

Schweigend blickten sie alle drei auf die Straße, die ins ehemalige Oradour führte. Eddas Blick schweifte über die rostigen Schienen der Trambahn, die früher hier entlanggefahren war, über die moosbesetzten Mauern und Ruinen, in denen die zerstörten Fenster ohne Scheiben wirkten wie leere Augenhöhlen in zertrümmerten Schädeln. Zwischen den Steinen wucherten Gestrüpp und Efeu, doch was hier geschehen war, ließ sich von der Natur nicht verdecken.

Ob ihr Vater zu einem so schrecklichen Verbrechen fähig gewesen wäre? Der Gedanke schnürte Edda die Kehle zu. Hatte sie, solange sie das nicht zweifelsfrei ausschließen konnte, überhaupt das Recht, hier zu sein?

In diesem Moment fragte Marcel Josette: »Würdest du uns das Haus zeigen, in dem ihr gelebt habt?«

Josette nickte. Diese Frage hatte sie wohl erwartet.

Gemeinsam gingen sie die ehemalige Hauptstraße Émile-Desourteaux entlang, an deren Seiten sich zerstörte Häuser reihten. Niemand außer ihnen war unterwegs. Es herrschte traurige Stille, zu der die strahlende Wintersonne nicht passte. Mit gedämpfter Stimme erklärte Josette, dass das Dorf weitgehend belassen worden war, wie es im Juni 1944 ausgesehen hatte, nachdem die Männer der SS abgezogen waren. Edda betrachtete die verrosteten Autos, die in einer ehemaligen Werkstatt standen, als warteten sie noch immer auf ihre Besitzer. In einer Ruine verrottete auf einem Fenstersims eine Nähmaschine, in einer anderen ein Bettgestell. Marmorplatten an einer Mauer ließen darauf schließen, dass dort einmal eine wohlhabende Familie gewohnt hatte, an einer brüchigen Wand erinnerten helle Kacheln an einen Frisiersalon. Am

Wegesrand, ebenfalls von Rost zerfressen, lagen Überreste eines kleinen Fahrrades. Die Vorstellung, ein SS-Soldat hätte ein Kind von seinem Sattel gestoßen und getötet, traf Edda mitten ins Herz. Sie schaute zu Marcel, der vom Anblick der Zerstörung überwältigt schien.

»Ihr könnt es euch nicht vorstellen«, sagte Josette, »aber Oradour ist früher ein sehr quirliger Ort gewesen. Es gab viele Geschäfte und Cafés, drei Musikclubs und eine Fußballmannschaft. An den Markttagen boten die Bäuerinnen und Bauern der umliegenden Weiler und Gehöfte ihre Waren feil, ihre Kinder gingen bei uns in die Schule. Fünfmal am Tag kam die Straßenbahn aus Limoges und mit ihr, besonders an den Wochenenden, viele Leute, die die Landluft genießen und am Ufer der Glane picknicken wollten. So wie André, der die Woche über in Limoges bei der Post arbeitete und samstags seine Familie besuchte. So wie Louise und Réne mit dir, Marcel. Immer wenn Grandmère euch begrüßt hatte, nahm sie dich sofort in Beschlag. Grandpère hat dich vergöttert. Ein männlicher Nachkomme, das hat ihn glücklich gemacht.«

Marcel strich sich über die Augenlider. Sein Leben lang hatte er das Gegenteil angenommen, dabei hatten seine Großeltern ihn geliebt. Edda hoffte, dass diese Erkenntnis nicht nur schmerzhaft für ihn wäre. Sie nahm seine Hand und verschränkte ihre Finger mit seinen, woraufhin Marcel sie kurz und dankbar anblickte.

Josette, die einen Moment geschwiegen hatte, fuhr fort: »Der Krieg hatte unser Leben nicht so stark verändert wie das an anderen Orten in Frankreich. Gut, das Brot war knapp, aber auf dem Land hungerten wir trotzdem nicht. Wir wohnten nah genug an Limoges, um mitzubekommen, was es bedeutete, unter deutscher Besatzung zu leben, aber weit genug entfernt, um nicht darunter zu leiden. Ich glaube, ich habe in Oradour nie einen Deutschen gesehen, jedenfalls keinen in Uniform. Bis zum 10. Juni 1944.«

Josette hatte sie auf einen großen Marktplatz geführt. Hierhin hatte die SS die Menschen getrieben. Immer noch stand dort ein verrosteter Peugeot, der, wie Josette erklärte, dem Weinhändler gehört hatte. Direkt am Platz, sie deutete auf eine der Ruinen, hatte sich eine Metzgerei befunden, und der Metzger, Monsieur Desvignes, hatte Josette nie gehen lassen, ohne ihr ein Stück Wurst zu schenken. Sie liefen weiter, vorbei am Haus des Stoffhändlers, bei dem Josettes Mutter Claire gern eingekauft hatte. An das Rascheln der Stoffe, wenn Monsieur Dupic die Stoffbahnen ausbreitete, erinnerte sich Josette bis heute. Immer mehr Namen, die Josette etwas bedeuteten, schwirrten durch Eddas Kopf. Madame Rénaud, die Friseurin der Familie Sorel, auf deren kleine Tochter Any Josette hin und wieder aufgepasst hatte. Mademoiselle Bardet, die junge Grundschullehrerin und Kollegin von Josettes Mutter. Jaqueline Pinède, Josettes jüdische Freundin, die mit ihrer Familie aus dem baskischen Bayonne nach Oradour geflohen war. Sie und ihre Geschwister hatten sich erneut retten können, ihre Eltern und ihre Großmutter leider nicht.

Josettes Erinnerungen begleiteten sie auf dem Weg durch das Dorf. Vor Edda erstand das intakte Oradour und sie sah die Menschen vor sich, die seine Straßen mit Leben erfüllt hatten. Je mehr sie erfuhr, desto bedrückender empfand sie die Szenerie. Sie waren noch nicht einmal am Haus der Sorels angekommen, da fühlte sich Edda schon wie erschlagen. Sie war sicher, dass es Marcel genauso erging.

Nahe einer Ruine, gegenüber der alten Kirche, blieb Josette schließlich stehen.

»Sind wir da?«, fragte Marcel düster, doch Josette schien ihn nicht gehört zu haben.

»Dort seht ihr das Restaurant Milord«, sagte sie. »Es war ein beliebter Treffpunkt. Wenn es etwas zu feiern gab, haben wir manchmal dort gegessen. Selbst als die Lebensmittel rationiert wurden, hat Madame Milord es immer wieder geschafft, köstliche Gerichte auf den Tisch zu zaubern. Weiß der Teufel, wie sie das geschafft hat.«

»Josette, bitte«, drängte Marcel.

Kraftlos hob Josette den Arm. »Dort haben wir gewohnt.«

Edda und Marcel näherten sich der Stelle, auf die Josette, die zurückblieb, gezeigt hatte. Nur noch wenige Mauerreste waren zu erkennen. Unvorstellbar, dass hier einmal das Haus gestanden hatte, in dem Josette aufgewachsen war. Marcel holte eine Packung Zigaretten aus seinem Mantel, hielt jedoch, kurz bevor er sich eine anzündete, inne und schob sie in seine Tasche zurück.

»Es war ein wunderschöner Sommertag. Ein Samstag«, vernahmen sie Josettes Stimme neben sich. Edda musste sich anstrengen, sie zu verstehen, so leise sprach Josette.

»Ich war sechzehn und wartete voller Ungeduld auf André. Wir waren frisch verliebt. Wenn er am Nachmittag aus Limoges käme, würden wir an einem der Weiher spazieren gehen. Meine Familie hatte gerade das Mittagessen beendet. Mein Vater war in seine Apotheke zurückgekehrt, meine Mutter in die Schule, gemeinsam mit meiner achtjährigen Schwester Gabrielle. Es stand eine schulärztliche Untersuchung an, deshalb waren die Kinder der anderen Dörfer noch nicht nach Hause gegangen. Daran, was meine Großeltern machten, erinnere ich mich nicht mehr. Vielleicht freuten sie sich auf einen erholsamen Mittagsschlaf. Um Louise sorgten wir uns nicht, denn wir hatten keine Ahnung, dass sie einen Auftrag für die Résistance erledigte. Nur René wusste es, aber noch hoffte er, dass Louise zurückkehren würde. Deshalb war er an jenem Samstag nicht wie gewöhnlich nach Oradour gefahren. Er wollte Louise empfangen, wenn sie heimkäme.«

Josette machte eine Pause, um Marcel und Edda Zeit zu geben, zu verdauen, was sie soeben angedeutet hatte. Tonlos sprach Marcel das Ungeheuerliche aus.

»Sonst wären wir an jenem Tag ermordet worden.«

Schwerfällig nickte Josette. »Wahrscheinlich. So gesehen hat Louise dir und deinem Vater das Leben gerettet.«

Edda schossen Tränen in die Augen, Marcel war kalkweiß geworden. Diesmal war er es, der Eddas Hand ergriff, und Edda war froh, an seiner Seite zu sein.

»Was geschah dann?« Marcel klang heiser, als brächte er diese Frage nur mühsam heraus.

»Gegen vierzehn Uhr kamen sie, in Lastwagen und Panzern. Die SS-Division ›Das Reich‹. Wir hatten davon gehört, dass die Deutschen auf ihrem Weg in die Normandie hart gegen die Résistance vorgingen. Es kursierten Gerüchte darüber, dass sie aus Rache für einen Angriff auf eine deutsche Garnison fast hundert Zivilisten aus der Stadt Tulle erhängt hatten. Furchtbar. Aber in Oradour operierte der Widerstand nicht. Es gab keine versteckten Partisanen und keine Waffen. Wir fühlten uns sicher. ›Das wird eine Personenkontrolle sein‹, vermutete Grandpère. Er steckte seinen Ausweis ein, falls die Deutschen ihn danach fragten, und ging hinaus, um herauszufinden, was vor sich ging. Grandmère und ich blieben im Haus. Nach ein paar Minuten kam Grandpère zurück. ›Die Deutschen haben Oradour umstellt‹, erklärte er ruhig. ›Unter ihnen sind auch Elsässer. Einer hat mir übersetzt, dass wir uns auf dem großen Marktplatz einfinden sollen.‹ Wortlos hatte Grandmère ihre Papiere geholt. Ich wollte mit ihnen gehen, aber meine Großeltern verboten es. Sie befahlen mir, mich zu verstecken, bis die Soldaten abgerückt wären. Es war das letzte Mal, dass ich die beiden gesehen habe.«

Was für eine fürchterliche Angst Josette gehabt haben musste. Sich vorzustellen, wie es wäre, in einer solch bedrohlichen Situation allein zu sein, fiel Edda schwer. Beinahe flüsterte sie, als sie nachhakte: »Und was hast du dann gemacht?«

Josette lächelte traurig. »Ich habe nicht auf sie gehört. Ich bin losgerannt, um meine Eltern und Gabrielle zu suchen.«

»Hast du sie gefunden?«

Als Marcel diese Frage stellte, hielt Edda kurz den Atem an. Sie wussten ja, dass bis auf Josette niemand der Sorels diesen Tag überlebt hatte. Und doch hätte auch Edda sich gewünscht, dass Josette ihrer Familie noch ein letztes Mal begegnet wäre.

»Nein«, antwortete Josette. Sie hakte sich bei Edda und Marcel unter und führte sie fort von der Ruine ihres Elternhauses. »Auf den Straßen ging es chaotisch zu. Mit erhobenen Gewehren stürmten die Deutschen die Häuser, brüllten ›Raus, raus!‹ und trieben die Menschen wie Vieh vor sich her. Ein Wunder, dass ich keinem von ihnen in die Fänge geriet. Die Tür von Andrés Eltern stand offen. Anscheinend war ihr Haus schon durchsucht worden. Meinem Instinkt folgend, lief ich hinein und verbarg mich unter einer Treppe. Sie führte in den Garten hinaus. Den Platz kannte ich, weil André und ich hier ein paarmal gesessen hatten. Hinter allerlei Gerätschaften verbarrikadierte ich mich und wartete ab. Später vernahm ich Stimmen und das Getrampel von Stiefeln; die SS eskortierte die Frauen und Kinder zur Kirche. Plötzlich fiel ein Schuss. Wie ein Startsignal. Und das war es auch, wie ich später erfuhr. In mehreren Scheunen gleichzeitig erschossen die Soldaten fast alle unsere Männer. Ich hoffe, mein

Vater und Grandpère waren sofort tot. Denn danach zündeten die Deutschen die Schuppen an, und wer noch nicht gestorben war, verbrannte bei lebendigem Leibe.«

Josettes Stimme klang, als wäre ihr sämtliche Energie entwichen, und Edda hielt es kaum aus, sich anzuhören, was Josette hatte miterleben müssen.

Vor dem Eingang der alten Dorfkirche blieben sie stehen. Dem Gotteshaus fehlte das Dach und die Brandspuren an seinem Gemäuer waren nicht zu übersehen. Hoch aufgerichtet, wie ein Mahnmal, stand davor ein schlankes Kreuz mit einer Jesusfigur. Edda betrachtete es genauer. Der Rost hatte sein Eisen rotbräunlich verfärbt, aber das Feuer hatte ihm nichts anhaben können. Auf einer Tafel war zu lesen, was Edda schon befürchtet hatte. In der Kirche hatten die Nazis Hunderte Frauen und Kinder getötet. Langsam, als schleiften Ketten an ihren Füßen, stiegen sie die Stufen zum Altarraum hinauf. Rußgeschwärzte Wände, Einschusslöcher und rötliche Flecken auf dem Boden gaben Edda das Gefühl, das Verbrechen wäre erst vor Kurzem begangen worden. Sie meinte sogar, der Gestank des Rauches zöge ihr in die Nase. Als sie vor dem Altar das Gestell eines Kinderwagens entdeckte, wurde Edda übel. Es hätte Marcels sein können. Sie fing seinen schwarzen Blick auf, der ihr sagte, dass er dasselbe dachte wie sie.

»Hier sind sie qualvoll gestorben«, sprach Josette weiter. »In meinem Versteck hörte ich Schüsse, ich roch Qualm und dann vernahm ich diese entsetzlichen Schreie. Sie brüllen bis heute in meinem Kopf.« Josette stöhnte. »Die Mütter sind mit ihren Kindern und Säuglingen verbrannt, die Lehrerinnen mit ihren Schülerinnen und Schülern. Grandmère. Meine Mutter. Die süße Gabrielle …«

Josettes Stimme brach. Hilflos hob sie die Hände, dann

verließ sie schnellen Schrittes die Kirche. Edda und Marcel gingen ihr nach, doch am Ausgang der Kirche zog Marcel Edda auf einmal an sich. Seine Finger gruben sich in ihr Haar, als suchten sie einen Halt.

»*Merci,* dass du bei mir bist. *Merci mille fois*«, stieß Marcel hervor. Seine Stirn berührte die ihre. »Ohne dich, Edda, würde ich diesen Tag nicht überstehen.«

Einen Augenblick lang verharrten sie in einer festen Umarmung, dann folgten sie Josette. Diese hatte sich gesammelt, und auf dem Weg zum Friedhof, den sie ihnen nicht vorenthalten wollte, erzählte sie in knappen Sätzen den Rest.

Insgesamt 642 Menschen, darunter mehr als zweihundert Kinder, waren am 10. Juni 1944 ermordet worden. Nur wenigen war die Flucht gelungen, zu ihnen gehörte Josette. Nachdem es viele Stunden später im Dorf still geworden war, kroch sie aus ihrem Versteck und floh durch die Wälder in ein benachbartes Dorf. Unterwegs traf sie auf ihre Freundin Jaqueline und deren Geschwister. Diese waren deutschen Soldaten in die Arme gelaufen, doch einer der Männer hatte ihnen befohlen, zu verschwinden, der einzige Anflug von Menschlichkeit, den Josette erinnerte.

Am nächsten Tag hatte René sie bei der Bauersfamilie gefunden, die Josette Unterschlupf gewährt hatte. André war bei ihm. Am Abend zuvor hatte Andrés Tram Oradour nicht mehr erreicht. Die SS hatte sie aufgehalten, die Passagiere jedoch laufen lassen. Mitten in der Nacht war André bei René aufgetaucht, um ihm zu sagen, dass in Oradour etwas Schlimmes passiert sein musste. Mittlerweile hatten die beiden nach ihren Angehörigen gesucht, und das Grauen darüber, was sie in den Scheunen und der Kirche vorgefunden hatten, stand ihnen ins Gesicht geschrieben. Sie hielten Josette davon ab, nach Oradour zurückzukehren.

»Heute bin ich ihnen dankbar dafür, dass ich meine Familie lebend in Erinnerung habe«, sagte Josette.

Sie liefen über den Dorffriedhof, den die Nazis damals unversehrt gelassen hatten. Auf den meisten Gräbern standen Fotografien. Von lachenden Kindern. Von Männern und Frauen jeden Alters. All die Menschen, von denen Josette erzählt hatte, bekamen nun ein Gesicht.

Josette winkte einer Gruppe von Frauen zu, die beisammenstanden und sich unterhielten.

»Hier gedenken wir unserer Toten«, erklärte Josette. »Nicht in den Ruinen. Wir sprechen über unsere Lieben und erzählen uns alte Geschichten. So bleiben sie für uns lebendig.«

Sie zeigte Edda und Marcel die Grabstätte der Sorels. Die Fotos dafür hatte René Josette geschenkt. Er hatte sie, nachdem Louise nicht zurückgekehrt war, in deren Schrank gefunden. Nachdem Josette ihnen das erzählt hatte, entfernte sie sich, um ihre Freundinnen zu begrüßen. Dafür, dass sie nicht vorschlug, Edda und Marcel vorzustellen, war Edda ihr dankbar.

Die Gesichter der Familie Sorel brannten sich in Eddas Gedächtnis. Das Hochzeitsfoto von Marcels Großeltern. Onkel Patrick mit Baskenmütze. Tante Claire, die sich für das Foto eine Blume ins Haar gesteckt hatte. Gabrielle, fröhlich mit einer Puppe im Arm.

Hand in Hand standen Edda und Marcel vor ihnen, beide wie gelähmt von ihren Emotionen.

*

Mitten in der Nacht erwachte Edda. Ihr Herz raste und das T-Shirt, das sie trug, war verschwitzt. Was hatte sie geweckt? Stimmen auf der Straße oder das Motorengeräusch eines vorbeifahrenden Autos? Neben ihr schlief Marcel, dessen Brust sich gleichmäßig hob und senkte. Zum Glück war er, nachdem er sich lange hin und her gewälzt hatte, zur Ruhe gekommen. Edda kuschelte sich an ihn, bemüht, im selben Rhythmus zu atmen wie er. Marcels Wärme tat ihr gut, doch ihre Unruhe ließ nicht nach. Edda starrte in die Dunkelheit, noch immer gefangen von der Tragödie, die die Familie Sorel erfasst hatte. Durch ihren Kopf jagten Szenen ihres Besuches bei Josette, Bilder der Ruinen und des Grauens, das sich dort abgespielt hatte. Mit einem Mal richtete Edda sich auf. Jetzt wusste sie, was sie geweckt hatte. Es war ein Alptraum gewesen.

Erst verschwommen, dann klarer kehrten die Traumbilder in ihr Bewusstsein zurück. Verfolgt von der SS, hetzte Edda durch die Straßen von Oradour. Plötzlich tauchte ihr Vater auf. »Verschwinde!«, rief er ihr zu, wie einer der deutschen Soldaten Josettes Freundin Jaqueline. Edda versteckte sich in der Nähe der Kirche, in die, still wie ein Trauerzug, die anderen Frauen und die Kinder hineingingen. Dann zwang beißender Rauch Edda, die Augen zu schließen. Als sie sie wieder öffnen konnte, stand ihr Vater vor der Kirche. Er sah aus wie auf dem Foto, das Edda zusammen mit seinem Feldpostbrief aus Polen in ihrem Tagebuch aufbewahrte.

Edda löste sich von Marcel und glitt aus dem Bett. Im Schlaf murmelte Marcel etwas, wachte aber nicht auf. Auf Zehenspitzen schlich Edda zu ihrem Koffer. Im Dunkel tastete sie nach ihrem Tagebuch und nahm das Foto heraus. Den Vorhang zu öffnen, brachte ihr kaum mehr Helligkeit, daher knipste Edda die Lampe auf dem kleinen Tisch an, der ihnen als Esstisch diente. Im Lichtkegel erstrahlte das Familienbild von Louise, René und Marcel. Nach ihrer Rückkehr aus Oradour hatte Marcel es dorthin gelegt und war lange in seinem Anblick versunken. Edda schob das Foto etwas zur Seite und betrachtete nun das lachende Gesicht ihres Vaters. *Viktor, 1944.* Wie oft hatte sie sich schon gefragt, was ihn wohl erheitert hatte, mitten im Krieg, im Osten Europas, wo es für die Deutschen doch gar nicht mehr gut gelaufen war. Ihr Blick glitt über das helle Gemäuer im Hintergrund, dem Edda bisher keine Beachtung geschenkt hatte. Wie ein Schlag traf es sie, als sie am Bildrand das schmale, hohe Eisenkreuz entdeckte. Das war doch nicht möglich. Es ähnelte dem Kreuz vor der Kirche in Oradour. Edda beugte sich tiefer über das Bild. Die Mauersteine der Kirche wirkten gepflegt, das Gebäude unversehrt, nicht von Ruß beschmutzt. Dennoch erkannte sie das filigran verschnörkelte Kreuz mit der Jesusfigur, ebenso wie den Turm und die Stufen, die hin zum Altarraum führten, in dem noch heute der Kinderwagen lag, dessen Besitzerin in den Flammen umgekommen war. Eddas Mund war trocken geworden, in ihren Ohren rauschte das Blut. Sie zwang sich, ruhig zu atmen und sich zu konzentrieren. Den Kopf in die Hände gestützt, suchte sie fieberhaft nach Hinweisen darauf, dass sie sich irrte, fand aber keine. Bestürzt lehnte sich Edda im Stuhl zurück.

Dieses Foto war nicht in Polen entstanden, sondern in Oradour-sur-Glane.

»Was machst du denn da?«

Marcel war hinter sie getreten, legte seine Hände auf Eddas Schultern und massierte sie sanft. Ohne Marcel anzusehen, hielt Edda ihm Viktor Noltings Foto entgegen.

»Mein Vater«, sagte sie ohne Umschweife. »Er war in Oradour.«

»Was?«

Marcel ließ sie los und nahm das Foto. Mit gesenktem Blick wartete Edda auf seine Reaktion. Es kam ihr wie eine

Ewigkeit vor, bis er sich zu ihr setzte und seinen Blick in Eddas bohrte. Er hatte die Kirche erkannt und das Datum auf der Rückseite gelesen.

Jegliche Schläfrigkeit war aus Marcels Stimme gewichen, als er sie anfuhr: »Wieso zeigst du mir das erst jetzt?«

Edda beeilte sich, ihm zu erklären, dass sie bislang geglaubt hatte, das Foto stammte aus Polen, weil sie es in einem Brief von dort gefunden hatte. Allmählich wirkten Marcels Augen weicher, die Erschütterung, die aus ihnen sprach, blieb jedoch.

»Ich hätte nicht gedacht, dass es noch schlimmer kommen könnte. Aber da habe ich mich geirrt.«

Mit einer plötzlichen Bewegung warf Marcel die Aufnahme von Viktor Nolting auf den Tisch, wo sie neben dem Familienbild der Carnots landete. Er sprang auf und ging zu seinem Nachttisch hinüber, neben dem drei Rotweinflaschen standen. Eine hatten sie bereits vor dem Zu-Bett-Gehen geleert, denn anders wäre an Schlaf nicht zu denken gewesen. Marcel ergriff eine der zwei vollen Flaschen und drehte den Öffner so entschlossen in den Korken hinein, als wollte er ihn durchbohren. Als er ihn herauszog, stieß Marcel mit dem Ellenbogen gegen ein leeres Glas. Es fiel zu Boden und zersplitterte.

»Merde!«, rief Marcel wütend, und als er ein weiteres Mal noch lauter fluchte, klopfte jemand aus dem Nachbarzimmer gegen die Wand.

Edda war aufgestanden, um Marcel beim Einsammeln der Scherben zu helfen, doch Marcel wehrte sie mit einer brüsken Handbewegung ab. »Ich mache das schon.«

Während er begann, einzelne Glasstücke aufzuheben, setzte sich Edda verunsichert hin. Ihre Wangen brannten. Ob Marcel es bereute, sich in sie verliebt zu haben? Bedauerte er es, dass er für Edda seinen Vorsatz, sich nicht mit einer Deutschen einzulassen, über den Haufen geworfen hatte? Der Gedanke, dass es so sein könnte, stach in ihrer Brust. Eddas Blick blieb an den beiden Fotografien auf dem Tisch haften. An Louise, die mit ihrem Baby im Arm lächelte, als läge noch ein ganzes wunderbares Leben vor ihr. Wenig später war sie von deutschen Besatzern hingerichtet worden. An ihrem Vater, der in eine Kamera lachte, mitten in Oradour, wo bald darauf Marcels Familie ermordet wurde. Gehörte er zu den Mördern? Hatte er auf Marcels Onkel Patrick oder den Grandpère geschossen? Hatte er seine Grandmère, Claire und Gabrielle in die Kirche getrieben oder das Streichholz entzündet, das sie in Brand gesetzt hatte? Die Vorstellung war so entsetzlich, dass Edda nichts mehr fühlte, sie war wie betäubt.

Als Marcel ein volles Weinglas vor ihr abstellte, rührte sie es nicht an.

»Du kannst mich doch gar nicht mehr lieben!«

Laut schluchzte sie auf. Die greifbare Angst, Marcel zu verlieren, öffnete ein Ventil für Eddas angestaute Tränen, die sie bis jetzt nicht hatte weinen können. Nun brachen sie aus ihr heraus, wobei Eddas ganzer Körper bebte.

Marcel hielt sie fest, ab und zu streichelte er ihr übers Haar. Nachdem Edda sich beruhigt hatte, umschloss er ihr Gesicht mit beiden Händen. Seine Augen waren ebenfalls gerötet.

»Sag so etwas nie wieder.« Marcels Daumen strich ihr die Tränen, die nicht versiegen wollten, von den Wangen. »Weißt du eigentlich, dass ich dich dafür bewundere, wie du dich deiner Geschichte stellst? Glaubst du, ich hätte keine Ahnung, wie schwer das für dich ist? Edda, *je t'aime*. Und zwar so sehr, wie ich noch nie einen Menschen geliebt habe. Niemand wird daran etwas ändern. Auch dein Vater nicht.«

Ihre Blicke verschmolzen miteinander, und trotz aller Verzweiflung breitete sich, als sie sich küssten, ein warmes Gefühl in Edda aus. Ein heller Augenblick inmitten eines tiefschwarzen Tages.

Marcel zündete eine Zigarette an und reichte sie an Edda weiter. Edda inhalierte tief. Sie tranken Wein und betrachteten noch einmal Viktor Noltings Aufnahme.

Plötzlich tippte Marcel mehrmals auf dessen Hose. »Er trägt gar keine Uniform.«

Es stimmte, ihr Vater war in Leinenhosen und mit einem lässigen Hemd bekleidet. Was dies bedeutete, wurde Edda aber erst klar, als Marcel sagte: »Vielleicht hat dein Vater mit dem Massaker nichts zu tun. Vielleicht war er …« Marcel stockte, bevor er weitersprach: »… ein ganz normaler Besatzer.«

Den Wein, den Marcel ihr nachgoss, stürzte Edda hinunter. Der Alkohol tat ihrem Magen nicht gut, ihren blank liegenden Nerven hingegen schon. Einen Moment lang war sie versucht, den Ausweg anzunehmen, den ihr Marcels Feststellung eröffnete. Wie schwer es sein konnte, eine grausame Wahrheit zu ertragen, hatte sie an diesem Tag begriffen.

Schweigend rauchte Edda noch ein paar Züge, dann sagte sie: »Ich glaube, er war dort, am 10. Juni 1944.«

Eindringlich blickte Marcel sie an. »Wie kommst du darauf?«

Edda seufzte tief, denn es fiel ihr nicht leicht, Marcel zu erklären, weshalb es für sie auf einmal einen Sinn ergab, dass ihr Vater von manchen Fragen ablenkte oder sich in Schweigen hüllte, vor allem, sobald es um Frankreich ging.

Sie erinnerte sich an die Spaziergänge, bei denen es Edda vorgekommen war, als wäre er ihr hinter dem dichten Nebel seiner grauen Augen abhandengekommen. Außerdem fiel ihr ein, wie er sich aufgeführt hatte, als sie nach dem Abitur die Idee vorbrachte, ein Jahr nach Frankreich zu gehen – Italien oder England hätten ihn nicht gestört. Sie dachte an seine Ausweichmanöver, wenn sie hatte wissen wollen, ob er während des Krieges in Frankreich gewesen wäre.

»Seitdem er das in einem Telefonat zugegeben hat, weigert er sich beharrlich, darüber zu sprechen. Er behauptet, sich nicht daran zu erinnern, wo er sich in Frankreich aufgehalten hat.«

Angestrengt massierte Edda ihre Schläfen.

»Zeig ihm das Foto«, schlug Marcel vor. »Das hilft ihm auf die Sprünge. Außerdem müsste er sich dazu äußern.«

Edda winkte ab. »Vergiss es. Er würde mir das Bild wegnehmen. Und wieder schweigen.«

»Könnte deine Mutter etwas wissen?«

Edda stieß einen resignierten Laut aus. »Sie würde mir höchstens eine Szene machen, weil ich in ihren Briefen geschnüffelt habe.« Sie schüttelte den Kopf. »Ich hab's versucht, Marcel. Reden bringt nichts. Gar nichts.«

»Aber wie finden wir heraus, ob dein Verdacht stimmt?« Marcels Stimme klang drängend. Erschöpft legte Edda ihren Kopf an Marcels Schultern.

»Weiß nicht.«

Wortlos legte Marcel den Arm um sie. »Dann«, sagte er, »sollten wir darüber nachdenken.«

Edda richtete sich auf. Marcel holte eine weitere Flasche Wein.

*

Zwei Tage später brachte Marcel sie in Limoges zum Zug. Die Uhren des Campanile zeigten an, dass sie sich beeilen müssten, für einen langen Abschied blieb ihnen keine Zeit. Im letzten Augenblick, bevor Edda in den Zug kletterte, erinnerte Marcel sie daran, ihm Viktors Foto zu überlassen, damit er es seiner Cousine zeigen konnte, während er die Weihnachtstage in Oradour verbrächte. Wenn es sich verhielte, wie Josette erzählt hatte und bis zum Tag des Massakers nur wenige Deutsche in Oradour aufgetaucht waren, würde sie sich vielleicht an Viktors Gesicht erinnern, einen Versuch wäre es wert.

Auf einmal ging alles sehr schnell. Ein letzter Kuss, der scharfe Ton einer Trillerpfeife, dann rollte der Zug an. Durch das geöffnete Fenster hielten sich Edda und Marcel an den Händen, und Marcel lief, bis der Bahnsteig endete, neben Eddas Wagen her. Als sie sich losließen, hatte Edda das Gefühl, ihr Herz würde auseinanderreißen, und während sie Marcel noch zuwinkte, vermisste sie ihn schon. Noch immer konnte sie es nicht fassen, dass sich in Oradour die Geschichten ihrer Familien auf derart tragische Weise gekreuzt hatten. Die Deutschen, vielleicht sogar ihr Vater, hatten dem Dorf und Marcels Familie Gewalt und Tod gebracht. Das herauszufinden, hätte Eddas und Marcels Liebe ersticken können. Doch so erschütternd die letzten Tage auch gewesen waren, sie hatten ihr Vertrauen zueinander vertieft und ihre Liebe wachsen lassen. Auf einmal konnte sich Edda ein Leben ohne Marcel an ihrer Seite nicht mehr vorstellen. Mit wem, wenn nicht mit ihm, sollte sie darüber sprechen, was sie in Oradour erlebt hatte? Mit Ariane oder Dora, die weder Marcel noch Josette kannten und von der Atmosphäre des Dorfes keine Vorstellung hatten? Mit Joachim, der ihr dazu geraten hatte, das Weihnachtsfest zu nutzen, um die Wogen zwischen ihr und den Eltern zu glätten? Natürlich wäre er über die Ereignisse in Oradour schockiert, doch traute Edda ihm zu, dass er versuchen würde, den Verdacht, den sie gegen ihren Vater hegte, zu entkräften. Nur Marcel teilte ihre Entschlossenheit, herauszufinden, ob Viktor Nolting an dem Massaker in Oradour beteiligt gewesen war.

Als der Zug Limoges hinter sich gelassen hatte und nicht einmal mehr der Campanile zu sehen war, fühlte sich Edda schlagartig einsam.

Frankfurt am Main,
Februar 1969

Im Café Laumer an der Bockenheimer Landstraße war noch nicht viel los. Lediglich Arianes Soziologie-Professor Theodor Adorno, ein älterer Herr in Anzug und mit Hornbrille, den Edda kannte, weil er regelmäßig herkam, hatte im Gastraum Platz genommen. Während ihre Kollegin Heidrun die Bestellung aufnahm, nutzte Edda die Zeit vor dem ersten Ansturm, den die Kaffeepausen in den Büros und der Universität mit sich bringen würden, um das Glas der Kuchentheke auf Hochglanz zu polieren.

Seit Beginn des neuen Jahres arbeitete sie fast täglich im Café Laumer, denn mit ihrem Praktikum im Kindergarten war es schon wieder vorbei. Gleich nachdem Edda aus Limoges zurückgekehrt war, hatte ihr die Leiterin gekündigt, was sie damit begründet hatte, dass eine Praktikantin, die eine Krankheit vortäuschte, um ein paar freie Tage herauszuschinden, garantiert keine verantwortungsbewusste Erzieherin abgäbe. Einen Moment lang hatte Edda den Impuls verspürt, sich zu rechtfertigen, aber letztlich hatte sie sich nur mit wenigen Worten entschuldigt. Aufgeflogen war Edda, als Franziska Nolting sie vom Kindergarten hatte abholen wollen, damit sie die Weihnachtsplanung besprechen könnten. Kaum hatte sie gehört, dass Edda sich krankgemeldet hatte, war sie zu Ariane gefahren, die, von der unerwarteten Besucherin überrumpelt, Eddas Reise nach Frankreich zugegeben hatte. Dementsprechend war das Wiedersehen mit ihren Eltern nicht nur von Eddas Seite aus frostig ausgefallen, und in den vergangenen Wochen hatte sich an der eisigen Stimmung zwischen ihnen nichts geändert.

»Bring dem Professor ein Stück Baumkuchen«, sagte Heidrun im Vorbeigehen. Verschwörerisch stieß sie Edda mit dem Ellenbogen an. »Schneid es extra dick ab. So käseweiß, wie er aussieht, kann ihm eine Energiespritze gewiss nicht schaden.«

Edda nickte. Von Ariane wusste sie, dass Professor Adorno kürzlich in Ungnade gefallen war, weil er infolge einer Besetzung des Institutes für Sozialforschung die Polizei zu Hilfe gerufen hatte. Eigentlich mochte Edda den Professor, der manchmal eine kurze Unterhaltung mit ihr führte, was Edda das Gefühl gab, nicht irgendeine austauschbare Kellnerin zu sein. Allerdings verstand sie nicht, dass jemand, der behauptete, aufseiten derer zu stehen, die beabsichtigten, die Gesellschaft zu verändern, die Staatsgewalt eingeschaltet hatte. Fast achtzig junge Leute waren daraufhin festgenommen worden, und sogar Ariane, die nichts von der Besetzung gehalten hatte, betrachtete das als Verrat.

Als Edda dem Professor den Kuchen servierte, blickte er von seiner Zeitung auf und bedankte sich höflich. Nach einer Plauderei schien ihm heute nicht zumute zu sein, genauso wenig wie Edda, die sich beeilte, geschäftig hinter ihre Kuchentheke zurückzukehren. Von dort aus beobachtete sie, wie ein Mann in grauem Mantel und Hut die Stufen zum Café erklomm. Sorgsam klopfte er sich, bevor er eintrat, den Schnee ab. Es war ihr Vater.

Er begrüßte Edda in förmlichem Ton. Ob etwas passiert war? Ein anderer Grund, weshalb er sie vor der Mittagszeit

bei der Arbeit aufsuchte, fiel Edda nicht ein. Auf ihre Nach-
frage hin schüttelte Viktor Nolting den Kopf.

»Keine Sorge, es ist alles in Ordnung.«

Sein Blick wanderte, über den Zeitung lesenden Professor
hinweg, durch den ansonsten leeren Gastraum. »Hättest du
Zeit für eine Tasse Kaffee?«

Noch ehe Edda dazu kam, etwas zu entgegnen, schaltete
sich Heidrun ein.

»Aber klar«, antwortete sie an Eddas Stelle. »Im Augenblick gibt es ja nichts zu tun.«

Perplex über Heidruns Vorstoß, runzelte Edda die Stirn.
Sie hätte ihren Vater lieber abgewimmelt. Es würde ja doch
nur darum gehen, wie sehr ihren Eltern Eddas Lebenswandel
missfiel: die Wohngemeinschaft, die Kündigung, der Job als
Kellnerin und ihre Herumtreiberei, wie sie Eddas Fahrt nach
Frankreich bezeichneten. Jeden Sonntag, wenn Edda zum
Mittagessen kam, lamentierten sie darüber. Ihre selbstgefälligen Reden über Anstand und Moral trieben Edda innerlich zur Weißglut. Besonders in solchen Momenten dachte sie
an die Sterilisationen, von denen ihre Eltern gewusst hatten,
an die tuberkulosekranken Polen, die womöglich exekutiert
worden waren, ohne dass ihr Vater Einwände erhoben hätte,
und an das Massaker von Oradour. Welche moralischen An-
forderungen hatten ihre Eltern, vor allem ihr Vater, damals
an sich selbst gestellt?

Inzwischen hatte Heidrun erfragt, wie Viktor Nolting
seinen Kaffee gern tränke, und beriet ihn bei der Auswahl
des Kuchens. Dass Edda missmutig danebenstand, schien
ihr nicht aufzufallen. Nachdem Viktor Nolting sich für den
Frankfurter Kranz entschieden hatte, ging er zur Garderobe.
Während er dort seinen Mantel und Hut aufhängte, raunte
Heidrun, bereits dabei, den Kuchen anzuschneiden: »Toll,

dass dein Vater vorbeischaut. Meinem würde das im Traum nicht einfallen. Also geh schon, ich bringe euch den Kaffee.«

Edda wählte einen Tisch in der Ecke. Als sie sich gegenübersaßen, fragte sie ihren Vater kühl: »Was gibt es denn?«

Viktor Nolting strich sich über sein akkurat gekämmtes eisgraues Haar, bevor er in gedämpftem Ton erwiderte: »Nun, du lässt dich nicht oft bei uns blicken. Folglich muss ich zu dir kommen, wenn es etwas zu bereden gibt.«

»Wir haben uns erst am Sonntag gesehen«, erinnerte Edda ihn kurz angebunden. Das Gespräch würde genauso zäh verlaufen, wie sie es befürchtet hatte.

Viktor Noltings Brauen schoben sich über der Nase zusammen, was seinem Gesicht einen grimmigen Ausdruck verlieh. »Sei nicht schon wieder so gereizt.«

In diesem Moment brachte ihnen Heidrun Kaffee und Kuchen, was Edda eine Entgegnung ersparte. Danach herrschte zwischen ihr und ihrem Vater einen Moment Stille. Edda nippte an ihrem Kaffee, während sich Viktor Nolting eine Gabel Frankfurter Kranz in den Mund schob und scheinbar genüsslich kaute.

»Ausgezeichnet«, lobte er den Kuchen und bot Edda an, davon zu kosten. Als Edda ablehnte, legte ihr Vater seufzend die Gabel beiseite. »Ich bin nicht hier, um mich mit dir zu streiten.«

Mit einer Serviette tupfte er sich Kuchenreste aus dem Mundwinkel, dann blickte er Edda direkt an.

»In zwei Wochen werde ich siebzig.« Viktor Nolting hielt eine Sekunde inne, als fiele es ihm schwer, sich das vorzustellen. »Zu diesem Anlass habe ich eine Feier geplant. Namhafte Kollegen werden dabei sein, auch Freunde und einige Bekannte aus alten Zeiten. Ich hätte gern, dass meine Familie vollzählig erscheint, und zu meiner Familie gehörst auch du.«

Eindringlich musterte er sie. Edda senkte den Blick und fuhr mit dem Zeigefinger den Rand ihrer Tasse entlang. Also daher wehte der Wind. Um das Bild seines erfolgreichen Lebens abzurunden, wollte ihr Vater eine heile Familie präsentieren: seine Ehefrau, die nüchtern und in einem schicken Kleid noch immer adrett aussah. Peter, erfolgreich bei Mercedes-Benz. Joachim, ein aufstrebender Anwalt. Die reizenden Schwiegertöchter und die Enkelschar, zum Entzücken sämtlicher Gattinnen wäre sogar ein Säugling darunter, Joachims Jüngster. Edda fragte sich, wie ihr Vater wohl sie, Edda, seinen Gästen vorstellen würde, um ihnen zu suggerieren, dass auch von seiner Tochter eine vielversprechende Zukunft zu erwarten wäre. Edda widerstrebte die Vorstellung, dieses Theater mitzuspielen.

»Du hast schon Weihnachten nicht mit uns gefeiert«, drängte ihr Vater, als Edda nicht gleich antwortete.

»Weil ich krank geworden bin«, erwiderte sie, woraufhin Viktor Nolting ironisch den Mund verzog.

»So krank, wie in der Woche, in der du nach Frankreich gefahren bist?«

Sie starrten einander an, grau in grau. Er hatte ihre Lüge durchschaut. Und wenn schon. Edda lag auf der Zunge, ihm entgegenzuschleudern, dass sie es vorgezogen hatte, Heiligabend mit Ariane bei deren Mutter zu verbringen, weil sie die Vorstellung unerträglich gefunden hatte, neben ihm in der Kirche zu sitzen und O du Fröhliche zu singen. Wie hätte sie das aushalten sollen, wenige Tage nachdem sie aus Oradour-sur-Glane zurückgekehrt war?

Edda trank den Kaffee aus und schluckte ihre Anschuldigungen damit hinunter. Andernfalls würde ihr Vater aufstehen und gehen, der Überraschungseffekt wäre verschenkt. Nein, so wie sie es mit Marcel besprochen hatte, galt es, einen geeigneten Moment zu finden, um Viktor Nolting mit ihren Vorwürfen zu konfrontieren. Dieser räusperte sich.

»Schwamm drüber«, sagte er. »Lass uns 1969 friedlich beginnen. Mein Geburtstag wäre ein guter Auftakt dazu. Ich würde mich freuen, wenn du kämst.«

Inzwischen waren mehrere Tische belegt, unter anderem von drei jungen Männern, die noch vor Kurzem aufgrund ihres unkonventionellen Äußeren gar nicht bedient worden wären. Seitdem deshalb einige Studenten im Café Laumer eine inzwischen legendäre Tortenschlacht sowie Diskussionen angezettelt hatten, war Eddas Chef umgeschwenkt und gewährte nun auch Langhaarigen Zutritt. Edda gab Heidrun, die gerade beim Professor abkassierte, ein Zeichen, dass sie ihr sofort helfen würde.

»Ich überleg's mir«, entgegnete sie ihrem Vater, während sie sich erhob.

Mit einem kleinen Lächeln, als glaubte er zu wissen, Edda gewonnen zu haben, nickte Viktor Nolting. Doch Edda erwog nicht, ihrem Vater einen Gefallen zu tun. In ihr war ein Gedanke aufgeflammt, der sie davon abhielt, Viktor Noltings Einladung rigoros zurückzuweisen. Nach ihrer Schicht im Café Laumer rief sie Marcel an.

*

Als Edda vor dem Frankfurter Hof, einem der besten Hotels der Stadt, stehen blieb, kroch ihr die Kälte noch beharrlicher in die Stiefel. Die hell erleuchteten Fenster versprachen angenehme Wärme, dennoch zögerte sie, einzutreten.

»Was ist los?«, fragte Marcel. In seinen Augen flackerte es. »Du hast es dir doch nicht anders überlegt?«

»Natürlich nicht«, erwiderte Edda irritiert. Zweifelte Marcel an ihrer Entschlossenheit? Nur, weil sie nervös war, hieß das nicht, dass sie einen Rückzieher machte. Immerhin war es Eddas Idee gewesen, die Feier zum siebzigsten Geburtstag ihres Vaters als Gelegenheit zu nutzen, um ihn mit Marcel und dem Schicksal seiner Familie in Oradour zu konfrontieren. Marcel mitbringen zu dürfen, hatte sie zur Bedingung für ihr eigenes Erscheinen gemacht, und ihre Rechnung war aufgegangen. An der Fassade einer heilen Familie hatten ihre Eltern vor den Gästen nicht kratzen wollen. Zähneknirschend hatten sie sich darauf eingelassen, Marcel einzuladen.

Edda verkniff sich eine Bemerkung, zumal Marcel einlenkte und sein heiserer Ton ihr verriet, dass er nicht minder unter Hochspannung stand als sie.

»Möchtest du noch eine rauchen?«, fragte er und suchte in seiner Jackentasche nach Zigaretten und einem Feuerzeug.

Die Möglichkeit, einen kleinen Aufschub herauszuschinden, war verlockend. Andererseits behagte es Edda nicht, wie eingehend der Portier sie musterte. Männer in Jeans und Frauen, die Hosen trugen, gehörten sicher nicht zu der üblichen Klientel des Nobelhotels. Außerdem wallte Eddas Mähne offen über ihre lange Felljacke und Marcels dichte Locken widersprachen der bürgerlichen Vorstellung eines ordentlichen Haarschnitts. Ob der Portier mit dem Gedanken spielte, ihnen deshalb den Zutritt zu verweigern?

»Finden wir es heraus«, schlug Marcel vor, als Edda ihre Bedenken äußerte. Er steckte die Zigaretten wieder ein, bot Edda mit ironischer Galanterie seinen Arm an und sie liefen auf den Eingang zu.

»*Bon soir, monsieur*«, grüßte Marcel selbstbewusst, und Edda atmete auf, als ihnen der Portier mit einem Lächeln, das seine Gedanken nicht verriet, die Tür öffnete.

Aus dem Festsaal erklang Klaviermusik. Zwei Kellnerinnen, die sich zu beiden Seiten der weit geöffneten Flügeltür postiert hatten, boten ihnen Sekt an. Edda zog Marcel an einen weniger exponierten Ort, von dem aus sie hoffte, sich unbemerkt einen Überblick zu verschaffen. Eddas Blick glitt über die circa fünfzig geladenen Gäste in Abendrobe, die in kleinen Gruppen beisammenstanden und, bei einem Aperitif und Häppchen, plauderten. Innerhalb kürzester Zeit hatte Edda unter den zahlreichen Smoking-Trägern Joachim und Peter erspäht, auch ihre Schwägerinnen waren in eleganten Kleidern und mit aufgestecktem Haar anwesend. Etwas abseits, auf der gegenüberliegenden Saalseite, stand, an einem vor Geschenken und Blumen überbordenden Tisch, ihr Vater. Er unterhielt sich mit einem älteren Paar, während ihre Mutter, erblondet, toupiert und ganz in ihrem Element, mit energischen Gesten einem Kellner am Büfett letzte Anweisungen erteilte.

Mit einer winzigen Bewegung ihres Kinns deutete Edda auf Viktor Nolting.

»Das ist er«, raunte sie Marcel zu.

Marcel verengte die Augen. »Der Grauhaarige in Anthrazit? Oder der Dicke im Smoking?«

»Der Grauhaarige.«

Knapp erläuterte sie Marcel die wenigen ihr bekannten Gesichter, wobei sie sich bemühte, die erstaunten bis abschätzigen Blicke der Leute, die an ihnen vorbeiliefen, auszublenden. Leicht fiel ihr das nicht, aber Marcel hatte darauf bestanden, in seiner Alltagskleidung zu erscheinen. Und im adretten Kleid, wie eine brave Bürgerstochter, neben Marcel zu stehen, wäre Edda feige vorgekommen.

»Wie geht es weiter?«, fragte Marcel.

Edda leerte ihr Glas, was sie sofort bereute, denn ihr nervöser Magen rebellierte gegen den Alkohol. »Ich stelle dir meinen Vater vor.«

Eine helle Kinderstimme rief ihren Namen. »Edda, da bist du ja!«

Ihre Nichte Jutta lief wie ein Traum aus Rosa und mit hüpfenden Korkenzieherlocken auf Edda zu.

»Ich hatte Angst, du kommst nicht«, sagte das Mädchen, als es Edda stürmisch umarmte. Dann, voller Neugier, betrachtete Jutta Marcel. »Bist du Eddas Freund?«

Marcel bejahte. In holprigem Deutsch fragte er Jutta, wie alt sie wäre und ob sie schon die Schule besuchte; für diese Art von Fragen reichten seine Sprachkenntnisse inzwischen aus. Doch Edda spürte, dass Marcel nicht bei der Sache war. Immer wieder blickte er zu Viktor Nolting hinüber. Darum schlug sie Jutta vor, dass sie erst einmal dem Großvater gratulieren und sich später zu ihr setzen würden.

»Au ja«, rief Jutta. »Dann zeige ich euch das neue Baby von Tante Helga und Onkel Joachim. Ingrid und ich dürfen darauf aufpassen.«

Als Jutta zu ihrer Schwester zurückhopste, die an einem der festlich gedeckten Tische saß und einen Kinderwagen schuckelte, empfand Edda Bedauern darüber, dass alles so kompliziert war und sie mit ihrer Familie nicht unbekümmert feiern konnte.

Marcel strich ihr über die Wange. »Bist du bereit, *mon amour? C'est l'heure de la vérité.*«

Die Stunde der Wahrheit. Es klang theatralisch, traf aber den Nagel auf den Kopf. Selbst wenn sich in Oradour niemand der Überlebenden des Massakers während Marcels Weihnachtsbesuch bei Josette auch nur dunkel an Viktor Nolting erinnerte, als sie ihnen das Foto von ihm gezeigt hatten, war dennoch alles möglich. Eddas Vater konnte einer der Täter gewesen sein, der beinahe Marcels gesamte Familie ausgelöscht hat.

Edda griff nach Marcels Hand. Während sie den großen Saal durchquerten, kam es ihr vor, als wären sie ins gleißende Rampenlicht einer Bühne getreten. Die Leute drehten sich nach ihnen um. Als bräche wegen einer Jeans und langen Haaren die Welt zusammen. Unbekannte Gesichter musterten Edda, aber auch Peter sah Edda ärgerlich an. Joachim, das traf sie besonders, schüttelte den Kopf, und ihre Mutter – dummerweise hatte Edda Richtung Büfett geschaut – sah so entsetzt aus, als würde Edda nackt durch den Frankfurter Hof spazieren. Eddas Wangen glühten, der Weg zu ihrem Vater erschien ihr lang. Erst als Marcel den Arm um sie legte, Eddas Hand seine Hüfte fand, und sie eng an seiner Seite weiterlief, fühlte sich Edda besser.

Ihr Vater begrüßte Edda einsilbig, die Frau, die neben ihm stand, flüsterte derweil ihrem Smoking tragenden Begleiter etwas ins Ohr. Lästerte sie über Edda und Marcel? Zwar verlor ihr Vater über ihre Kleidung kein einziges Wort, seine Verärgerung war ihm dennoch deutlich anzumerken. Mit knappem Dank legte er Eddas Geschenk – ein Theaterstück von Peter Weiss, das die Frankfurter Auschwitzprozesse thematisierte – unbesehen zu den anderen Präsenten.

»Vater«, sagte Edda mit einem angedeuteten Lächeln, »das ist Marcel Carnot.«

Marcel streckte Viktor Nolting, den er ein gutes Stück überragte, die Hand entgegen. Viktor Nolting schlug ein, wenngleich, ohne zu lächeln.

»Freut mich«, sagte er kurz angebunden, Marcel gab eine geeignete Floskel zurück. Außerdem bedankte er sich für die Einladung, als wüsste er nicht, dass Edda sie gewissermaßen erpresst hatte.

Edda wurde flau. Schüttelte Marcel gerade einem Mann die Hand, der seine Familie auf dem Gewissen hatte? Der zu allem Überfluss auch noch ihr Vater war? Hatten Viktor Noltings schlanke Finger die Pistole entsichert, deren Kugeln Männer wie Marcels Grandpère oder Onkel Patrick töteten? Den Riegel vor die Kirche geschoben, in der Josettes kleine Schwester zusammen mit vielen anderen Frauen und Kindern verbrannte? Das jüngere Gesicht ihres Vaters, mit dem er damals vor der Kirche in Oradour posiert hatte, blitzte vor Edda auf, und inständig wünschte sie sich, dass er während des Krieges nichts anderes getan haben möge, als verwundete Soldaten zusammenzuflicken.

Als Viktor Nolting sie seinen Bekannten, Irene und Heinz Damme, vorstellte, riss er Edda damit aus ihren Gedanken. »Edda, meine Jüngste, und ihr Freund aus Paris.«

Irene Damme sah aus, als hätte sie auf einen Handschlag gern verzichtet, aber Heinz Damme tat, als freute er sich, Edda zu sehen. »Wir sind uns schon einmal begegnet, Fräulein Nolting. Letztes Jahr, in Viktors Praxis. Ich muss sagen, fast hätte ich Sie nicht wiedererkannt.«

Seine Fistelstimme und das spöttische Grinsen, mit dem er sie betrachtete, nervten Edda, gleichzeitig formte sich eine Erinnerung. Während ihres Osterbesuches im April '68 hatte sie ihren Vater zu einem – letztlich enttäuschenden – Spaziergang abgeholt. In seinem Sprechzimmer hatte der angetrunkene Heinz Damme gesessen.

»Ja, ich erinnere mich«, sagte Edda kühl.

Viktor Nolting hatte mehr Sekt geordert.

»Ihre Frau möchte wissen, wann Sie das Büfett eröffnen«, informierte ihn die Kellnerin, nachdem sie die Getränke serviert hatte. »Was darf ich ihr sagen?«

Ihr Vater streifte Edda mit einem ungehaltenen Blick. Natürlich war klar, weshalb Franziska Nolting sich nicht persönlich blicken ließ. Sie kochte vor Wut, weil sich Edda und Marcel nicht an die Etikette hielten.

»Sagen Sie ihr, ich komme gleich«, antwortete Viktor Nolting der Kellnerin, die sich mit einem Kopfnicken entfernte.

Fieberhaft überlegte Edda, wie sie das Thema auf Oradour bringen könnte. Eine bessere Gelegenheit als jetzt würde es nicht geben. Nicht während des Essens, erst recht nicht, sobald die Gäste begannen, Lobreden auf ihren Vater zu halten.

»Ach ja, Paris«, seufzte Irene Damme, an ihrer Pelzstola nestelnd. Zu ihrem Mann sagte sie: »Die Champs-Élysées würde ich zu gern einmal entlangflanieren. All die Boutiquen mit der Haute Couture müssen zauberhaft sein.«

Unverhohlen betrachtete sie Marcel, als ließe sein Äußeres sie an diesem Ruf zweifeln.

»Du mit deiner Mode, Irene«, schwadronierte Heinz Damme. »In erster Linie ist Paris die Stadt der Liebe, hab ich nicht recht?« Vertraulich klopfte er Marcel auf die Schulter. »Unser junger Pariser hier« – er keckerte anstößig – »wird uns das sicher bestätigen.«

Marcel warf Edda einen fragenden Blick zu. Nicht wichtig, signalisierte sie ihm, während Heinz Damme sein Glas hob und ausrief: »Auf die Liebe!«

Edda rührte ihren Sekt nicht an. Wenn sie sich jetzt nicht traute, wann dann?

»Marcel kommt nicht aus Paris«, sagte sie mit kehliger Stimme.

Sie blickte zu Marcel, sah, dass er begriff.

»Nicht?«, fragte Viktor Nolting beiläufig, denn er war dabei, Franziska Nolting ein Fingerzeichen zu geben. »Woher denn dann?«

Erst, als ihr Vater sie ansah, antwortete Edda ihm. »Aus Oradour, Vater.«

»Oradour-sur-Glane«, betonte Marcel.

Die Augen ihres Vaters weiteten sich, kurz, kaum wahrnehmbar, doch dieser Moment ließ Edda erschaudern. Marcel hingegen schien nichts bemerkt zu haben.

»Kennst du diesen Ort, Heinz?«, fragte Irene Damme.

Ihr Mann zuckte die Schultern. »Nie gehört.«

»Du auch nicht, Vater?«, hakte Edda nach.

»Nicht, dass ich wüsste.« In einem langen Zug trank Viktor Nolting seinen Sekt aus und stellte das Glas ab. Seine Hand zitterte leicht.

»So.« Entschieden rückte er sich die Anzugjacke zurecht. »Höchste Zeit, das Büfett zu eröffnen. Unsere Gäste sollen schließlich nicht verhungern.«

Er lachte auf, Irene und Heinz Damme stimmten ein. Marcel beugte sich zu Edda. »Was hat er gesagt?«

Für eine Antwort hatte Edda keine Zeit. Kurz drückte sie Marcels Hand, bevor sie ihrem Vater den Weg verstellte. Tief bohrte sie ihren Blick in seinen.

»Im Juni 1944 haben die Deutschen Marcels Familie und Hunderte andere Menschen in Oradour massakriert. Erschlagen, erschossen, verbrannt. Marcel hat nur durch einen Zufall überlebt.«

Marcel war neben sie getreten. *Massaker, Marcels Familie*, er hatte sich zusammengereimt, was sie gesagt hatte. Edda ergriff seine Hand.

Irene und Heinz Damme schwiegen. Viktor Noltings Gesicht war fahl geworden, grau wie Asche. Er starrte Edda an, mit diesen metallischen Augen, die er, wie ihr schon als Kind geschwant hatte, immer dann bekam, wenn er in sein Inneres abtauchte, in Erinnerungen, die er mit niemandem teilte. Welche Bilder sah er wohl jetzt? Die brennende Kirche? Hörte er die Schreie der sterbenden Menschen? Seine Finger tasteten nach der Tischkante, er suchte Halt. Dabei stieß er eine Vase um, sie zersprang auf dem Boden, das Wasser rann um Eddas Füße. Wie gelähmt sah Edda zu, als ihr Vater taumelte. Heinz Damme hechtete zu ihm und half ihm, sich zu fangen. Eddas Kopf füllte sich mit Nebel. Nur ein Gedanke durchbrach ihn: Ihr Vater war am Tag des Massakers in Oradour gewesen, und ein anderes Ziel, als die Menschen dort zu töten, hatten die Deutschen nicht gehabt. Sie hatte es die ganze Zeit geahnt. Ihr Körper fühlte sich taub an. Marcels erregte Stimme nahm sie nur gedämpft war; ihn anzusehen, das schaffte sie nicht.

»Viktor, was ist mit dir?« Franziska Nolting war herbeigeeilt und schob Edda und Marcel aus dem Weg.

»Was steht ihr wie die Ölgötzen herum?«, blaffte sie.

Eine Kellnerin rückte mit Putzzeug an, und Viktor Nolting beteuerte seiner Frau sowie einigen Gästen, die den Vorfall mitbekommen hatten, dass alles in bester Ordnung wäre. Eine ungeschickte Bewegung, ein kleiner Schreck, nicht der Rede wert.

Mit beiden Händen, als hätte er die Absicht, Edda zu schütteln, umfasste Marcel ihre Schultern. »Er war dabei, nicht wahr?«

In Eddas Hals bildete sich ein Kloß.

»Ja.«

Marcel ließ die Arme sinken, seine Gesichtsmuskeln arbeiteten.

»Hauen wir ab, ehe ich mich vergesse!«, stieß er hervor, und Edda ließ sich mitziehen.

Franziska Nolting hatte sich bei ihrem Mann eingehakt, und als bemerkte sie nicht, dass Edda und Marcel an ihnen vorbeiliefen, lachte sie perlend über etwas, das jemand gesagt hatte. Nebenbei kickte sie einige übrig gebliebene Porzellanscherben unter den Tisch. Als Edda das sah, wallte Zorn in ihr auf. Es war so typisch. Vertuschen. Verschweigen. Verdrängen.

Sie riss sich von Marcel los und war mit wenigen Schritten bei ihren Eltern. Vor ihrem Vater baute sie sich auf.

»Du Mörder!«, stieß sie hervor, dabei traten ihr Tränen in die Augen. Das Gesicht ihres Vaters verschwamm, die kalten Augen ihrer Mutter waren plötzlich sehr nah.

»Verschwindet!«, zischte Franziska Nolting.

Edda schwindelte, doch schon tauchte Marcel neben ihr auf und bugsierte sie zielstrebig durch den Saal, den sie erst eine halbe Stunde zuvor betreten hatten. Ob sich Leute die Köpfe nach ihnen verdrehten, war Edda nicht mehr wichtig. Sie hasteten in Richtung Lobby, Musik und Stimmengewirr entfernten sich.

»Wartet!«

Joachim.

Ohne das Tempo seines Schrittes zu drosseln, warf Marcel Edda einen düsteren Seitenblick zu.

Beim nächsten Ruf blieb Edda stehen.

»Nur einen Moment«, bat sie Marcel, doch dieser eilte weiter. Verdattert sah Edda ihm nach.

Außer Atem hatte Joachim sie eingeholt. Sein Gesicht war gerötet, die Fliege seines Smokings verrutscht. »Was war los?«

»Frag Vater«, antwortete Edda harsch. Marcel war verschwunden. Er würde in der Lobby doch auf sie warten?

»Ich frage aber dich. Ging es um eure Klamotten? Mensch, Edda, es ist sein Siebzigster.«

Wütend sah Edda ihren Bruder an. Wieso rannte er ihr nach, wenn er ihren Vater von vornherein in Schutz nahm?

Sie hätte bei Marcel bleiben sollen. Joachim hatte sich sowieso entschieden, die eigenen Eltern nicht auf den Prüfstand zu stellen.

»Dann feiert noch schön!«, schleuderte sie ihm entgegen und folgte Marcel. Joachim versuchte nicht, sie aufzuhalten.

In der Lobby sah Edda sich aufgeregt um. Wo war Marcel? Könnte er, ohne Abschied, zum Bahnhof gelaufen sein? Edda erschrak, als dieser Gedanke sie streifte, und sie stürzte an dem verdutzten Portier vorbei. Als sie sah, dass Marcel vor dem Hotel stand und rauchte, fiel ihr ein Stein vom Herzen. Sie lief zu ihm.

»Ich musste da raus«, sagte Marcel, während er sie an seiner Zigarette ziehen ließ. »Was wollte Joachim?«

Edda winkte traurig ab. Sie wurde von der Erkenntnis überwältigt, in welch einer Katastrophe dieser Abend geendet war. Den Drang zu weinen, verspürte sie zwar nicht, aber ihre Nerven vibrierten so stark, dass Edda zitterte. Marcel warf die Zigarette weg, zog Edda an sich und rieb ihr, als müsste er sie wärmen, über den Rücken.

»Möchtest du nach Hause?«

»Noch nicht. Lass uns zum Main gehen«, schlug Edda vor. Ein Spaziergang bei winterlichen Temperaturen wäre genau das Richtige, um einen klaren Kopf zu bekommen.

Zunächst schweigend, liefen sie Arm in Arm zum Ufer, und von dort aus in Richtung Römer.

»Wieso bist du zurückgerannt?«, fragte Marcel nach ein paar Minuten. »Was wolltest du von deinem Vater?«

»Ich habe ihm gesagt, dass ich ihn für einen Mörder halte.«

»Das hast du gesagt?«

Marcels Stimme war voller Anerkennung, doch erfüllte sie Edda nicht mit Stolz, sondern mit Scham. Sie war die Tochter eines Verbrechers. Sie blickte Marcel an, hinter ihm leuchteten die Lichter der Sachsenhäuser Mainseite.

»Sonst hätte mein Vater weitergefeiert, als wäre nichts geschehen.« Eddas Wut flammte auf. »Hast du gesehen, wie er reagiert hat?«

Marcel schüttelte den Kopf. »Deine Mutter hat sich vor ihn gestellt.«

»Ja«, sagte Edda sarkastisch, »das hat sie.«

Sie waren auf dem Eisernen Steg angekommen, der Frankfurts Altstadt mit dem Stadtviertel Sachsenhausen verband. Trotz der Kälte überquerten zahlreiche Menschen in beide Richtungen die Brücke, Edda schnappte Gesprächsfetzen auf, hin und wieder ein Lachen. Sie und Marcel lehnten sich ans Geländer und blickten aufs Wasser, in dem kleine Eisschollen trieben.

Marcel zündete sich eine weitere Zigarette an, im Schein der Flamme schien sein Gesicht unruhig zu flackern. »Nur wir beide wissen, dass dein Vater beinahe zusammengebrochen wäre. Und aus welchem Grund.«

»Er weiß es auch«, sagte Edda.

Erschöpft legte sie den Kopf an Marcels Schulter und schloss die Augen. Sie sah ihren ins Straucheln geratenen Vater vor sich. Wahrscheinlich würde sie dieses Bild für den Rest ihres Lebens nicht mehr los. Was genau mochte er in Oradour verbrochen haben? Und am Ende vielleicht nicht nur dort? Ob ihre Eltern je darüber gesprochen hatten? Oder glaubte ihre Mutter tatsächlich, Edda hätte ihren Vater grundlos attackiert? Und dann dieses Ehepaar Damme. Kein Wort des Mitgefühls hatten sie für Marcel gefunden. Stillschweigend hatten sie sich auf Viktor Noltings Seite gestellt.

Edda fröstelte. Selbst in Handschuhen fühlten sich ihre Finger klamm an. Auf ihre Frage hin, ob sie heimfahren sollten, reagierte Marcel nicht. Er starrte in die Ferne, seine Zigarette war verglüht.

»Marcel?« Edda legte ihre Hand auf seinen Arm. Marcel fuhr zusammen, die Kippe fiel ins Wasser. Als er Edda ansah, lag ein harter Zug um seinen Mund.

»Beweisen können wir gar nichts«, sagte er in einem Ton, als wäre es Eddas Schuld. »Hätte ich deinem Vater bloß direkt eine reingehauen. Aber ich Idiot musste mich zurückhalten.«

Marcel nahm sich eine neue Zigarette.

»Was hätte das denn gebracht? Eine Anzeige wegen Körperverletzung, mehr nicht.«

Edda war heilfroh, dass es zu keiner Schlägerei zwischen ihrem Freund und ihrem Vater gekommen war. Trotzdem verstand sie Marcel. Schließlich war sie dem Impuls, ihren Vater zu bestrafen, gefolgt.

»Ich bereue es.« Marcel inhalierte so tief, dass er hustete.

Ganz in ihrer Nähe blieb ein älteres Paar stehen, um den stimmungsvollen Anblick des Doms zu bewundern.

»Vielleicht sind das auch Nazis«, sagte Marcel, und hastig drückte Edda seine Hand nach unten, mit der er anklagend auf die Leute gezeigt hatte. Zum Glück waren sie mit sich selbst beschäftigt, andernfalls hätten sie das Wort Nazi womöglich verstanden. Marcel befreite sich und deutete auf andere Passanten.

»Der Mann mit der Zigarre könnte ein Nazi sein. Die Frau mit dem Hund und der Typ mit dem schwarzen Hut. Nazi, Nazi, Nazi!«, rief er ihnen nach.

»Marcel! Bitte lass das!«

Die meisten Fußgänger ignorierten sie, manche schüttelten den Kopf. Ein Mann blieb stehen.

»Verfluchtes Pack!«, sagte er laut, mit seinem Gehstock gestikulierend. »Aufhängen sollte man euch.«

Damit ging er weiter. Edda war entsetzt.

»Was hat der Kerl gesagt, Edda?«

Marcel machte Anstalten, ihm nachzulaufen, Edda hielt ihn zurück. Auf eine Übersetzung verzichtete sie.

»Hör auf«, bat sie. »Nicht alle, die hier herumlaufen, haben eine braune Vergangenheit.«

»*Ah, non?* Hast du nicht, als wir uns in Nanterre gestritten haben, behauptet, ihr jungen Deutschen würdet dagegen protestieren, dass unzählige alte Nazis ungestraft ihre Karrieren fortsetzten? So wie dein Vater? Irgendwo müssen sie ja stecken.«

Wie gehässig er sie anfuhr, erschreckte Edda.

»Red nicht so mit mir«, gab sie hitzig zurück.

Marcels Zorn war ja berechtigt. Aber weshalb entlud er sich bei ihr? Vielleicht, weil es Marcels Liebe zu ihr erschüttert hatte, dass aus dem Verdacht gegen Eddas Vater eine schreckliche Gewissheit geworden war? Sähe er in ihr nur noch die Tochter des Mörders seiner Familie? Eddas Brustkorb fühlte sich auf einmal an, als trüge sie ein zu eng geschnürtes Korsett. Mit einem verzweifelten Stöhnen stützte sich Marcel auf das Geländer, seine Hände tief in seine Locken gegraben.

»Es tut mir leid.«

Als wollte er das Eisen wegkicken, trat er wütend davor. Beruhigend legte Edda ihre Hand auf seinen Rücken, woraufhin Marcel sich aufrichtete. In seinen Augen standen Tränen.

»Verzeih mir, bitte, Edda.«

Sie umarmte Marcel.

»Lass uns jetzt heimfahren.«

Marcel nickte, hielt Edda aber weiter fest umschlungen. »In was für einen Schlamassel sind wir da hineingeraten, *mon amour*?«

Nachdem er das gesagt hatte, küsste er Edda mit einer Leidenschaft, in der sich ihre Zweifel an seiner Liebe verflüchtigten.

*

Edda erwachte wie gerädert. Den Großteil der Nacht hatte sie in einem quälenden Halbschlaf verbracht, in dem sich Bilder aus Oradour mit Szenen des vergangenen Abends vermischt hatten. In ihr hallte das Wort »Mörder« noch nach. Hatte sie es laut ausgerufen? Rasch blickte sie zu Marcel. Er schien tief zu schlafen.

Behutsam strich Edda Marcel eine Locke aus der Stirn und stand auf. Sie schlüpfte in die grüne Hose und den Pulli vom Vorabend, nahm ihr Tagebuch und schlich aus dem Zimmer. Von Ariane war kein Mucks zu hören, Dora, die vor Kurzem bei ihnen eingezogen war, hatte Frühschicht im Bürgerhospital und war seit Stunden fort. Einen Moment für sich zu sein, kam Edda ganz gelegen. Nachdem sie sich Kaffee gekocht hatte, setzte sie sich mit ihrem Tagebuch an den Küchentisch. Zum wiederholten Male las sie den Text, den sie über Oradour verfasst hatte. Anfangs hatte sie sich nur Notizen zu den Fakten des Massakers gemacht, dann auch ihre Gedanken und Gefühle während des Besuches bei Josette und den Ruinen aufgeschrieben. Dabei hatte sie festgestellt, dass es ihr half, die verstörenden Erlebnisse in Worte zu fassen.

Edda hatte erst wenige Sätze über die gestrigen Geschehnisse zu Papier gebracht, als es an der Wohnungstür klopfte, erst leise, gleich darauf drängend. Sie strich sich ihr noch ungekämmtes Haar zurück und öffnete.

»Eure Klingel funktioniert nicht«, sagte ihr Bruder Peter vorwurfsvoll. Ihn hätte Edda am allerwenigsten erwartet.

Während Edda zur Seite trat, um ihn einzulassen, erklärte sie: »Manchmal stellen wir sie ab. Möchtest du einen Kaffee?«

Mit einem demonstrativen Blick auf seine Armbanduhr, durch den er zum Ausdruck brachte, dass er nicht viel davon hielt, bis mittags im Bett zu liegen, schüttelte Peter den Kopf.

»Nein, danke. Hättest du Zeit für einen Spaziergang? Joachim und ich würden gern mit dir reden. Er sucht noch einen Parkplatz.«

Nach dem unerfreulichen Intermezzo mit Joachim im Frankfurter Hof verspürte Edda wenig Lust, sich mit ihren Brüdern über den vergangenen Abend zu unterhalten, dennoch griff sie nach ihrer Felljacke.

Bereits im Treppenhaus begann Peter, Edda Vorhaltungen zu machen. »Das Frühstück bei den Eltern war zäh. Mutter hat sich schließlich mit Migräne ins Bett gelegt und Vater ist in seine Praxis gegangen. Den ganzen Morgen über hat er kaum ein Wort gesprochen.«

»Dann ist ja alles beim Alten«, gab Edda zurück.

»Red keinen Unsinn.«

An der Straße erwartete sie Joachim.

»Wie geht's?«, fragte er knapp.

Sie zuckte mit den Schultern.

Bei dem windigen Wetter waren nur wenige Spaziergänger unterwegs, aus einem gekippten Fenster duftete es nach Sonntagsbraten. Edda schlug vor, in Richtung Nidda zu laufen.

»Du hast unseren Eltern die Feier versaut«, fuhr Peter fort. »Hat dich dein französischer Freund dazu aufgestachelt? Es ist eine ungeheure Respektlosigkeit, in Jeans und mit einer Frisur, als wäre er eben erst aus dem Bett gekrochen, auf Vaters Geburtstag aufzukreuzen. Und du machst das auch noch mit.«

Aufgebracht kickte er einen kleinen Stein aus dem Weg. Am liebsten hätte Edda auf dem Absatz kehrtgemacht. Sie gaben also Marcel die Schuld; damit machte es sich die Familie Nolting leicht.

»Peter hat recht«, pflichtete Joachim seinem Bruder bei. »Musstet ihr ausgerechnet gestern den Aufstand proben? Mutter meint, du hättest Vater sogar beschimpft. Was hast du bloß zu ihm gesagt?«

Edda schob ihre Hände in ihre Felljacke. »Du Mörder.«

Als wären sie plötzlich auf dem Asphalt festgefroren, blieben Peter und Joachim stehen und starrten Edda an.

»Du Mörder?«, wiederholte Joachim entgeistert.

Peter schüttelte fassungslos den Kopf. »Vater musste in den Krieg«, sagte er verärgert. »Ob er wollte oder nicht. Wie Millionen andere auch.«

»Bei allem Verständnis für euer Aufbegehren, das geht zu weit«, pflichtete Joachim ihm bei. »Dafür musst du dich entschuldigen.«

Edda blitzte ihre Brüder an. »Ganz bestimmt nicht.«

Als sie weiterliefen, wetterte Peter: »Ihr könnt nicht jeden zum Verbrecher stempeln, der im Krieg für Deutschland gekämpft hat. Und unser Vater war nur Arzt. Hast du mit deinem Marcel eigentlich mal über die französischen Kollaborateure gesprochen? Sie haben die Juden mit fliegenden Fahnen an die Nazis ausgeliefert.«

»Auschwitz haben sich die Deutschen ausgedacht!«, konterte Edda aufgebracht. »Übrigens hasst Marcel die *collabos*, seine Mutter ist für die Résistance gestorben.«

Sie hielt Peter vor, die Rolle der Nazi-Ärzte zu verharmlosen. Oder hätte er etwa noch nie von deren grausamen medizinischen Versuchen und Euthanasie gehört? Ihr eigener Vater hätte Zwangssterilisationen in seinen Briefen erwähnt und von Plänen gewusst, schwerkranke polnische Patienten zu töten.

Peter reagierte nicht überrascht, offenbar hatte Joachim ihn darüber unterrichtet, dass Edda in Viktor Noltings alten Briefen gestöbert hatte.

»Selbst wenn Vater davon wusste«, blaffte Peter, »was hätte er denn tun sollen? Du hast keine Ahnung, wie es ist, in einer Diktatur zu leben.«

Er wollte noch mehr sagen, aber Joachim machte eine beschwichtigende Geste. »Hört auf. Weder Peter noch ich bestreiten die Schuld der Deutschen. Wir haben die Auschwitzprozesse verfolgt. Und dass Marcel seine Mutter verloren hat, tut mir sehr leid.«

Joachim machte eine kleine Pause. Dann fragte er ruhiger: »Sag schon, Edda, was ist gestern in dich gefahren?«

Die Stimmung war gereizt, Edda hungrig und müde, ihre Brüder befanden sich auf dem Sprung nach Stuttgart und Essen. Ein denkbar ungünstiger Zeitpunkt, um ihnen von Oradour zu erzählen. Wenn sie es jedoch nicht täte, würden sie nicht aufhören, auf ihr und Marcel herumzuhacken.

Hörbar atmete Edda aus.

»Habt ihr schon einmal von dem französischen Ort Oradour-sur-Glane gehört?«

Noch immer ungehalten, verneinte Peter, Joachim runzelte nachdenklich die Stirn. Edda erzählte von dem Massaker, auch von ihrem Besuch in dem Ruinendorf. Nicht ein einziges Mal unterbrachen sie ihre Brüder, und in Edda wuchs die Hoffnung, dass es gut war, mit ihnen zu sprechen. Inzwischen hatten sie sich an einem verwaisten Spielplatz auf eine Bank gesetzt. Der Wind hatte nachgelassen, kalt war es trotzdem.

»Das Foto, das ich dir gezeigt habe, ist also nicht, wie ich erst dachte, in Polen entstanden, sondern in Oradour«, sagte Edda zu Joachim.

»Die Geschichte deines Freundes ist unfassbar. Natürlich verstehe ich, dass ihr aufgewühlt seid.« In Peters Ton schwang ein Aber mit, über das Edda sich ärgerte, bevor Peter es ausgesprochen hatte. »Aber du kannst Vater nicht unterstellen, dass er an dieser Barbarei teilgenommen hat. Sein Foto sagt lediglich aus, dass er einmal in Oradour gewesen ist, sonst nichts.«

Erregt sprang Edda auf. »Ich hatte ja auch Zweifel. Aber ihr hättet Vater gestern erleben müssen. Er war außer sich.«

Joachim hauchte in seine Hände und rieb sie aneinander. »Vielleicht war er bestürzt. Das bin ich auch.«

Edda schüttelte heftig den Kopf. Wie sollte sie es ihnen erklären? »Vater wirkte wie jemand, der aufgeflogen ist. Zuvor hat er behauptet, Oradour nicht zu kennen. Warum sollte er lügen, wenn er sich nicht schuldig fühlt?«

»Zum Beispiel, damit du das Thema an seinem Geburtstag nicht auswalzt«, meinte Peter lauter werdend. »Herrgott, hättest du ihn nicht ein anderes Mal danach fragen können?«

»Eben nicht!«, rief Edda aus. »Dann hätte er sich in seine Praxis verdrückt. Wie immer, wenn ihm etwas nicht passt. Fünfzig Gäste lässt man aber nicht einfach sitzen.«

Verständnislos schüttelte Peter den Kopf.

Als Joachim daran erinnerte, dass Helga, Martina und die Kinder warteten, begaben sie sich auf den Rückweg. Derweil tauschten sich Peter und Joachim darüber aus, wie viel Fahrzeit sie jeweils benötigen würden und wie Helga und Martina die Kinder bei Laune hielten, vor allem Markus, der im Auto nie lange still sitzen wollte.

»Was ich sage, ist nicht aus der Luft gegriffen«, unterbrach Edda sie. »Seit zwei Monaten denke ich darüber nach. Ich weiß, dass ich recht habe.«

Ihre Brüder warfen sich einen vielsagenden Blick zu, weshalb Edda verstummte. Sie glaubten ihr nicht, im Gegenteil, Joachim meinte, sie belehren zu müssen.

»Einen so gravierenden Vorwurf auf persönliche Eindrücke oder Gefühle zu gründen, ist der Boden, auf dem Willkür entsteht.«

Edda antwortete nicht darauf.

»Du hast gesagt, das Dorf wurde von einer SS-Division überfallen«, kam Peter, als sie schon vor dem Haus standen, in dem Edda wohnte, auf Oradour zurück. »Vater war nicht in der SS.«

Peter klang, als hätte er den ultimativen Beweis erbracht.

»Das stimmt«, bestätigte Joachim, woraufhin sich Eddas Brauen hoben.

»Woher wisst ihr das?«

Peter seufzte bedeutungsvoll. »Glaubst du, ich hätte mir in deinem Alter keine Gedanken gemacht? Ich habe Vater schon vor zig Jahren danach gefragt.«

Edda wandte sich an Joachim. »Hast du Vaters Antwort überprüft?«

»Natürlich nicht«, erwiderte Joachim. »Er klang absolut glaubwürdig.«

Provozierend sah Edda Joachim an. »Das ist euer persönlicher Eindruck, ja?«

Einen Augenblick lang wirkte Joachim verblüfft, Peter stieß einen genervten Laut aus.

»Ich hoffe, du ringst dich dazu durch, Vater um Verzeihung zu bitten. Weißt du, dass er sich Ende des Jahres von der Universität verabschieden wird? Im nächsten Jahr will er

seine Praxis aufgeben. Er wird älter, Edda, sei etwas nach-
sichtig.«

Die kurze Umarmung ihrer Brüder erwiderte Edda mit
einer schlaffen Geste. Bevor die beiden zu Joachims Wagen
gingen, erwähnte Joachim, wie schade es wäre, dass Edda –
nachdem es auch Weihnachten nicht dazu gekommen war –
seinen zweiten Sohn noch nicht kennengelernt hatte.

»Verrenn dich nicht«, warnte er sie.

Frustriert blickte Edda ihren Brüdern nach. Während sie
ihr aufmerksam zugehört hatten, war sie zuversichtlich gewesen, dass es ihr gelingen würde, Peter und Joachim zu überzeugen. Zu dritt hätten sie bei ihrem Vater vielleicht mehr
erreicht. Aber der erste Eindruck hatte sie getrogen. Ihre Brüder wollten mit all dem nichts zu tun haben.

Edda wartete nicht ab, bis Joachim den Motor gestartet
hätte und mit einem Hupen und Winken an ihr vorbeiführe.
Sie schloss die Tür auf und lief nach oben.

*

Ariane hob kurz den Kopf, als Edda die Küche betrat. Auf
dem Tisch stapelten sich Bücher und Papiere, gerade mal für
Arianes Kaffeetasse blieb noch Platz.

»Morgen. Ich dachte, ihr schlaft noch.«

»Marcel schläft«, erwiderte Edda und zog unter einigen
Papieren, die sich als Flugblätter zum Thema »Recht auf Ab-
treibung« entpuppten, ihr Tagebuch hervor. Ariane lehnte
sich zurück und streckte sich.

»Keine Sorge, ich hab's nicht gelesen«, versicherte sie.
»Meine Lektüre ist viel zu spannend. Ist es nicht unfassbar,
dass wir Frauen seit fast hundert Jahren gegen den Paragra-
phen 218 kämpfen? Seit Gründung des Kaiserreiches. Ich

wette, wenn Männer schwanger werden könnten, hätten sie das Abtreibungsverbot längst abgeschafft.«

Als Edda nur halbherzig zustimmte – nicht, weil sie anderer Ansicht gewesen wäre, sondern da sie das Gespräch mit ihren Brüdern beschäftigte –, betrachtete Ariane sie genauer.

»Du siehst blass aus«, stellte sie fest, erhob sich und schenkte Edda eine Tasse Kaffee ein. Leider war er nur noch lauwarm. »Hast du dich mit Marcel gestritten?«

Edda setzte neues Wasser auf. »Nein, mit meinen Brüdern, gerade eben.«

Ariane verengte die Augen und sah aus, als ob sie blitzschnell kombinierte. »Wieso? Ist auf eurer Feier etwas schiefgelaufen? Vielleicht wegen Marcel?«

»Das ist es nicht«, antwortete Edda, die sich nichts weiter wünschte, als zu Marcel unter die Decke zu kriechen.

Mit einem Seufzen setzte sich Ariane wieder. »Ich komme mir vor, wie bei Robert Lembkes *Was bin ich?*. Wenn du nicht reden willst, ist das in Ordnung.«

»Es ist eine lange Geschichte. Ich erzähle sie ein anderes Mal«, versprach Edda.

Sie brühte frischen Kaffee auf, während sich Ariane in ihre Texte vertiefte. Ihr Tagebuch unter den Arm geklemmt, wandte sich Edda, in den Händen zwei dampfende Tassen, zur Tür.

»Dora und ich gehen heute Abend aus«, sagte Ariane. »Kommt doch mit. Das bringt dich auf andere Gedanken.«

Edda schickte ihrer Freundin einen Luftkuss zu, den diese erwiderte.

»Du bist ganz kalt«, beschwerte sich Marcel, nachdem Edda sich an ihn geschmiegt hatte. »Wo warst du so lange?«

Sie tranken den Kaffee, den Edda mitgebracht hatte, wobei sie ihm von dem verkorksten Spaziergang berichtete.

»Ich dachte immer, Joachim stünde auf meiner Seite. Aber wenn es um den Krieg geht, rückt er genauso mit meinen Eltern zusammen wie Peter. Sie behandeln mich, als hätte ich Wahnvorstellungen.« Edda seufzte. »Ich fühle mich, als hätte ich gar keine Familie mehr.«

In der nächsten Sekunde bereute sie, was sie gesagt hatte. Wie taktlos musste es Marcel erscheinen.

»Tut mir leid«, entschuldigte sie sich sofort, doch Marcel schien ihr nichts zu verübeln. Er stützte sich auf seinen Ellenbogen und blickte Edda ernst an.

»Du hast mich, *mon amour*.«

Sie zog ihn näher zu sich heran. »Bald bist du wieder weg.«

Sie küssten sich, aber die Worte hallten in ihr nach. Jeder Abschied von Marcel war Edda schwergefallen, aber dieses Mal graute ihr ganz besonders vor der letzten Umarmung und der Frage, wann sie sich wiedersehen würden.

»Kannst du nicht noch bleiben?«

Mit einem bedauernden Lächeln schüttelte Marcel den Kopf. »Ich muss mich mal wieder in der Uni blicken lassen.«

Edda insistierte nicht. Sein Jura-Studium in Nanterre hatte Marcel zwar geschmissen, seit Anfang des Jahres war er jedoch für Film und Fotografie am neu gegründeten Centre universitaire expérimental eingeschrieben, einer Pariser Modellhochschule, die infolge der Studentenrevolte im letzten Mai entstanden war. »Wir gestalten die Seminare nach unseren Vorstellungen«, hatte Marcel ihr erzählt, nachdem er in Frankfurt angekommen war. Es war einer der wenigen Momente gewesen, in denen sie nicht über die bevorstehende Begegnung mit ihrem Vater gesprochen hatten. »Anstatt das vorgegebene Wissen der Professoren in uns hineinzufressen, diskutieren wir mit ihnen. Alle duzen sich, und Klassenunterschiede sind passé. Stell dir vor: An den Abenden und

Wochenenden nehmen Arbeiterinnen und Arbeiter an den Seminaren teil. Auch das ist ein Novum.« Marcels Begeisterung war offenkundig gewesen, und Edda freute sich für ihn. Sie hatte in Paris ja miterlebt, wie engagiert er sich für moderne Studienbedingungen eingesetzt hatte.

Marcel hatte die Augen geschlossen, seitdem Edda begonnen hatte, sanft seine Brauen, Wangen und vollen Lippen entlangzufahren, als wollte sie sich die Konturen seines Gesichtes einprägen. Und wenn sie zu ihm nach Paris zöge? In nicht einmal drei Monaten wäre sie einundzwanzig und frei zu tun, was ihr beliebte. Ihre Eltern würde sie bestimmt nicht vermissen. Sie bezweifelte, dass sie jemals wieder in der Lage wäre, ein normales Gespräch mit ihnen zu führen. Allerdings wohnte sie gern mit Ariane und Dora zusammen, und ab März hatte sie einen Praktikumsplatz in einem Kinderladen, der ihren Vorstellungen von antiautoritärer Erziehung entsprach. Andererseits, wie großartig wäre es, wenn sie Marcel nicht ständig vermissen müsste? Würde er ihr wenigstens regelmäßig schreiben. Das war leider nach wie vor nicht sein Ding.

Marcel beugte sich zu ihr, ließ seine Lippen Eddas Hals entlangwandern und liebkoste ihre Brüste. Edda erschauerte vor Verlangen und als sie merkte, wie sehr auch Marcel sie begehrte, erregte sie das noch mehr. Wie sollte sie die nächsten Wochen ohne seine Nähe überstehen? Ohne seine Küsse, die ihr versicherten, dass sie nichts auseinanderbringen könnte? Im Rausch ihrer Lust, verstärkt durch den drohenden Abschied, verloren sich Eddas Zeitgefühl und bange Fragen.

Am nächsten Morgen reiste Marcel ab. Kaum war der Wagen, in dem er mitfuhr, abgebogen, lief Edda zu einer Telefonzelle und sagte ihre Schicht im Café Laumer ab. Zurück in ihrem Zimmer legte sie Janis Joplin auf und verkroch sich im Bett, dem eine Weile noch, tröstlich und schmerzhaft zugleich, der Duft nach ihrer und Marcels Liebe anhaftete.

»Bis bald, *mon amour, je t'aime*«, hatte Marcel, ähnlich wie bei vorherigen Abschieden, gesagt. Aber nach allem, was sie in den letzten Tagen durchgemacht hatten, war es für Edda kein Abschied wie jeder andere gewesen. Sie gestand sich ein, neben ihrem großen Schmerz eine tiefe Enttäuschung darüber zu empfinden, dass Marcel ihr zu keinem Zeitpunkt vorgeschlagen hatte, sie mit nach Paris zu nehmen. Wieso hatte er sie nicht gebeten, mit ihm zu fahren, jetzt, sofort?

*

Es war März, aber von Frühling lag kein Hauch in der Luft. Die Temperaturen dümpelten um den Gefrierpunkt, vom Himmel nieselte Schneeregen. Geschickt manövrierte Dora den knallroten VW-Bus, den sie sich von einer Kollegin geliehen hatte, in eine Parklücke direkt vor dem Wohnhaus der Noltings.

»Es brennt kein Licht«, stellte Edda fest, woraufhin Ariane schwungvoll die Seitentür des Busses aufschob. Kälte strömte herein.

»Dann kann die Aktion Panzerknacker ja beginnen«, sagte Ariane mit einem Lachen, wobei sie sich ihre Pudelmütze tiefer ins Gesicht zog.

Edda verdrehte die Augen. »Ich hole bloß meine restlichen Sachen«, sagte sie spröde.

»Schon gut.« Ariane, die, ebenso wie Dora, inzwischen darüber Bescheid wusste, was an Viktor Noltings Geburtstag vorgefallen war, wurde wieder ernst.

Nachdem Edda einen leeren Koffer sowie einige gefaltete Pappkartons aus dem Bus gehievt und an Ariane und Dora verteilt hatte, schloss sie die Haustür auf. Augenblicklich schlug im Parterre Frau Höhnes Pudel Fanny an.

»Hat sich die Töle das Gekläffe nicht mal abgewöhnt?«, meinte Ariane, während Edda genervt wartete, dass Frau Höhne ihren Kopf zur Tür herausstrecken und sie ausquetschen würde. Doch die neugierige Nachbarin schien nicht da zu sein. Bevor sie die Wohnungstür ihrer Eltern öffnete, zögerte Edda kurz. Ihr Vater arbeitete um diese Zeit. Aber was, wenn ihre Mutter nicht, wie donnerstags üblich, zu ihrem Kirchenkreis gegangen wäre, sondern nur kein Licht eingeschaltet hätte, weil sie mit ihrer sogenannten Migräne im Bett läge? Nach dem Eklat vor sechs Wochen hatte sie ihr geschrieben, dass Edda in der Wolfsgangstraße nicht erwünscht wäre, bis sie sich in angemessener Form entschuldigt hätte. Aber darauf könnten ihre Eltern lange warten. Edda atmete tief durch. Möglich, dass es ein weiteres Drama gäbe.

Nachdem sie die Tür aufgesperrt hatte, empfing sie der vertraute Geruch ihres Elternhauses sowie eine Stille, die von Verlassenheit zeugte. Edda war erleichtert, als sie bemerkte, dass die Mäntel ihrer Eltern nicht an der Garderobe hingen.

»Niemand da«, sagte sie. »Beeilen wir uns trotzdem.«

Edda packte ihre bislang nicht benötigte Sommerkleidung ein, auf die Kartons verteilte sie Bücher, ein paar Schallplatten, Fotos, Bonnies Hundedecke, die sie in den Tiefen des Kleiderschranks aufbewahrt hatte, sowie manchen Krimskrams, den sie zwar nicht vermisst hatte, aber er gehörte ihr, und es gab keinen Grund, ihn bei ihren Eltern zu lassen. Während Edda ihr Zimmer durchforstete, trugen Ariane und Dora die gepackten Kartons zum Bus, wobei jedes Mal, wenn sie die Treppen hinauf- oder hinunterliefen, der Pudel aufgeregt bellte.

Schneller als gedacht, waren sie fertig, und theatralisch erschöpft, ließ sich Ariane auf Eddas Bett fallen, das für deren jetziges Zimmer zu groß gewesen wäre.

»Hast du auch an alles gedacht?«, fragte Ariane. »Ich schätze, so bald willst du nicht wiederkommen.«

»Vielleicht nie mehr«, entgegnete Edda.

Vorsichtshalber sah sie noch einmal im Bad nach und entschied, einige Handtücher einzupacken, an denen es in ihrer WG mangelte. Auf dem Weg zurück in ihr Zimmer fiel Eddas Blick auf Franziska Noltings geöffnete Schlafzimmertür. Sie blieb stehen. Das Bett war akkurat gerichtet, die Zierkissen standen in Reih und Glied, aber der Schrank, in dem sie ihre Likörflaschen und die Briefe ihres Mannes an sie verwahrte, stand einen Spalt offen. Edda stutzte. Wie oft hatte sie, als sie ihre Eltern noch regelmäßig sonntags zum Essen besuchte, vor dem verschlossenen Schrank gestanden. Nie hatte sie Glück gehabt. Edda überlegte nicht lange. Das war ihre Chance, Briefe ihres Vaters aus Frankreich zu finden, vielleicht mit Hinweisen auf seine Verbrechen in Oradour.

»Einen Moment noch!«, rief sie Ariane und Dora zu, die erwiderten, sie hätten keine Eile. Im Schlafzimmer legte Edda die Handtücher ab und stieß die Schranktür weit auf. Die Schar der weißen Styroporköpfe, bedeckt mit Franziska Noltings Perücken, starrte sie an. Edda schob sie auseinander und stutzte. Kein Likör, kein Wein. Und keine Kiste mit Briefen. Hektisch durchsuchte sie die übrigen Fächer. Vergeblich. Wieso hatte ihre Mutter ein neues Versteck gesucht? Hatten ihre Brüder ihr verraten, dass Edda der Briefe fündig geworden war? Nach dem letzten Gespräch mit den beiden traute sie das sogar Joachim zu. Den Schrank gab Edda auf und inspizierte die Kommode ihrer Mutter so fieberhaft, dass sie dem Kläffen des Pudels keine Beachtung schenkte. Plötzlich vernahm sie die Stimmen ihrer Eltern an der Wohnungstür. Wie eine auf frischer Tat ertappte Diebin schlug sie die Schubladen zu. Der Wohnungsschlüssel wurde gedreht, und im selben Augenblick, als Edda aus dem Schlafzimmer hastete, betraten ihre Eltern, in Schwarz gekleidet, als kämen sie von einer Beerdigung, die Wohnung. Arianes und Doras Stimmen in ihrem Zimmer waren verstummt.

»Edda, was machst du denn hier?«

Viktor Nolting war anzuhören, dass er soeben eine unangenehme Überraschung erlebte.

»Ich hole meine Sachen.«

Wortlos nahm Viktor Nolting seiner Frau den Mantel ab und hängte ihn zusammen mit seinem an die Garderobe. Franziska Nolting strich ihr Kostüm glatt. »Sonst nichts?«, fragte sie.

Edda fiel ein, dass ihre Eltern noch auf eine Entschuldigung warteten.

»Nein.«

»Was hattest du in meinem Zimmer zu suchen?«, fragte Franziska Nolting in schärferem Ton. Sie war einen Schritt näher gekommen und Edda wehte eine leichte Alkoholfahne entgegen. Beim Leichenschmaus hatte es wohl ein Tröpfchen für die Nerven gegeben.

Sollte sie ihren Eltern die Wahrheit vor die Füße knallen? Oder würde sie das, falls Joachim und Peter doch den Mund gehalten hatten, auf den Gedanken bringen, die Briefe auf Nimmerwiedersehen verschwinden zu lassen?

»Könnt ihr euch das nicht denken?«, gab Edda zurück.

Mit einer resignierten Geste wollte sich Viktor Nolting seinem Arbeitszimmer zuwenden, doch Franziska Nolting legte ihre Hand auf seinen Arm. »Warte, Viktor.«

Mit jedem Satz wurde ihre Stimme schriller: »Ich sage dir, was ich denke, Edda. Dein Vater hatte von Anfang an recht: Frankreich war ein Fehler. Seitdem du diesen Franzmann kennst, haben wir mit dir nur Ärger. Den Geburtstag zu ruinieren, das war der Gipfel. Und du entschuldigst dich nicht einmal dafür. Schäm dich!«

Edda duckte sich weg. Ein alter Reflex, da der Aufforderung, sich zu schämen, jahrelang eine schallende Ohrfeige gefolgt war. Jetzt passierte nichts.

Auf einmal standen Ariane und Dora, in Jacken und Mützen, neben ihr. »N'Abend, Frau Nolting. N'Abend, Herr Nolting.«

Es entstand ein Moment peinlichen Schweigens, bis sich Viktor Nolting räusperte. »Ihr seid wohl die Verstärkung«, sagte er, wobei er Ariane und Dora die Hand schüttelte, was Edda grotesk fand.

»Ich schlage vor, wir reden ein andermal weiter«, schob er nach, aber Franziska Nolting, die Ariane und Dora nicht beachtete, überging auch ihn. Die Hände in die Hüften gestemmt, den Oberkörper vorgebeugt, ranzte sie Edda an: »Du entschuldigst dich auf der Stelle!«

Der Beistand ihrer Freundinnen ermutigte Edda, sich nicht einschüchtern zu lassen.

»Das könnt ihr vergessen«, konterte sie, dann fixierte sie ihre Mutter. »Weißt du eigentlich, was Vater in Oradour getan hat?«

»Ich habe meinem Land gedient«, sagte Viktor Nolting, nahm seinen Mantel und zog ihn wieder über. »So wie Doras Vater, so wie Arianes Vater es für Amerika getan hat. Es war eben Krieg.«

Er verließ die Wohnung, hinter ihm schlug die Tür lauter als gewöhnlich zu.

Voller Zorn zischte Franziska Nolting: »Lass uns endlich mit dem Krieg in Ruhe. Siehst du nicht, wie du deinen Vater damit quälst?«

»Mutter!«, schrie Edda aufgebracht. »Vielleicht hat er Menschen bei lebendigem Leibe verbrannt!«

Franziska Noltings Ohrfeige traf Edda unvorbereitet. Edda schnappte nach Luft und hielt sich schockiert die Wange. Vor ihren Augen tanzten schwarze Punkte.

Ariane legte Edda ihren Anorak um die Schultern und nahm sie am Arm.

»Gehen wir«, sagte sie bestimmt. Dora griff nach der letzten Kiste.

»Her mit dem Schlüssel!«, keifte Franziska Nolting. Sie streckte Edda ihre geöffnete Hand entgegen. Edda holte den Schlüssel aus der Jackentasche und warf ihn ihrer Mutter vor die Füße. Dann lief sie mit Ariane und Dora die Treppen hinunter.

»Wenn du uns so verachtest, willst du wohl auch unser Geld nicht mehr!«, schrie Franziska Nolting wutentbrannt durchs Treppenhaus, sogar die Nachbarn schienen ihr gleichgültig zu sein. Edda blickte zu ihrer Mutter hinauf, die sich übers Geländer gebeugt hatte, als wollte sie sich hinabstürzen.

»Behaltet doch euer Scheißgeld«, brüllte Edda zurück. »Lasst mich einfach in Ruhe! Ich hasse euch!«

Im Parterre, an der einen Spaltbreit geöffneten Tür, linste ihnen Frau Höhne hinterher, deren Pudel sich die Seele aus dem Leibe bellte. Zwei Etagen höher, bei Noltings, fiel die Tür krachend ins Schloss.

*

Mit einem kurzen Blick auf den Kontoauszug erfasste Edda, dass ihre Eltern den Unterhalt für April wie üblich überwiesen hatten. Sie überlegte nicht lange, und stellte sich am Schalter an. Nachdem sie der Bankangestellten ihren Ausweis vorgelegt hatte, fragte diese: »Wie möchten Sie die Auszahlung? Dürfen es Hunderter sein?«

Edda nickte, woraufhin ihr die Bankangestellte fünf blaue Scheine hinblätterte. Edda schob das Geld in einen länglichen Briefumschlag, den sie, bevor sie die Sparkasse verließ, sorgsam in ihrer Tasche verstaute.

Obwohl Edda kräftig in die Pedale ihres Fahrrades trat, hatte der einsetzende Nieselregen binnen weniger Minuten den Stoff ihrer Hose durchnässt, der Wind stach fies in den Augen.

Vor dem Haus ihrer Eltern lehnte Edda das Rad gegen einen Laternenpfahl. Es abzuschließen, lohnte sich nicht, sie würde nicht lange bleiben. Ihr Blick wanderte zur Wohnung ihrer Eltern hinauf, sie war dunkel. Edda trat an die Haustür, zu der sie keinen Schlüssel mehr besaß, und sah sich noch einmal um. Beobachtete sie jemand? Nein, die Straße wirkte menschenleer. Edda zog den Umschlag mit dem Geld aus der Tasche. Ohne zu zögern, öffnete sie die Briefkastenklappe mit dem Namen Nolting und schob ihn hindurch. Er landete mit einem kleinen, dumpfen Geräusch.

*

Vorsichtig reichte Edda der vierjährigen Sanne den letzten gespülten Teller vom Mittagessen, den das Mädchen abtrocknete und in den Küchenschrank stellte. Einer war zu Bruch gegangen, aber deswegen schimpfte hier niemand.

»Du warst eine große Hilfe«, lobte Edda, woraufhin Sanne

übers ganze Gesicht strahlte. »Wie wäre es jetzt mit einem Mittagsschlaf?«

Edda deutete auf den Raum nebenan, wo sich auf Matratzen drei der sieben Kinder hingelegt hatten, die täglich nach Bockenheim in den antiautoritären Kinderladen kamen, den eine Elterninitiative organisiert hatte.

Energisch schüttelte Sanne den Kopf. »Nö, ich geh spielen.« Sie marschierte ins Nachbarzimmer, in dem zwei andere Vorschulkinder an einem Tisch malten, doch Sanne gesellte sich zu zwei Jungen, die auf dem Boden mit Legosteinen spielten. An den Türrahmen gelehnt, sah Edda ihnen zu. Wie hatte die Leiterin des Kindergartens in Heddernheim sie abgebügelt, als Edda mit der Idee eines freiwilligen Mittagsschlafes zu ihr gekommen war. Hier fanden es die Erwachsenen normal, dass die Kinder selbst entschieden, ob ihnen danach zumute war oder nicht.

»Musst du heute nicht ins Café Laumer?«, fragte Ina, Sannes Mutter. Ihr Gespräch mit einer anderen Mutter, die an diesem Tag für die Betreuung eingeteilt war, hatte sie unterbrochen.

»Doch, doch«, erwiderte Edda. Da sie auf die finanzielle Unterstützung ihrer Eltern ab sofort verzichtete, würde sie sogar zusätzliche Schichten übernehmen müssen. Zum Glück hatte ihr Chef dem zugestimmt. »Sobald ich die Küche aufgeräumt habe, bin ich weg.«

Ina lächelte. »Großartig, dass du mit anpackst und wie du mit den Kindern umgehst. Wir sind alle froh, dass du bei uns bist.«

Edda grinste verlegen. Kennengelernt hatte sie Ina auf einer Kundgebung, in die sie zufällig hineingeraten war. Junge Eltern hatten mehr Kindergartenplätze, qualifiziertes Personal und vor allem mehr antiautoritäre Einrichtungen gefordert. Edda hatte gehört, wie eine Mutter, Ina, laut bemängelte, dass in normalen Kindergärten niemand honorierte, wenn Kinder kritische Fragen stellten. Belohnt würde, wer sich um Anpassung bemühte. Und hatte die nicht geradewegs in den Faschismus geführt? Edda war mit Ina ins Gespräch gekommen, und als im Kinderladen der nächste Elternabend stattfand, hatte sie sich für ein Praktikum vorgestellt. Seit Anfang März kam sie dreimal wöchentlich her, half, das gemeinsame Frühstück und Mittagessen vorzubereiten, bastelte, sang und tobte mit den Kindern. Langsam gewöhnte sie sich daran, dass diese, auch in Eddas Beisein, ungeniert Doktor spielten, Kleider und Unterhosen lagen im Raum verteilt auf dem Boden. Zu Beginn hatte Ina Edda ermahnt, nicht so irritiert dreinzuschauen, wenn die Jungen und Mädchen gegenseitig ihre Körper erforschten. Die Kinder bräuchten das Gefühl, dass die Erwachsenen ihre sexuelle Neugier begrüßten. Das fiel Edda nicht leicht. Bei Noltings hätte es eine Tracht Prügel gesetzt, wäre sie bei derartigen »Sauereien« erwischt worden.

Auch andere Themen wurden im Kinderladen nicht nur hinter vorgehaltener Hand besprochen. An einem der Elternabende, an denen Edda teilnehmen durfte, hatten sie über das Buch von Alexander S. Neills diskutiert, in dem er das pädagogische Konzept seiner repressionsfreien Internatsschule Summerhill beschrieb. Unter den Eltern kam die Sprache auf den Umgang ihrer eigenen Mütter und Väter mit kindlichem Widerspruch, und nach und nach stellte sich heraus, dass viele mit ähnlichen Tyranneien groß geworden waren wie Edda. Es erleichterte sie, sich über diese frühen Demütigungen auszutauschen. Von der Ohrfeige, die Franziska Nolting ihr vor wenigen Tagen verpasst hatte, erzählte sie dennoch nichts.

Nachdem Edda sich von den Kindern verabschiedet hatte, lief sie zum Café Laumer, der Weg war nicht weit. Die Sonne schien, kurz vor Ostern war die Temperatur auf zehn Grad geklettert, und die frische Luft tat Edda gut. Ein längerer Spaziergang wäre schön gewesen, doch stattdessen lag eine vierstündige Schicht als Kellnerin vor ihr, obwohl sie bereits einen anstrengenden Arbeitstag hinter sich hatte. Kurz seufzte Edda. Sosehr sie die Kinder mochte, manchmal, wenn sie heftig stritten, sich Eddas Vorschlägen widersetzten oder irgendeinen Blödsinn veranstalteten, zerrten sie ganz schön an ihren Nerven. Gelassen zu bleiben, aber auch zu akzeptieren, wenn ein Kind, dem sie etwas versagen musste, seinen Frust herausbrüllte oder gar um sich schlug, empfand Edda als eine Herausforderung, vor die sie die drei Brunet-Kinder in Paris nicht gestellt hatten. Einfacher wäre es wahrscheinlich, ein zorniges Kind niederzuschreien oder mit einer Ohrfeige zu züchtigen. Eddas rechte Wange begann bei diesem Gedanken zu kribbeln. Wie hatte ihre Mutter es wagen können, sie noch einmal zu schlagen? Schlimmer als das nervende Piepen im Ohr, das Edda danach stundenlang begleitet hatte, war es gewesen, dass sie sich vor ihren Freundinnen zu Tode geschämt hatte.

Im Café Laumer wurde sie von ihrer Kollegin Heidrun voller Ungeduld erwartet. »Wo bleibst du denn? Die Gesellschaft ist schon da.«

Siedend heiß fiel Edda die silberne Hochzeit ein, wegen der sie Heidrun versprochen hatte, früher zu kommen und beim Eindecken der Tische zu helfen. Das hatte sie völlig vergessen.

»Tut mir leid«, sagte Edda gestresst und schlüpfte rasch in ihr schwarzes Kleid, band sich eine weiße Schürze um und schlang ihr Haar zu einem Knoten. In den nächsten Stunden nahm sie diverse Bestellungen auf, servierte Torte und Kaffee, räumte Gläser ab und leerte Aschenbecher. Für Grübeleien blieb keine Zeit.

Erledigt, aber mit einem ordentlichen Trinkgeld in der Tasche, kehrte Edda am frühen Abend nach Hause zurück. Sie setzte den Teekessel auf und schaltete das Radio ein. Auf dem Küchentisch lag ein Brief von Marcel, und sofort war Eddas Müdigkeit wie weggeblasen. Als dann Mireille Mathieu begann, über das süße Leben hinter den Kulissen von Paris zu singen, musste Edda laut lachen. Zwar stand sie nicht auf deutsche Schlager, aber jetzt, während sie, um Marcels Brief zu öffnen, nach einem Küchenmesser suchte, tanzte sie sogar ein paar Schritte dazu. Es war wirklich höchste Zeit, dass er ihr schrieb. Die Ostertage standen vor der Tür und noch immer hatten sie nicht geklärt, ob Marcel nach Frankfurt käme oder ob sie sich in Paris treffen würden. Edda brannte darauf, ihn wiederzusehen, mehr noch als sonst, denn Marcels Briefe – seit ihrem Abschied immerhin drei an der Zahl – hatten es nicht geschafft, ihr die Sorge zu nehmen, dass das Drama ihrer Familien seine Gefühle zu ihr veränderte. Die würde sich wohl erst dann verflüchtigen, wenn Marcel bei ihr wäre, wenn Edda ihm in die Augen sehen könnte und spürte, dass sie ihm genauso gefehlt hatte wie er ihr. Edda faltete den Briefbogen auseinander. Direkt der erste Satz traf sie wie ein Messerstich mitten ins Herz.

Edda, mon amour,
es tut mir leid, aber wir können uns zu Ostern nicht sehen. Sei bitte nicht sauer auf mich. Ich bin zu Josette gefahren und werde eine Weile in Oradour bleiben. Es gibt da ein paar Dinge, die ich herausfinden möchte.

Dass Dein Praktikum gut läuft, freut mich. Ich hoffe, die Kinder lenken dich etwas von der Geschichte mit deinem Vater

ab. Meinen neuen Professoren, so inspirierend sie auch sind, ist
das bei mir nicht gelungen.
Wenn wir uns wiedersehen, erkläre ich Dir alles.
Je t'aime
Marcel

Tief enttäuscht und verletzt ließ Edda den Brief sinken. Offensichtlich wollte Marcel sie in Oradour nicht dabeihaben. Im letzten Dezember, als sie beide noch nicht geahnt hatten, dass Viktor Nolting in das Massaker verstrickt gewesen war, hatte er sie gebeten, ihn zu begleiten. Jetzt wussten sie es, und die Folge war, dass Marcel sein Vorhaben vor Edda verheimlicht hatte. Oder wie sollte sie es sonst auffassen, dass er, bevor er abgereist war, kein Sterbenswörtchen davon geschrieben hatte? Seine Liebesbekundungen wie *mon amour* und *Je t'aime* klangen auf einmal hohl. Ein hässlicher Gedanke tauchte auf. Schämte sich Marcel vor Josette, mit einer Frau zusammen zu sein, deren Vater zu den Schlächtern des Dorfes gehörte?

Der Teekessel pfiff durchdringend. Edda warf den Brief auf den Tisch, sprang auf und stellte das Gas ab. Ihr war nicht mehr nach Tee. Ob sie in Doras oder Arianes Zimmer eine Zigarette fände? Mit irgendetwas musste sie sich beruhigen. Auf Arianes Bett lag ein Päckchen vertrockneter Tabak, und aus den Krümeln drehte sich Edda eine Zigarette. Verheult und hustend, weil der Tabak im Hals kratzte, kehrte sie in die Küche zurück, wo Ariane dabei war, Marcels Brief zu lesen. Als sie Edda sah, legte sie ihn hastig zur Seite.

»Entschuldige.«

Edda winkte ab. Sie hätte ihrer Freundin den Brief sowieso gezeigt.

»So ein Mist«, sagte Ariane.

Edda drückte die Zigarette, die furchtbar schmeckte, aus

und brühte den Tee doch auf. Dabei schüttete sie bei Ariane ihr Herz aus. »Ich könnte es sogar verstehen, wenn es Marcel unangenehm wäre, mit mir bei Josette aufzukreuzen. Andererseits habe ich doch mit meinen Eltern gebrochen.«

Was Marcel mit keinem Wort erwähnt hatte, obwohl sie ihm noch am selben Abend davon geschrieben hatte.

Ariane überflog den Inhalt des Briefes erneut. Schließlich zeigte sie auf das Datum. »Das ist der Tag, an dem wir mit Dora bei deinen Eltern gewesen sind. Marcel war bereits in Oradour. Er kann deinen Brief nicht gelesen haben.« Ariane sah Edda an. »Macht das irgendetwas besser?«

Edda schüttelte den Kopf. »Wieso erklärt er mir nicht, was er in Oradour herausfinden will? Geht mich das nicht genauso viel an?«

Ariane bot ihr eine Filterzigarette an, aber Edda lehnte ab. Sie sprach aus, was ihr noch auf der Seele lag. »Offenbar ist Marcel vor über einer Woche nach Oradour gefahren, obwohl seine Ferien noch gar nicht angefangen haben. Als ich ihn nach dem Geburtstag meines Vaters bat, ein paar Tage länger bei mir zu bleiben, hat er das abgelehnt. Er wollte nicht noch mehr Seminare verpassen ... Scheiße!«

Der Tee war noch immer heiß, Edda hatte sich die Zunge verbrannt.

»Hast du Marcel damals gesagt, wie wichtig es dir wäre, dass er bleibt?«, fragte Ariane.

»Nein«, erwiderte Edda. »Ich habe ihn ja verstanden. Außerdem dachte ich, ich hätte ihm schon genug zugemutet.«

»Vielleicht solltest du ihm ein bisschen klarer sagen, was du willst.« Ariane blies kleine Ringe aus Rauch in die Luft, und plötzlich nervte es Edda immens, wie ruhig und gleichförmig sie Arianes Mund entschwebten und dass Ariane mal wieder in der Rolle derjenigen war, die Edda tröstete.

»Du meinst, so wie *du* das gemacht hast bei Navid und Jörg?«, entgegnete sie gereizt. »Was dabei herauskommt, sehen wir ja. Beide sind weg.«

Bestürzt schaute Ariane sie an. »Nun lass deinen Ärger mal nicht an mir aus. Ich hab dir nichts getan.«

Edda seufzte.

»Entschuldige.«

Versöhnlich sah Ariane sie an und sagte: »Ganz unverständlich ist es ja nicht, dass Marcel das Bedürfnis hat, mit seiner Familie über alles zu reden, und er hat nur Josette.«

»Mhm«, machte Edda.

Ariane erhob sich. »Warte mal.«

Sie ging in ihr Zimmer und kam mit einem Umschlag zurück. »Eigentlich wollten Dora und ich sie dir in ein Osterei verpacken. Aber wie es aussieht, brauchst du heute eine Aufheiterung. Ich glaube, Dora findet das okay. *Voilà.*«

Mit einer schwungvollen Geste reichte Ariane Edda das Couvert. Überrascht bedankte sich Edda, öffnete es und in der nächsten Sekunde schrie sie vor Freude auf. »Eine Karte für das Konzert von Janis Joplin? Seid ihr wahnsinnig?«

Natürlich wusste Edda, dass sich die Blues- und Rocksängerin auf Europatour befand, und Frankfurt am Main war die einzige deutsche Stadt, in der Janis Joplin auftreten würde. Trotzdem hatte Edda nicht daran gedacht, sich eine Karte zu besorgen.

Edda fiel ihrer Freundin um den Hals. »Dora und du, ihr seid die Besten«, sagte sie gerührt und Ariane grinste breit.

Eine Woche später brachte Janis Joplin mit ihrer kraftvollen, rauen Stimme die Jahrhunderthalle zum Beben. Unter Tausenden tanzten Edda, Dora und Ariane, die Luft um sie herum vibrierte vor Energie und Freiheitsgefühl. Als Janis

Joplin *Piece of My Heart* sang, dachte Edda an Marcel und grölte mit, bis sie heiser wurde.

*

Gut zwei Wochen später – es war Ende April und an dem grauen Nieselwetter hatte sich nichts geändert – lief Edda zum Edeka, der nur wenige Gehminuten von ihr entfernt eröffnet hatte. Sie war mit dem WG-Einkauf dran, für den ihr nicht viel Zeit bliebe, da sie in jedem Fall pünktlich im Café Laumer erscheinen müsste. Dieser Job war für sie wichtiger denn je. Hätte sie sich beim Frühstück nur bloß nicht mit Ariane und Dora verquatscht. Aber es hatte so viel zu besprechen gegeben.

Zuerst hatten sie aus den Radionachrichten erfahren, dass der französische Präsident Charles de Gaulle zurückgetreten war, was Edda sofort an Marcel denken ließ. Ob er sich darüber freute? Bereits zur Zeit der Mai-Unruhen vor einem Jahr hatte er sich eine neue Regierung gewünscht. Sie hätte Marcel danach gefragt, wenn sie ihm noch wöchentlich schreiben würde. Aber das tat sie nicht mehr. Wieso sollte sie ihm Briefe nach Oradour schicken, wenn er ihr nicht einmal verriet, was er dort suchte? Nein, erst nachdem Marcel sich erneut bei ihr gemeldet hätte, würde sich Edda wieder rühren. Ariane hatte sie darin bestärkt, nicht hinzunehmen, dass Marcel, wann immer ihm danach zumute war, abtauchte. Das wäre keine persönliche Eigenschaft – wie Florence es einmal ausgedrückt hatte –, sondern ein inakzeptables Verhalten. Dann hatte Ariane das Thema gewechselt und Edda einen Artikel vorgelesen, der sich mit dem sogenannten Busenattentat befasste, das kürzlich Teil einer studentischen Protestaktion gegen Professor Adorno gewesen war. Manche verübelten es ihm noch immer, im Januar die Polizei gerufen zu haben, um das besetzte Institut für Sozialforschung zu räumen. Zuerst hatte Ariane es witzig gefunden, dass im Hörsaal drei Studentinnen mit entblößten Brüsten den Professor umringt und versucht hatten, ihm Rosen- und Tulpenblätter aufs Haupt zu streuen. Als Adorno, sichtlich geschockt, aus seiner eigenen Vorlesung geflüchtet war, hatte jedoch Arianes Mitgefühl überwogen. Edda konnte das nachvollziehen. Wenn sie ihn jetzt im Café Laumer bediente, streifte sie der Gedanke unangenehm, dass der Professor, der vor den Nazis ins Exil hatte fliehen müssen, von jungen Leuten wie ihr verhöhnt worden war. Schließlich, gerade als Edda ihr Frühstück beendet hatte, war Dora nach Hause gekommen. Nicht von ihrer Nachtschicht im Bürgerhospital, wie Edda geglaubt hatte, sondern von einer Kollegin, in die Dora sich verliebt hatte. So strahlend hatte Edda ihre Freundin noch nie erlebt. Gleichzeitig sorgte sich Dora, was wohl geschähe, wenn ihre Vorgesetzten oder ihre Eltern von dieser Liebe Wind bekämen. Eine Weile hatten sie sich darüber zu dritt Gedanken gemacht.

Edda hatte den Edeka erreicht, schnappte sich einen Einkaufskorb und sammelte eilig Milch, Jogurt, Käse und Obst zusammen. Nur die Ravioli-Dosen, um die Dora sie gebeten hatte, fehlten noch. Rasch bog sie in den Gang ein, in dem die Konserven standen. Ein junger Mann mit Zopf und Edeka-Kittel befüllte dort die Regale. Edda traute ihren Augen nicht. Das war doch Kai. Was machte er in Frankfurt? Edda beschloss, sofort den Rückzug anzutreten. Ihre letzte, zufällige Begegnung bei den Internationalen Essener Songtagen war schließlich alles andere als freundschaftlich verlaufen.

»Ich hab dich gesehen«, vernahm sie da Kais dunkle, vertraute Stimme.

Kurz kniff Edda die Augen zusammen, dann wandte sie sich Kai zu. »Hallo.«

»Ich fasse es nicht«, sagte Kai kopfschüttelnd. »Du hättest dich wortlos vom Acker gemacht?«

»Wie du beim letzten Mal«, erwiderte Edda. Schade, dass ihr das jetzt nicht gelungen war, fürchtete sie doch, dass die Unterhaltung im Streit enden würde.

Kai seufzte.

»Was wolltest du denn kaufen?«, fragte er, und mit einer knappen Geste ihres Kinns deutete Edda auf die Ravioli-Büchse, die er in seiner Hand hielt. Kai reichte sie ihr. Als Edda die Büchse entgegennahm, berührten sich ihre Hände. Erschrocken zuckten beide zurück, polternd knallte die Dose auf den Boden. Im nächsten Augenblick schoss ein Mann mittleren Alters um die Ecke, der ebenfalls einen Edeka-Kittel trug.

»Ist etwas kaputtgegangen?«, fragte er in motzigem Ton, als würde er von Kai nichts anderes erwarten.

»Nein, Herr Walter, alles im Lot.«

»Ihr Studenten seid immer so unachtsam«, legte Herr Walter, offenbar Kais Vorgesetzter, nach. »Ihr kommt, wenn's euch passt, und geht wieder, wenn ihr den nächsten Urlaub zusammengespart habt. Die Ware ist euch schnurzpiepegal. Pass gefälligst besser auf.«

Schadenfreude darüber, dass Kai einen Rüffel eingesteckt hatte, empfand Edda nicht. Im Gegenteil, es ärgerte sie, dass Herr Walter, der scheinbar Vorurteile gegenüber Studenten hegte, Kai unterstellte, er würde seine Arbeit nicht ordentlich erledigen.

»Entschuldigen Sie«, mischte Edda sich ein. »Der Verkäufer hat nichts falsch gemacht.«

Herr Walters Brauen hoben sich.

»Ach, Sie waren das?« Er räusperte sich. »Nun, es ist ja kein Schaden entstanden. Nichts für ungut.«

Er nickte Kai zu und entfernte sich.

»Danke«, sagte Kai schlicht.

»Schon gut«, entgegnete Edda. »Mich regen diese selbstgefälligen Heinis auf.«

Kai fuhr fort, Dosen in das Regal zu schichten, und Edda bemerkte erstaunt, dass ihre Gereiztheit ihm gegenüber verflogen war. Sie fand, dass Kai gut aussah und sich kraftvoller bewegte, als sie es in Erinnerung hatte.

»Wohnst du nicht mehr in Berlin?«, erkundigte sie sich.

»Nein«, antwortete Kai, schob den geleerten Karton beiseite und öffnete den nächsten. »Mir hat's dort gereicht. Mein Hauptstudium absolviere ich hier. Und du? Was treibst du?«

Da er offensichtlich das Thema wechselte, fragte Edda nicht weiter nach, obwohl es sie interessiert hätte, aus welchem Grund ein Berlin-Fan wie Kai nach Frankfurt zurückgekehrt war. Ob eine Frau etwas damit zu tun hatte? In wenigen Sätzen erzählte sie Kai von ihrer WG mit Dora und Ariane, ihrem Praktikum im Kinderladen und ihrem Job im Café Laumer. Bei diesem Stichwort warf sie einen Blick auf ihre Armbanduhr.

»Ich muss los«, rief sie aus.

Jetzt hielt Kai inne und sah Edda an. »Ich nehme an, du wohnst in der Gegend?«

»Ja, an der U-Bahn-Station Lindenbaum.«

»Dienstags und mittwochs arbeite ich hier«, erklärte Kai und griff nach einer weiteren Ravioli-Büchse.

»Ich merk's mir«, sagte Edda. Dann zeigte sie auf die Ravioli. »Eigentlich bräuchte ich zwei.«

Kai streckte ihr eine weitere Dose entgegen, und ohne zu

zögern, griff Edda zu. Als Edda sich von Kai verabschiedete, schmunzelten sie beide.

*

Edda legte eine Platte der Beatles auf, drehte die Lautstärke hoch und öffnete weit das Fenster. Endlich Sonne, endlich volljährig. Sie fand, an ihrem einundzwanzigsten Geburtstag dürfte sie sich eine kleine Rücksichtslosigkeit gegenüber der Nachbarschaft erlauben. Wie sehr hatte sie auf diesen Tag gewartet. Ab sofort hätte niemand das Recht, sich in ihr Leben einzumischen, die Zustimmung ihrer Eltern benötigte sie für nichts mehr, und das Storyville, wo sie am Abend zum Tanzen verabredet war, würde sie nicht mehr um zehn Uhr verlassen müssen. Da Edda den Song *Ob-La-Di, Ob-La-Da* nicht mochte, führte sie die Plattennadel direkt zu der Rille, auf der *While My Guitar Gently Weeps* begann, eine softe, klangvolle Melodie. Danach kehrte sie ans Fenster zurück, schloss die Augen und genoss die milden Sonnenstrahlen auf ihrem Gesicht. Mit Ariane und Dora hatte sie in ihren Geburtstag hineingefeiert, und zu Eddas Überraschung hatten die beiden ihr schon einige Glückwünsche präsentiert, die, von Edda unbemerkt, im Laufe der Woche mit der Post eingetrudelt waren. Ihre Brüder hatten gratuliert, wobei Joachim angeregt hatte, – wie er es ausdrückte – ihr Erwachsenwerden damit einzuläuten, dass sie einen Schritt auf die Eltern zumachte. Hätte er es doch wie Peter bei einem knappen Geburtstagsgruß belassen. Dafür hatte Florence ihr eine herzliche Karte geschickt und berichtet, dass sie im Sommer, nach ihrem Examen, mit Zoé nach Italien gondeln würde. Sollte Zoés alter Citroën durchhalten, sogar bis nach Sizilien. Auch Agnes und Jane hatten an sie gedacht. Agnes war inzwischen in Schweden verlobt, Jane arbeitete in einem Londoner Büro und lud Edda ein, sie zu besuchen. Mit all diesen netten Frauen hatte Edda ihren letzten Geburtstag in Paris gefeiert. Und mit Marcel.

Eddas gute Laune trübte sich, als sie an ihn dachte. Seit fünf Wochen hatte sie nichts von ihm gehört. Das war schon häufiger vorgekommen, aber noch nie hatte Edda dabei das Gefühl gehabt, dass er sie bewusst aus seinem Leben ausschloss. Konnte Marcel sich nicht vorstellen, was sein Schweigen bei ihr auslöste? Was glaubte er denn, weshalb sie ihm nicht mehr regelmäßig schrieb? Oder fiel ihm das gar nicht auf? Letzte Nacht, als sich zwischen all den Glückwünschen keiner von Marcel gefunden hatte, war Edda deprimiert gewesen. Dora hatte jedoch zu bedenken gegeben, dass ihr Geburtstag ja erst bevorstünde. Deshalb hoffte Edda, dass heute der ersehnte Brief von Marcel einträfe. Und falls nicht? Sie biss sich auf die Lippe. Das wäre dann wohl der Beweis dafür, welch geringe Rolle Eddas Empfindungen für ihn spielten. Ariane hatte recht. Edda müsste Marcel klarmachen, wie rücksichtslos sie sein Verhalten fand.

Als Paul McCartney zum wiederholten Mal »Why don't we do it in the road« grölte, hatte der Nachbar, der unter Edda wohnte, vom Album der Beatles endgültig genug. Er brüllte etwas Despektierliches und knallte sein Fenster zu. Mit einem Schulterzucken drehte Edda die Musik leiser. Kurz darauf läutete es. Es war der Briefträger.

»Fräulein Nolting?«

Edda Herz schlug schneller. »Ja, das bin ich.«

»Hier ist ein Einschreiben für Sie.«

Ein Einschreiben? Von Marcel?

Aufgeregt nahm Edda den Brief entgegen und bestätigte per Unterschrift seinen Empfang. Als sie die akkurate Schrift ihres Vaters erkannte, sackte ihre Vorfreude in sich zusammen.

»Haben Sie sonst noch etwas für mich?«, fragte sie.

Der Briefträger verneinte und verabschiedete sich. Langsam schloss Edda die Tür. Ihre Enttäuschung lag wie ein schwerer Klumpen in ihrem Magen. Etwas neugierig, was ihr Vater schreiben würde, war sie allerdings auch. Zurück in der Küche schlitzte sie den Umschlag auf und entnahm ihm eine Doppelkarte, auf der die Zahl einundzwanzig und ein vorgedruckter Glückwunsch prangte. In der Karte fand Edda einen Hundertmarkschein sowie einige Sätze ihres Vaters.

Liebe Edda,
zu Deinem heutigen Geburtstag wünschen Deine Mutter und ich Dir alles erdenklich Gute. Ich nehme an, Du wirst Deine Volljährigkeit feiern und wünsche Dir einen schönen Abend.
Dein Vater

Deine Mutter und ich. Edda klappte die Karte zu und legte sie beiseite. Offenbar hatte Franziska Nolting keine Lust gehabt, die Karte zu unterschreiben. Das war immerhin ehrlich. Vermutlich wusste sie nichts von dem Geld. Glaubte ihr Vater, er könnte mit einem Hunderter auf Schönwetter machen? Edda hatte doch unmissverständlich zum Ausdruck gebracht, dass sie nichts mehr von ihm wollte.

Ihre Hochstimmung war verflogen. Was nun? Bis zu ihrer Schicht im Café Laumer lägen noch Stunden vor ihr. Während sie ihren Kaffee austrank, beschloss Edda, sich ihren Geburtstag nicht verderben zu lassen. Immerhin hätte sie abends etwas Schönes vor und bei der Arbeit würde sie mit ihren Kolleginnen anstoßen. Dazu benötigte sie allerdings eine Flasche Sekt. Edda blickte auf die Wanduhr. Auf einmal hatte sie es eilig.

*

Im Storyville war es laut und rappelvoll. Schlag zehn Uhr wurde die Beatmusik ausgestellt, die Lichter gingen an und ein langhaariger Mann mit einem Mikro forderte alle unter einundzwanzig auf, den Club zu verlassen. Verschwitzt verließ Edda mit Dora und deren Freundin Silvia die Tanzfläche. Ihnen galt der Aufruf nicht mehr, ein großartiges Gefühl. Ariane, Eddas Kollegin Heidrun und Ina aus dem Kinderladen hatten zwei Tische zusammengeschoben und eine neue Runde Bier besorgt. Ein junger Mann mit Bart steuerte auf Edda zu. Sie kannte ihn, denn er hatte ihren Ausweis schon einige Male kontrolliert und Edda anschließend nach Hause geschickt.

»Was sagst du jetzt?«, fragte sie triumphierend, als sie ihm nun ihren Ausweis unter die Nase hielt.

Der junge Mann bemerkte ihr Geburtsdatum, grinste und erwiderte, bevor er weiterging: *»I'm glad it's your birthday. Happy birthday to you.«*

Edda lachte. Sie hatte den Liedtext der Beatles erkannt. Das Licht wurde wieder gedimmt, sobald die Rolling Stones ertönten, füllte sich die Tanzfläche.

»Guck mal.« Ariane stieß Edda an. »Da ist Kai.«

Suchend, mit einem Bier in der Hand, sah Kai sich um, und Edda winkte ihm zu. Ariane staunte.

»Hast du ihn eingeladen?«

»Eine spontane Entscheidung«, erwiderte Edda.

Als sie wegen der Sektflasche in den Edeka gehetzt kam, war Edda überrascht gewesen, Kai an einem Samstag dort

382

anzutreffen. Kai hatte ihr erklärt, dass er jede Schicht über-
nähme, die er kriegen könnte. Unverkrampft hatten sie miteinander geredet, so dass es Edda leicht über die Lippen gegangen war, Kai zu fragen, ob er Lust hätte, am Abend im
Storyville vorbeizuschauen.

Kai bahnte sich einen Weg vorbei an den Tischen und kam
auf sie zu. Er trug Jeans, ein buntes Hemd, seine welligen
Haare fielen offen auf seine Schultern. Edda registrierte, dass
er die Blicke einiger Frauen auf sich zog.

Ariane und Dora, die Kai kannten, begrüßten ihn, bevor
sie Heidrun, Ina und Silvia folgten, die erneut tanzen gegangen waren. Edda und Kai setzten sich und tranken ihr Bier. In
dem Päckchen, das Kai ihr nun überreichte, befand sich ein
Buch von Jean-Paul Sartre.

»Ich hoffe, du kennst es noch nicht«, sagte Kai.

Edda schüttelte den Kopf. »Ich hatte immer vor, *Geschlos-
sene Gesellschaft* zu lesen, aber bin nie dazu gekommen.«

Dass Kai ihr ein Geschenk mitbrachte, rührte sie. Kurz
dachte Edda an die vielen Liedtexte, die er für sie in seinen
Briefen abgeschrieben hatte. Auch daran, dass er mit seinem
Moped bis nach Paris gedüst war, um sie am Gare de l'Est mit
einer Rose zu empfangen. Hatte Marcel ihr jemals Blumen
geschenkt? Edda erinnerte sich nicht daran. Wahrscheinlich
betrachtete er es als bürgerlichen Firlefanz.

Als ahnte Kai, dass ihre Gedanken zu Marcel gedriftet waren, fragte er: »Bist du eigentlich noch mit dem Franzosen
zusammen?«

Edda nickte. »Ja, bin ich.«

Kai begann, sich eine Zigarette zu drehen. »Wieso ist er
dann nicht hier?«

Edda zögerte. Ihm die Wahrheit zu erzählen, wäre zu kompliziert. »In Frankreich macht man nicht so ein Bohei um

Geburtstage«, antwortete sie ausweichend, wobei der Umstand, dass Marcel sich gar nicht gemeldet hatte, wieder an ihr nagte.

»Na, dann …«

Mehr sagte Kai nicht, sondern zündete seine Zigarette an. Er wirkte ein wenig erleichtert. Edda wurde klar, dass Kai in Betracht gezogen hatte, Marcel zu begegnen. Sicher keine angenehme Vorstellung. Und trotzdem war er ins Storyville gekommen. Ein warmes Gefühl breitete sich in Edda aus.

Sie bestellten noch ein Bier und Edda fragte Kai, weshalb er Berlin verlassen hätte. War es nicht seine Absicht gewesen, dort dem Wehrdienst zu entgehen?

»Den verweigere ich auf jeden Fall«, antwortete Kai entschlossen. »Gewissensgründe fallen mir genügend ein.«

Er trank einen Schluck, dann fuhr er fort: »In Berlin gab es viel Ablenkung. Zu viel für mich.« In Frankfurt fiele es ihm leichter, sein Studium durchzuziehen. Er wohnte in einer netten WG und hätte zwei gute Jobs gefunden, beim Edeka sowie in einer Moped-Werkstatt.

»Hört sich an, als wärst du ziemlich beschäftigt«, stellte Edda fest.

Plötzlich lächelte Kai. »Dafür fliege ich im Sommer nach Amerika.«

Eddas Augen weiteten sich. »Nach Amerika? Irre!«

Strahlend nickte Kai. »Im August findet nicht allzu weit von New York entfernt ein riesiges Musikfestival statt. Du glaubst nicht, wer da alles auftritt. Jimi Hendrix, The Who, Jefferson Airplane, Santana, Joe Cocker, Janis Joplin, Joan Baez und viele mehr.«

Beeindruckt hörte Edda ihm zu. Kai ackerte dafür, sich einen Traum zu erfüllen. So viel Biss hätte sie ihm vor einem Jahr noch nicht zugetraut.

Nachdem sie sich eine Weile unterhalten hatten, erschienen Ariane und Dora, um sie auf die Tanzfläche zu ziehen. Die nächsten Stunden verflogen mit Musik, Bier und Gesprächen.

Irgendwann verabschiedeten sich Heidrun und Ina, kurz darauf brach Dora zu ihrer Freundin auf, und auch Edda war müde. Gern hätte sie sich mit Ariane auf den Heimweg gemacht. Diese hatte jedoch ein paar Leute aus der Uni getroffen und wollte noch bleiben.

»Wenn du möchtest, fahre ich dich«, bot Kai Edda an. »Mit dem Moped sind wir ruckzuck in Eschersheim.«

Direkt vor dem Eingang des Storyville hatte Kai sein Moped geparkt.

»Ist es dasselbe, mit dem du mich in Paris besucht hast?«

»Genau«, bestätigte Kai, als er den Sattel abrieb, den ein Regenschauer durchnässt hatte. »Es ist mir treu geblieben.«

Nachdem Kai den Motor gestartet hatte, setzte sich Edda hinter ihn. Mit einem Grinsen wandte sich Kai zu ihr um. »Du musst dich schon festhalten.«

Befangen legte Edda ihre Hände an seine Hüften, doch Kai nahm sie und führte sie um seinen Bauch. Dann gab er Gas.

Während sie die Eschersheimer Landstraße gen Norden entlangfuhren, entspannte sich Edda. Sie fühlte sich an ihre ersten Tage in Paris erinnert, als sie auf Kais Moped die Stadt erkundet hatten. Beinahe zwei Jahre waren seitdem vergangen. Noch gestern hätte Edda behauptet, es wären gefühlt mindestens zwanzig gewesen. Ermüdet vom Alkohol und Tanzen, lehnte Edda den Kopf an Kais Schulter. Seine Jim-Morrison-Mähne flatterte ihr ins Gesicht. Es kam Edda vor, als wehte der Fahrtwind sie zurück in den Sommer 1967.

Fast hätte sie das Gleichgewicht verloren, als Kai vor ihrem Haus abbremste. Er lachte. »Hast du geträumt?«

»Ein bisschen«, erwiderte Edda, während sie abstieg. Kai schaltete den Motor aus und begleitete sie zum Hauseingang, in dem sie sich einen Augenblick lang schweigend gegenüberstanden.

»Danke fürs Fahren.«

»Gern.« Kai lächelte sie an. »Die Treppen schaffst du allein?«

Irritiert sah Edda ihn an. Wirkte sie so betrunken? Oder deutete Kai an, dass er Lust hätte, mit ihr hinaufzukommen? Die Vorstellung, in Kais Armen einzuschlafen, war gar nicht so schlecht. Seine grünen Augen und sein Mund, den sie so oft geküsst hatte, wirkten sehr vertraut. Seine Lippen öffneten sich, als Edda sie mit ihren berührte. Ein angenehmes Gefühl. Nach wenigen Sekunden schob Kai sie sanft von sich fort.

»Schlaf gut, Edda«, sagte er. »Wir seh'n uns.«

Bereits als sie Kai nachwinkte, war Edda froh, dass sie nicht zusammen im Bett gelandet waren. Spätestens morgen früh hätte sie ein schlechtes Gewissen gehabt. Außerdem hätten sie und Kai jetzt vielleicht eine Chance, an die Freundschaft anzuknüpfen, die ihnen einmal viel bedeutet hatte.

Langsam stieg Edda in den zweiten Stock hinauf. Vor ihrer Wohnungstür blieb sie wie angewurzelt stehen, denn am geöffneten Flurfenster stand Marcel. Ungläubig starrte Edda ihn an.

»Marcel?«, flüsterte sie.

Er zog an seiner Zigarette, warf den glühenden Stummel aus dem Fenster und kam auf sie zu. Er sah müde aus und hatte, wie Edda schien, abgenommen. Sein Kinn trat kantiger hervor als sonst.

»*Bonne anniversaire*, Edda.« Marcel umarmte sie. »Hast du etwa gedacht, ich hätte deinen Geburtstag vergessen?«

Hitze durchflutete sie beim Klang seiner Stimme. Vor explodierender Freude, aber auch, weil sie unendlich erleichtert war, dass Kai nicht neben ihr stand. Sie schlang ihre Arme um Marcel, und als er sie küsste, nicht sanft, sondern fordernd, schwindelte ihr.

»Ich hab dich vermisst«, murmelte er.

»Und ich dich.«

Marcel sah ihr tief in die Augen. »So sehr, dass Kai dich trösten musste?«

Innerlich zuckte Edda zusammen. Ihr ging auf, dass das Fenster eine gute Aussicht auf die Eschersheimer Landstraße bot. Marcel hatte sie kommen sehen und Kai wiedererkannt.

Zum Glück erlosch das Flurlicht, so dass Marcel nicht sah, wie sie errötete.

»So ein Quatsch«, erwiderte Edda abwehrend. »Kai hat mich nur heimgebracht. Ich habe mit einigen Bekannten gefeiert.«

Ihrerseits schaute sie nun Marcel prüfend an. »Warum hast du mir nicht geschrieben, dass du kommst?«

Dann hätten sie den Tag gemeinsam verbringen können. Wie schön das gewesen wäre!

Marcel stieß einen Seufzer aus. »Ich dachte, es wäre nett, dich zu überraschen.«

Er war nach Frankfurt getrampt. Da Edda nicht zu Hause gewesen war, hatte Marcel es im Club Voltaire versucht. Vergeblich. Also war er zurückgekehrt, um im Treppenhaus auf sie zu warten.

Edda knipste das Licht an und schloss die Wohnungstür auf. Als sie sich zu Marcel umwandte, stand er vor ihr mit einem Strauß roter Rosen, den er scheinbar auf dem nächsten Treppenabsatz deponiert hatte. Edda stieß einen überraschten Laut aus, was Marcel zum Lächeln brachte. Trotz seiner dunklen Ringe unter den Augen sah er umwerfend aus. War es denn zu fassen? Sie hatte geglaubt, Marcel vermisste sie nicht, wollte sie vielleicht sogar vergessen. Doch während Edda misstrauische Gedanken hegte, hatte er alle möglichen Anstrengungen unternommen, um sie zu überraschen. Dann auch noch mit roten Rosen! War das nicht wie in einem Hollywoodfilm?

»*Merci!*«, rief Edda aus, fiel Marcel erneut um den Hals und küsste ihn leidenschaftlich. Das Flurlicht erlosch. Erst nach einer Weile, als sie auf der Treppe Schritte hörten, schob Marcel Edda, ohne sich von ihren Lippen zu lösen, in die Wohnung hinein.

*

»Tschüs, ich bin weg!«, rief Edda den Kindern zu. Es war der Montag nach ihrem Geburtstag, am Morgen war sie im Kinderladen mit Kuchen und selbst gemalten Bildern empfangen worden. Alle winkten ihr nach, auch die Eltern, die an diesem Tag zur Betreuung eingesetzt waren. Die kleine Unstimmigkeit beim Mittagessen hatten sie zum Glück ausgeräumt.

»Was war denn los?«, fragte Marcel, der Edda abgeholt hatte, und es freute sie, dass er bemüht war, Deutsch zu sprechen.

Bei sonnigem Frühlingswetter bummelten sie zum Grüneburgpark, um dort, bevor sich Eddas Arbeitstag im Café Laumer fortsetzen würde, eine ausgedehnte Pause zu verbringen. Edda erzählte, dass eine Dreijährige ihren Löffel in den auf dem Tisch stehenden Topf mit Möhrensuppe geworfen hatte. Ein kleiner Junge hatte es ihr nachgemacht und schließlich waren sämtliche Bestecke in der Suppe gelandet. Die Kinder hatten sich kaputtgelacht. Edda, die der Ansicht war, dass man mit Essen nicht spielte, hatte sie zurechtgewiesen, aber kein Gehör gefunden.

»Da bin ich laut geworden«, gab sie zu.

»Na, und?«, fragte Marcel verwundert. »Was solltest du denn machen? Du kannst doch nicht zulassen, dass die Kinder dir …«

Er suchte nach den richtigen deutschen Worten.

»… auf der Nase herumtanzen?«, half Edda aus.

Marcel verstand den Sinn der Redewendung und schmunzelte. »Ja, genau.«

Edda seufzte. »Die Eltern meinten, ich hätte die Kleinen daran gehindert, die Erfahrung zu machen, dass sie ohne Löffel keine Suppe essen könnten. Sie sollten lernen, selbst herauszufinden, wenn ihr Verhalten eigenen Interessen widersprechen würde.«

»Klingt seltsam«, sagte Marcel kopfschüttelnd. »Das muss man doch wirklich nicht diskutieren.«

Edda warf ihm einen flüchtigen Seitenblick zu. »Die Idee ist, die Kinder angstfrei zu erziehen«, hielt sie ihm entgegen. »Aber ich habe mich so hilflos gefühlt.«

Marcel grinste. »Für mich wäre der Job nichts.«

Sie erreichten den weitläufigen Grüneburgpark, den Marcel noch nicht kannte. Edda erklärte ihm, dass der Park unmittelbar nach Kriegsende zur militärischen Sperrzone der US-Streitkräfte gehört hatte. In den Gebäuden des angrenzenden I.G.-Farben-Hauses war noch immer die Militärverwaltung der amerikanischen Armee sowie die Deutschlandzentrale der CIA untergebracht.

»Interessant«, meinte Marcel. »Ich hatte mich schon gefragt, was für ein imposanter Bau das ist.«

Vorbei an blühenden Kastanien, Eichen, Linden und

Eschen promenierten sie durch die Anlage. Edda führte Marcel zu einer Gedenkstele, die im letzten Jahr errichtet worden war, um unter anderem an das im Krieg zerstörte Palais der jüdischen Familie Rothschild zu erinnern. Allerdings erwähnte die Inschrift nicht, dass sich die Rothschilds, von den Nationalsozialisten enteignet, gezwungen gesehen hatten, in die Schweiz zu emigrieren. Darauf hatte Joachim Edda einmal aufmerksam gemacht.

Marcel, der seine Kamera mitgebracht hatte, knipste ein paar Fotos von Edda vor der Stele, dann setzten sie sich unter eine blühende Kastanie auf eine Bank. Sie aßen die Brezeln, die sie sich unterwegs gekauft hatten, und aus einer Thermoskanne goss Marcel Kaffee in zwei Becher.

»Den kann ich brauchen«, sagte Edda, ein Gähnen unterdrückend. In den letzten beiden Nächten hatten sie beide nicht viel geschlafen. Im Gegensatz zu ihr hatte Marcel jedoch nicht früh aufstehen müssen. Trotzdem sah er ziemlich müde aus.

Edda legte den Kopf an seine Schulter. »Wie lange wirst du bleiben?«

Zwei Tage? Vielleicht drei? Aus Angst, den Zauber ihres Wiedersehens zu zerstören, hatte sie es vermieden, die Frage nach dem Abschied zu stellen, und Marcel hatte dazu nichts gesagt. Ebenso wenig zu seiner Reise nach Oradour.

»So lange, wie du möchtest«, erwiderte Marcel.

Lachend richtete sich Edda auf. »Pass auf, was du sagst, Marcel. Was tätest du, wenn ich dich bitten würde, nie mehr fortzugehen?«

»Dann würde ich bleiben, *mon amour*.«

Verblüfft sah Edda ihn an. »Machst du Witze?«

Mit einem Lächeln schüttelte Marcel den Kopf. »Wie fändest du es, wenn ich nach Frankfurt käme?«

Die Vorstellung war fast zu schön, um wahr zu sein. Niemals hätte Edda damit gerechnet, dass Marcel erwog, nach Deutschland zu ziehen. Aber zu scherzen schien er nicht. Würde er sie sonst so erwartungsvoll anschauen?

»Du stellst vielleicht Fragen!«, strahlte Edda ihn an. »Das wäre wunderbar.«

Nach einer kleinen Pause überlegte Edda laut weiter. »Aber was ist mit deinem Studium? Willst du es aufgeben? Du warst doch so begeistert davon.«

Zwischen Marcels Brauen bildete sich eine Falte. »Stimmt. Das Centre universitaire expérimental ist sehr besonders. Hinter jeder Tür lehren kritische, inspirierende Köpfe wie Michel Foucault, Hélène Cixous, bald auch Noam Chomsky und Dario Fo. Und doch …«

Er hielt inne und starrte in seinen Kaffeebecher, als würden darin die passenden Worte schwimmen.

»Und was?«

»*Ça ne m'intéresse plus*«, stieß Marcel emotional hervor.

Edda glaubte, sich verhört zu haben. »Dein Studium interessiert dich nicht mehr?«

Marcel trank seinen Kaffee aus und sprach auf Französisch weiter. »*Non*. Ich kann doch nicht in Seminaren herumsitzen, während mich die Frage umtreibt, wer die Männer waren, die Oradour zerstört haben. Ich will wissen, ob sie nach dem Krieg bestraft wurden oder ein angenehmes Leben führen, so wie dein Vater.«

Scham, die Edda stets empfand, sobald die Rede auf ihren Vater kam, stieg in ihr auf. Sie fixierte ihre Schuhspitzen, neben denen ein Spatz unbekümmert Krümel aufpickte. Beklommen, aber auch mit Interesse sah sie Marcel an. »Hast du es herausgefunden?«

»Kann man so sagen.«

In seiner Jacke suchte Marcel nach Zigaretten, fand aber keine. »*Merde!*«, fluchte er leise.

»Im Januar 1953, neun Jahre nach dem Massaker, begann in Bordeaux ein Prozess gegen einige der Täter und ihre Helfer«, begann er zu erklären. »Reue haben sie laut der damaligen Zeitungsartikel nicht gezeigt.«

Marcel sprach ruhig, aber sein rechter Fuß wippte nervös auf und ab. »Einundzwanzig Männer saßen auf der Anklagebank, sieben Deutsche und vierzehn Elsässer. Die verantwortlichen SS-Kommandeure, die das Morden befohlen hatten, waren leider nicht darunter.«

Die Elsässer kamen mit deutlich niedrigeren Haftstrafen davon als die deutschen Soldaten. Trotzdem entstand im Elsass ein heftiger Aufruhr, da die SS dort junge Männer zwangsrekrutiert hatte. Nach dem Krieg um innenpolitische Einheit bemüht, stimmte die französische Nationalversammlung eine Woche nach der Urteilsverkündung für ein Gesetz, das die Elsässer amnestierte.

»Sie wurden freigelassen?«, fragte Edda fassungslos. »Obwohl sie sich an der Hinrichtung unschuldiger Menschen beteiligt hatten?«

»*Exactement.*«

Ohne Erklärung stand Marcel auf, um zu einer Gruppe junger Leute hinüberzugehen, die sich auf dem Rasen niedergelassen hatte. Edda beobachtete, wie er etwas zu ihnen sagte. Daraufhin reichte ein Mann Marcel eine Zigarette. Plötzlich war Edda erleichtert, dass Marcel sie nicht gebeten hatte, ihn nach Oradour zu begleiten. Sie hätte sich dort noch befangener gefühlt als im letzten Dezember.

Als Marcel wieder neben ihr saß, sagte Edda: »Mitanzusehen, dass die Mörder als freie Männer zu ihren Familien zurückkehrten, muss für Josette furchtbar gewesen sein.«

Hätte ich gewollt, dass Vater zu einem Leben hinter Gitter verurteilt worden wäre? Nicht zum ersten Mal schoss Edda diese Frage durch den Kopf. Wie immer verdrängte Edda sie. Marcel inhalierte tief.

»Genau danach habe ich Josette gefragt«, meinte er. Seine Cousine hatte ihm daraufhin erzählt, dass die Amnestie alle Überlebenden des Massakers zutiefst schockiert hatte. Sie hatten das Gefühl bekommen, dass Oradour dem Staat zwar als Symbol nationaler Trauer diente, ihr reales Leid jedoch keine Rolle spielte.

»Die französische Regierung hat die Menschen in Oradour verraten«, endete Marcel seine Erzählung. »Das ist bitter.«

Schweigend teilten sie sich die Zigarette.

»Weißt du etwas über die Strafen der deutschen Soldaten?«, fragte Edda nach einer Weile.

Marcel stieß einen verächtlichen Laut aus. »In absentia sind die Kommandeure zum Tode verurteilt worden, ebenso ein vor Gericht erschienener Offizier. Sein Urteil wurde nicht vollstreckt. Die anderen erhielten Haftstrafen zwischen zehn und zwölf Jahren. Aber glaub nicht, die hätten sie abgesessen. Schon nach wenigen Jahren befanden sich alle wieder auf freiem Fuß.«

Mit seiner Schuhsole zermalmte Marcel die gerauchte Zigarette, als handelte es sich dabei um ein gefährliches Insekt.

»Man kann doch keinem Staat trauen. Ob es sich um die Verfolgung von NS-Verbrechen handelt, schlechte Lernbedingungen an Schulen und Universitäten oder den Krieg in Vietnam – die Herrschenden vertreten ausschließlich ihre eigenen Interessen. Friedliche Proteste haben uns nicht weitergebracht. Ein paar kleine Zugeständnisse hat es gegeben, sonst nichts. Erinnerst du dich, wie heftig wir in Paris niedergeknüppelt worden sind? Was soll's, dafür hat uns die Regierung ja das Centre expérimental in den Bois de Vincennes gestellt, schön abseits, mitten im Wald, wo wir mit unseren Forderungen niemanden stören. So sehe ich das. Auch deshalb will ich dort nicht mehr studieren. Weißt du was, Edda? Inzwischen begreife ich die Leute, die sich entschließen, Brandsätze zu legen.«

Es kam nicht oft vor, dass Marcels Gedanken derart aus ihm herausströmten. Offenbar hatten sie sich in den letzten Wochen in ihm angestaut.

Hörbar atmete Edda aus.

»Das Gefühl kenne ich«, gab sie zu. »Du hast ja recht, dass es viel zu lange dauert, bis die Welt gerechter wird. Ich finde es zum Verzweifeln, wie beharrlich die meisten Deutschen ihre Augen vor den Verbrechen der NS-Zeit verschließen. Wie kann es sein, dass die NPD in manchen Landtagen sitzt? Warum hören die Amerikaner nicht sofort auf, vietnamesische Männer, Frauen und Kinder zu bombardieren? Und wieso schämen sich Eltern nicht, ihre kleinen Kinder zu schlagen? Manchmal macht es mich verrückt, dass wir nicht sofort all das, was offensichtlich falsch ist, ändern können.«

Aufmerksam sah Marcel sie an. »Und?«, fragte er.

Edda brauchte einen Moment, um zu begreifen, was er von ihr wissen wollte. Nachdenklich strich sie ihr Haar hinter die Ohren.

»Die Aktionen, von denen du sprichst, erregen Aufmerksamkeit, ja. Aber was bringen sie tatsächlich? Fallen in Vietnam weniger Bomben, weil in Paris die Scheiben des American Express zu Bruch gegangen sind? Oder weil Gudrun Ensslin und Andreas Baader Frankfurter Kaufhäuser angezündet haben?« Edda machte eine kleine Pause, in der sie den Kopf schüttelte. »Das alles hat doch auch nicht dazu geführt, dass mehr von diesen Nazis verurteilt worden sind.«

Marcel erwiderte darauf nichts. Er zerbröselte einen Rest Brezel und warf die Krümel einem Spatzen zu, der sein Glück nicht fassen konnte. Kaum, dass er aufgeregt piepste, kamen andere Vögel angeflattert, die versuchten, ihm die besten Stücke wegzuschnappen. Schweigend verfolgten sie das Schauspiel einen Augenblick, dann legte Edda ihre Hand auf Marcels Knie.

»Bist du sicher, dass du in Deutschland leben willst?«, fragte sie ihn.

Marcels angespanntes Gesicht erinnerte Edda an den Abend, als sie nach dem Geburtstag ihres Vaters auf dem Eisernen Steg gestanden hatten. Aufgewühlt, wie Marcel gewesen war, hatte er in fast jedem Passanten einen Nazi gewittert.

»In Paris hält mich nichts«, antwortete er ruhig.

Seine Worte überraschten Edda. Sie hatte geglaubt, dass Marcel gern in Paris lebte. Auf einmal wurde ihr klar, wie sehr sich seine Situation im letzten Jahr verändert hatte. René, sein Vater war tot. Die politische Bewegung, für die er gebrannt hatte, existierte nicht mehr. Das Studium hatte er aufgegeben. Florence, Zoé und Antoine traf er – wie Edda von Florence wusste – nur noch selten, neue Namen erwähnte er nie. Ob Marcel in Paris einsam war? War das der Grund, aus dem er darüber nachdachte, nach Frankfurt zu kommen? Nicht, weil es ihn zu Edda zog?

»Warum guckst du so geknickt?«, fragte Marcel und nahm ihre Hand.

Edda wand sich ein wenig, doch schließlich gab sie es zu. »Was du gesagt hast, klang nicht sehr romantisch.«

Marcel hob die Brauen.

»Ich bin ein Idiot«, sagte er mit charmantem Akzent auf Deutsch. Liebevoll strich er Edda dabei durchs Haar. »*Mon amour, du* lebst in Deutschland. Das macht es zum Land meiner Träume.«

Jetzt musste Edda lachen. »*Voilà*, das klingt viel besser.«

Zu gern hätte sie den Nachmittag mit Marcel im Park verbracht. Doch es war höchste Zeit, sich zu verabschieden und zum Café Laumer aufzubrechen. Während Edda über die Wiese auf den Parkausgang zulief, dachte sie, wie glücklich es sie machen würde, den Alltag mit Marcel zu teilen. Sie würden gemeinsam aufwachen und einschlafen, sich lieben und ihre Gedanken austauschen, wann immer es ihnen gefiel. Das elende Warten auf Marcels Briefe hätte ein Ende, und kein nahender Abschied überschattete ihr Zusammensein.

Noch einmal wandte sich Edda Marcel zu. Sie hatte winken wollen, doch die Bank unter der Kastanie war leer.

*

Am letzten Samstag im Juni fuhren Edda, Marcel und Ariane ins nordhessische Städtchen Biedenkopf, circa hundert Kilometer von Frankfurt entfernt. Nicht, um die mittelalterliche Burg, die oberhalb des idyllischen Ortskerns auf einem Bergkegel thronte, zu besichtigen. Wie rund zweihundert andere junge Leute der außerparlamentarischen Opposition, kurz APO genannt, beabsichtigten sie, auf dem Gelände des Erziehungsheims Staffelberg mit Direktor Carl Böcker über autoritäre Heimerziehung zu diskutieren. In der Einrichtung, die etwas abseits lag, lebten hundertfünfzig Jungen, die seitens ihrer Eltern, Nachbarn oder der Fürsorge als schwierig betrachtet wurden. Ab und zu war einer von ihnen aus dem Heim ausgebüxt und hatte es bis nach Frankfurt geschafft. So hatte es sich herumgesprochen, dass auch im Heim Staffelberg, das als fortschrittlich galt, die Jugendlichen wegen eines Fehlverhaltens geprügelt oder in den Karzer gesperrt wurden.

»Schwer erziehbar. Aufsässig. Verwahrlost. Wenn ich das schon höre«, motzte Ariane, während sie vor dem Heim aus dem Bus kletterten. »Mit solchen Ausdrücken hat mich unsere Nachbarin früher bombardiert. Als uneheliches Kind, noch dazu eines amerikanischen Besatzers, war ich ihr ein Dorn im Auge. Erinnerst du dich, Edda, wie sie mich einmal mit Navid beim Knutschen im Hauseingang erwischt hat?«

Edda nickte. Nachdem sie sicher war, dass Marcel die Geschichte verstanden hatte, erklärte sie: »Danach hat diese Frau Arianes Mutter damit gedroht, ihr das Jugendamt auf den Hals zu hetzen, sollte sie Ariane nicht strenger erziehen.«

Missbilligend schüttelte Marcel den Kopf.

»Hätte die blöde Kuh uns denunziert«, sagte Ariane, »wäre meine Mutter wegen Kuppelei dran gewesen. Ich wäre womöglich auch im Erziehungsheim gelandet.«

Das große Hallo der Staffelberger Jugendlichen unterbrach das Gespräch. Offenbar freute es die Jungen, dass sich so viele Studentinnen und Studenten, Lehrlinge, aber auch ehemalige Heimzöglinge eingefunden hatten. Ariane begrüßte zwei Kommilitonen, Marcel packte seine Kamera aus.

»Ich fange mal an«, verkündete er.

Erst machte er einen Schnappschuss von Edda, dann mischte er sich unter die Leute. Edda blickte Marcel nach. In letzter Zeit war er ihr manchmal rastlos erschienen, weshalb es sie freute, dass er sich jetzt guter Dinge an die Arbeit machte. Bekäme Marcel positive Rückmeldungen auf seine Fotos, und daran zweifelte Edda nicht, würde es ihn hoffentlich dazu ermutigen, sich um weitere, eventuell bezahlte, Aufträge zu kümmern. Sein Vater hatte ihm zwar eine kleine

Erbschaft hinterlassen, die Marcel die Möglichkeit gab, einen intensiven Deutschkurs zu besuchen. Dennoch verhehlte Marcel nicht, dass ihm eine Aufgabe fehlte, eine, für die er brannte. Arianes Vorschlag, dass Marcel verschiedene Uni-Zeitungen mit Bildmaterial aus Staffelberg beliefern könnte, wäre vielleicht ein Anfang.

Inzwischen hatten sich die meisten Angereisten auf dem Rasen vor dem Wohngebäude niedergelassen. Im Inneren des Hauses hielten sich mehrere Dutzend Polizisten auf, die offenbar instruiert worden waren, sich zurückzuhalten. Der Direktor war noch nicht aufgetaucht, so dass Edda ihren Blick ziellos über die vielen jungen Leute schweifen ließ. Nicht weit entfernt von ihr beobachtete sie Marcel dabei, wie er auf einen gefällten Baumstamm kletterte. Von dort aus machte er Aufnahmen einer Gruppe Heimjungen, die an den Lippen eines dunkelhaarigen Mannes mit Sonnenbrille hingen. Neben ihm stand eine langhaarige, blonde Frau. Alle hier kannten das Paar. Es handelte sich um zwei der Kaufhausbrandstifter, Andreas Baader und Gudrun Ensslin. Einen Teil ihrer Strafe hatten sie verbüßt und waren, zumindest bis im Herbst das Revisionsurteil erginge, aus der Haft entlassen worden. Dass sie sich sofort in die sogenannte Heimkampagne warfen, beeindruckte Edda. Auch, dass Gudrun Ensslin, wenn sie sprach, so unglaublich selbstbewusst wirkte. Edda selbst wäre nach einem Jahr im Gefängnis eingeschüchtert gewesen.

Marcel war nicht der Einzige, der fotografierte. Mehrere Presseleute hatten sich eingefunden, sie machten Notizen oder nahmen O-Töne auf.

»Wird auch Zeit, dass das Thema Fürsorge stärker in den Fokus rückt«, meinte Edda zu Ariane, die heftig nickte.

Vorwiegend hatte die bekannt gewordene *Konkret*-Journalistin Ulrike Meinhof regelmäßig auf die Situation von Kindern und Jugendlichen in westdeutschen Fürsorgeheimen aufmerksam gemacht. Viel Resonanz hatte sie nicht geerntet, aber das schien sich nun zu ändern.

»Im Radio habe ich gehört, dass die Meinhof an einem Fernsehspiel über ein Mädchenwohnheim arbeitet«, sagte Ariane. »Schminke, Beatmusik, Illustrierte, Hosen, alles wird den Mädchen verboten. Nicht einmal reden dürfen sie bei der Arbeit. Und wenn sie doch etwas davon tun? Du ahnst es, was dann passiert.«

Vielsagend sah sie Edda an.

»Der Film wird in der ARD ausgestrahlt.«

Das überraschte Edda.

»Echt? Im Ersten Programm? Überleg mal, wie viele Zuschauer das erreicht. Allerdings …« Edda hielt inne und schnitt eine kleine Grimasse. »Ich bin nicht sicher, ob sich meine Mutter so einen Film ansähe. Wahrscheinlich würde sie aufs ZDF umschalten.«

Ariane grinste, gleichzeitig legte sie ihre Hand auf Eddas Arm. Inzwischen wusste sie, wie Franziska Nolting mit Edda umgesprungen war.

In diesem Augenblick erschien Carl Böcker, begleitet von einigen Heimbetreuern. Pfiffe und Buh-Rufe ertönten. Dann entbrannte auch schon eine hitzige Debatte. Provokant und ohne Bitten forderten die Leute der APO den Rausschmiss aller prügelnden Erzieher, die Wahl eines demokratischen Heimrates, die Abschaffung der Postzensur, mehr Taschengeld und das Recht, Mädchenbesuche zu empfangen.

»Außerdem geht euch meine Haarlänge einen Dreck an!«, rief ein junger Mann um die zwanzig.

»Baut den Karzer ab!«, brüllte ein anderer, und die Menge johlte und applaudierte. In Edda wurden üble Erinnerungen wach. Keller oder Karzer, es lief auf dasselbe hinaus.

»Sie werden verstehen, dass diesem Vorschlag nicht stattgegeben werden kann«, antwortete Carl Böcker steif. »Sachbeschädigung kann ich nicht zulassen.«

Einer der Studenten meinte, dass es unter den Lehrlingen bestimmt einen gäbe, der in der Lage wäre, die Scheiben und Gitter des Karzers fein säuberlich zu entfernen.

Edda applaudierte. Die Vorstellung, dass die Heimbewohner selbst ihren Teil dazu beitragen könnten, den Schrecken des Karzers zu beenden, gefiel ihr.

»Dieser Vorschlag wird abgelehnt«, erwiderte Carl Böcker.

Enttäuscht blickten sich Edda und Ariane an. Gleichzeitig erhoben sich empörte Stimmen.

»Aber von wem denn?«

»Von mir.«

Damit wandte sich Carl Böcker den Erziehern zu. Edda taxierte die Männer. Warum hingen sie an ihrem blöden Karzer? Wünschten sie sich nicht selbst, Konflikte auf eine andere Art zu lösen? Oder reichte es ihnen, wenn die Jungen spurten, weil sie Angst vor ihnen hatten? In Edda wuchs der Groll. Anfangs hatte ihr der Heimleiter wegen der ungehobelten Sprache mancher APO-Leute leidgetan. Immerhin war er zum Gespräch erschienen. Aber was brachte das, wenn Vorschläge autoritär abgeschmettert wurden?

Mit weichen Knien erhob Edda sich. Ariane sah zu ihr auf. »Wohin gehst du?«

Edda antwortete nicht. Sie hatte sich zu einer Entscheidung durchgerungen. Den Jungen nützte es nichts, wenn sie sich stillschweigend ärgerte. Außerdem spürte Edda, wie sich die seit ihrer Kindheit aufgestaute Wut in ihr ausbreitete. Lange hatte sie diese verdrängt. Jetzt war der Moment gekommen, sie zu äußern.

»Darf ich?«, fragte sie den Mann mit Bart, der eines der Megaphone festhielt.

Er drückte es Edda in ihre schwitzige Hand. Kurz wurde ihr schwindlig, und die aufgebrachte Menge um sie herum schien vor ihren Augen zu verschwimmen. Sie umklammerte das Megaphon, doch nach diesem Moment der Unsicherheit spürte sie in sich eine ungeahnte Entschlossenheit.

»Es heißt, Staffelberg sei ein modernes Heim«, begann sie. Seltsam blechern klang ihre Stimme durch das Megaphon. »Bedeutet das nicht, es müsste den Erziehern um mehr gehen als um Zucht und Ordnung?«

»Lauter!«, rief jemand.

Aufgeregt schluckte Edda. Marcel trat in ihr Blickfeld. Mit erstauntem Gesicht sah er sie an. Edda registrierte, dass er die Kamera hob.

»Wenn Ihnen etwas an den Jungen liegt«, fuhr sie fort, »dann schaffen Sie den Karzer ab. Mit Erziehung hat er nichts zu tun. Nur mit Schikane.«

Es gab Applaus und Zustimmung. Noch immer hämmerte Eddas Herz gegen die Rippen, aber ihre Knie zitterten nicht mehr. Irgendwie fühlte sie sich erleichtert. Und da sie schon dabei war, könnte sie auch die seelischen Narben erwähnen, die erniedrigende Strafen hinterließen. Edda setzte an, wurde jedoch unterbrochen.

»Zerschlagt den Heimterror!«, schallte die Stimme von Andreas Baader über das Gelände.

Frenetischer Beifall brandete auf, der sich noch steigerte, als Gudrun Ensslin sein Megaphon übernahm. »Befreit euch von faschistoiden Zwängen!«

Sie forderte die Jugendlichen auf, aus Staffelberg abzuhauen und nach Frankfurt zu kommen. Dort gäbe es sicheren Unterschlupf.

Es entstand Aufruhr, alle riefen durcheinander. Sichtlich beunruhigt bat Direktor Böcker, die Ruhe zu bewahren. Er versicherte, sämtliche Vorschläge zu überdenken. Das brachte ihm zwar hämische Bemerkungen derjenigen ein, die ihm nicht glaubten, mehr passierte aber nicht.

Verärgert hatte Edda dem Mann mit Bart das Megaphon zurückgegeben. Sie war mit ihrem Beitrag noch nicht fertig gewesen. Hätten Andreas und Gudrun nicht warten können? Wieso hatten sie Edda übertönt, als stünden sie nicht auf derselben Seite? Glaubten sie, was sie zu sagen hatten, wäre wichtiger?

Plötzlich legte Marcel den Arm um sie.

»Wow! Du warst phantastisch«, raunte er ihr zu. »Warte, bis du die Fotos siehst, du wirst staunen.«

Er küsste sie, und ein prickelnder Stolz erfasste Edda. Erst, als Ariane Edda antippte, lösten sie ihre Lippen voneinander.

»Große Klasse, wie du dir das Megaphon geschnappt hast«, lobte sie Edda. »Ich dachte, ich traue meinen Augen nicht.«

Edda konnte sich ein Grinsen nicht verkneifen. Ja, das Wort zu ergreifen, hatte sie Mut gekostet. Aber sie hatte sich überwunden und vor all diesen Menschen ihre Meinung gesagt. Noch vor einer halben Stunde hätte sie das nicht für möglich gehalten.

»Ich hätte noch mehr zu sagen gehabt, wenn Andreas und Gudrun nicht ihre Parolen herausposaunt hätten.« Sie verzog das Gesicht. Ihr Unmut ließ sich nicht leugnen.

Marcel lachte. »Ja, die beiden sind ganz schön radikal. Das zieht.«

Gleich darauf visierte er sein nächstes Fotomotiv an, eine Gruppe von APO-Leuten mit Plakaten.

»Treffen wir uns nachher im Bus?«, schlug er Edda und Ariane vor, bevor er sie verließ.

Nachdem sich die Versammlung aufgelöst hatte, ließ Marcel auf sich warten. Ungeduldig blickte Edda aus dem Busfenster. Wo blieb er denn? Hatte er nicht langsam genug Fotos zusammen? Nicht, dass sie noch ohne ihn abfahren würden.

Endlich sah sie Marcel kommen und atmete auf. Gemeinsam mit Gudrun und Andreas schlenderte er auf sie zu. Als Marcel ihr zuwinkte, machte Edda eine Geste, die ihn zur Eile antreiben sollte. Marcel sagte etwas, Gudrun lachte. Andreas schlug ihm kumpelhaft auf die Schulter. Irgendwie störte es Edda, dass Marcel auf gut Freund mit den beiden machte. Er hatte schließlich mitbekommen, dass Edda sich über deren Arroganz geärgert hatte.

Der Fahrer schloss die Türen und startete den Motor. Schwungvoll ließ sich Marcel auf den freien Platz vor Edda und Ariane fallen. Andreas und Gudrun waren nicht eingestiegen. Als Marcel sich umdrehte, leuchteten seine Augen. »Interessanter Typ, dieser Andreas.«

Edda zuckte mit den Schultern, während Ariane meinte: »Gudrun und Andreas treten so auf, als hätten sie die Heimkampagne initiiert. In Wirklichkeit sind sie auf einen fahrenden Zug aufgesprungen.«

Marcel grinste. »Vielleicht rollt der Zug ihretwegen ja schneller.«

*

Nackt lagen sie auf Eddas Matratze und hörten Musik. Marcel streichelte sanft ihren Rücken, und Edda, den Kopf auf seine Brust gebettet, gab sich dem wohligen Gefühl hin, allmählich einzudösen.

Mitten in der Nacht läutete es, zweimal kurz hintereinander. Edda und Marcel schreckten hoch.

»Wer ist das denn?«, fragte Edda verschlafen.

Marcel war schon aufgesprungen und schlüpfte in seine Jeans. »Wahrscheinlich jemand aus Staffelberg.«

»Was?«

In Eddas Kopf ratterte es. Natürlich hatte sie mitbekommen, dass Gudrun Ensslin die Jungen gedrängt hatte, aus dem Heim zu verschwinden. In Frankfurt hatte sie ihnen eine Bleibe versprochen. Aber wieso kämen sie zu ihnen?

Fassungslos schaute Edda zu, wie Marcel das Fenster aufriss.

»Einen Moment!«, rief er auf die Straße hinunter. »Ich schließe die Tür auf.«

»Hast du das arrangiert?«, fragte Edda ungläubig. Beim besten Willen konnte sie sich nicht vorstellen, dass Marcel ihr nichts davon erzählt hätte.

Er zog sich sein T-Shirt über den Kopf, schnappte sich den Schlüssel auf Eddas Schreibtisch und antwortete hektisch: »Andreas meinte, sie hätten für die Jungen Zuflucht in einigen Wohngemeinschaften organisiert. Er hat gefragt, ob wir nicht ein oder zwei von ihnen aufnehmen könnten, falls der Platz knapp werden würde.«

Er verließ das Zimmer. Edda zog sich rasch etwas über und holte Marcel an der Wohnungstür ein. »Wieso sagst du mir das erst jetzt?«

Marcel sah keineswegs schuldbewusst aus. Im Gegenteil, er grinste. »Unter anderem, weil wir im Bett mit anderen Dingen beschäftigt waren.«

Als Edda nicht lächelte, wurde er ernst. »Jetzt mach kein Drama daraus.«

Es läutete erneut. Marcel eilte die Treppen hinunter. Eine Tür knarzte. Ariane kam aus ihrem Zimmer. »Was ist denn los?«

Edda erklärte es ihr, woraufhin Ariane sauer wurde. »Marcel kann doch nicht nach Belieben Leute bei uns einquartieren.«

Im Treppenhaus näherten sich ihnen Schritte und Stimmen, dann standen zwei circa sechzehnjährige Jugendliche vor ihnen. Jeder hielt eine Sporttasche in der Hand und hatte sich einen Schlafsack unter den Arm geklemmt.

»Das sind Micha und Ralf«, stellte Marcel die Jungen vor.

»Hallo«, sagten beide und sahen sich unsicher um.

Als Edda bemerkte, wie fix und fertig die Jungen aussahen, überfiel sie Mitleid. Sie hatten eine schlimme Zeit hinter sich, zudem eine Flucht. Undenkbar, sie gleich wieder auf die Straße zu setzen.

»Hallo«, erwiderte sie und stellte sich ihnen vor. Ariane feuerte einen giftigen Blick auf Marcel ab, begrüßte die Jungen aber auch.

»Danke, dass wir bei euch pennen dürfen«, sagte Micha, woraufhin Ariane sich räusperte.

»Habt ihr Hunger?«, erkundigte sie sich.

Micha und Ralf nickten. Bevor Ariane in die Küche verschwand, wandte sie sich an Edda und Marcel: »Können wir nachher reden?«

Eine Antwort wartete sie nicht ab.

»Kommt mit«, sagte Edda freundlich. »Ich zeige euch, wo ihr schlafen könnt.«

»*Merci*«, flüsterte Marcel, während sie Eddas Schreibtisch verrückten, damit Micha und Ralf Platz fänden, ihre Schlafsäcke auszurollen.

»Schon gut.«

Was hätte Edda in Gegenwart der Jungen sonst sagen sollen? Innerlich fühlte sie sich hin- und hergerissen. Es nervte sie, dass Marcel weder sie noch Ariane und Dora vorgewarnt hatte. Andererseits hatte er nichts anderes getan, als verzweifelten Jugendlichen seine Hilfe anzubieten. Besser gesagt, deren Unterstützern. Edda spürte, wie ihr Mitgefühl für Micha und Ralf ihren Ärger dämpfte. Micha war sofort in seinen Schlafsack gekrochen, seine Müdigkeit war stärker als der Hunger. Ralf verschlang in der Küche noch die Ravioli, die Ariane ihm aufgewärmt hatte. Als Ariane wissen wollte, wer ihn nach Frankfurt gebracht hätte, erklärte er, dass er mit Micha getrampt wäre. Sie hätten Glück gehabt, von keiner Polizeistreife aufgegriffen worden zu sein.

Nachdem Ralf sich zurückgezogen hatte, bedankte sich Marcel auch bei Ariane. »Großartig, dass ihr mitmacht. Sonst hätten die Jungen im Park schlafen müssen.«

Sein charmanter Ton zog bei Ariane nicht. Sie zündete sich eine Zigarette an und warf die Schachtel wütend auf den Tisch. »Die Jungen können nichts für die Situation. Du schon!«

Ariane und Marcel musterten sich, wobei Edda das unbehagliche Gefühl beschlich, zwischen zwei Stühlen zu sitzen. Weder ihrem Freund noch ihrer besten Freundin wollte sie in den Rücken fallen.

Marcel nahm sich eine Zigarette.

»Ihr habt schon im Bus gesessen, als Andreas mich um Hilfe gebeten hat. Was hätte ich ihm denn sagen sollen? Sieh zu, wie du klarkommst, *camarade*?«

Ariane stieß mit dem Rauch einen ungehaltenen Laut aus.

»Nein«, erwiderte sie schroff. »Du hättest ihm sagen sollen, dass du mit deinen Mitbewohnerinnen besprechen musst, ob sie bereit sind, zwei wildfremde Jugendliche aufzunehmen, nach denen die Polizei suchen wird.«

»Ariane hat recht, Marcel«, pflichtete Edda ihrer Freundin bei. Wahrscheinlich hatte Marcel sich über die Folgen seiner

Zusage keine Gedanken gemacht. Könnte er das nicht zugeben? Doch Fehler einzugestehen, gehörte nicht zu Marcels Stärken. Er hatte Edda einen düsteren Blick zugeworfen, den er nun auf den Aschenbecher gerichtet hielt.

»Was glaubst du, wie lange wir Ralf und Micha beherbergen müssen?«, erkundigte Edda sich sachlich. Schließlich ging es darum, eine Lösung zu finden. »Was sollen sie in Frankfurt überhaupt machen?«

»Eine Ausbildung, sagt Gudrun.«

Nach einer kurzen Pause stand Marcel auf, holte eine Weinflasche aus dem Kühlschrank und drei Gläser. Derweil erklärte er: »Die Idee ist wohl, dass die Jungen in eigenen WGs zusammenleben. Eine Gruppe von Aktivisten plant, darüber mit dem Jugendamt zu verhandeln. Sie wollen erreichen, dass die Stadt Wohnungen finanziert.«

Ariane prustete los. »Das ist Spinnerei. In hundert Jahren passiert das nicht.«

Das Wort Spinnerei kannte Marcel zwar nicht, aber er hatte Ariane trotzdem verstanden.

»Mit dieser Haltung veränderst du gar nichts«, fuhr er sie an.

»Selbst, wenn es eines Tages dazu käme«, mischte sich Edda schnell ein, »was geschieht bis dahin? Micha und Ralf können nicht Wochen und Monate bei uns auf dem Teppich schlafen.«

Marcel beugte sich zu Edda vor. »*Pourquoi pas* – warum nicht?« Mit einem herausfordernden Blick schaute er sie an. »Weil es Mademoiselle zu ungemütlich ist?«

Edda zuckte zusammen.

»Red nicht so mit mir.«

Ganz falsch lag Marcel allerdings nicht. Edda hatte keine Lust, für unbestimmte Zeit ihr Zimmer mit zwei fremden

Teenagern zu teilen. Auch nicht auf Ärger mit der Polizei. Bedeutete das, dass sie nicht hilfsbereit war?

Mit verschränkten Armen hatte sich Marcel in seinem Stuhl zurückgelehnt. »In Staffelberg protestieren, das kann jeder. Aber durch Worte allein wird sich die Lage der Jungen nicht verbessern. Könnt ihr euch nicht zu einem kleinen Opfer durchringen?«

Gleich darauf flog die Küchentür auf und Dora, mit vom Schlaf zerzausten Locken, rauschte herein.

»Verdammt! Geht's nicht etwas leiser?«, fauchte sie und ranzte Marcel an: »Im Gegensatz zu dir kann ich nicht bis in die Puppen schlafen. Ich habe Frühschicht.«

»Tut mir leid.«

Es klang nicht nach einer aufrichtigen Entschuldigung. Mit saurer Miene füllte sich Dora ein Glas mit Kranwasser und trank es in einem Zug leer. Dass Dora und Marcel hin und wieder aneinandergerieten, war nichts Neues. Meistens warf Dora ihm Paschaallüren vor, Marcel hielt sie für penibel. Edda hoffte, dass sich die beiden jetzt zusammenrissen.

»Worüber streitet ihr eigentlich?«, fragte Dora.

Nachdem Edda ihre Erklärung beendet hatte, schüttelte Dora vehement den Kopf. »Das kommt gar nicht infrage. Ich kenne diese Jungen nicht. Woher wisst ihr, dass es keine Kriminellen sind?«

Marcel stöhnte resigniert auf, während Edda mit Ariane einen Blick wechselte.

»Nur, weil sie im Heim aufwachsen, sind Micha und Ralf nicht kriminell«, erklärte Edda.

»Trotzdem bin ich dagegen, dass sie hier wohnen«, sagte Dora entschieden.

Marcel hatte sich die nächste Zigarette angesteckt. »Willst du Micha und Ralf nicht erst einmal kennenlernen?«

Kühl sah Dora ihn an. »Du bist Eddas Freund, Marcel. Es ist okay, dass du bei uns wohnst. Aber ehrlich gesagt, auf mehr Männer, die im Haushalt keinen Finger krümmen, bin ich nicht scharf.«

»Wenn ich nicht regelmäßig kochen würde, gäbe es bei euch nichts als Ravioli«, hielt Marcel ihr entgegen.

»Aber die Küche hinterlässt du als Saustall.«

»Hört auf!«, rief Edda aus. »Könnten wir gemeinsam entscheiden, wie es mit Micha und Ralf weitergeht?«

»Das liegt doch auf der Hand.« Arianes Blick wanderte über die kleine Runde und blieb an Edda hängen. »Marcel ist überstimmt.«

Edda widersprach nicht.

Mit geballter Faust schlug Marcel auf den Tisch.

»Das ist erbärmlich!« Vor Wut klang er heiser. »Ihr wollt sie fortschicken? Dann geh ich mit.«

Edda erschrak, als Marcel abrupt aufstand.

»Warte«, sagte sie hastig und sah ihre Freundinnen bittend an. »Marcel und ich finden eine andere Unterkunft für die Jungen. Lasst sie so lange bleiben.«

Ariane und Dora verständigten sich mit Blicken, Ariane räumte die Gläser zusammen. »Bis zum nächsten Wochenende sind sie raus.«

*

»Du fragst *mich*, ob ich die beiden Jungen aus Staffelberg aufnehmen könnte, die dein Freund Marcel bei euch angeschleppt hat? Edda, du hast echt Nerven.«

Kai erhob sich vom Fußboden und begann, in einer seiner Schubladen zu kramen. Edda wusste nicht, was sie erwidern sollte. So, wie Kai es ausdrückte, klang ihre Bitte tatsächlich unerhört. Aber wen hätte Edda sonst fragen können? Die Eltern im Kinderladen fanden die Heimkampagne zwar grundsätzlich richtig, trotzdem hatte sich niemand bereit erklärt, zwei ausgebüxte Jugendliche zu beherbergen. Marcel hatte Dany angesprochen, mit dem er sich, an gemeinsame Pariser Zeiten anknüpfend, manchmal traf. Bis jetzt hatte sich daraus genauso wenig ergeben wie aus den Kontakten von Ariane und Dora. Nun stand das Wochenende vor der Tür, und ihre Freundinnen erwarteten, dass Edda und Marcel sich an die Absprache hielten. Was los wäre, wenn Micha und Ralf am Samstag nicht auszögen, stellte Edda sich lieber nicht vor.

»Bitte, Kai«, flehte sie. »Du sagst doch, einer deiner Mitbewohner sei den ganzen Juli über verreist. Du bist im August in Amerika. Könnten Micha und Ralf nicht eure Zimmer haben? Das würde uns Zeit verschaffen, eine dauerhafte Lösung für sie zu finden.«

»Und meine WG soll sie durchfüttern? So viel Kohle haben wir nicht.«

»Nein, nein«, wehrte Edda Kais Einwand ab. »Der Allgemeine Studentenausschuss spendet für die Verköstigung Geld aus seiner Kasse.«

Kai fand, was er gesucht hatte, setzte sich wieder und begann, einen Joint zu bauen.

»Ich dachte, du kiffst nicht mehr«, entfuhr es Edda.

In ihrem Tonfall schwang der gewohnte Vorwurf mit. Sie hörte es selbst und bereute es. Kai bedachte sie mit einem kurzen, genervten Blick.

»Holger ist schon weg«, stellte er fest. »Keine Ahnung, ob es ihm recht wäre, dass zwei Teenager in seiner Bude unterkriechen. Da stehen seine Bücher herum. Und seine Schallplatten. Holger würde ausflippen, wenn er zurückkäme, und sie wären verkratzt.«

»Micha und Ralf sind in Ordnung«, beruhigte ihn Edda.
»Bei uns haben sie nichts kaputt gemacht. Außerdem ...« Sie
überlegte einen Moment. »Wichtige Dinge könnte man weg-
räumen.«

Dass Kai sie nicht gleich rigoros abwimmelte, machte ihr
Mut. Edda beschloss, weiterzubohren und an Kais Gewissen
zu appellieren. »Hast du nicht immer gesagt, dass du vor allem Lehrer wirst, weil du autoritäre Erziehung verabscheust?
Weil du selbst erlebt hast, wie schlimm es ist, von Erwachsenen getriezt zu werden?«

Kai sah von dem Joint, den er gerade zugeklebt hatte, auf.
Rasch redete Edda weiter.

»Micha und Ralf würden im Karzer landen, wenn sie gezwungen wären, nach Staffelberg zurückzukehren. Wir
könnten das verhindern.«

»Wendet euch an die Initiatoren der Kampagne«, schlug
Kai vor. »Es ist deren Aufgabe, sich um die beiden zu kümmern.«

»Das will Marcel nicht«, gestand Edda, nun kleinlaut, ein.
Sie nippte an ihrem Tee und tat, als ob sie Kais fragenden
Blick nicht bemerkte.

»Wenn du ein Geheimnis daraus machen willst ...«
Kai kokelte seinen Joint an und inhalierte.

Obgleich er den Satz nicht beendet hatte, verstand Edda,
was Kai ihr andeutete. Wenn sie nicht mit offenen Karten
spielte, würde Kai sich auf nichts einlassen. Edda zögerte. Seit
ihrem Geburtstag im Storyville hatten sie sich ein paarmal
getroffen. Weder hatten sie ihren Kuss vor Eddas Haustür erwähnt noch sprachen sie über Marcel. Für sie beide war es so
leichter. Aber nun ging es um etwas anderes.

»Marcel ist froh, dass er Leute kennengelernt hat, mit denen er zusammenarbeiten möchte. Er würde gern vermei-

den, dass der Eindruck entsteht, auf sein Wort wäre kein Verlass.«

Der süßliche Geruch des Marihuanas hatte sich inzwischen in Kais Zimmer ausgebreitet. Eindringlich sah Kai sie an, als erwartete er, dass Edda noch mehr sagte. Auf einmal überwältigte sie der Wunsch, ihr Herz auszuschütten.

»In unserer WG herrscht seit Tagen dicke Luft«, fuhr sie fort. »Trotzdem wirkt Marcel zufriedener. Ich glaube, seit der Aktion in Staffelberg lebt er sich in Frankfurt erst richtig ein. Weißt du, Kai, vorher hatte ich manchmal Angst, Marcel könnte es bereuen, nach Deutschland gekommen zu sein.«

Verunsichert senkte Edda den Blick. Mit Kai über Marcel zu sprechen, behagte ihr nicht. Andererseits fühlte sie sich erleichtert. Ein wenig war es wie früher, als sie Kai fast jeden Gedanken anvertraut hatte.

»Ich soll also nicht nur den Jungen helfen, sondern auch noch deiner Beziehung«, bemerkte Kai lakonisch.

Verdattert sah Edda auf. War sie zu weit gegangen mit ihrer Offenheit? Es war eben doch nicht wie früher zwischen ihnen.

»Denk das bitte nicht«, stammelte sie.

Kai legte den Joint in einem Aschenbecher ab. Seine Gelenke knackten, als er aufstand, um das Fenster zu öffnen. Der warme Sommerabend strömte in sein vernebeltes Zimmer und klärte die Luft.

»Du liebst Marcel wirklich«, murmelte Kai leise, als spräche er nicht zu Edda, sondern zu sich selbst.

Edda nickte stumm. Bedrückt erhob sie sich und griff nach ihrer Tasche.

»Tut mir leid, Kai. Es war falsch, dich zu behelligen.«

Kai drehte sich um, und sie sahen sich an. Unerwartet lächelte Kai. »Du zerbeißt dir noch immer die Lippe, wenn dich etwas beschäftigt.«

Erst jetzt schmeckte Edda das Blut und tupfte es sich mit einem Papiertaschentuch ab.

Kai seufzte.

»Setz dich wieder hin«, sagte er. »Ich mach frischen Tee.«

*

Knapp zwei Wochen später, Mitte Juli, hatten nicht nur Micha und Ralf, die jetzt bei Kai wohnten, ihr Quartier gewechselt. Marcel war ebenfalls umgezogen, zu einem Mann namens Richard, den er im Club Voltaire kennengelernt hatte. Als Marcel ihr seinen Entschluss mitgeteilt hatte, war Edda todunglücklich gewesen. Aus heiterem Himmel hatte die Neuigkeit sie zwar nicht getroffen, denn daraus, dass Marcel, Ariane und Dora sich nicht mehr verstanden, machten alle drei keinen Hehl. Edda hatte jedoch gehofft, dass, sobald die Heimjungen ausgezogen wären, die Spannungen nachlassen würden. Aber Marcel hatte, insbesondere von Doras Zurechtweisungen, die Nase endgültig voll gehabt. Immerhin ließ er keinen Zweifel daran, dass sein Auszug nichts mit seinen Gefühlen zu Edda zu tun hatte. Nachdem die Tür hinter ihm ins Schloss gefallen war, hatte es sich für Edda dennoch so angefühlt, als hätte Marcel sie verlassen.

Ein äußerst übertriebener Gedanke, wie Edda nun fand, als sie im Sonnenschein zu Marcels neuer Wohnung nach Bornheim radelte. In nur zwanzig Minuten wäre sie bei ihm, letztlich ein Katzensprung. Früher als geplant, war sie zu Hause losgefahren, weil ihr das schöne Wetter spontan Lust gemacht hatte, Marcel in den Günthersburgpark zu entführen. Nach den konfliktreichen Tagen in ihrer WG freute sich Edda auf ein paar unbeschwerte Stunden, bevor sie ins Café Laumer aufbrechen würde.

Sie ließ den Hauptfriedhof hinter sich und bog in die Nibelungenallee ab. Als sie am Bürgerhospital vorbeikam, dachte sie kurz an Dora, die bereits vor Stunden ihre Frühschicht begonnen hatte. Sie musste hundemüde sein, nachdem sie am Abend zuvor mit Edda und Ariane bei Wein und Bier in der Küche versumpft war. Zu dritt war das in letzter Zeit nicht oft vorgekommen, und Edda hatte es genossen. Beim Einschlafen hatte Marcel ihr trotzdem gefehlt.

Direkt vor dem Eingang seines Hauses stand, zu weit auf dem Gehweg geparkt, ein weißer Mercedes. Edda zwängte sich daran vorbei und kettete ihr Fahrrad an einen Laternenpfahl. Sie war sicher, den auffälligen Wagen schon einmal gesehen zu haben, in Staffelberg zwischen all den Bussen, Käfern, R4 und Opel Kadetts, mit denen die APO zum Aktionstag angereist war.

Edda klingelte, und kurz darauf sprang die Tür auf. Im vierten Stock begrüßte sie ein Mann um die dreißig, in Jeans und kariertem Hemd. Sie stellten einander vor.

»Hier herrscht ein ganz schöner Auftrieb«, bemerkte Richard. Zu stören schien es ihn nicht, denn freundlich wies er Edda den Weg zu Marcel. Er selbst zog sich in sein Zimmer zurück, wobei Edda einen Blick auf Berge von Büchern erheischte, die sich neben einer Schreibmaschine auf einem Holztisch stapelten. Ihr fiel ein, dass Marcel erwähnt hatte, dass Richard kurz vor seinem Chemie-Examen stand.

Aus Marcels Zimmer, am Ende des Flures, drangen Stimmen. Edda klopfte und trat ein. Schlagartig verstummte das Gespräch.

»Hallo«, sagte sie in die verqualmte Stille hinein. Das Fenster war nur gekippt, am liebsten hätte sie es weit aufgerissen.

Marcel, ein Mann, in dem sie Andreas Baader erkannte, und drei Jugendliche starrten Edda an. Sie saßen auf Marcels Matratze oder auf dem Boden, der von gefüllten Aschenbechern, Kaffeetassen, Zeitschriften und Papieren übersät war.

Etwas zeitverzögert sprang Marcel auf und umarmte sie. »Hallo, Edda, da bist du ja schon.«

Nun grüßten auch die anderen. Kurz begegneten Eddas Augen denen von Andreas. Seine Lederjacke hatte er selbst in der Wohnung nicht abgelegt. Er nickte Edda flüchtig zu, dann blätterte er weiter in der Zeitschrift *Konkret*. Nicht einmal vage schien er sich an sie zu erinnern. Ein wenig wurmte Edda das.

Marcel schob sie sanft aus dem Zimmer, hinter ihnen schloss jemand die Tür.

»Möchtest du Kaffee?«, fragte Marcel, als sie in der Küche standen.

Edda nickte. Sie registrierte, dass auf dem Tisch noch das Geschirr vom Frühstück stand. Die Butter hätte in den Kühlschrank gehört, sie sah ranzig aus. Nachdem Edda einen Schluck getrunken hatte, fragte sie: »Ist es dir lieber, wenn ich später wiederkomme?«

»Ach, was«, erwiderte Marcel. »Wir sind bald fertig.«

»Was macht ihr denn?«

Marcel schob sich eine vom Frühstück übrig gebliebene Käsescheibe in den Mund. Kauend antwortete er: »Weitere Heimaktionen planen. In Staffelberg wurden schon einige Forderungen erfüllt. In anderen Einrichtungen nicht. Da die Öffentlichkeit endlich aufgewacht ist, stehen die Chancen gut, dass wir noch viel mehr erreichen.«

»Das interessiert mich doch auch«, meinte Edda begeistert. »Kann ich mich nicht zu euch setzen?«

Marcel gab ihr einen Kuss.

»Das geht leider nicht. Die Heimzöglinge haben jede Menge Mist erlebt. Darüber sprechen sie nicht mit jedem.«

Marcel rückte ihr einen Küchenstuhl zurecht. »Mach's dir bequem, *mon amour*. Es dauert nicht mehr lange.«

Er ließ sie allein, und das Gefühl, ausgeschlossen zu werden, nagte an Edda. Aber war es nicht ihre eigene Schuld? Sie hätte zur vereinbarten Zeit kommen, nicht einfach bei Marcel hereinplatzen sollen. Außerdem leuchtete ihr ein, was Marcel über die Heimzöglinge gesagt hatte. Schließlich hatte Edda Jahre gebraucht, bis sie selbst Ariane, ihrer besten Freundin, von den Demütigungen ihrer Mutter erzählt hatte. Der Gedanke an Franziska Nolting erinnerte Edda an etwas. Aus ihrer Umhängetasche zog sie den Brief hervor, den ihr der Postbote vorhin in die Hand gedrückt hatte. Jetzt wäre ein guter Augenblick, um ihn zu lesen. Seit ihrem Geburtstag hatte Viktor Nolting sich nicht mehr gerührt. Was er wohl von ihr wollte? Erst vor wenigen Tagen hatten Peter und Joachim geschrieben. Beide Briefe endeten mit derselben Bitte: Edda möge sich bei den Eltern melden. Fast schien es, als hätte ihre Familie sich abgesprochen. Während Edda ein benutztes Messer abwischte und den Umschlag aufschlitzte, dachte sie daran, dass sie ihre Eltern kürzlich im Grüneburgpark gesehen hatte. Sie hatten auf einer Bank gesessen. Wie Fremde waren sie ihr erschienen. Edda war rasch weitergelaufen. Ihre Eltern zu grüßen, hatte sie nicht über sich gebracht.

Edda faltete das Papier auseinander, ihr Blick glitt zum Ende des Briefes. Dieses Mal hatte auch ihre Mutter unterschrieben.

Liebe Edda,

hoffentlich geht es Dir gut. Bei uns ist alles beim Alten. Ich möchte Dir einen Vorschlag machen: Nächste Woche wird im Fernsehen die Mondlandung übertragen. Da wir davon ausgehen, dass Du keinen Apparat besitzt, möchten Deine Mutter und ich Dich einladen, dieses weltbewegende Ereignis bei uns mitzuerleben. Meinst Du nicht auch, es wäre eine gute Gelegenheit, um den Kontakt wieder aufzunehmen? Wir würden uns freuen, wenn Du kämst.

Vater und Mutter

Edda ließ den Brief sinken und stellte sich vor, wie sie gemeinsam mit ihren Eltern auf den Bildschirm starrte, während ein amerikanischer Astronaut als erster Mensch seinen Fuß auf den Mond setzte. Dazu gäbe es Wein und Cognac, auf dem Tisch stünde ein Schnittchen-Teller. Ihr Vater würde anerkennende Bemerkungen über den technischen Fortschritt machen, die ihre Mutter schmallippig kommentierte. Doch dazu, was Edda ihnen an den Kopf geworfen hatte, würden sie kein Wort verlieren. Glaubten sie tatsächlich, Edda machte diese Heuchelei mit? Sie stieß einen spöttischen Laut aus und legte den Brief auf den Tisch. Bevor die Menschen den Mond mit ihrer Anwesenheit behelligten, sollten sie sich lieber damit beschäftigen, was sie auf der Erde angerichtet hatten.

In diesem Augenblick öffnete sich Marcels Tür. Seine Bekannten riefen Edda ein kurzes Tschüs zu, das sie erwiderte. Marcel begleitete die Gruppe hinaus. Vom Küchenfenster aus beobachtete Edda, wie Andreas in den weißen Mercedes stieg. Irgendwie wunderte es Edda nicht, dass er ihm gehörte. Andreas gab sich wie ein Dandy. Die Jugendlichen rangelten um den Beifahrerplatz. Der Motor heulte auf, dann brauste der Wagen die Straße entlang.

Marcel war inzwischen zurückgekehrt. Er umarmte Edda, die noch am Fenster stand, und entschuldigte sich dafür, dass er sie hatte warten lassen. Edda war gedanklich noch bei Andreas, dessen Verhalten ihr widersprüchlich erschien.

»Ist ein Mercedes nicht das Sinnbild des Kapitalismus?«, fragte sie. »Was ist revolutionär daran, einen zu besitzen?«

Marcel lachte und vergrub seine Nase in Eddas Haar. »Vielleicht, dass Andreas ihn ohne Führerschein fährt.«

»Was?« Edda fuhr herum. »Das ist doch nicht witzig.«

»Er fährt sicher«, murmelte Marcel in ihr Ohr.

Als er sie dicht an sich zog, spürte sie seinen Atem, seine Erregung und in ihren Lenden ein Ziehen. Trotzdem wich sie Marcels Küssen aus.

»Gut, dass du kein Jurist geworden bist.« Es klang weniger humorvoll, als beabsichtigt. »Was findest du an diesem Angeber?«

Marcel ließ sie los.

»Warum hackst du auf Andreas herum? Du kennst ihn doch gar nicht«, sagte er verärgert. »Immer mehr entflohene Heimzöglinge kommen nach Frankfurt. Andreas kümmert sich um sie. Und ja, er will, dass sie nach all der Scheiße, die sie erlebt haben, ein bisschen Spaß haben. Na, und? Gudrun schreibt sich die Finger wund, um Wohnraum und finanzielle Unterstützung der Behörden zu erwirken. Edda, das sind engagierte Leute. Soll Andreas doch seine Macke mit dem Mercedes haben. Mir ist das egal.«

Was Andreas unter Spaß verstand, wollte Edda sich lieber nicht ausmalen. Aber wie Gudrun sich dafür engagierte, dass die Jugendlichen die Chance auf ein normales Leben bekämen, imponierte ihr. Damit konnte sie weitaus mehr anfangen als mit einer Brandstiftung.

Edda setzte sich, während Marcel für ein zweites Frühstück

frischen Kaffee aufbrühte. Als er Brot und Marmelade auf den Tisch stellte, fiel sein Blick auf Viktor Noltings Brief.

»Was ist das?«, fragte er, nahm das Schreiben und überflog den Text. Mit finsterer Miene gab er Edda den Brief zurück. »Gehst du hin?«

»Natürlich nicht.« Edda konnte kaum glauben, dass Marcel sie das überhaupt fragte.

Eindringlich sah er sie an. »Manchmal habe ich den Eindruck, dass du an die Geschichte mit deinem Vater nicht mehr oft denkst. Eines Tages arrangierst du dich noch mit ihm.«

Seine Unterstellung traf Edda zutiefst. Was sie in den letzten anderthalb Jahren über Viktor Nolting herausgefunden hatte, würde sie nie loslassen.

»Ich rede nur nicht jeden Tag davon«, erwiderte sie mit belegter Stimme.

Marcel schüttelte den Kopf.

»Ich glaube, du willst dich nicht mehr mit deinem Vater beschäftigen«, behauptete er. »Du weißt genau, dass ich regelmäßig in die Bibliothek gehe und alles lese, was ich über die Angeklagten von Oradour finde. Wieso hast du nie angeboten, mir beim Übersetzen zu helfen?« Nach einer rhetorischen Pause fuhr er fort: »Weil du ausweichst.«

Edda fixierte Marcels schlanke Hand, die mit einem Messer weiche Butter auf einer Scheibe Brot verstrich. Sie mochte ihm nicht länger in die Augen sehen. Wie kam er dazu, so zu tun, als wüsste er besser darüber Bescheid, was in ihr vor sich ging als sie selbst?

Edda hob den Blick. »Hättest du mich um Hilfe gebeten, wäre ich mitgekommen. Im Gegensatz zu dir habe ich allerdings keine Erbschaft gemacht. So viel Zeit wie du habe ich nicht.«

Mit einem klirrenden Geräusch knallte Marcel das Messer auf seinen Teller.

»Auf die Erbschaft hätte ich gern verzichtet.«

Seine Stimme bebte vor Wut, vielleicht auch aus Trauer.

»Entschuldige«, sagte Edda rasch. »Das war nicht fair. Ich kann nur nicht begreifen, was du mir vorwirfst. Ich habe den Kontakt zu meinen Eltern abgebrochen. Sagt das nicht alles?«

Marcels linke Augenbraue hob sich, was seinem Gesicht einen hochmütigen Ausdruck verlieh. Die plötzliche Kälte in seiner Stimme erschreckte Edda.

»Findest du denn, für einen Mörder wäre es Strafe genug, dass du nicht mit ihm redest?«

Eddas Herz pochte schneller. Erwartete Marcel, dass sie ihren eigenen Vater anzeigte?

»Worauf willst du hinaus?«, fragte Edda leise.

»Darauf, dass wir deinen Vater nicht so einfach davonkommen lassen sollten«, antwortete Marcel.

*

»Bis morgen!«, rief Edda ihrer Kollegin Heidrun zu, und wünschte Professor Adorno, der Zeitung lesend an einem der runden Marmortischchen nahe dem Ausgang des Cafés saß, einen schönen Nachmittag. Gerade schickte Edda sich an, ihr Fahrrad loszuketten, als sie ihren Namen vernahm.

»Edda.«

Sie wandte sich um. Vor ihr stand Kai. Sein Gesicht wirkte ausdruckslos, seine Augen gerötet. Er sah nicht so aus, als ob er gekifft hätte. Kai hatte geweint.

»Was ist los?«, rief Edda erschrocken.

Kais Mundwinkel zuckten, als hielte er nur mühsam weitere Tränen zurück.

»Micha und Ralf sind weg.« Seine Stimme klang tonlos, wie die eines Menschen, der unter Schock stand.

»Weg?«, fragte Edda alarmiert. »Wie meinst du das?«

»Sie sind abgehauen. Mit meinen tausend Mark für den Flug.«

Kai schluchzte auf. Edda entfuhr ein bestürzter Laut, sie schlug sich die Hände vor den Mund. Das konnte nicht wahr sein. Es durfte nicht wahr sein. Sie hatte für Micha und Ralf die Hand ins Feuer gelegt.

»Oh, Kai, das tut mir so leid«, stieß sie hervor. »Bist du denn sicher?«

Im selben Moment hätte sie sich am liebsten auf die Zunge gebissen. Wahrscheinlich hatte er die Wohnung dreimal auf den Kopf gestellt, bevor er zu ihr gekommen war. Kai warf ihr einen verzweifelten Blick zu.

»Ich bin ein Idiot, dass ich Bargeld in meinem Zimmer aufbewahrt habe«, schallt er sich. »Morgen wollte ich damit zum Reisebüro gehen.«

Mit dem Handballen wischte Kai sich Tränen ab. Die Gäste, die auf der Terrasse des Café Laumer Kaffee und Kuchen genossen, blickten neugierig zu ihnen hinüber. Sie vermuteten bestimmt ein Beziehungsdrama. Edda zog Kai um die Ecke, dort stand eine freie Bank, auf die sie sich setzten. Kai vergrub das Gesicht in seinen Händen, Edda legte den Arm um ihn. Sie wusste nicht, was sie sagen sollte. Die Jungen hatten Kai nicht nur tausend Mark gestohlen. Sie hatten ihn um seinen Traum von Woodstock gebracht.

»Hey, Kai, wir finden eine Lösung«, versprach sie ihm, obgleich sie keine Ahnung hatte, wie diese aussehen könnte.

Kai schüttelte ihren Arm ab. »Ach, ja? Hast du tausend Mark zu verschenken?«

Edda schwieg beschämt. Inzwischen wussten Andreas und

Gudrun sowieso, dass die beiden Heimzöglinge nicht mehr mit Marcel zusammenwohnten. Hätte er sie doch bloß von Anfang an gebeten, für die Jungen eine neue Bleibe zu suchen. Aber Marcel hatte ja sein Gesicht wahren wollen. Und Edda hatte ihn dabei unterstützt.

Eine Weile blieben Edda und Kai noch auf der Bank sitzen, doch schließlich ging Kai nach Hause, um sich, wie er sagte, zuzudröhnen. Edda versuchte nicht, ihn davon abzuhalten.

Sie schwang sich auf ihr Rad und fuhr zu Marcel. Auf dem Weg dorthin ging ihr Kais verzweifeltes Gesicht nicht aus dem Kopf. Gäbe es nicht irgendetwas, das sie tun könnten, um Kai zu helfen? Darüber wollte sie mit Marcel unbedingt reden. Schließlich hatte Kai, indem er Micha und Ralf aufgenommen hatte, auch Marcel einen Gefallen getan.

Zu ihrer Enttäuschung traf sie ihn nicht an. Richard, der Edda geöffnet hatte, zuckte bedauernd die Schultern. »Ich habe Marcel seit gestern Morgen nicht mehr gesehen. Wollte er nicht mit einigen Jugendlichen wegfahren?«

Verdutzt sah Edda ihn an. »Davon weiß ich nichts.«

Allerdings hatte sie mit Marcel in den letzten Tagen nicht gesprochen. Hätte er nicht bei ihr vorbeikommen können, um Edda zu sagen, dass er vorhatte, zu verreisen?

»Vielleicht hat er mir eine Nachricht hinterlassen«, sagte sie zu Richard.

Richard nickte. Während er zu seinen Chemiebüchern zurückkehrte, ging Edda in Marcels Zimmer. Das Bett war nicht gemacht, auf dem Boden lagen benutzte Socken und zerknüllte T-Shirts. Tatsächlich fand sie auf dem Nierentisch neben dem Bett einen Zettel.

Edda, mon amour, ich bin mit ein paar Jungen unterwegs. Spätestens am Dienstag komme ich zurück. Treffen wir uns abends auf dem Eisernen Steg? Gegen 9 Uhr? Je t'embrasse, Marcel

Kein Wort verlor er darüber, wohin er gefahren war. Kurz dachte Edda daran, wie es gewesen war, als Marcel noch in Paris gelebt hatte. Wie oft hatte sie wochenlang nichts von ihm gehört. Ständig hatte sie sich gefragt, wann sie sich wiedersähen. Wenigstens darüber ließ Marcel sie jetzt nicht im Ungewissen.

Sie legte den Zettel zurück. Auf dem Nierentisch lagen Portraitaufnahmen, die Marcel von einigen Heimzöglingen gemacht hatte. Sie waren großartig. Bewundernd betrachtete Edda die jungen Gesichter, aus denen Trotz und Wut sprachen. Manche zeigten ein unsicheres Lächeln. Eines Tages würden sich die Zeitungen um Marcels Bilder reißen.

Plötzlich stutzte Edda. Einige Fotos fielen aus der Reihe. Aus der Ferne war ein Mann mit Glatze zu erkennen, der ein Haus verließ, auf anderen Fotos stieg er in ein Auto. Es sah aus, als hätte ein Detektiv die Aufnahmen gemacht. Als hätte Marcel den Mann observiert. Wer war er? Und warum hatte Marcel ihn fotografiert? Mit einem mulmigen Gefühl im Magen radelte Edda nach Hause.

*

Sie entdeckte Marcel auf dem Eisernen Steg und winkte. Strahlend, als wäre er es gewesen, der am Vortag als erster Mensch den Mond betreten hätte und nicht Neil Armstrong, kam er auf sie zu, hob Edda, die einen überraschten Juchzer ausstieß, schwungvoll hoch und drehte sich lachend mit ihr um die eigene Achse. Als er sie »*mon amour*« nannte, leuchteten seine Augen, und Edda raubte es fast den Atem, wie attraktiv sie ihn fand. Marcel wirkte unbeschwert. Es hatte ihm offenbar gutgetan, aus Frankfurt herauszukommen.

»Wo warst du eigentlich?«, fragte sie ihn, als sie eng umschlungen zum Sachsenhäuser Mainufer schlenderten. Dort genossen zahlreiche Spaziergänger den angenehmen Sommerabend. Schmusende Liebespaare saßen auf den Wiesen am Flussufer, Gruppen junger Leute hörten Musik, hier und da spielte jemand Gitarre.

»In Düsseldorf«, antwortete Marcel. »Mit Sven, einem Freund von mir, Dieter und Tom, zwei Jungen aus Staffelberg.«

Erstaunt blickte Edda ihn an. »Was wolltet ihr ausgerechnet in Düsseldorf? Über die Königsallee bummeln?«

Marcel lachte kurz auf. Dann brach es auf Französisch aus ihm heraus: »Wir haben dem ehemaligen SS-Kommandeur Heinz Lammerding einen Besuch abgestattet.«

Er klang stolz. Eddas Augen weiteten sich.

»Ihr habt ... was?«, stammelte sie entgeistert.

Plötzlich fielen ihr die seltsamen Schnappschüsse ein, die sie in Marcels Zimmer gefunden hatte. Edda schwante, dass der Mann auf den Bildern Heinz Lammerding war.

Marcel zog Edda ans Flussufer, wo sie sich setzten.

»Lammerding gehörte zu den befehlshabenden Offizieren, die das Massaker in Oradour angeordnet haben«, erklärte Marcel. »Vor dem Militärgericht in Bordeaux ist er dafür 1953 in Abwesenheit zum Tode verurteilt worden. Aber hierzulande ist aus ihm ein erfolgreicher Bauunternehmer geworden.«

Edda teilte Marcels Empörung. Es war unfassbar, dass der SS-Kommandant Karriere gemacht hatte, anstatt sich wegen eines Massenmordes vor Gericht verantworten zu müssen.

»Wenigstens weiß Lammerding jetzt, dass es Leute gibt, die das nicht akzeptieren.«

»Was habt ihr mit ihm gemacht?«

Von Anfang an hatte Edda diese Frage auf der Zunge gelegen. Immerhin hatte sich Marcel mit Brandstiftern angefreundet. Das hatte ihn doch nicht auf gefährliche Ideen gebracht?

Marcel antwortete nicht gleich, sondern zündete sich eine Zigarette an.

»Du musst es für dich behalten«, verlangte er, und Edda versprach es.

Marcel berichtete ihr, dass er in der vergangenen Nacht Lammerdings Hauswand mit den Worten »Hier lebt ein Mörder« besprüht hatte. Anschließend hatte er zusammen mit Dieter die Reifen von Lammerdings Wagen zerstochen. Tom hatte Wache gehalten, während Sven jederzeit bereit gewesen wäre, den Motor zu starten, damit sie, falls unerwartet ein Passant auftauchte, hätten fliehen können.

Es störte Edda, dass Marcel klang, als erzählte er von einem amüsanten Abenteuer. Lebhaft schmückte er die Szene aus. Andererseits ließ dabei Eddas Anspannung nach. Reifen zerstechen. Eine Hauswand besprühen. Angesichts Hunderter Toter in Oradour war der Schaden, der für Lammerding daraus entstand, harmlos. Fast wunderte es Edda, dass Marcel es dabei belassen hatte. Wieso hatte er sie eigentlich nicht in seine Pläne eingeweiht? Wenn Marcel sie gefragt hätte, wäre sie vielleicht sogar mitgefahren. Doch wie es aussah, vertraute er Menschen, die er nur flüchtig kannte, mehr als ihr. Sie bat Marcel um einen Zug von seiner Zigarette. Ihre Fragen sprach Edda nicht aus. Wenn sie ehrlich war, hatte sie Angst davor, was Marcel ihr antworten würde.

»Ein Glück, dass ihr nicht erwischt worden seid«, sagte sie mit belegter Stimme.

Marcel ließ ein paar Steine über das Wasser springen und lächelte zufrieden. »Es war alles gut vorbereitet.«

»Habt ihr Lammerdings Reaktion mitbekommen?«

Marcel nickte. »*Ah, oui.* Wir haben die Nacht in der Nähe seines Hauses in Svens Auto verbracht. Sven hatte sogar ein Fernglas dabei. Als Lammerding frühmorgens mit zackigen Schritten zu seinem Auto eilte, bemerkte er zunächst nur die kaputten Reifen. Erst, als er sich wütend umdrehte, sah er die gesprühte Schrift.«

Marcel lachte schadenfroh. »Du hättest sein Gesicht sehen sollen. Völlig fassungslos. Ich sage dir, es war Gold wert, das mitzuerleben.«

Für eine Sekunde tauchte das Bild ihres Vaters vor Edda auf. Sein leerer Blick, nachdem sie ihn mit Oradour konfrontiert hatte. Wie er taumelte und beinahe stürzte. Sie wehrte diese Erinnerung ab. Das Gefühl der Scham, das mit ihr einherging, blieb.

»Die Straße war menschenleer«, fuhr Marcel fort. Er hatte sich eine neue Zigarette angesteckt und inhalierte tief. »Ich bin raus aus dem Auto und habe Lammerding mit meiner bloßen Faust ins Gesicht geschlagen. Seine Nase ist gebrochen, das habe ich gehört.«

Der Triumph in Marcels Stimme war nicht zu überhören. Edda war entsetzt. Die Vorstellung, dass Marcel einen Menschen absichtlich verletzt hatte, erschreckte sie.

»Von Gewalt halte ich nichts«, sagte sie. »Gewalt macht mir Angst.«

»Mir wäre es anders auch lieber.« Als ob seine halb gerauchte Zigarette ihm nicht mehr schmeckte, drückte Marcel sie energisch aus. »Allerdings erledigt eure Justiz ihren Job nicht gut.«

Wie er herausgefunden hatte, war gegen Lammerding zwar

wegen Oradour ermittelt worden. Anklage hatte die bundesdeutsche Staatsanwaltschaft jedoch nie erhoben. Französische Abgeordnete baten vergeblich darum, ihn auszuliefern. Das wiederum verbot in der Bundesrepublik das Grundgesetz.

Marcel ließ jetzt keine Steine mehr springen. Stattdessen warf er sie, einen nach dem anderen, ins Wasser, wo sie sofort versanken.

»Angeblich trug der Bataillonskommandeur Otto Diekmann die alleinige Schuld für das Massaker in Oradour. So lautet eine gängige Behauptung. Ist es nicht praktisch, dass Diekmann an der Front gefallen ist? Niemand kann ihn befragen. Damit kommen Leute wie Lammerding durch!«

»Das ist wirklich unfassbar!«, pflichtete Edda ihm bei. »Mit dieser Ausrede kann sich jeder Soldat, der in Oradour dabei gewesen war, auf Diekmanns Befehl berufen.«

Auch ihr Vater.

»Dennoch«, sagte Edda bestimmt. »Gegen Selbstjustiz bin ich trotzdem. Was käme dabei heraus, wenn alle dazu greifen würden? Mord und Totschlag.«

Marcels Hand knetete einen Stein. Seine Augen funkelten, nicht mehr euphorisch, sondern wütend. »Und was passiert stattdessen? Tausende Nazi-Mörder und Millionen ihrer Helfer laufen frei herum, wiegen sich in Sicherheit und ziehen ihre Drähte. Das können wir doch nicht hinnehmen! Für mich hieße es, dass meine Mutter im Kampf gegen die Faschisten umsonst gestorben wäre.«

Einen Moment lang schwiegen sie. Die Musik, ausgelassene Rufe sowie das Gelächter der anderen Leute fühlten sich plötzlich an, als gehörten sie zu einer fernen, unbeschwerten Welt.

»Wenn du diese Haltung hast«, nahm Edda das Gespräch wieder auf, »muss ich dann damit rechnen, dass du eines Tages meinen Vater zusammenschlägst?«

Für einen winzigen Augenblick wich Marcel ihrem Blick aus. Edda schloss daraus, dass er mit diesem Gedanken zumindest gespielt hatte. Doch dann ergriff Marcel ihre Hand und drückte sie fest.

»Das tue ich nicht, *mon amour*«, versicherte er.

Sie lehnte den Kopf an seine Schulter. Ganz in ihrer Nähe spielte eine Frau *The Sounds of Silence* auf der Gitarre und sang mit angenehm tiefer Stimme dazu. Einen Moment lang lauschten sie ihr, ohne etwas zu sagen.

»Hast du nicht den Wunsch, es ein einziges Mal von deinem Vater zu hören?« fragte Marcel leise. »Ihn dazu bringen, dass er zugibt, was er getan hat?«

Edda richtete sich auf.

»Doch«, gab sie zu. »Aber nicht durch Gewalt. Es muss einen anderen Weg geben.«

»Zeig ihn mir«, sagte Marcel.

*

Aufgeregt sah Edda zu, wie sich Marcel mithilfe eines Dietrichs, den er aus einem Drahtbügel gefertigt hatte, an der Eingangstür zu schaffen machte. Er arbeitete leise, mit ruhiger Hand. Eddas hingegen, die ihm mit einer Taschenlampe leuchtete, zitterte leicht. Marcel hielt sie sanft fest und richtete den Lichtkegel günstiger für sich aus. Dabei lächelte er Edda ermutigend zu. Das änderte nichts daran, dass ihre Finger, die in Gummihandschuhen steckten, nervös kribbelten. Die Haustür zur Straße hatte sich doch in Sekunden öffnen lassen. Wieso dauerte es so lange, dieses Schloss zu knacken? Im Treppenhaus war es still, die Bewohner schliefen. Aber was, wenn ein Nachtschwärmer unter ihnen wäre, der ausgerechnet jetzt zurückkehrte? Ein Auto fuhr vorbei, und wie ein Blitz erleuchteten seine Scheinwerfer den Hausflur. Edda zuckte zusammen, als hätte die plötzliche Helligkeit Marcel und sie enttarnt, zwei Einbrecher in schwarzen Jacken und Hosen. Im selben Moment sprang mit einem Klacken die Tür auf. Hörbar atmete Edda aus, Marcel grinste stolz. Dann standen sie in der Praxis von Viktor Nolting. Ob sie hier seine alten Briefe finden würden? Insbesondere die Post aus Frankreich? Edda hoffte es. Sie nahm an, dass ihre Mutter den Verdacht geschöpft hatte, dass Edda die Briefe entdeckt hatte. Wenn sich ihre Eltern deshalb für ein neues Versteck entschieden hatten, insbesondere, falls die Briefe belastende Informationen enthielten, gäbe es aus ihrer Sicht keinen besseren Ort als die Praxis. Hier hielt Edda sich schließlich nie auf.

»Wo willst du suchen?«, raunte Marcel ihr zu. Er hatte seine Taschenlampe angeknipst und sie auf die Aktenschränke im Empfangsbereich gerichtet. Von einer Wand hinter der Rezeption war die Tapete gerissen worden, auf dem mit Planen abgedeckten Boden standen ein Werkzeugkasten und Farbeimer. Offenbar hatten kürzlich Reparaturarbeiten stattgefunden. Die Renovierung war anscheinend nicht fertig geworden, bevor ihre Eltern mit Peters Familie verreist waren.

»Nicht hier«, sagte Edda knapp. Sie leuchtete den Flur entlang. Auf seiner linken Seite befanden sich das Wartezimmer und die Röntgenkammer, auf der rechten die Behandlungsräume, eine kleine Küche und das Bad. Ganz hinten, am Ende des Ganges, lag Viktor Noltings Besprechungszimmer, in dem er nicht nur Patientengespräche führte, sondern gelegentlich auch schlief, wenn er lange gearbeitet hatte. Dorthin zog sie Marcel. Ihre Schuhsohlen quietschten auf dem Linoleum, worüber beide erschraken. Marcel fing sich sofort wieder und beschwichtigte Edda.

»Wir sind im Erdgeschoss. Allenfalls die Mäuse im Keller können uns hören.«

Er hatte recht, trotzdem klopfte Eddas Herz wie verrückt. Was täten sie bloß, wenn jemand sie bemerkte?

Im Besprechungszimmer ihres Vaters legte Edda die Umhängetasche mit Marcels Kamera auf der braunen Ledercouch ab. Wären sie erfolgreich, würden sie die Briefe abfotografieren. Rasch sah sich Edda um. Alles war aufgeräumt. Der Raum wirkte steril und abweisend, als bemühte er sich, etwas vor ihnen zu verbergen. Marcel hatte bereits einen Aktenschrank aufgerissen und durchforstete ihn. In wenigen Augenblicken landeten Dutzende Ordner neben ihm auf dem Boden. Mit einem kräftigen Ruck zog Edda die Schiebetüren des größten Schrankes auf. Hastig durchsuchte sie die Fächer. Medizinische Lexika reihten sich an orthopädische Fachbücher und ordentlich beschriftete Akten zum Thema Radiologie. In einem anderen Fach lagerten Kissen, Bettzeug und ein Waschbeutel. Edda warf alles auf die Couch. Die Briefe entdeckte sie nicht. Sie durchwühlte Stapel von Arztkitteln, Handtüchern und Wechselhemden, inspizierte weitere Schränke sowie eine kleine Kommode, die Gläser, Cognacflaschen und Rauchwaren enthielt. Mit jeder Minute schwand ihre Zuversicht.

»Nichts«, stieß sie nach ein paar Minuten atemlos hervor.

Marcel wandte sich Edda zu. »Bei mir auch nicht.«

Er leuchtete zu Viktor Noltings Schreibtisch hinüber. »Vielleicht sind sie ja da drin.«

Voller Hoffnung machte sich Edda an den Schubladen zu schaffen, musste jedoch feststellen, dass sie verschlossen waren. Sie rüttelte an den Griffen. »Das kann doch nicht wahr sein!«

Fieberhaft sah Edda sich nach den Schlüsseln um, fand

sie aber nicht. Wortlos legte Marcel seine Lampe auf dem Schreibtisch ab, nahm sich eine der Büroklammern und begann, sie zurechtzubiegen. Gespannt sah Edda zu, wie er daraus einen weiteren, diesmal winzigen Dietrich bastelte. Vor dem Schreibtisch kniend, brach er die kleinen Schlösser auf. Edda leuchtete ihm.

»Woher kannst du das eigentlich?«, flüsterte sie ihm zu.

»Ich habe beim Militär nicht nur schießen gelernt.« Marcel sah kurz auf. »Manchmal haben andere Soldaten den Schlüssel zu meinem Spind versteckt. Spaßeshalber. Da musste ich mir zu helfen wissen.«

»Ach«, sagte Edda erstaunt. Sie hatte gar nicht gewusst, dass Marcel Militärdienst geleistet hatte.

Bei der letzten Schublade fluchte Marcel, weil ihm der Draht mehrmals aus dem Schloss rutschte. Aber schließlich hatte er es geschafft. Der Schreibtisch war geknackt. Als Marcel sich aufrichtete, meinte Edda, trotz des bloß schummerigen Lichtes, auf seiner Stirn Schweißperlen zu sehen.

»Los jetzt!«, trieb er Edda an.

Sie stießen auf Rechnungen, Einladungen zu Kongressen, Rezeptvordrucke, ein Stethoskop. Auch eine angebrochene Packung Schlaftabletten.

»Hat deine Mutter die Briefe vielleicht vernichtet?«, fragte Marcel mit Resignation in der Stimme, während er eine weitere Schublade durchkämmte.

»Sicher bin ich natürlich nicht«, gab Edda zu. »Aber ich glaube, meine Mutter hängt an den Briefen.«

Plötzlich erregte eine graue Mappe Eddas Aufmerksamkeit. Im Gegensatz zu den übrigen Akten hatte Viktor Nolting sie nicht beschriftet. Ein einfaches Band hielt sie zusammen. Edda entfernte es und öffnete den Deckel. Prompt fiel ein Briefumschlag heraus. Er war an Viktor Nolting adressiert, in kleinen, akkuraten Lettern. Nur ein Zettel steckte darin.

Lieber Viktor, der Text zu deiner Kenntnisnahme. Gruß, Heinz.

Erwartungsvoll beugte sich Marcel über Eddas Schulter.

»Hast du etwas gefunden?«

»Eine Nachricht von Heinz Damme«, murmelte Edda mit einem Blick auf den Absender. Der Name weckte unangenehme Erinnerungen in ihr.

Marcel runzelte die Stirn. »Wer ist das?«

»Na, der schmierige Typ von Vaters Geburtstag. Du weißt schon, der, der behauptet hat, von Oradour nie gehört zu haben.«

»Ah«, machte Marcel. »Der Widerling mit der affektierten Ehefrau.«

Edda nickte. Sie entnahm der Mappe einen kleinen Stapel Zettel, die ihr Vater vor- und rückseitig beschrieben und mit einer Büroklammer zusammengeheftet hatte.

Mit seiner Taschenlampe bestrahlte Marcel die handbeschrifteten Blätter. »Etwas Interessantes?«

»Lauter Namen«, meinte Edda achselzuckend. »Es sieht aus wie eine Liste.«

Sie beugten die Köpfe tiefer über die Papiere. *Dr. Karl Brandt, Nürnberg 1947 – Todesurteil, Dr. Fritz Fischer, Nürnberg 1947 – lebenslange Haft, aber vorz. entl. 1954, Dr. Kurt Blome, Nürnberg 1947 – Freispruch.*

Edda deutete auf den Ort, Nürnberg, und das Datum. Der Gedanke an die Nürnberger Prozesse, die bald nach dem Krieg vor dem Militärgericht der Alliierten stattgefunden hatten, drängte sich auf.

»Mensch, Marcel«, flüsterte sie aufgeregt. »Das sind alles Nazi-Ärzte.«

Marcel pfiff leise durch die Zähne. Aufgeregt wedelte Edda mit den Papieren. »Von wegen, Vater verdrängt den Krieg. Wieso protokolliert er diese Verfahren?«

Sie erwartete keine Antwort, sondern wendete das Blatt. Ein Name stach ihr sofort ins Auge. Nicht nur, weil ihr Vater ihn in großen Druckbuchstaben notiert hatte. *HEINZ DAMME. Nürnberg 1947, fünfzehn Jahre Haft, aber vorz. entl. 1952.*

Edda und Marcel sahen sich an. Fünfzehn Jahre. Das war nicht gerade wenig. Was mochte Heinz Damme, der Freund ihres Vaters, verbrochen haben? Edda schauderte.

»Wieder so ein Schwein, das seiner Strafe entgangen ist«, presste Marcel zornig hervor. »Und wir haben Damme auch noch die Hand geschüttelt.«

In Windeseile überflog Edda die übrigen Namen. Kein weiterer kam ihr bekannt vor. Auffällig war, wie oft eine vorzeitige Entlassung auftauchte.

»Was ist sonst noch in der Mappe?«, fragte Marcel und griff danach. Im selben Augenblick ertönte eine Sirene. Polizei! Eine Sekunde erstarrten sie. In Edda wallte Panik auf, sie spiegelte sich in Marcels Gesicht.

»Licht aus! Duck dich!« Hektisch zog Marcel sie unter den Schreibtisch. Dabei stieß er gegen die Mappe auf dem Tisch. Sie fiel herunter, Zettel flatterten auf den Boden. Die Sirene kam näher. Mit angezogenen Knien kauerte Edda neben Marcel in der Dunkelheit. Das Herz schlug ihr bis zum Hals. Waren sie zu laut gewesen? Hatten Nachbarn die Polizei alarmiert? Edda griff nach Marcels Hand, er drückte ihre. Edda presste die Augen zusammen. Ihr graute davor, wie in Paris eine Nacht im Gefängnis zu verbringen. Der Polizeiwagen jagte die Straße entlang. Marcels Griff wurde fester, Eddas zerbissene Lippen schmeckten nach Blut. Dann entfernte sich die Sirene. Nachdem sie verklungen war, fühlte Edda sich so ausgelaugt, als wäre sie vor der Polizei davongerannt.

Erleichtert schalteten sie ihre Taschenlampen ein.

»Lass uns verschwinden«, bat Edda.

»Ja, gleich«, sagte Marcel. »Erst schauen wir uns noch die Zettel an.«

»Okay.«

Edda wusste, täten sie es nicht, würden sie sich immer wieder fragen, ob sie etwas Wichtiges übersehen hätten. Rasch klaubten sie die Papiere zusammen. Innerhalb kürzester Zeit war das Geheimnis gelüftet: Viktor Nolting hatte Zeitungsartikel ausgeschnitten und sie mit ihrem Erscheinungsdatum versehen. Bereits die Überschriften verrieten, dass er die Nürnberger Ärzteprozesse dokumentiert hatte, aber auch die Frankfurter Auschwitzprozesse und einige, sogar aktuelle, Euthanasie-Verfahren. Die Namen sämtlicher Verurteilten hatte er in Rot umrandet. Edda vermutete, dass sie mit den Namen auf seiner handschriftlichen Liste übereinstimmten.

Marcel war aufgesprungen, um seine Kamera zu holen. Während er begann, die Artikel abzuknipsen, raunte er Edda zu: »Was ist mit Oradour? Sieh mal nach, ob du nicht etwas über das Bordeaux-Tribunal findest.«

Hastig blätterte sich Edda durch die Artikel. Über jeden, in dem sie nicht auf den Namen ihres Vaters stieß, war sie insgeheim froh. Die Verurteilten hatten sich teils wegen grausamer Experimente an den KZ-Gefangenen verantworten müssen, andere wegen der Ermordung kranker Menschen. Dabei wollte sich Edda ihren Vater nicht auch noch vorstellen. Zu Oradour gab es nichts. Keine Artikel. Keine Briefe. Ihre Mission in Viktor Noltings Praxis war gescheitert.

»Gehen wir, Marcel«, drängte ihn Edda, erschöpft und enttäuscht. »Das Fotografieren dauert zu lange.«

Zu ihrer Erleichterung nickte Marcel. Er verpackte die Kamera, schnappte sich die Namensliste und steckte sie ein.

Edda erschrak.

»Bist du verrückt?«, fuhr sie ihn im Flüsterton an. »Das fällt doch auf!«

Marcel zuckte bloß mit den Schultern. Dann eilte er aus dem Zimmer. Edda warf einen kurzen Blick zurück auf das Chaos, das sie hinterließen: ausgeräumte Schränke, geöffnete Schubladen, verteilte Papiere. Käme ihr Vater, wenn er bemerkte, dass außer der Liste nichts fehlte, auf die Idee, Edda zu verdächtigen? Um von sich abzulenken, ließ sie vorsichtshalber die OP-Masken und Schlaftabletten mitgehen.

In einer Parallelstraße hatten sie ihre Fahrräder abgestellt. Noch war es dunkel, aber im Osten ließ sich die Morgendämmerung schon erahnen.

»Kommst du mit zu mir?«, fragte Marcel, während sie ihre Fahrräder losketteten.

Edda schüttelte den Kopf. »Ich muss mich umziehen, bevor ich in den Kinderladen fahre. Gehen wir zu mir.«

Doch auch Marcel hatte seine Pläne. Zu einem zeitigen Frühstück erwartete er Andreas, Gudrun sowie einige andere.

»Die Besetzung des Jugendamtes steht an«, erläuterte er. Sie verabredeten sich für den folgenden Abend. Ein kleines Stück radelten sie noch zusammen. Eddas Blick haftete an Marcel, der vor ihr kräftig in die Pedale trat. Tatsächlich plante er schon die nächste Aktion, während Edda noch eine ganze Weile damit beschäftigt wäre, den Einbruch bei ihrem Vater zu verdauen. Je mehr ihre Anspannung nachließ, desto enttäuschter war sie darüber, in seiner Praxis nicht fündig geworden zu sein. An Eddas Überzeugung, dass ihr Vater sich in Oradour schuldig gemacht hatte, änderte das nichts. Und ja, ebenso wie Marcel drängte es sie, dafür zu sorgen, dass er es ihnen gestand. Wäre es ihnen gelungen, schriftliche Beweise zu beschaffen, hätten sie ihn festnageln können. Mit Worten. Ohne Gewalt. Nach dem beunruhigenden Gespräch mit Marcel am Main hatte sie ihn unbedingt davon überzeugen wollen, dass das der richtige Weg sei. Auch deshalb war sie an diesem Abend über ihren Schatten gesprungen.

Am U-Bahnhof Miquel-/Adickesallee trennten sich ihre Wege. Zum Abschied, ohne von den Rädern zu steigen, küssten sie sich.

»Der ganze Stress ist umsonst gewesen«, sagte Edda mit einem Seufzen.

Vielsagend blickte Marcel sie an. Etwas an seinem Blick irritierte Edda. »Nein, *mon amour*. Ich habe die Liste mit den Namen. Dafür hat es sich gelohnt.«

Edda sah ihm nach, als er davonfuhr. Bereits an der nächsten Ecke bog er ab und entschwand ihrem Blick.

*

Mit Sanne auf dem Rücken, eingehüllt in ein weißes Laken, das die Kinder mit schwarzen Punkten bemalt hatten, trabte Edda als Kleiner Onkel verkleidet durch das Spielzimmer des Kinderladens. Ab und zu schnaubte sie wie ein Pferd. Sanne, deren Haare Edda zu Zöpfen geflochten hatte, trällerte das Pippi-Langstrumpf-Lied. In den Rollen von Pippis Freunden, zwei Polizisten und der Lehrerin Fräulein Prysselius tobten die anderen Kinder auf den Matratzen. Seitdem der Film zu Astrid Lindgrens Büchern im Frühjahr in die Kinos gekommen war, spielten sie begeistert das Leben der kleinen Rebellin nach, die sich von keinem Erwachsenen etwas befehlen ließ.

»Hallo, zusammen!«, rief eine kräftige Männerstimme in den Tumult hinein. Edda blickte zur Tür.

»Joachim?«

Grüßend hob er die Hand. Dann deutete er mit einem amüsierten Blick auf ihr Kostüm: »Du siehst super aus, Edda.«

»Wer ist das?«, wollte Sanne, die Edda fest umklammert hielt, wissen. Andere Kinder kamen neugierig näher.

»Mein Bruder«, antwortete Edda.

Als sie das sagte, empfand sie Freude. Es war so lange her, dass sie Joachim gesehen hatte. Nach dem Streit wegen ihres Vaters hatte er sie zwar einige Male nach Essen eingeladen, aber es war immer etwas dazwischengekommen.

Edda bat Sanne, die dagegen protestierte, abzusteigen, und umarmte Joachim.

»So eine Überraschung«, sagte sie lächelnd. Doch im selben Moment beschlich Edda die Ahnung, dass Joachims Besuch etwas mit ihrem Einbruch in die Praxis zu tun haben könnte. Wäre er sonst mitten in der Woche aus Essen angereist? Schlagartig erstarb Eddas Lächeln. Joachim legte seine Hand auf ihren Arm. Offenbar hatte er ihren abrupten Stimmungswechsel bemerkt.

»Herrje, Schwesterherz, ich wollte dir keinen Schreck einjagen«, entschuldigte er sich leise. »Vater und Mutter sind wohlauf. Niemand ist im Krankenhaus, falls du das denkst. Aber du ahnst, dass ich nicht grundlos gekommen bin.«

Mechanisch nickte Edda. Die Stimmen der Kinder, die um sie herumtollten, nahm sie nur noch gedämpft wahr. Seit zwei Wochen saß sie auf heißen Kohlen. Immer wieder hatte sie sich gefragt, wann und wie sie erfahren würde, dass ihre Eltern den Einbruch entdeckt hätten.

»Was ist denn passiert?«, presste Edda mühsam hervor. Sie spürte, wie sie rot wurde. Um Joachims Blick auszuweichen, schälte sie sich aus ihrem Pferdekostüm und reichte es einem Jungen, der es sich freudig überstülpte und damit juchzend durch den Raum galoppierte.

»Das würde ich dir gern unter vier Augen erzählen. Nicht vor den Kindern.« Joachim sah auf seine Armbanduhr. »Dora sagte mir, du hättest gegen drei Uhr Feierabend. Soll ich draußen auf dich warten? Wir könnten einen Spaziergang machen.«

»Okay«, erwiderte Edda einsilbig.

Nachdem Joachim gegangen war, bettelte Sanne um einen letzten Ritt auf Kleiner Onkel. Sie bestand darauf, dass Edda sich dazu das Kostüm anzog, was bei dem Jungen, der es noch trug, zu Tränen führte. Edda hatte keine Geduld, abzuwarten, bis sich die beiden geeinigt hätten. Da weder die neue Erzieherin noch Eltern in Sichtweite waren, setzte sich Edda über die Prinzipien des Kinderladens hinweg und versprach Sanne für den nächsten Tag die doppelte Anzahl an Runden, wenn sie jetzt Ruhe gäbe. Zum Glück war Sanne bestechlich, und kurz darauf spielten die Kinder einträchtig miteinander.

Als Edda an der Garderobe ihre Tasche zusammenpackte, war sie froh, dass ihr ein Moment blieb, um ihre Gedanken zu ordnen. Ihr graute davor, von Joachim zu erfahren, dass die Täter Spuren hinterlassen hätten. Reichten Schuhabdrücke aus, um Marcel und sie zu identifizieren? Ob ihr Vater bemerkt hatte, dass die Liste mit den Namen der Nazi-Ärzte fehlte? Würde er nicht unweigerlich vermuten, dass Edda und Marcel dahintersteckten? Wie oft hatte sie sich diese Fragen schon gestellt. Um sich zu beruhigen, hielt sie sich Marcel vor Augen, wie er entschlossen mit seinem Dietrich die Praxistür geöffnet hatte. Er war immer überzeugt davon gewesen, dass keine Gefahr bestand, aufzufliegen. Sollte Viktor Nolting ihnen den Einbruch überhaupt zutrauen, würde er seinen Verdacht bestimmt nicht an die große Glocke hängen. Keinesfalls würde er riskieren, die Frage laut werden zu lassen, ob er die Rechtsprechung zu Kriegsverbrechen deshalb so akribisch verfolgte, weil er Sorge hatte, selbst strafrechtlich belangt zu werden. Marcels Argumentation hatte ihr eingeleuchtet. Aber konnten sie sicher sein? Plötzlich empfand sie Misstrauen. Hatte ihr Vater womöglich einen Verdacht Joachim gegenüber geäußert? War ihr Bruder gekommen, um sie auszuhorchen? Vielleicht hatte er vor den Kindern nur so arglos getan. Denkbar wäre es. Inzwischen war es kurz nach drei, Joachim wartete auf sie. Edda öffnete ihren straffen Zopf und schüttelte das Haar aus. Bevor sie aus dem Kinderladen ins Freie trat, atmete sie einmal tief durch.

Auf dem Weg zum Palmengarten, den Joachim ihr an diesem sonnigen Septembertag als Ausflugsziel vorgeschlagen hatte, erzählte er Edda, dass in der Praxis ihres Vaters eingebrochen worden war.

»Vater hat mich in aller Frühe angerufen. Er klang so erschüttert, dass ich nicht lange gefackelt habe. Ich habe mich in den Wagen gesetzt und bin nach Frankfurt gefahren. Ehrlich, Edda, ich habe mir ernsthaft Sorgen um unseren alten Herrn gemacht.«

Edda war beklommen zumute. Sie klärte ihre Stimme, indem sie sich räusperte. »Geht es Vater denn wieder besser?«

»Zum Glück, ja.« Joachim war seine Erleichterung anzusehen. »Bereits als ich ankam, hatte er sich berappelt. Aber Akten, Bücher, Berge von Papieren, alles lag auf dem Boden herum. Wir haben das schlimmste Chaos gemeinsam beseitigt.«

Edda fiel ein Stein vom Herzen, weil ihr Vater sich so rasch erholt hatte. Außerdem schwand ihr Misstrauen gegenüber Joachim, in dessen Blick sie keinen Argwohn erkannte. Edda verzichtete darauf, Joachim über jedes Detail des Einbruchs auszufragen. Stattdessen erkundigte sie sich nach ihrer Mutter. »Wie hat Mutter auf den Einbruch reagiert? Weißt du das?«

»Mit Migräne«, antwortete Joachim knapp.

Die Geschwister wechselten einen einvernehmlichen Blick.

»Die Ärmsten«, murmelte Edda. »Was für ein schlimmes Urlaubsende.«

Auch wenn sie sich wie eine Lügnerin vorkam, es galt, die Rolle der Ahnungslosen durchhalten.

»Ist Vater denn irgendetwas gestohlen worden?«

Dass sie diese Frage einen Tick zu atemlos stellte, schien Joachim für einen Ausdruck ihres Mitgefühls zu halten. Er machte eine beschwichtigende Geste.

»Wohl nicht«, entgegnete er. »Vater vermutet, dass die Täter auf Geld aus waren, aber keins gefunden haben. Anzeige hat er trotzdem erstattet.«

Edda horchte auf. »Gegen unbekannt?«

»Gegen wen denn sonst, Schwesterherz?«

Edda wurde heiß und kalt. Schwang Ironie in seiner Stimme? Beabsichtigte er doch, ihr auf den Zahn zu fühlen? Ihre Sorge verpuffte, als sie begriff, dass offensichtlich niemand etwas gegen Marcel und sie in der Hand hatte. Die Angst der letzten zwei Wochen fiel von ihr ab, und mit einem Mal fühlte Edda sich federleicht. Es gab keine Spuren, sie hatten alles richtig gemacht. Selbst wenn ihr Vater die Namensliste vermisste, sogar, wenn er sie deshalb verdächtigte, hätte das keine Folgen. Marcel hatte recht behalten. Wie gern hätte Edda ihm die beruhigende Neuigkeit auf der Stelle erzählt.

Nachdem sie am Kassenhäuschen des Palmengartens ihre Eintrittskarten gekauft hatten, hakte sich Edda bei ihrem

Bruder unter. Sie promenierten an farbenfrohen Beeten mit Astern, Hortensien und Rosen entlang, und Edda kam es so vor, als freute sich die Natur mit ihr. Als sie die ersten Kastanien aufsammelten, erzählte ihr Joachim, dass er mit seiner Jugendliebe Nora, die vorgehabt hatte, Floristin zu werden, viel Zeit im Palmengarten verbracht hatte.

»Das war Anfang der Fünfziger, ich muss um die achtzehn gewesen sein«, meinte Joachim etwas melancholisch. »Direkt nach dem Krieg hatte der Palmengarten zum Sperrgebiet der US-Army gehört und war für uns eine Weile tabu.«

Edda nickte. Das war ihr bekannt. In ihrer Erinnerung allerdings gehörten Spaziergänge im Palmengarten bereits selbstverständlich zum sonntäglichen Programm.

»Manchmal haben die Eltern ein Boot gemietet«, sagte sie. »Vater hat Mutter und mich über den großen Weiher gerudert.«

Kurz drückte Joachim ihren Arm fester an sich. »Schön, dass du dich daran erinnerst. Ich habe schon die ganze Zeit den Eindruck, dass Vater und Mutter dir doch sehr am Herzen liegen. Meinst du nicht, der Einbruch wäre ein guter Anlass, dich mal wieder bei ihnen zu melden? Du kannst dich doch nicht ewig von ihnen fernhalten.«

Unwillkürlich ließ Edda ihn los. Ihr Misstrauen flammte auf.

»Hat Vater dich geschickt?«, fragte sie ärgerlich.

Joachim seufzte. »Niemand schickt mich. Ich finde nur, es fällt dir kein Zacken aus der Krone, wenn du einen Schritt auf die beiden zugehst.«

Edda wollte etwas entgegnen, doch Joachim sprach weiter. »Es ist ja nicht so, dass ich dich nicht verstehe. Viele Fragen, die dich umtreiben, habe ich mir selbst gestellt. Das weißt du doch. Aber ich möchte nicht, dass unsere Familie daran zerbricht. Außerdem …« Joachim bedeutete ihr, sich mit ihm auf eine sonnige Bank zu setzen. »Unsere Eltern werden nicht jünger. Eines Tages könntest du es bereuen, dich von ihnen abgewendet zu haben.«

Edda blinzelte in die Sonne. Joachims konziliante Haltung kannte sie, und wie immer reagierte sie darauf mit Ungeduld. Sie verkniff sich eine schnippische Antwort, hielt ihm jedoch entgegen: »Sehr viel mehr würde ich es bereuen, mich mit einem Mörder an denselben Tisch zu setzen.«

Joachim stieß einen resignierten Laut aus. »Du bist so stur. Wie unsere Mutter.«

Vergrätzt schwiegen beide, bis Joachim noch einmal auf den Vormittag zu sprechen kam. Er hatte sich zunächst ernsthaft gesorgt, dass Viktor Nolting einen Infarkt erlitten haben könnte.

»Er hat in den letzten Monaten viel wegstecken müssen. Nicht zuletzt euer Zerwürfnis belastet ihn. Vor Kurzem ist dann auch noch ein guter Freund von Vater gestorben. Sein Tod hat ihn ziemlich gebeutelt.« Joachim hielt kurz inne. »Vater deutete an, dass er sich womöglich das Leben genommen hat.«

Erschrocken hatte Edda sich aufgerichtet. »Es war aber nicht der nette Herr Steckel, oder? Er war immer so lustig, wenn er zu Besuch gekommen ist.«

Joachim schüttelte den Kopf. »Nein, dieser Damme aus München.«

Eddas Augen weiteten sich. »Vaters Studienfreund?«

»Und Kollege«, ergänzte Joachim. Während des Krieges hätten Heinz Damme und ihr Vater zusammengearbeitet. In der Forschung. Woran sie geforscht hatten, danach hatte Joachim nie gefragt. Während Edda ihm zuhörte, blitzte die gestohlene Liste vor ihr auf. Genauer gesagt Dr. Heinz Dammes

Name. Nürnberg 1947, fünfzehn Jahre Haft, vorzeitig entlassen 1952.

»Jede Wette, der Damme ist auch so ein Nazi«, sagte Edda voller Abscheu.

Ihr Bruder sah sie scharf an. »Jetzt fang bloß nicht wieder damit an, Edda. Überall witterst du Nazis. Das wird zur Manie.«

Edda dachte an Marcel, der dem SS-Kommandanten Lammerding das Nasenbein gebrochen hatte. Niemals hätte er sich dazu hinreißen lassen, wenn er darauf vertrauen könnte, dass die deutsche Justiz nationalsozialistische Kriegsverbrecher angemessen bestrafte.

»Joachim, sie *sind* überall. Nicht einmal verstecken müssen sie sich. Weil Leute wie du sie nicht sehen möchten. Ich mache wenigstens keine faulen Kompromisse.«

Joachim sah sie an, als wollte er dagegenhalten, doch letztlich begnügte er sich damit, den Kopf zu schütteln.

Tief im Inneren bedauerte es Edda, dass sie ihrem Bruder nicht von der Namensliste erzählen konnte. Wüsste er Bescheid, dann würde er einsehen, dass ihre angeblichen Behauptungen Hand und Fuß hatten. Aber ihr war klar, dass Joachim ihr den Einbruch nie verzeihen würde.

»Ich nehme an, dich zu bitten, an Vaters Verabschiedung in der Universität teilzunehmen, kann ich mir sparen«, brummte ihr Bruder.

»Das kannst du«, erwiderte Edda, ohne zu zögern.

Schweigend betrachteten sie die Beete blauer Hortensien. In den Kiessteinchen, die den Weg zierten, beschrieb Joachim mit der Schuhspitze kleine Kreise. Plötzlich tat es Edda leid, ihn so harsch angefahren zu haben. Auch, wenn sie mit der Vergangenheit ihres Vaters unterschiedlich umgingen, Joachim meinte es gut mit ihr.

»Ich habe gar nicht gewusst, dass Vater noch in diesem Jahr ausscheidet«, lenkte sie ein. »Wann ist es denn so weit?«

»Mitte November.«

Edda stellte weitere Fragen und erfuhr so, dass Viktor Noltings Verabschiedung eine große Sache werden würde. Die Feier fände auf dem Gelände der Uniklinik statt. Neben zahlreichen Professoren, Kollegen und dem Dekan würden Studentinnen und Studenten kommen, die Familie natürlich auch.

»Und die Presse?«, fragte Edda.

Ein Geistesblitz hatte sie durchzuckt. Mit einem Mikrophon in der Hand sah sie sich auf einer großen Bühne stehen. Die Stühle im Saal bis auf den letzten Platz besetzt, Reporter machten Notizen, Kameras blitzten.

»Lokalpresse sicher. Unser Vater ist eine Koryphäe.« Joachim grinste. »Vielleicht kommst du ja doch, Schwesterherz. Aber wenn, dann besser ohne Marcel. Und dieses Mal bitte in ordentlicher Kleidung.«

»Vergiss es«, gab Edda zurück, wobei sie Joachim jedoch freundschaftlich in die Seite knuffte. Scheinheilig fühlte sie sich, ja. Aber die Gelegenheit, die sich ihnen bot, Viktor Noltings Geschichte doch noch an die Öffentlichkeit zu bringen, war unschlagbar.

Wenig später verabschiedeten sich die Geschwister. An der Bockenheimer Landstraße hielt ein studentischer Trauermarsch Edda kurz auf. Er galt dem zwei Tage zuvor verstorbenen nordvietnamesischen Revolutionär und Präsidenten Ho Chi Minh. Edda erstand eine Flasche Rotwein und machte sich auf den Weg zu Marcel. Es gab gute Gründe, miteinander anzustoßen. Und jede Menge zu besprechen.

*

Edda klappte ihr Tagebuch zu, in dem sie gerade ihren gestrigen Tag zusammengefasst hatte: das Gespräch mit Joachim, ihre maßlose Erleichterung, aber auch ihre Enttäuschung darüber, dass Marcel nicht zu Hause gewesen war, als sie ihm all das hatte erzählen wollen. Nur einen Zettel hatte sie ihm hinterlassen, auf dem sie gute Nachrichten angedeutet und Marcel gebeten hatte, am nächsten Abend zu ihr zu kommen. Jetzt war es gleich zehn. Hoffentlich wartete sie nicht vergeblich. Aus der Küche, in der Ariane mit ihrer Frauengruppe tagte, schallte immer wieder Gelächter. Im Radio, das auf Eddas Schreibtisch stand, kündigte der Moderator ein Lied von Aretha Franklin an. Ihre kraftvolle Soulstimme ging Edda unter die Haut. Sie drehte die Musik lauter und sang, mit einem unsichtbaren Mikrophon in der Hand, voller Inbrunst *A Natural Woman* mit. Deshalb hatte sie wohl auch Marcels Läuten nicht gehört, ebenso wenig wie sein Klopfen an ihrer Zimmertür. Als Marcel plötzlich von hinten die Arme um sie legte, erschrak Edda. Sie fuhr herum und schaute geradewegs in seine dunklen Augen.

»Hey«, sagte Edda erleichtert. »Ich dachte schon, du kommst nicht mehr.«

»Ich hatte viel zu tun«, antwortete Marcel. Seinen Blick wandte er nicht von ihr ab. Sanft streichelte er ihre Wange, was sich so intim anfühlte wie damals während des Vietnamkongresses in Berlin, als Marcel sie zum ersten Mal berührt hatte. »You make me feel like a natural woman«, wiederholte Aretha Franklin, und Eddas Lippen bewegten sich zum Liedtext mit. Ohne ein Wort zu sagen, zog Marcel Edda an sich und sie wiegten sich im Takt der Musik. Sachte strich Edda über Marcels volle Lippen. Sein Dreitagebart hatte etwas Verwegenes, was Edda gut gefiel. Erst zart, dann fordernder küsste sie Marcel. Aretha Franklin war längst verklungen, dafür umschmeichelte sie Elvis Presleys tiefe Stimme, während sie einander entkleideten und auf Eddas Matratze sanken. Der Rest der Welt rückte weit in die Ferne, nur sie beide zählten in diesem Augenblick. Nachdem sie sich geliebt hatten, blieben sie eine Weile eng umschlungen liegen, bis Marcel sich erhob, um seine Zigaretten zu holen und die Sektflasche zu öffnen, die er mitgebracht hatte.

»Der Sekt ist warm geworden«, stellte er fest.

Ausgestreckt auf der Matratze, den Kopf in die Hand gestützt, sah Edda Marcel dabei zu, wie er den sprudelnden Sekt in zwei Gläser schenkte. Marcel reichte ihr ein Glas und setzte sich zu ihr.

»Prost, *mon amour*.«

Edda lachte. »Willst du nicht erst wissen, worauf wir anstoßen?«

Kurz wirkte Marcel erstaunt, als hätte er den Zettel, den sie ihm am Vorabend in seiner Wohnung hinterlassen hatte, nicht gelesen. Dann grinste er: »Es sieht aus, als hätten wir beide etwas Interessantes zu erzählen. Fang du an.«

Edda ließ sich nicht lange bitten. Auf die Nachricht, dass sie von der Polizei nicht entlarvt worden waren, reagierte Marcel erfreut, aber lange nicht so enthusiastisch wie Edda. Offenbar war er sich seiner Sache sehr sicher gewesen. Joachims Sorge um Viktor Nolting empfand er als übertrieben. Natürlich erschrak man über einen Einbruch, bekäme aber vermutlich doch keinen Herzinfarkt davon. Zu dem Schluss war Edda inzwischen auch gekommen. Für so zart besaitet hielt sie ihren Vater nicht. Schließlich erwähnte sie noch den Selbstmord von Heinz Damme. Erst jetzt blitzten Marcels Augen auf.

»Ein Schwein weniger«, erwiderte er, wobei er sein Glas leicht an Eddas stieß.

Edda zuckte zurück. Auch wenn sie Heinz Damme nicht betrauerte, kam es ihr trotzdem ungehörig vor, auf seinen Tod ihr Glas zu erheben. Marcel schien ihr Unbehagen nicht zu bemerken, denn er sprudelte mit seiner eigenen Neuigkeit heraus. Die Besetzung des Frankfurter Jugendamtes war von Erfolg gekrönt worden. Der Amtsleiter Herbert Faller hatte versprochen, für die Fürsorgezöglinge Wohnungen zu beschaffen, in denen sie in Wohngemeinschaften zusammenleben könnten.

»*Fantastique*, nicht wahr?«, rief Marcel aus, während er ihnen Sekt nachschenkte. Er deutete in Richtung Küche. »Hat Ariane bei unserem Streit über die Staffelberger nicht behauptet, das würde in hundert Jahren nicht passieren? Ha! Keine drei Monate haben wir gebraucht, um unsere Forderung durchzusetzen.«

Es wäre tatsächlich höchste Zeit gewesen, räumte Marcel ein, denn in manchen studentischen WGs, die vorübergehend Jugendliche aufgenommen hatten, gab es deshalb Probleme. Während Edda Einzelheiten erfuhr, dachte sie zwangsläufig an Kai. Nachdem Micha und Ralf mit seinem Reisegeld für Woodstock verschwunden waren, hatte Edda Marcel vorgeschlagen, Kai wenigstens einen Bruchteil seines Verlustes zu ersetzen. Doch Marcel hatte sich geweigert. Er würde bereits einige Jungen aus Staffelberg mit ein paar Mark pro Tag unterstützen. Das läpperte sich. Edda war stocksauer gewesen. Zumindest hatten Ariane und Dora ihre Initiative unterstützt. Für die Zeit, in der Kai eigentlich in Woodstock hätte feiern wollen, war er, um sich abzulenken, spontan nach Amsterdam gefahren. Vor seiner Abreise hatte Edda ihm einen Umschlag mit einigen Geldscheinen überreicht. Kai hatte die kleine, entschuldigende Geste verstanden und zu schätzen gewusst. In Amsterdam hatte er sich dann Hals über

Kopf in eine Frau verliebt. Edda freute sich für ihn. So hatte die ganze Geschichte, die ihr immer noch unangenehm war, für Kai doch noch so etwas wie ein Happy End bekommen.

Als Marcel ihr nun voller Stolz erzählte, dass einige Jugendliche mithilfe seiner Gruppe sogar einen Ausbildungsplatz gefunden hatten, gratulierte sie ihm aus vollem Herzen. Diese Art von Engagement entsprach ihrer eigenen Vorstellung davon, wie Missstände in der Gesellschaft zu verändern wären. Auf ihren Überschwang reagierte Marcel mit ernster Miene.

»Allein mit guten Argumenten wären wir nicht sehr weit gekommen«, erwiderte er. »Wir müssen uns viel mehr trauen.«

Da stand Edda auf und entnahm ihrem Tagebuch ein Papier mit Notizen. Sie zeigte es Marcel.

»Mein Vater wird im November mit großem Tamtam von der Universität verabschiedet«, erklärte sie ihm. »Alles, was ich darüber weiß, habe ich aufgeschrieben. Marcel …« Sie ergriff seine Hand. »Die Presse wird dort sein. Ich finde, das sollten wir nutzen.«

Aufmerksam blickte Marcel sie an. »Was genau stellst du dir vor?«

Darüber hatte Edda an diesem Tag immer wieder nachgedacht. Das Bild, das ihr durch den Kopf geschossen war, gleich, nachdem Joachim ihr die Anwesenheit der Presse bestätigt hatte, ließ sie nicht mehr los. Die Blitzlichter der Kameras in dem proppenvollen Saal, das Pult, an dem sie selbst stand und redete. Über Oradour. Mit Sicherheit würden die Zeitungen über so einen Auftritt berichten. Es kam nicht alle Tage vor, dass eine Tochter ihren Vater wegen seiner Verbrechen aus der Vergangenheit anklagte. Schon gar nicht während einer solchen Feierlichkeit. Und wenn ein engagierter

Staatsanwalt daraufhin die Ermittlungen aufnähme? Nun, wenn es gar dem SS-Kommandanten Lammerding gelungen war, sich herauszureden, landete ihr Vater wohl erst recht nicht hinter Gittern. Doch mit den Unannehmlichkeiten, die ihm entstehen würden, bezahlte er wenigstens einen kleinen Preis für seine Taten. Dachte sie an die schockierten Gesichter ihrer Familie, wurde Edda allerdings flau. Vielleicht redete Joachim nie mehr mit ihr. Und ihre Nichten würden sie endgültig für die fiese Tante halten, die jedes Fest ruinierte. Edda verbat sich den Gedanken an den verstörten Blick der für den Anlass feierlich herausgeputzten kleinen Jutta. Würde sie jemals verstehen können, was ihre Tante zu diesem folgenreichen Auftritt bewogen hatte? Aber Edda ging es eben nicht wie Joachim darum, eine verlogene Familienidylle aufrechtzuerhalten. Ihr ging es um die Wahrheit. Dafür war sie bereit, ihre Ängste zu überwinden. Vor Aufregung würden ihre Knie zittern, ja, ihre Stimme würde beben, aber nicht brechen. Das hatte sie in Staffelberg gelernt.

Froh, diese Gedanken endlich mit Marcel zu teilen, hatte Edda nonstop geredet. Etwas außer Atem hielt sie nun inne und sah Marcel erwartungsvoll an.

»Und?«, fragte sie ungeduldig. »Was denkst du?«

Zwar umspielte ein kleines Lächeln seine Mundwinkel, doch was bedeutete es? Zustimmung? Oder nahm er ihren Vorschlag gar nicht ernst? Er legte seine halb gerauchte Zigarette auf dem Rand des Aschenbechers ab und zog Edda in seine Arme.

»Hast du mir denn in deinem Drehbuch auch eine kleine Rolle zugedacht?«, fragte Marcel mit ironischem Unterton. »Ich habe den Eindruck, du brauchst mich nur als Staffage.«

Edda stutzte. Niemals wäre es ihr in den Sinn gekommen, eine derartige Aktion ohne Marcel zu starten. Es war für sie undenkbar, allein vor dem großen Publikum und ihrer Familie zu stehen. Allerdings musste sie zugeben, dass Marcel in ihren eben geschilderten Überlegungen nicht vorgekommen war.

Edda richtete sich auf und sagte mit Nachdruck: »Selbstverständlich bin ich davon ausgegangen, dass du auch sprichst. Als Überlebender des Massakers. Das wird enormes Aufsehen erregen.«

Marcel nahm seine Zigarette auf und rauchte sie weiter.

»Was glaubst du, wie lange man uns das Mikrophon überlässt? Falls alle schockiert genug sind, maximal eine Minute.«

Eddas Eifer fiel in sich zusammen. Enttäuscht starrte sie Marcel an. Er hatte recht. In ihrer Vorstellung hatten sie Zeit für eine glühende Rede, doch in Wirklichkeit würde man sie so schnell wie möglich von der Bühne zerren.

»Das bringt nichts«, sagte Marcel und aschte die Glut ab. »Über so einen Vorfall gibt es, wenn du Glück hast, einen Halbsatz in der Zeitung. Wir müssen es anders angehen.«

»Wie denn?«

Marcel schlug vor, seine Freunde zu mobilisieren. Vielleicht auch einige Medizinstudenten. Er sprach von Megaphonen, Transparenten, Trillerpfeifen, Tomaten und Eiern. Alles in allem wollte er einen Tumult anzetteln, der nicht so schnell in Vergessenheit geraten würde. Edda widerstrebte dieses Szenario. Keinesfalls wollte sie riskieren, dass die Polizei anrückte und es zu Ausschreitungen käme.

Heftig zog Marcel an seiner Zigarette, sein eben noch zärtlicher Mund wirkte jetzt hart.

»Aber so würde aus dem läppischen Zeitungshalbsatz ein bemerkenswerter Bericht entstehen«, behauptete er.

»Und worüber?«, widersprach Edda vehement. »Es ginge darin doch nicht mehr um Oradour oder die Rolle meines

Vaters. Mal wieder Ärger mit den Studenten, mal wieder Krawall an der Uni. Das würde in der Zeitung stehen, und darüber würden sich alle aufregen.«

Sie trank ihren Sekt aus und füllte ihr Glas nach.

»Es ist *mein* Vater, Marcel. Führen wir die Aktion also auf meine Art durch. Ich lasse mir etwas einfallen. Ein paar kurze, prägnante Sätze.«

Marcels Brauen zuckten ungehalten. Edda legte den Kopf an seine Schulter.

»Nach dieser Verabschiedung wird meine Familie nichts mehr von mir wissen wollen.« Mit etwas Sekt spülte sie den Kloß in ihrem Hals fort. »Wegen meines Vaters bin ich schon über viele Schatten gesprungen, Marcel. Dieser öffentliche Auftritt wird für mich schwer. Halt jetzt bitte zu mir. Ich brauche dich an meiner Seite.«

Marcel rauchte schweigend. Edda strich ihm einige Locken aus dem Gesicht und suchte seinen Blick. Es dauerte einen Moment, bis Marcel sie ansah. Mit einem Seufzen nickte er.

»Zwei Monate bleiben uns, um zu planen, wie wir es schaffen, dass du möglichst lange auf der Bühne bleibst«, sagte er. »Das muss gut vorbereitet sein, *mon amour.*«

＊

Ende Oktober 1969 knallten in Eddas WG die Sektkorken, denn Edda, Ariane und Dora, die erstmals bei einer Bundestagswahl ihre Stimme hatten abgeben dürfen, freuten sich über die endgültigen Ergebnisse. Zum ersten Mal seit Gründung der Bundesrepublik würde eine sozialliberale Koalition regieren. Die Christdemokraten waren in der Opposition gelandet, die NPD war an der Fünf-Prozent-Hürde gescheitert und aus dem Bundestag geflogen. Kanzler war der SPD-Kandidat Willy Brandt geworden, der versprach, mehr Demokratie zu wagen, wozu die bei jüngeren Leuten beliebte Idee gehörte, Wahlalter und Volljährigkeit von einundzwanzig auf achtzehn Jahre zu senken. Vor allem schätzte Edda an Willy Brandt, dass er sich seit jeher gegen die Nationalsozialisten gestellt hatte – im Gegensatz zu seinem Vorgänger Kurt Georg Kiesinger. In Eddas Erinnerung würde Kiesinger stets mit der legendären Ohrfeige verbunden sein, die ihm Beate Klarsfeld wegen seiner braunen Vergangenheit erteilt hatte. Ein Jahr war das nun her. Der Mut der Journalistin hatte Edda damals schwer beeindruckt. Niemals hätte sie es für möglich gehalten, eines Tages selbst einen spektakulären, öffentlichen Auftritt vorzubereiten.

Mit Details zur Verabschiedung ihres Vaters hatte Joachim sie versorgt. Höchst bereitwillig, hoffte Joachim doch, Edda würde sich zu der Entscheidung durchringen, ihrem Vater die Hand zu reichen. Stattdessen war sie nun mit Marcel zur medizinischen Fakultät gefahren, um sich mit dem großen Hörsaal vertraut zu machen, in dem die Feierlichkeiten stattfinden würden. Mehrere Filme hatte Marcel auf dem Gelände der Uniklinik verschossen. Später hatte er Edda geraten, die Fotos regelmäßig anzusehen und sich dabei die gefürchtete Situation am Rednerpult auszumalen. Je häufiger sie dieses Prozedere wiederholte, hatte er behauptet, desto besser bekäme sie ihre Nervosität in den Griff. Für Marcel mochte das zutreffen, Edda hatte sein Ratschlag allerdings nichts gebracht. Sobald sie sich vorstellte, mit Marcel unter den Augen von zweihundert Menschen – in vorderster Reihe ihre Familie – zur Bühne emporzusteigen und den Moment allgemeiner Überraschung zu nutzen, um das Publikum über das Massaker in Oradour sowie die Rolle, die ihr Vater dabei gespielt hatte, aufzuklären, krampfte sich Eddas Magen schmerzhaft zusammen. Seitdem der November begonnen hatte, lenkte nicht einmal mehr der Trubel des Kinderladens Edda von ihrer Aufregung ab.

Am Vorabend der Feier radelte Edda nach Bornheim zu Marcel. Ein letztes Mal würden sie den Ablauf des kommenden Vormittags besprechen. Es regnete und ein kalter Wind wehte. Dennoch kam es Edda so vor, als ob sie innerlich glühte. Ob Marcel auch so nervös wäre wie sie? Den ganzen Tag über hatte Edda keinen Bissen hinuntergebracht, nicht zuletzt aus diesem Grund war ihr flau. Aber sie konnte nun einmal an nichts anderes denken als an die wenigen Sätze, die sie am nächsten Tag vortragen würde. Mit möglichst fester Stimme. Klar. Überzeugend. Selbstbewusst.

Erschrocken schrie sie auf, als plötzlich ihr Fahrrad auf der nassen Straße ins Schlingern geriet. Der Vorderreifen schrammte am Bordstein entlang, und einen Moment drohte sie zu stürzen. Nachdem Edda sich in letzter Sekunde gefangen hatte, ermahnte sie sich, langsamer zu fahren. Hastig schob sie ihre Hand in die Jackentasche. War der Zettel, auf dem sie ihre Stichworte notiert hatte, herausgefallen? Als Edda das Papier ertastete, atmete sie auf. Für den Fall, dass eine Kopfleere sie lähmte, würde es sie retten. Wie eine Schauspielerin, die ihre Rolle probte, rezitierte Edda, während sie in die Pedale trat, leise den Text. Auch, als sie ihr Rad vor Marcels Haus an einen Laternenpfahl kettete, hörte sie damit noch nicht auf.

Mit einer Zigarette in der Hand erwartete Marcel sie an der Wohnungstür. Er sah blass aus. Offenbar stand er nicht minder unter Strom als sie. Edda umarmte ihn, und obgleich sie seine Anspannung deutlich spürte, beruhigte sie Marcels Nähe.

»Richard ist nicht da«, sagte er zu Eddas Erleichterung. Ein unbefangenes Gespräch mit Marcels Mitbewohner wäre ihr an diesem Abend zu viel gewesen. Behutsam löste Marcel sich von Edda.

»Gehen wir in mein Zimmer«, schlug er vor. Während sie den Flur entlangliefen, warf Edda einen bedauernden Seitenblick auf Marcels dunkle Locken, die sie ihm gleich abschneiden würde. Um beim Betreten des Festsaals nicht sofort negativ aufzufallen, hatten Edda und Marcel beschlossen, sich an den von Viktor Nolting erwünschten förmlichen Dresscode zu halten. Ein ordentlicher Haarschnitt gehörte dazu. Auf einem Bügel an Marcels Zimmertür hing der dunkle Anzug, den Richard ihm geborgt hatte. Edda strich über den rauen Stoff des Jacketts.

»Hast du es schon anprobiert?«

Marcel, der dabei war, ihr Tee einzuschenken, verneinte.

»Willst du das nicht schnell machen? Was, wenn der Anzug nicht passt?«

Edda begutachtete den Hosensaum. »Den müssen wir umnähen«, stellte sie fest. »Er ist ausgefranst. Hast du Nähzeug da?«

Marcel reichte ihr einen Becher mit Tee. »Hast du keine Nachrichten gehört?«, fragte er.

Irritiert sah Edda ihn an. Es schien ihr unvorstellbar, dass Marcel etwas anderes beschäftigen könnte als ihre gemeinsame Aktion.

»Dazu hatte ich nicht den Nerv«, gab sie zu. »Ist etwas passiert?«

Marcel setzte sich auf einen der beiden Sessel, die er sich vom Sperrmüll besorgt hatte.

»Der Bundesgerichtshof hat die Revision von Andreas, Gudrun, Thorwald und Horst verworfen«, erklärte er mit Grabesmiene. »Für die Kaufhausanschläge sollen sie die komplette Reststrafe absitzen. Noch fast zwei Jahre.«

Marcel, rauchend, blickte Edda an, als erwartete er, dass sie sich empörte.

»Das tut mir leid«, entgegnete sie und setzte sich zu ihm. Natürlich wusste sie, dass Marcel und vermutlich auch die Brandstifter selbst gehofft hatten, ihr Engagement für die Heimzöglinge würde sich positiv auf das Urteil auswirken. Verständlich, dass Marcel enttäuscht war. Doch im Augenblick interessierte sich Edda ausschließlich dafür, ihrem Plan den letzten Schliff zu verleihen.

»Können wir später darüber sprechen? Ich meine, wenn wir alles erledigt haben?«

Daraus, dass sich Marcels Augen verengten, schloss Edda, dass er die Ungeduld in ihrer Stimme bemerkt hatte. Die Art, in der Marcel sie wortlos fixierte, verunsicherte sie. Ob er sie für eine Egoistin hielt? Ihm musste doch klar sein, wie aufgeregt wegen morgen sie war.

Marcel hatte seine Zigarette ausgedrückt und sich zu Edda vorgebeugt. Sein rechtes Augenlid zuckte in einem fort. »Nur Horst Söhnlein tritt seine Haftstrafe an«, sagte er, ohne auf Eddas Frage einzugehen.

Edda staunte. »Wieso? Was ist mit den anderen dreien?«

»Sie sind abgetaucht.«

Betroffen blickte Edda Marcel an. »Abgetaucht? Aber das ist doch Wahnsinn. Die Polizei wird nach ihnen fahnden. Damit machen sie alles noch viel schlimmer.«

Als wäre ihm etwas Dringendes eingefallen, sprang Marcel auf. Doch dann lief er bloß einige Schritte im Raum auf und ab. Beunruhigt trank Edda ihren Tee. Er schmeckte ihr genauso wenig wie das ganze Gespräch. Marcel machte weder den Eindruck, als würde er den Anzug anprobieren, noch als ließe er sich die Haare schneiden. Gedanklich war er mit Gudrun Ensslin und Andreas Baader befasst, nicht mit

Edda und ihrer Aktion. Hatte Marcel nicht selbst gesagt, alles müsste gut vorbereitet sein?

»Marcel …«, setzte Edda an, um ihn daran zu erinnern, doch er fiel ihr ins Wort.

»Sie sind in Paris«, stieß er brüsk hervor. Dann setzte er sich wieder, nahm Eddas freie Hand in seine und schaute Edda tief in die Augen. »Ich muss ihnen dort helfen, *mon amour*. Morgen, in aller Frühe, fahre ich hin.«

»Was?«, rief Edda entsetzt aus. »Morgen früh?« Sie riss sich von Marcel los. »Das kannst du nicht machen! Du darfst mich nicht hängenlassen.«

Edda spürte Tränen in sich aufsteigen, zwang sich jedoch mit aller Macht, sie zurückzuhalten. Sie stellte die Teetasse ab und sah Marcel fest an. »Seit so vielen Wochen planen wir diese Aktion. Wir ziehen das jetzt durch … und danach kannst du immer noch nach Paris fahren. Marcel, so eine Gelegenheit wie morgen gibt es nie wieder!«

Marcel starrte auf seine Hände, dann steckte er sich die nächste Zigarette an.

»Ich verstehe, dass du sauer bist«, entgegnete er. »Aber die anderen benötigen meine Hilfe mehr als du.« Mit einem Lächeln, das Edda ihm am liebsten aus dem Gesicht gewischt hätte, fügte er hinzu: »Du brauchst mich nicht für deine Aktion, *mon amour*. Das habe ich von Anfang an gedacht.«

Enttäuschung und Zorn hämmerten so heftig gegen Eddas Schläfen, dass sie vor ihren Augen schwarze Punkte tanzen sah.

»Spar dir dein beschissenes *mon amour*!«, schrie sie Marcel an. »Ich will's nicht mehr hören!«

Damit schnappte Edda sich ihre Jacke und stürzte aus der Wohnung. Marcel folgte ihr nicht. An der Haustür stieß Edda mit Richard zusammen, der »Hoppla!« rief und sie erstaunt ansah. Ohne sich zu entschuldigen, rannte Edda weiter. Außer dem Geräusch ihrer gehetzten Schritte auf dem Asphalt nahm sie nichts wahr. Erst, als Edda Seitenstiche bekam, blieb sie keuchend stehen. Ihr fiel auf, dass sie ihr Fahrrad vergessen hatte. Edda fluchte und lief zurück. Im selben Augenblick, da sie um die Ecke bog, öffnete sich Marcels Haustür. Reflexartig versteckte sich Edda hinter einer Litfaßsäule. Mit seinem Rucksack bepackt, trat Marcel auf die Straße. Eddas Fahrrad schien er nicht zu bemerken. Brach er bereits auf? Hatte er gesagt, wie lange er vorhätte, in Paris zu bleiben? Mit brennenden Augen sah Edda ihm nach. Schließlich holte sie ihr Rad und schob es ein Stück. Was sollte sie jetzt tun? Ohne Marcel vor zweihundert Menschen und der Presse zu stehen und zu reden, kam ihr undenkbar vor. Allein bei der Vorstellung begann ihr Herz zu jagen. Ein ganz anderer Gedanke schoss ihr durch den Kopf. Niemand außer Marcel wusste von Eddas Plan. Wenn Marcel jetzt gar nicht dabei wäre, könnte sie die ganze Aktion auch abblasen und müsste sich all dem nicht aussetzen. Als sie zu frieren begann, stieg Edda schließlich auf ihr Rad. Ihr bliebe noch die ganze Nacht zum Grübeln. Auf dem Heimweg liefen ihr Tränen über die Wangen. Sie vermischten sich mit den kühlen Tropfen des Novemberregens.

*

Mitten in der Nacht fuhr Edda aus dem Schlaf. Sie hatte geträumt, in einem voll besetzten Hörsaal zu stehen und die Rede vorzutragen, die sie auswendig gelernt hatte. Ihr Vater, ihre Mutter, alle starrten sie feindselig an. Edda suchte im Publikum nach Marcel, konnte ihn aber nirgends finden. Plötzlich ertönten gehässige Rufe, dann, mit erhobenen Fäusten, stürmte die aufgebrachte Menschenmenge auf Edda zu. Vor

Entsetzen war sie erstarrt ... und dann schweißüberströmt aufgewacht. Nachdem sie etwas Wasser getrunken hatte, beruhigte sich ihr Puls, aber die Bilder des Alptraums verfolgten sie weiter. Krampfhaft bemühte sich Edda, noch einmal einzuschlafen. Vergeblich. Irgendwann gab sie es auf. Sie nahm wahr, wie sich die Farbe des Nachthimmels in diesiges Grau verwandelte, während ihre Gedanken rotierten. Sollte sie wirklich ohne Marcel in die Uniklinik fahren? Könnte sie sich überwinden, ohne seinen ermutigenden Händedruck zum Rednerpult hinaufzusteigen? Sie wäre gänzlich auf sich allein gestellt.

Edda knipste das Licht an, schob ihr Kissen an die Wand und lehnte sich mit dem Rücken dagegen. Es war dunkel, sie war aufgewühlt und hatte viel zu wenig geschlafen – kein Wunder, dass sie von solchen Träumen heimgesucht wurde. Was könnte ihr denn schon passieren? Dass man sie ausbuhte, anfeindete und von der Bühne holte, das wäre in der Tat ein demütigender Moment. Dafür würde die Öffentlichkeit von der Tragödie in Oradour und die Wahrheit über ihren Vater erfahren. War es ihr das nicht wert? Hatte nicht Beate Klarsfeld sogar ihre Festnahme in Kauf genommen? Ganz zu schweigen von den Geschwistern Scholl und ihren Freunden, die unter Hitler ihr Leben riskiert und geopfert hatten. War Edda, obwohl nichts dergleichen ihr drohte, zu feige, um für ihre Überzeugungen einzustehen? Sollte sie Marcel gegenüber irgendwann einmal zugeben müssen, dass ihr der Mumm dazu gefehlt hätte? Fast zwei Jahre war es her, dass er ihr in Nanterre von der Hinrichtung seiner Mutter erzählt und ihr vorgehalten hatte, nichts über die Machenschaften ihres Vaters während des Krieges zu wissen.

»Im Mist der eigenen Familie zu wühlen, ist schwer, viel schwerer als gegen irgendeinen Politiker mit Nazi-Vergangenheit zu demonstrieren«, hatte Marcel damals zu ihr gesagt. Edda hatte es gewagt. So tief, wie es ihr nur möglich gewesen war, hatte sie sich in die Lebensgeschichte ihres Vaters gegraben. Aber was nützten all ihre Nachforschungen und Schlussfolgerungen, wenn die Öffentlichkeit niemals davon erführe?

Edda horchte auf. In der Diele vernahm sie Schritte. Der Wecker zeigte auf halb acht. Dora war von der Nachtschicht heimgekommen. Es war höchste Zeit für Edda, eine Entscheidung zu fällen. Während Geräusche aus dem Bad darauf hindeuteten, dass Dora sich bettfertig machte, schlug Edda die Decke zurück, stand auf und entnahm ihrem Tagebuch das Foto ihres Vaters, aufgenommen im Juni 1944 vor der noch intakten Kirche in Oradour. Jedes Detail dieses Bildes kannte sie auswendig, so oft hatte sie es sich angesehen. Einen Augenblick verweilte sie bei dem fröhlichen Gesichtsausdruck ihres Vaters. Sie dachte an die Ruinen, durch die sie, stumm vor Entsetzen, mit Marcel und Josette gelaufen war. An den Friedhof mit den Fotografien der Ermordeten. An die gezeichneten Seelen der Überlebenden. Das Lachen ihres Vaters schien diejenigen, die gelitten hatten, zu verhöhnen. Eine Verabschiedung in allen Ehren und Lobeshymnen in der Zeitung hatte ihr Vater nicht verdient.

Doras Zimmertür klappte zu, dann war es still. Edda schob das Foto in die Tasche ihrer Winterjacke, die sie am vergangenen Abend getragen hatte, zu dem Notizzettel für ihre Rede. Mit einem dunklen Rock, einer hellen Bluse und Nylonstrümpfen über dem Arm huschte sie ins Bad. Sie wusch sich, zog sich an und steckte ihr Haar auf. Die Spuren der Erschöpfung, die der Streit mit Marcel und die schlaflose Nacht hinterlassen hatten, verdeckte sie mit etwas Make-up. Schließlich betrachtete Edda sich aufmerksam im Spiegel. Niemand würde in ihr eine Ruhestörerin vermuten. Niemand ihr ansehen, dass sie entschlossen war, den Mantel des Schweigens über den Verbrechen ihres Vaters zu lüften. Anders als ihre Brüder, die Politik, die Justiz, die ganze deutsche Gesellschaft. Fassungslos hatte Edda die Berichterstattung über die heftigen Debatten im Bundestag verfolgt, die letztlich wieder nicht dazu geführt hatten, die Verjährungsfrist für Mord endlich abzuschaffen. Nach geltendem Recht könnten Männer wie ihr Vater oder SS-Kommandant Lammerding ab dem Jahr 1979 für keine ihrer Taten mehr zur Rechenschaft gezogen werden. Nein, den viel beschworenen Schlussstrich zu ziehen, käme für Edda nicht infrage. Ihr Spiegelbild sah sie herausfordernd an. Je länger Edda ihm entgegenblickte, die Entschiedenheit in ihren Augen erkannte, desto klarer wurde ihr, dass es für sie kein Zurück mehr gäbe. Sie musste die Aktion wie geplant durchziehen, auch ohne Marcel. Er hatte seine eigenen Prioritäten gesetzt, sie war ihrem Gewissen verpflichtet.

Entschlossen kehrte Edda in ihr Zimmer zurück, holte ihre Jacke und verließ das Haus. Wie ferngesteuert radelte sie durch die Stadt, am I.G.-Farben-Haus, der Alten Oper und dem Hauptbahnhof vorbei. Sie überquerte die Friedensbrücke und fuhr ein Stück am Main entlang. Die Stadt um sie herum nahm sie kaum wahr. Ihre Füße schienen die Pedale von allein zu bewegen, während ihr Kopf immer wieder ihre Rede herunterspulte. Dann stand sie plötzlich vor der Uniklinik.

*

Noch einmal rüttelte Edda an der Türklinke. Es nutzte nichts, der Hörsaal war verschlossen. Unwillkürlich biss sie sich auf die Lippe. Damit hatte sie nicht gerechnet. Edda starrte auf die Uhr über der großen Glastür, die zu den Kranken-stationen führte. Es war erst Viertel nach neun. Sie hatte ge-hofft, einen Moment lang im Saal allein zu sein. Kurz auf der Bühne zu stehen, um sich an den Anblick der entsetzlich vie-len Stuhlreihen zu gewöhnen. Nur deshalb war sie so früh ge-kommen. Eine kleine Gruppe von Ärzten in weißen Kitteln eilte an Edda vorbei.

»Kann ich Ihnen helfen?«, fragte eine Männerstimme hin-ter ihr.

Edda fuhr herum und stand dem Mann gegenüber, der am Empfang arbeitete. Der Rezeptionist musterte sie. Aus Eddas förmlicher Kleidung schien er seine eigenen Schlüsse zu zie-hen und kam einer Antwort Eddas zuvor.

»Gehören Sie zu Dr. Noltings Gästen?«, erkundigte er sich. »Dann sind Sie aber ziemlich früh dran. Die Veranstaltung beginnt erst um elf.«

Edda rang sich ein Lächeln ab und hörte sich sagen: »Zu dumm. Da habe ich mich wohl in der Zeit vertan.«

Der Rezeptionist, offensichtlich nicht gerade beschäftigt, plauderte leutselig über dieses und jenes, während Edda wortkarg antwortete und sich fragte, wie sie sich ihm so schnell wie möglich entziehen könnte. Schließlich erklärte er ihr, wo sie sich, während sie wartete, einen Kaffee besorgen könnte. Edda dankte ihm und gab vor, seinen Ratschlag zu befolgen. Als sie die breite Treppe zur Empore hinaufstieg, meinte sie, den Blick des Mannes wie ein Stechen in ihrem Rücken zu spüren. Würde der Rezeptionist ihr etwa folgen und sie in ein weiteres Gespräch verwickeln? Die Nische am Rande des Foyers, die Edda mit Marcel ausgewählt hatte, um sich zu verbergen, bis alle anderen den Hörsaal betreten hät-ten, war nach dieser Begegnung keine Option mehr. Edda fluchte leise. Mit der guten Sicht auf den Eingangsbereich sowie auf die Tür des Hörsaals wäre der Platz ideal gewesen.

Edda blickte sich um. Auf der offenen Empore könnte sie unmöglich bleiben, ihre Familie würde sie dort sehen. Sie schritt, als ob die Bilder an den Wänden der ersten Etage sie interessierten, von einem zum nächsten. Fieberhaft überlegte sie, wo sie sich am besten postieren könnte. In dem Flur, den sie, von Unruhe getrieben, entlanglief, schob eine Krankenschwester mit Geschepper einen hohen Servierwagen mit Thermoskannen und Tassen an Edda vorbei und nickte ihr zu. Edda bemerkte es kaum. Warum musste der vorgesehene Ablauf in letzter Sekunde derart durcheinandergeraten? Plötzlich kochte erneut die Wut auf Marcel in ihr hoch. Wieso war er nicht hier, um sie zu unterstützen?

In einem der Waschräume trank sie hektisch einen Schluck Wasser und überprüfte ihre Frisur. Sie saß perfekt. Jetzt nur nicht weiter an Marcel denken. Edda atmete einmal tief durch. Anschließend trat sie an eines der großen Flurfenster, presste ihre Stirn gegen die kühle Scheibe und starrte auf die novembergraue Straße hinab. Nur wenige Fußgänger waren unterwegs, zumeist Klinikpersonal in weißen Kitteln. Zwei Männer in Regenjacken schleppten große Schalen mit Blumengestecken ins Gebäude. Hin und wieder kam ein Auto vorbei und ließ das Wasser der Pfützen aufspritzen. Ein grüner Kadett fuhr mehrmals die Straße entlang. Im ersten Moment hatte Edda geglaubt, Joachims Wagen zu erkennen, aber der war blau. Edda beschloss, bis auf Weiteres an diesem Fenster stehen zu bleiben. Den Hörsaal hatte sie von hier aus zwar nicht im Visier, dafür aber den Eingang der Klinik sowie den Parkplatz auf der gegenüberliegenden Straßenseite. Auf jeden Fall bekäme sie mit, wenn ihre Familie auftauchte. Kurz darauf sah sie Peters Mercedes um die Ecke biegen.

Als ob ihr Bruder das Startsignal für die Ankunft der übrigen Gäste gegebenen hätte, füllte sich der Parkplatz rapide. Viele der Ankommenden, die meisten vermutlich Ärzte und Professoren, schienen sich zu kennen und schüttelten einander die Hände. Soeben stiegen Joachim und Helga – Letztere mit einem riesigen Blumenbouquet in den Armen – aus ihrem Wagen und wurden von Peter und seiner Frau Martina begrüßt. Eddas Neffen Markus und Anton waren nicht dabei. Joachim zu sehen, versetzte Edda einen Stich. Wahrscheinlich hoffte er immer noch, dass sie käme, um ihren Eltern die Hand zu reichen. Sobald er begreifen würde, dass er sich mit seinen Überredungskünsten vergeblich ins Zeug gelegt hatte, wäre er von Edda zutiefst enttäuscht. Da sprangen ihre Nichten Jutta und Ingrid hinter einem parkenden Auto hervor. Joachim und Helga taten, als würden sie sich erschrecken. Die Zwillinge, die anstatt ihrer gewohnten langen Zöpfe jetzt einen Bubikopf trugen, bogen sich vor Lachen. Wehmütig zog Eddas Herz sich zusammen. Fast ein Dreivierteljahr hatte Edda sie nicht mehr gesehen. Und wahrscheinlich bekäme sie ihre Nichten nach dem heutigen Tag sehr lange nicht mehr zu Gesicht. Der Gedanke, mit ihrer gesamten Familie im Clinch zu liegen, bereitete ihr Unbehagen. An ihrer Überzeugung, das Richtige zu tun, rüttelte das aber nicht.

In diesem Moment bemerkte Edda ihre Eltern. Beide in dunklen Mänteln, ihr Vater mit Hut, spazierten sie die Straße entlang. Seinen großen, zusammengeklappten Regenschirm benutzte ihr Vater wie einen Wanderstock. Flugs sausten Jutta und Ingrid auf ihre Großeltern zu und hängten sich wie die Kletten an sie. Franziska und Viktor Nolting lachten und drückten die Mädchen an sich. Die Herzlichkeit, mit der die vier einander begegneten, irritierte Edda. Ihr selbst erschienen ihre Eltern fremd, genauso fremd wie im Sommer, als

Edda sie von Weitem auf einer Bank im Park hatte sitzen sehen. Als ihre Familie nun gemeinsam die Straße überquerte und auf den Eingang der Klinik zulief, zog Edda sich vom Fenster zurück. Ein paar Minuten wartete sie noch ab, dann ging sie ins Foyer hinunter. Just als der Rezeptionist die Türen des Hörsaals schließen wollte, huschte Edda mit einem kurzen Nicken an ihm vorbei.

Der Saal war riesig und brechend voll. Mit gesenktem Kopf steuerte Edda auf die letzte Sitzreihe zu. Die Plätze waren ansteigend angelegt, so dass sie von dort einen guten Überblick hätte. Der äußerste Stuhl der hinteren Reihe war frei geblieben, als hätte er auf Edda gewartet. Edda setzte sich und rutschte tief in ihren Sitz. Trotzdem sah sie, wie Jutta und Ingrid auf der Bühne um einen Konzertflügel herumhopsten. Ob die Mädchen etwas davon begreifen würden, was Edda nachher über ihren Großvater sagte? Nun, darauf könnte sie keine Rücksicht nehmen.

Die Fotografen knipsten erste Bilder. Eine Dame in Kostüm und mit einem Notizblock bemühte sich, zu dem von Menschen umringten Viktor Nolting vorzudringen. Franziska Nolting stand mit betont geradem Rücken neben ihrem Mann, während Peter die Journalistin gestenreich abwimmelte. Zwischendurch forderte er seine Töchter energisch auf, die Bühne zu verlassen. Ingrid gehorchte auf Anhieb, aber Jutta konnte es nicht lassen, erst noch den Saum ihres Kleides anzuheben und vor dem Publikum ausgiebig zu knicksen. Trotz aller Nervosität konnte sich Edda ein Lächeln darüber nicht verkneifen.

Schließlich hatten alle ihre Plätze eingenommen, und als ein älterer Herr, der Dekan der medizinischen Fakultät, ans Mikrophon trat, verebbten die Gespräche. Hier und da war ein Hüsteln zu vernehmen. Edda wagte es, sich ein wenig aufzurichten, so dass sie ihre Familie in der vordersten Reihe gut erkennen konnte. Ihr Vater saß zwischen ihrer Mutter und Joachim. Der Dekan sprach einige Begrüßungsworte, anschließend kündigte er einen musikalischen Auftakt an. Unter Beifall erschien ein junger Mann in Anzug, deutete eine Verbeugung an und setzte sich an den Flügel. Ihm folgte eine Frau, nicht viel älter als Edda, die ein bodenlanges schwarzes Kleid trug und eine Violine in der Hand hielt. Eddas Sitznachbarin, vielleicht eine Studentin, raunte ihrem Begleiter zu, dass die beiden die Stars des Studentenorchesters wären. Edda saß reglos da, während sie spielten. Nichts hätte ihre zermürbende Anspannung spürbarer kontrastieren können als diese heitere Mozart-Sonate. Eddas Blick wanderte zu ihrem Vater. Mit leicht zur Seite geneigtem Kopf lauschte er dem Stück, und Edda glaubte zu wissen, dass er dabei andächtig aussah. Instinktiv tastete Edda in ihrer Jacke nach seinem Foto aus Oradour. Sie verbot sich jegliche Sentimentalitäten. Ihr Vater war für den Tod anderer Menschen verantwortlich, dafür käme er noch immer glimpflich davon.

Nachdem der Applaus verklungen war, dankte der Dekan Professor Doktor Viktor Nolting im Namen der medizinischen Fakultät für seine hervorragende Arbeit. Edda hörte kaum zu. Ihr schossen Fragmente ihrer eigenen Ansprache durch den Kopf. Als der Dekan begann, den beruflichen Werdegang ihres Vaters zu erläutern, horchte sie allerdings auf. Wie er wohl die Kriegsjahre ihres Vaters schildern würde? Er begann mit Viktor Noltings Studium in München während der zwanziger Jahre. Eine Sekunde streifte Edda der Gedanke an den toten Nazi-Arzt Heinz Damme, der als enger Freund ihres Vaters heute wohl auch dabei gewesen wäre. Voller Anerkennung pries der Dekan Viktor Noltings Verdienste für die Orthopädie und Radiologie. Seinen unermüdlichen Kampf gegen die Tuberkulose. Er erwähnte sogar die Kooperation mit dem brasilianischen Arzt Dr. Manuel de Abreu, von dem Edda in den alten Briefen gelesen hatte. Der Dekan betonte, dass beide Ärzte die Entwicklung des Röntgenverfahrens weltweit entscheidend vorangetrieben hätten. Dass der im Krieg gefallene Nationalsozialist Dr. Hans Holfelder der bekanntere Initiator und zudem Mentor ihres Vaters gewesen war, fiel unter den Tisch. Der Applaus des Publikums und das eifrige Kritzeln der Presseleute fachten Eddas Wut an. Wieso fragte niemand, was ihr Vater und seine Kollegen während der zwölf Jahre des Faschismus getan hatten? Inzwischen war doch bekannt geworden, dass sich damals zahlreiche deutsche Ärzte an Verbrechen beteiligt hatten. Der Dekan schickte sich an, das Rednerpult zu verlassen, doch noch immer war alle Aufmerksamkeit auf ihn gerichtet. Ein günstiger Moment für Edda, um, von ihrer Familie unbemerkt, an den Stuhlreihen entlang zur Bühne zu laufen. *Los jetzt!* Edda blieb sitzen. Ihre Hände zitterten leicht, als würde sie frieren. Blitzschnell tauchte die Erinnerung an Staffelberg auf. Edda sah sich vor den vielen Menschen in das Megaphon sprechen. Was sie einmal geschafft hatte, würde sie jetzt auch wieder hinbekommen! Trotzdem blieb sie sitzen, als wäre sie auf dem Holzstuhl festgewachsen. Der Augenblick verstrich, Eddas Wangen brannten.

Nachdem zwei weitere Redner die Leistungen ihres Vaters gewürdigt hatten, trat, in silbergrauer Eleganz, Viktor Nolting ans Mikrophon und ließ seinen Blick zufrieden über die Zuhörer schweifen. Während die Studentin neben ihr den Hals reckte, rutschte Edda tiefer in ihren Sitz. Mit Genugtuung in der Stimme sprach Viktor Nolting über seine erfüllten Berufsjahre, den inspirierenden kollegialen Austausch und von interessanten Projekten. Voller Stolz blickte er auf seinen Erfolg zurück, als wären ihm an den Entscheidungen, die er getroffen hatte, niemals Zweifel gekommen. Er klang wie ein Mann, der alles, was er sich vom Leben gewünscht, erhalten hatte, einschließlich dreier Kinder, einer Enkelschar und einer Gattin, die stets bereit gewesen war, ihm den Rücken freizuhalten. Als Viktor Nolting seiner Frau dafür dankte, dass sie, um sich dem Wohl der Familie zu widmen, ihre eigene Karriere als Ärztin aufgegeben hatte, brandete Applaus auf, die Kameras blitzten. Edda linste zu ihrer Mutter. Sie saß stocksteif auf ihrem Platz in der ersten Reihe. Wenn Edda nicht alles täuschte, hielt sie den Kopf leicht gesenkt.

Plötzlich ging alles sehr schnell. Ihr Vater kam mit seiner Rede zum Ende. Auf der Bühne überreichte ihm jemand einen Blumenstrauß. Ein letzter Applaus, dann verließ er das Rednerpult. Manche Leute standen auf und zogen ihre Mäntel über. Edda erschrak. Jetzt wäre ihre letzte Chance, zu tun, wofür sie gekommen war. Eddas Herz raste. Der Dekan war schon dabei, dem Ehepaar Nolting die Hand zu schütteln. *Los, Edda! Jetzt oder nie.* Abrupt erhob sie sich. Der erste Schritt fiel ihr am schwersten. Aber Edda überwand sich und ging los, lief zielstrebig auf die kleine Treppe zu, die auf die Bühne und zum Rednerpult führte. Ihren Notizzettel hielt sie fest in der Hand.

»Guck mal, Papa, Edda ist doch gekommen!«

Edda zuckte zusammen. *Verdammt, Jutta!* Als hätte Edda den Ausruf ihrer Nichte nicht gehört, lief sie weiter.

»Huhu! Edda!«

Edda zwang sich, nicht hinzuschauen. Bis zur Bühne waren es nur noch wenige Meter. Jutta rief erneut. Dann stürmte sie aus den Reihen der Zuschauer auf Edda zu. Wie angewurzelt blieb Edda stehen. Himmel, was jetzt? Sie könnte das Kind doch nicht aus dem Weg schieben. Das brachte sie nicht übers Herz. Schon von Weitem streckte Jutta ihr strahlend die Arme entgegen. Wie gelähmt fühlte Edda sich, als ihre Nichte sich mit einem fröhlichen Lachen an sie drückte.

»Mama und Papa haben gedacht, du würdest nicht kommen. Aber ich habe es mir jeden Abend ganz fest gewünscht.«

In einem Gefühl von Ohnmacht legte Edda den Arm um ihre Nichte. Was um sie herum geschah, vollzog sich für sie jetzt wie hinter einem Nebelschleier. Dass ihr Vater in eine offenbar launige Unterhaltung mit der Kostüm-Journalistin vertieft war, ihre Mutter Blumen entgegennahm und ihre Brüder im Gespräch mit einigen Herren zusammenstanden und Edda von Weitem grüßten. Wie in Trance streichelte sie Juttas Bubikopf. Ihr war klar gewesen, wie schwer es sein würde, ihren Vater unter den entsetzten Augen ihrer Familie an den Pranger zu stellen. Deshalb hatte sie vorgehabt, ihre Angehörigen, während sie die Ansprache hielt, nicht anzusehen, erst recht nicht die Kinder. Aber jetzt umarmte Jutta sie voller Wiedersehensfreude und plapperte davon, dass sie als Ballerina zur Bühne wollte. Juttas Worte rauschten an Edda vorbei. Warum hatte sie bloß so lange gezögert? Einen kurzen Moment dachte sie an Marcel. Ob die Sache zusammen mit ihm anders gelaufen wäre? Deprimiert zerknüllte Edda den Notizzettel und schob ihn in ihre Jacke. Am Rednerpult baute der Rezeptionist bereits das Mikrophon ab. Edda erschien es, als wollte er damit verhindern, dass sie doch noch auf die Idee käme, ihre anklagende Rede zu halten.

»Ich brauch frische Luft«, sagte sie dumpf, mehr zu sich selbst als zu Jutta. Jutta, ohne ihren Redefluss zu unterbrechen, nahm Eddas Hand und folgte ihr. Edda verließ den Saal in dem beklemmenden Gefühl, auf ganzer Linie versagt zu haben.

Auf den Tischen im Foyer erwartete die Gäste Sekt und Orangensaft. Edda wollte nur eines: raus aus der Uniklinik, weg von ihren Eltern. Doch Jutta war durstig und bestand darauf, etwas zu trinken. Edda nahm sich ebenfalls einen Orangensaft. Wenn sie ihn getrunken hätte, würde sie ihre Nichte zu Peter und Martina zurückschicken und selbst das Weite suchen. Innerlich stöhnte Edda auf, als sie, mit einem Sektglas in der Hand, Joachim und Peter auf sich zukommen sah. Joachim konnte sich ein breites Grinsen nicht verkneifen. Vermutlich hielt er sich für einen erfolgreichen Streitschlichter.

»Großartig, dass du gekommen bist.« Verschwörerisch prostete er Edda zu.

Sie lächelte dünn und fühlte sich dabei wie in einem falschen Film. Warum ging sie nicht einfach? Niemand könnte sie aufhalten. Hatte sie nicht sowieso damit gerechnet, dass sie nach der Veranstaltung ohne Familie dastehen würde? Mit dem bestärkenden Gefühl, das Richtige getan und sich dem beharrlichen Vertuschen nationalsozialistischer Verbrechen widersetzt zu haben? Jetzt, wo sie damit gescheitert war, fühlte Edda sich kraftlos, als wäre alle Energie, Entscheidungen zu treffen, ihrem Körper entwichen.

»Mutter ist in heller Aufregung«, erklärte Peter in einem Ton, der darauf schließen ließ, dass Franziska Nolting äußerst schlechter Laune wäre.

»Wieso?«, fragte Edda teilnahmslos. Sie schaute einigen Presseleuten mit Kameras nach, die offenbar in ihre Redaktionen eilten, um ihre Beiträge über Viktor Nolting fertigzustellen.

»Ach, sie hat im Frankfurter Hof einen Tisch bestellt«, antwortete Peter. »Um pünktlich zu sein, müssten wir uns schleunigst auf den Weg machen. Aber das Händeschütteln dauert länger als geplant.«

Joachim leerte seinen Sekt und meinte an Edda gerichtet: »Ich gehe davon aus, du kommst mit.«

Seine Frage klang wie eine Feststellung, und er schien auch keine Antwort zu erwarten, denn schon im nächsten Atemzug kommentierte er die Rede des Dekans. Fieberhaft überlegte Edda, ob sie ihre Absage mit Kopfschmerzen oder Magenkrämpfen begründen sollte. Elend fühlte sie sich ohnehin.

»Da ist Oma!«, rief Jutta aus.

In einem figurbetonten, schwarzen Kleid und mit hell blondiertem Haar eilte Franziska Nolting durch das Foyer auf ihre drei erwachsenen Kinder zu. Wie ein Schutzschild aus Blüten hatte sie mehrere Blumensträuße im Arm. Einige trug auch Juttas Schwester Ingrid und lief stolz neben ihrer Großmutter her. Schlagartig schoss Edda Hitze in die Wangen. Über ein halbes Jahr hatte sie mit ihrer Mutter kein einziges Wort gewechselt. Der letzte Satz, den sie ihr entgegengeschleudert hatte, war »Ich hasse euch!«. Ihre brennende Wut auf ihre Mutter war zwar abgeflaut. Lust, mit ihr zu reden, hatte Edda trotzdem nicht. Sie begrüßte zunächst Ingrid, während Joachim Anstalten machte, seiner Mutter die Blumen abzunehmen.

»Danke, das ist nicht nötig«, wehrte Franziska Nolting ab. Unverhohlen musterte sie Edda von Kopf bis Fuß. Hochgestecktes Haar. Helle Bluse. Dunkler Rock. Passende Pumps. An Eddas Erscheinung gab es nichts auszusetzen. Edda wich dem kritischen Blick ihrer Mutter nicht aus, sondern erwiderte ihn. Sie empfand ihre Mutter stark gealtert, um ihren Mund herum und zwischen den Brauen hatten sich tiefe Falten gebildet. Ob das am Alkohol lag?

»Hallo, Mutter«, grüßte Edda spröde.

Die braunen Augen ihrer Mutter verengten sich, als hätte Edda etwas Falsches gesagt.

»Guten Tag, Edda.«

Kühl und distanziert klangen sie beide, was Peter und Joachim nicht zu entgehen schien. Die Brüder blickten Edda auffordernd an. Seltsam, dass sie gerade jetzt an die heiße Schokolade denken musste, die ihre Mutter früher für sie gekocht hatte, nachdem Edda zuvor mit Schlägen bestraft worden war. Edda hatte für ihre Missetaten stets um Verzeihung bitten müssen. Danach hatte ihre Mutter sie in den Arm genommen und ihr Geschichten erzählt. Es waren die innigsten Momente mit ihr, an die Edda sich erinnerte.

In diesen kurzen Augenblick des angespannten Schweigens zwischen Edda und ihrer Mutter platzten Helga und Martina hinein. Mit einem Seufzer der Erleichterung stellten sie zwei beachtliche Geschenkkörbe, gefüllt mit Weinflaschen, Früchten, ausgewählten Konserven, Gebäck und Zigarren, auf dem Boden ab und begrüßten Edda so selbstverständlich, als hätten sie sich vor Kurzem erst gesehen. Unterdessen schaute Franziska Nolting mehrfach auf die Uhr und begann, ihren Söhnen Anweisungen zu erteilen. Die Präsentkörbe sollten zu Peter und Martina in den Mercedes, die Blumen kämen in Joachims und Helgas Opel. Nun übergab sie Joachim doch die diversen Sträuße und kündigte an, dafür Sorge zu tragen, dass ihr Mann sich endgültig von seinen Gesprächen losrisse. Mit energischen Schritten, ohne Edda noch einmal anzusehen, kehrte Franziska Nolting in den Hörsaal zurück.

Edda begleitete die anderen zum nahe gelegenen Parkplatz.

»Ich komme nicht mit«, eröffnete sie Joachim und Helga. Mit genervtem Gesichtsausdruck blieb Joachim stehen. Helga nahm ihm die Blumen ab.

»Klärt das unter euch«, meinte sie und ging zum Auto vor.

»Das kannst du nicht machen«, regte Joachim sich auf. »Unsere Eltern wären maßlos enttäuscht.«

Edda schnaufte verächtlich.

»Mutter bestimmt nicht! Es ist herzerwärmender, sich mit einem Eiszapfen zu unterhalten als mit ihr.«

»Du bist auch nicht besser.«

Vom Eingang der Klinik her ertönten Stimmen und Gelächter. Inmitten einer Gruppe von Männern, die aus der Klinik getreten war, erkannte Edda ihre Eltern. Ihre Mutter beachtete sie nicht, doch ihr Vater sah geradewegs zu Edda hinüber. Er nickte ihr zu und hob seinen Stockschirm zum Gruß. Dabei lächelte er, was Edda nicht kaltließ. Sein Blick traf sie sogar mehr als die frostige Begrüßung ihrer Mutter. Aber Kriegsverbrechen ließen sich nicht weglächeln.

»Willst du nicht zu ihm gehen?«, drängte Joachim.

Edda sah ihren Bruder scharf an.

»Hör doch auf«, sagte sie kategorisch.

Hupend fuhr der Mercedes an Edda und Joachim vorbei. Auf der Rückbank saßen die Zwillinge und winkten stürmisch. Martina kurbelte das Fenster hinunter.

»Wir fahren schon zum Frankfurter Hof«, rief sie, dann gab Peter Gas.

»Immerhin hast du dich blicken lassen«, sagte Joachim mürrisch zu Edda. »Das ist ja schon mal ein Anfang. Aber wie soll ich den anderen bitte erklären, dass du beim Essen nicht dabei bist?«

»Sag einfach, ich hätte Migräne.« Voller Ironie hob Edda ihre Brauen.

Joachim bedeutete Helga, dass er gleich käme. Sein Angebot, Edda zu Hause abzusetzen, lehnte diese mit dem Verweis auf ihr Fahrrad ab.

»Wieso nehmt ihr die Eltern nicht mit?«, fragte Edda noch.

Sie hatte beobachtet, dass Viktor und Franziska Nolting zu Fuß in Richtung Main aufbrachen.

»Sie sind mit ihrem eigenen Wagen hier«, entgegnete Joachim. »Keine Ahnung, wo sie ihn geparkt haben.«

Edda verabschiedete sich von Joachim und Helga. Sie war erleichtert, endlich allein zu sein, mit sich, ihren Gedanken, ihrem Frust. Leichter Nieselregen setzte ein, und Edda zog sich ihre Kapuze über den Kopf. Ihr Fahrrad wollte sie erst holen, wenn ihre Eltern nicht mehr in Sichtweite wären. Aus einiger Entfernung beobachtete sie ihren Vater, wie er stehen blieb und den Regenschirm aufspannte. Ihre Mutter klopfte ihm etwas von seinem Mantelärmel, dann, als sie weiterliefen, hakte sie sich bei ihm unter. Am Ende der Straße sah Edda aus einer Seitengasse einen grünen Kadett heranfahren, der ihr bekannt vorkam. Auf Höhe ihrer Eltern hielt er. Im ersten Augenblick nahm Edda an, die Insassen hätten vielleicht eine Frage. Doch plötzlich sprangen aus dem Wagen zwei maskierte Männer. Eddas Augen verengten sich. Ein paar Schrecksekunden dauerte es, bis sie begriff, was sich gerade vor ihr abspielte. Einer der Maskierten stieß ihre Mutter beiseite, der andere schlug ihrem Vater den Schirm aus der Hand und versuchte, ihn in den Wagen zu zerren. Ihr Vater wehrte sich heftig.

»Hilfe! Zu Hilfe!«, hörte Edda ihre Mutter kreischen.

Die Schreie rissen Edda aus ihrer Starre. Sie rannte los. Was geschah dort mit ihrem Vater? Im Lauf nahm Edda wahr, dass ihre Mutter den Regenschirm aufhob, zusammenklappte und damit auf die Maskierten eindrosch. Im selben Moment sprinteten zwei Männer an Edda vorbei, einer von ihnen war Joachim, den anderen – er hielt einen Wagenheber in der Hand – kannte sie nicht.

»Bleib zurück!«, schrie Joachim sie an. Unwillkürlich blieb Edda stehen und hielt sich keuchend die Seite. Soeben hatte ihr Vater sich losgerissen, stellte sich schützend vor Franziska und holte zu einem Schlag aus, als der Fahrer des Kadetts hupte. Im nächsten Moment sprangen die Maskierten in den Wagen, die Türen knallten zu, der Motor heulte auf. Joachims Begleiter drohte den Tätern mit dem Wagenheber, während Joachim seine Eltern von der Straße wegzog. Der Fahrer des Kadetts fackelte nicht lange. Er setzte den Wagen zurück, wendete und fuhr mit quietschenden Reifen auf die Seitenstraße zu, von deren Ecke aus Edda das Geschehen verfolgte. Inzwischen waren auch andere Leute darauf aufmerksam geworden, dass etwas nicht stimmte, und kamen näher. Ganz in Eddas Nähe geriet der Motor des Kadetts ins Stocken und verstummte für einen Moment. Edda überfiel Panik. Würden die Entführer aus dem Wagen springen? Womöglich *sie* als Geisel nehmen? Jemand rief ihren Namen. Ihre Eltern. Aufgeregt winkten sie Edda zu sich. Edda gab sich einen Ruck und lief an dem liegen gebliebenen Kadett vorbei. Dabei erheischte sie einen Blick auf den Fahrer, der sich offensichtlich hektisch bemühte, den Motor zu starten. Er war nicht maskiert, sondern hatte sich lediglich einen Schal locker bis unter die Nase gezogen. Vor Entsetzen weiteten sich ihre Augen. Was sie sah, durfte, nein, es konnte gar nicht wahr sein. Marcel war doch auf dem Weg nach Paris!

Sie war stehen geblieben und starrte den jungen Mann am Steuer an, in der Hoffnung, sich geirrt zu haben. Doch es gab keinen Zweifel. Sie hatte Marcel erkannt, nicht zuletzt an seinen dichten Locken. Edda war unfähig, sich von der Stelle zu rühren. Ihr Freund hatte ernsthaft versucht, ihren Vater zu entführen. Eiskalt hatte er sie dafür hintergangen.

Von der Hauptstraße entlang des Main ertönte eine Polizeisirene. Der Motor des Wagens sprang an. Marcel sah auf, zu Edda hin, und ihre Blicke trafen sich. Edda hatte das

Gefühl, einem Unbekannten in die Augen zu schauen. Da wandte sich dieser Fremde in Gestalt von Marcel von ihr ab, trat aufs Gaspedal und jagte in dem grünen Kadett um die Kurve. Edda erschrak, als jemand seine Hand auf ihre Schulter legte. Es war Joachim. In den wenigen Minuten, in denen sich der Überfall auf ihren Vater abgespielt hatte, war für Edda eine ganze Welt zusammengebrochen.

*

Seit drei Tagen verkroch sich Edda in ihrem Bett. Mal vergrub sie ihr tränenüberströmtes Gesicht in den Kissen, mal starrte sie stundenlang an die Zimmerdecke. Im Café Laumer und im Kinderladen hatte sie sich krankgemeldet. Wie hatte Marcel ihr das nur antun können? Wie lange schon hatte er die Entführung ihres Vaters geplant? Was hätte er mit ihm vorgehabt? Hätte er versucht, ihn zu einem Geständnis zu zwingen? Ihn zusammengeschlagen wie diesen Lammerding? Edda schauderte, als sie sich daran erinnerte, wie euphorisch Marcel ihr von Lammerdings gebrochener Nase erzählt hatte. Er hatte Edda versprochen, ihrem Vater nichts dergleichen anzutun. War es naiv gewesen, ihm zu glauben? Ob es Marcel Genugtuung bereitet hatte, mitanzusehen, wie ihr Vater von den beiden Maskierten überwältigt worden war? Edda versuchte krampfhaft, das Bild ihres auf den Boden stürzenden Vaters aus ihrem Gedächtnis zu vertreiben. Auch das ihrer Mutter, die Viktor Nolting verzweifelt mit dem Schirm gegen seine Angreifer verteidigt hatte. Die bedrohliche Szene wiederholte sich immer wieder vor ihrem inneren Auge, sosehr sie sich auch dagegen sträubte. Wann hatte Marcel beschlossen, Edda zu verraten und ihre Liebe seinem Bedürfnis nach Rache zu opfern? Erst vor Kurzem? Vielleicht am Vorabend der Veranstaltung? Nachdem er erfahren hatte, dass Gudrun Ensslin, Andreas Baader und Thorwald Proll sich nach Paris absetzen würden und seine Hilfe brauchen könnten? Oder war es bereits im September geschehen, als sie Marcel vorgeschlagen hatte, die öffentliche Verabschiedungsfeier ihres Vaters zu nutzen, um ihn und seine Mittäter anzuklagen? Plötzlich sah Edda glasklar vor sich, warum Marcel so zögerlich auf ihre Idee reagiert hatte. Vermutlich war ihm das alles von Beginn an nicht weit genug gegangen.

Edda holte sich ihr Tagebuch ins Bett und schlug es auf. Das Foto ihres Vaters, das den Stein ins Rollen gebracht hatte, rutschte heraus. Jedes Detail dieser Aufnahme hatte sich in Eddas Gedächtnis gebrannt. Ihr lachender Vater. Die Kirche. Das Eisenkreuz. In Oradour hatte mit diesem Bild Marcels und ihre gemeinsame Suche nach der Wahrheit begonnen. Edda blätterte in ihrem Tagebuch und rekapitulierte jede ihrer Begegnungen mit Marcel in den letzten Wochen. Wann genau hatte er den Pfad beschritten, der ihn von Edda fortführte, hintrieb zu den Brandstiftern in Paris? Gab es in ihren Aufzeichnungen irgendeinen Hinweis darauf? Hatte Eddas Bewunderung für die konsequente und erfolgreiche Unterstützung der Heimzöglinge sie davon abgelenkt, dass Marcel in seinen Ansichten radikaler geworden war? Oder hatte sie es einfach nicht wahrhaben wollen? Momente des Unbehagens hatte es durchaus gegeben, vor allem, wenn sie auf Marcels Freunde getroffen war, die Gewalt für ein probates Mittel hielten, um eine gerechtere Gesellschaft herbeizuzwingen. Darüber hatte sie sich manchmal mit Marcel gestritten. Aber es hatte auch immer wieder Momente voller Zärtlichkeit und gegenseitigem Einvernehmen gegeben. Als sie zusammen den Einbruch in die Praxis und die Aktion in der Uniklinik geplant hatten, hatte Edda geglaubt, dass sie für ein gemeinsames Ziel einstünden. Eddas Gefühle fuhren Achterbahn. In einer Sekunde hoffte sie, Marcel nie wieder zu begegnen, im nächsten Moment, dass sie ihn anschreien, ihm entgegenschleudern könnte, wie niederträchtig und skrupellos er sich verhalten hatte. Tief im Inneren wünschte sie sich, der Versuch, ihren Vater zu entführen, wäre nie passiert. Marcel hätte sich nicht von ihr entfremdet, sondern sich dafür entschieden, bei Edda zu bleiben. Bei der Vorstellung, Marcel nie wieder zu küssen, nie mehr seine Stimme zu hören, seinen Körper dicht an ihrem zu spüren, seinen Duft einzusaugen und, nachdem sie sich geliebt hatten, zuzusehen, wie Marcels schlanke Finger eine Zigarette drehten, wie er sich seine Locken aus dem Gesicht strich und sie anlächelte, schluckte Edda schwer. Ihr Blick fiel auf das gerahmte Bild, das auf ihrem Schreibtisch stand. Florence hatte es im Frühjahr '68 in Montmartre aufgenommen. Auf den Stufen vor Sacré-Cœur, wo einem Paris buchstäblich zu Füßen lag, lachten sich Edda und Marcel verliebt an. Mit einem Mal sprang sie auf, fegte mit einem Ausruf der Verzweiflung und Wut den Fotorahmen vom Tisch. Dann ließ sie sich wieder auf ihre Matratze fallen.

Kurz darauf klopfte es an ihrer Zimmertür und Ariane kam herein. Aus verquollenen Augen blickte Edda ihr entgegen und brachte nicht mehr als ein jämmerliches »Hallo« heraus. Ariane stellte eine Tasse Tee sowie einen Teller mit Schokolade neben Eddas Bett ab.

»Geht's noch nicht besser?«, fragte sie mitfühlend.

Edda, sich die Nase schnäuzend, zuckte mit den Schultern, woraufhin Ariane sich zu ihr auf die Matratze setzte. Edda schob sich ein Stück Schokolade in den Mund.

»Danke«, sagte sie leise. »Ohne Dora und dich wüsste ich gar nicht, wie ich das alles aushalten sollte.«

»Na, hör mal«, entgegnete Ariane. »Wir wären ja schöne Freundinnen, wenn wir uns nach so einem Horror nicht um dich kümmern würden.«

Anschließend erklärte sie Edda, dass sie zur Uni führe und erst abends zurückkehrte, da sie an einer Demo gegen den Vietnamkrieg teilnehmen würde. Dora, die ihren freien Tag hätte, bliebe jedoch zu Hause. Nachdem Ariane sich verabschiedet hatte, nippte Edda beschämt an ihrem Tee. Die Fürsorge, die ihre Freundinnen ihr zuteilwerden ließen, rührte sie. Dabei plagte sie ihr schlechtes Gewissen, denn sie hatte Ariane und Dora in dem Glauben gelassen, einzig das schockierende Erlebnis, Zeugin der versuchten Entführung ihres Vaters geworden zu sein, hätte sie aus der Bahn geworfen. Davon, dass Marcel an dem Überfall beteiligt gewesen war, hatte Edda ihnen – ebenso wie der Polizei – nichts verraten.

Auf einmal läutete es. Edda fuhr zusammen. Marcel? Für den Bruchteil einer Sekunde hielt sie es für möglich, dass er bei ihr auftauchte. Doch da flitzte Dora schon mit nassen Haaren an Eddas halb geöffneter Zimmertür vorbei.

»Das ist die Post!«, rief sie aufgekratzt und erschien wenig später mit einem breiten Grinsen und einem Briefbogen wedelnd in Eddas Zimmertür.

»Silvia hat mir schon wieder geschrieben. Diesmal aus Kopenhagen«, jubelte sie. »So lassen sich die Tage ohne sie ertragen.«

Aus ihrer Rocktasche zog Dora einen weiteren Umschlag, den sie Edda mit einer überschwänglichen Geste zuwarf. Edda fing den Brief auf. Als sie die Handschrift erkannte, stutzte sie.

»Von Marcel?«, fragte Dora so fröhlich, als hätte es ihren Ärger über Marcel aus der Zeit, als er ohne Absprache die Heimzöglinge in ihre WG geholt hatte, nie gegeben.

»Nein«, antwortete Edda knapp. »Von meinem Vater.«

»Scheinbar kommt euer Verhältnis wieder in die Gänge«, stellte Dora fest.

Der Wasserkessel begann zu pfeifen, weshalb Dora in die Küche eilte, so dass Edda eine Reaktion auf Doras Bemerkung erspart blieb. Ihre Finger betasteten den verschlossenen Umschlag, als ließe sich der Inhalt des Briefes erspüren. Was ihr Vater wohl schrieb? Edda war bewusst, dass er davon ausging, seine Tochter hätte, indem sie zu seiner Feier erschienen war, ihren Willen zur Versöhnung bewiesen. Sie schüttelte leicht den Kopf. Wie oft hatte sie sich ausgemalt, nach der Veranstaltung in der Uniklinik gänzlich ohne Familie dazustehen? Stattdessen hatte Marcel sie verlassen, während ihr Vater nun scheinbar Kontakt zu ihr suchte.

Edda stand auf und schloss die Zimmertür. Nachdem sie den Essensduft, der aus der Küche zu ihr herüberzog, und die lauten Radiostimmen, die über die Lage in Vietnam diskutierten, ausgesperrt hatte, riss sie den Umschlag auf und faltete den Briefbogen auseinander.

Frankfurt, den 18. 11. 1969

Liebe Edda,
wie geht es Dir? Deine Mutter und ich hoffen, dass Du Dich von den Schrecken der kürzlichen Ereignisse erholt hast. Wir selbst sind wohlauf und vertrauen darauf, dass es der Polizei gelingen wird, die kriminellen Subjekte, die mir offenbar ans Leder wollten, dingfest zu machen.

Edda hielt im Lesen inne und horchte in sich hinein. Nein, so wütend sie auch auf Marcel war, dass er im Gefängnis landete, wollte sie nicht. Viel mehr wünschte sie sich, dass

Marcel einsähe, wie wenig er mit Gewalt erreichte. Als Edda sich seinen letzten undurchdringlichen Blick vorstellte, den er ihr, bevor er mit seinen Kumpanen vor der Polizei geflohen war, zugeworfen hatte, hätte sie schon wieder losheulen können.

Zum Glück ist uns bei diesem hinterhältigen Überfall ja nicht viel passiert. So gab es im Frankfurter Hof schließlich doch noch ein nettes Beisammensein, bei dem Du, Edda, uns natürlich gefehlt hast. Deine Mutter und ich haben jedoch volles Verständnis dafür, dass Du es nach all der Aufregung vorgezogen hast, Dich von Joachim heimfahren zu lassen. Meine Freude darüber, dass Du den Weg zu meiner offiziellen Verabschiedung gefunden hast, ist ungetrübt. Nach einem Jahr der Funkstille – sieht man von unserer missglückten Begegnung im Februar ab – hatte ich, ehrlich gesagt, nicht damit gerechnet, dass Du kommst.

Wäre es nicht schön, wenn in unserer Familie bald wieder Ruhe und Frieden einkehren würden? Nachdem Du diesen Brief zu Ende gelesen hast, wird das hoffentlich möglich sein.

Denk nicht, ich würde nicht begreifen, dass Dich das traurige Schicksal der Familie Deines Freundes bedrückt. Ich vermute sogar, es ist der Grund, aus dem Du angefangen hast, Dich dafür zu interessieren, ob ich während des Krieges in Frankreich gewesen bin. Hätte ich Dir damals, als Du mich danach fragtest, gleich von Oradour-sur-Glane erzählen sollen? Dich, ein junges Mädchen, mit dem Grauen belasten, das sich dort zugetragen hat? Was für ein herzloser Vater wäre ich gewesen! Aber ihr jungen Leute, die ihr den Krieg nicht erlebt habt, scheint zu glauben, dass alle, die über diese schrecklichen Zeiten nicht sprechen wollen, Lügner wären oder gar Täter. So einfach ist es nicht. Weil ich mir jedoch wünsche, dass Du in den Schoß unserer Familie zurückkehrst, habe ich mich jetzt entschlossen, Dir dazu ein paar Zeilen zu schreiben.

Seit dem Frühjahr 1943 war ich im besetzten Frankreich als Arzt im Einsatz, und zwar in Limoges. Meine freien Tage verbrachte ich manchmal in Oradour-sur-Glane. In diesem hübschen Ort konnte ich mich ein paar Stunden lang der Illusion hingeben, im Urlaub zu sein und nicht im Krieg. Der 10. Juni 1944 war so ein Tag. Noch während ich in einem Restaurant zu Mittag aß, besetzte ein Bataillon der SS das Dorf und trieb die Leute auf dem Markplatz zusammen. Soviel ich weiß, suchten die Soldaten nach Waffen der Résistance. Nachdem ich mich als deutscher Arzt ausgewiesen hatte, erhielt ich vom Kommandanten den Befehl, mich mit einigen seiner Männer am Dorfeingang zu postieren. Unser Auftrag lautete, alle aufzuhalten, die versuchten, den Ort zu verlassen. Für mich klang das nach einer Routine-Kontrolle. Wenn es im Dorf keine Waffen gäbe, wie die Bewohner behaupteten, würden die deutschen Soldaten weiterziehen. Fände man doch welche, so würden die Verantwortlichen bestraft werden. Von Deinem Freund wirst Du erfahren haben, was sich in den nächsten Stunden ereignet hat. Es war furchtbar. Ich hörte Schüsse und Schreie, später sah ich Rauch aufsteigen. Aber was hätte ich denn dagegen unternehmen sollen? Ich allein gegen ein ganzes SS-Bataillon? Am frühen Abend gestattete man mir, nach Limoges zurückzukehren, und ich habe Oradour schleunigst verlassen. Gewiss, ein Held bin ich an jenem Tag bestimmt nicht gewesen. Aber auch kein Mörder, so, wie Du es mir einmal vorgeworfen hast.

Ich hoffe, Deine dringendste Frage habe ich Dir beantwortet. Darüber hinaus musst Du akzeptieren, dass ich über meine Kriegserlebnisse nicht sprechen möchte. Ich wünsche Dir, meiner Tochter, dass Du niemals in den Strudel solch erschütternder Zeiten gerätst.

Denk in Ruhe über meinen Brief nach und melde Dich jeder-
zeit bei uns. Deine Mutter und ich wären froh, wenn Du uns
mal wieder besuchen kämst.
In Liebe
Dein Vater

Aufgewühlt ließ Edda den Brief sinken. Hatten Marcel und
sie nicht seit einem Jahr auf ein Geständnis ihres Vaters hin-
gearbeitet? Wäre es letzten Samstag nicht das hauptsächliche
Anliegen von Eddas öffentlichem Auftritt gewesen, ein sol-
ches zu erzwingen? Womöglich sogar das Ziel, mit dem Marcel die unsägliche Entführung geplant hatte? Und jetzt kam
dieser Brief, in dem ihr Vater zugab, am Tag des Massakers in
Oradour gewesen zu sein, sich aber dagegen wehrte, deshalb
als Mörder bezeichnet zu werden? Verstört hob Edda ihr Tagebuch auf, das sie neben dem Bett abgelegt hatte, zog das
Foto ihres Vaters heraus und betrachtete es, als würde sie es
zum ersten Mal sehen. Das gut gelaunte Gesicht ihres Vaters
sowie seine lässige Haltung, in der er vor der noch unzerstör-
ten Kirche stand. War kurz darauf die SS in Oradour eingefallen und hatte ihn zum Zeugen ihrer Verbrechen gemacht?
Im selben Augenblick ertönte aus der Küche Doras Stimme,
die Edda zum Essen rief. Appetit verspürte Edda zwar keinen, aber sie war erleichtert über die Ablenkung.

»Einen Moment!«, rief sie zurück und schob das Foto in
den Umschlag zu dem Brief ihres Vaters.

*

Die erste österliche Eiersuche im neuen Jahrzehnt hatte Franziska Nolting im Grüneburgpark organisiert. Frühlingshaft
waren die Temperaturen zwar nicht, doch immerhin blieb

es trocken, und hin und wieder schaffte es die Sonne sogar, die graue Wolkendecke zu durchbrechen. Auf einer der Parkbänke hatte Franziska Nolting einen frisch gebackenen Hefezopf, Osterkekse, Servietten und Becher ausgebreitet, aus Thermoskannen gab es Kaffee und Kakao. Plaudernd und trotz ihrer Mäntel und Schals ein wenig fröstelnd, standen die Erwachsenen beisammen, während Jutta, Ingrid, Markus und der anderthalbjährige Anton mit hochroten Wangen über die weitläufigen Wiesen pesten, um Gras und Büsche nach bunten Eiern und Schokoladenhasen zu durchforsten. Edda und ihre Schwägerin Helga halfen den Jungen, damit ihnen die flinken Zwillinge nicht jedes Ei vor der Nase wegschnappten. Aufgeregt zog Anton Edda zu einer Eiche hinüber, an deren Stamm er ein knallrotes Ei entdeckt hatte. Als Edda sah, wie strahlend Anton in die Hände klatschte, während sie die Mädchen aus der Ferne juchzen hörte, konnte sie nicht umhin, sich einzugestehen, wie sehr sie diesen Osterausflug genoss. Im letzten Jahr war sie gar nicht erst dabei gewesen, und das Jahr davor hatte Edda das Osteressen türenknallend verlassen, nachdem sich ihre Mutter despektierlich über den Studentenführer Rudi Dutschke geäußert hatte, obwohl er infolge eines Attentats auf ihn schwer verletzt im Krankenhaus lag. Edda schob diese unangenehmen Erinnerungen beiseite und ermutigte Anton, weiterzusuchen. Der Kleine ergriff Eddas Hand und tippelte los, derweil rief ihnen Peter zu, dass an einem der Büsche soeben der Osterhase vorbeigehoppelt wäre. Mit seinem Scherz versetzte er sämtliche kleinen Kinder in helle Aufregung. Lachend schüttelte Edda den Kopf, doch so unbefangen, wie es von außen den Anschein erwecken mochte, fühlte sie sich in Gegenwart ihrer Familie nicht. Dazu hatte es in den vergangenen zwei Jahren zu viele einschneidende Konflikte mit ihren Eltern gegeben, die auch im Verhältnis zu ihren Brüdern Spuren hinterlassen hatten. Diese familiären Spannungen hatte der Brief ihres Vaters nicht aus der Welt schaffen können. Anfangs hatte Edda sich sogar gefragt, was seine Zeilen überhaupt verändert hatten. Stundenlang hatte sie mit Ariane und Dora beratschlagt, wie sie damit umgehen sollte, dass ihr Vater zwar endlich zugegeben hatte, Zeuge eines Kriegsverbrechens geworden zu sein, sich aber ausdrücklich weigerte, darüber zu sprechen. Ihre Freundinnen hatten sie darin bestärkt, anzuerkennen, was für eine enorme Überwindung es ihren Vater gekostet haben musste, diesen Brief zu schreiben. Außerdem, wäre es nicht möglich, dass Viktor Nolting, am Dorfeingang postiert, zunächst gar nicht mitbekommen hatte, was im Ort vor sich ging?

»Er schrieb, er wäre von einer Routine-Maßnahme ausgegangen«, hatte Dora gemeint. »Als er dann Schreie hörte und Rauch sah, war das Morden doch schon in vollem Gange. Vielleicht hätte ich mich an seiner Stelle auch nicht vom Fleck gerührt. Mal ehrlich, könnt ihr mit Sicherheit sagen, was ihr getan hättet?«

Auf Doras Frage hin hatten sie kurz geschwiegen, bis Ariane festgestellt hatte, dass Viktor Nolting immerhin den Mumm aufbrachte, seiner Tochter gegenüber einzugestehen, dass er der Ermordung Hunderter von Menschen tatenlos zugesehen hatte. Vielleicht würde er ihr eines Tages doch noch mehr darüber erzählen. Zögerlich hatte sich Edda schließlich auf den Gedanken eingelassen, ihre Eltern zu besuchen. Ihre Freundinnen hatten schon recht. Zeit seines Lebens hatte ihr Vater sich in Schweigen gehüllt. Diesen Schleier einen Moment lang zu lüften, bedeutete für ihn mit Sicherheit einen gewaltigen Schritt des Entgegenkommens.

Die erste Begegnung während der Adventszeit war steif verlaufen, doch ihre Eltern hatten ihr zu verstehen gegeben, dass sie Edda zurückgewinnen wollten. Sie hatten nicht einmal verstimmt reagiert, als Edda die Einladung zum gemeinsamen Weihnachtsfest mit der Erklärung abgelehnt hatte, bereits andere Pläne zu haben. Seit Jahresbeginn war sie einige Male zum Mittagessen in der Wolfsgangstraße gewesen, nicht zuletzt anlässlich des einundsiebzigsten Geburtstags ihres Vaters. Die Erinnerung an Eddas und Marcels skandalösen Auftritt an seinem vorherigen Geburtstag hatte zwar wie der sprichwörtliche Elefant im Nolting'schen Wohnzimmer gestanden, jedoch hatten sich alle geflissentlich bemüht, ihn zu übersehen. Trotz der Schwierigkeiten, die es nach wie vor gab, registrierte Edda, dass es ihr von Mal zu Mal weniger Mühe bereitete, in die Unterhaltung ihrer Familie einzusteigen, von ihrer Arbeit im Café Laumer und im Kinderladen zu berichten oder sich interessiert nach dem Leben der anderen zu erkundigen. Im Grunde fühlte sie sich erleichtert darüber, dass der Kontakt zu ihrer Familie nicht gänzlich abgerissen war.

Auf einmal bemerkte Edda, dass Anton sie losgelassen hatte und nun stolz zwei Eier in seinen Händen hielt. Was er mit seinem Schatz anfangen sollte, schien er nicht recht zu wissen. Edda streckte ihm ein Körbchen entgegen.

»Möchtest du die Eier hineinlegen?«, fragte sie.

Anton nickte. Mit feierlicher Miene platzierte er die Eier im künstlichen Ostergras. Gleich darauf ertönte in einiger Entfernung ein Freudenschrei. In einem der Büsche hatte Markus einen Schokohasen gefunden, den er wie eine Trophäe in die Luft hielt. Seine Mutter Helga lachte lauthals, woraufhin Anton mit ausgestreckten Armen zu den beiden hinüberlief. Helga fing ihn auf und wirbelte erst Anton, dann Markus einmal im Kreis herum. Viktor Nolting hatte die Szene wohl ebenfalls beobachtet, denn als Edda sich anschickte, zu den anderen Erwachsenen zurückzukehren, fing sie das amüsierte Lächeln ihres Vaters auf. Sie erwiderte es.

»Möchtest du noch Kaffee, Edda?« Ihre Mutter hatte die Becher nachgefüllt und bot Edda einen davon an.

»Gern, danke.«

Sie wandten sich Martina zu, die gerade von einer Schulaufführung berichtete, bei der Jutta die Hauptrolle gespielt hatte.

»Dieses Mädchen ist völlig wild darauf, auf der Bühne zu stehen«, sagte Martina kopfschüttelnd, aber doch voller Stolz. »Wisst ihr noch, wie sie bei der Verabschiedung eures Vaters die Bühne kaum dem Dekan überlassen wollte?«

Das war zwar reichlich übertrieben, aber trotzdem lachten alle. Edda rang sich ein höfliches Lächeln ab. Niemand hier ahnte, dass ihre kleine Nichte sie davon abgehalten hatte, ihren Vater der Presse, seinen Kollegen und Studenten vorzuführen. Um den Blicken der anderen auszuweichen, schaute sie zu Jutta hinüber, die sich mit Ingrid und ihren kleinen Cousins auf einer Bank unter einer Kastanie niedergelassen hatte. Gemeinsam schienen sie ihre Osternester zu begutachten. Bei dem Anblick wurde Edda warm ums Herz. Wie froh sie war, dass die Kinder ihr trotz des Familienzwistes unbefangen begegneten. Ohne es zu ahnen, erleichterten sie Edda damit manch angespannten Augenblick. Ein Glück, erklärte Martina seufzend, machte es der introvertierten Ingrid scheinbar nichts aus, dass ihre Schwester stets allzu gern im Mittelpunkt stand. Andere Kinder in der Klasse ärgerten sich allerdings darüber. Edda erzählte ihrer Schwägerin, mit welchen Methoden sie im Kinderladen versuchten, solche Streitigkeiten zu lösen. Ins Gespräch vertieft gelang es ihr, die Traurigkeit abzuschütteln, die in ihr aufgestiegen war, als sie daran denken musste, dass sie mit Marcel manchmal auf derselben Bank gesessen hatte wie jetzt die Kinder. Vor fast einem Jahr hatte er Edda dort gefragt, was sie davon hielte, wenn er zu ihr nach Frankfurt zöge. Wie glücklich war sie an jenem Tag gewesen!

»Dein Praktikumsjahr ist doch vorbei«, stellte Martina fest. »Arbeitest du trotzdem weiter im Kinderladen?«

»Bis zum Sommer«, erwiderte Edda und nippte an ihrem Kaffee. »Dann beginnt meine Ausbildung zur Erzieherin.«

Lautes Gejohle ertönte. Die Zwillinge spielten mit ein paar älteren Kindern Fangen. Markus und Anton waren noch zu klein dazu, weshalb Helga, an jeder Hand einen Jungen, sich wieder zu ihrer Gruppe gesellte. Franziska Nolting hob die beiden Jungen auf die Bank und gab ihnen einen Becher Kakao.

»Jutta! Ingrid! Passt auf eure Kleider auf!«, brüllte Martina durch den Park, aber ihre Töchter schienen sie nicht zu hören. »Und auf die neuen Lackschuhe!«

»Die kann man doch putzen«, sagte Helga, aber Martina widersprach ihr energisch.

»Du hast zwei Söhne, das ist etwas anderes. Mir ist es wichtig, dass Jutta und Ingrid lernen, wie man sich als Mädchen benimmt.«

Edda wollte protestieren, doch Helga kam ihr zuvor. »Ach, Tina, was sind denn schon ein paar Schmutzflecken? Sei lieber dankbar dafür, dass deine Kinder unbeschwert spielen können. Wenn man bedenkt, was anderswo auf der Welt passiert …«

»Das stimmt«, pflichtete Joachim seiner Frau bei, während er Markus einen Schnürsenkel zuband. »Und wahrscheinlich erfahren wir nicht einmal die Hälfte.« Er richtete sich auf und fuhr fort: »Das Blutbad in My Lai ist vom amerikanischen Militär schließlich auch bis vor Kurzem vertuscht worden.«

Edda nickte zustimmend. »Ohne einige beharrliche Journalisten hätten wir niemals davon erfahren. Ich habe gelesen, dass die großen amerikanischen Zeitungen aus Patriotismus erst gar nicht darüber berichten wollten. Gut, dass es Journalisten gibt, die sich nicht abwimmeln lassen.«

Bereits zwei Jahre war es her, dass US-Soldaten das südvietnamesische Dorf dem Erdboden gleichgemacht und fast alle Männer, Frauen und Kinder getötet hatten. Angeblich, weil sie kommunistische Vietcong in dem Dorf vermutet hatten. Kurz vor Weihnachten hatten erschütternde Bilder und Berichte die ganze Welt schockiert.

»Der Pfarrer unserer Kirchengemeinde hatte dieses vietnamesische Mädchen eingeladen«, sagte Franziska Nolting. »Diese Zwölfjährige, die das Massaker überlebt hat. Jetzt reist sie mit ihrer Betreuerin durch Europa und spricht darüber, was ihr angetan wurde.«

»Du meinst Vo Thi Lien«, stellte Edda fest. Der Name des Mädchens war durch die Presse gegangen.

Franziska Nolting zuckte mit den Schultern. »Schon möglich. Ich kann mir diese asiatischen Namen beim besten Willen nicht merken.«

»Hast du sie denn kennengelernt?«, hakte Edda interessiert nach.

Mit einem Kopfschütteln begann ihre Mutter das gefärbte Ei zu pellen, das sich Markus genommen hatte. »Für unsere Gemeinde hat ihre Zeit nicht mehr gereicht, sie war völlig ausgebucht. Aber ehrlich gesagt bin ich heilfroh, dass mir dieser Vortrag erspart geblieben ist. Als ob wir nicht selbst wüssten, was es bedeutet, einen Krieg zu erleben.«

Ohne dass ihre Mutter es bemerkte, rollte Edda mit den Augen. Peter warf ihr einen warnenden Blick zu.

»Mir tut das Kind leid«, bemerkte Helga, während sie Markus einen Schokoladenbart abwischte. »Überlegt mal, wie furchtbar es sein muss, täglich vor fremden Menschen seine Leidensgeschichte zu erzählen.«

»Dieses Mädchen wird von den Nordvietnamesen zu reinen Propagandazwecken missbraucht«, mischte sich Viktor Nolting ein. »Da sind die Kommunisten gnadenlos.«

»Aber sie scheint Europa aufzurütteln«, entgegnete Edda. »Vielleicht trägt das dazu bei, den Krieg schneller zu beenden.«

Franziska Nolting stieß einen verächtlichen Laut aus. »Die Amerikaner besudeln sich mit dem Blut vietnamesischer Frauen und Kinder. Aber uns haben sie jahrelang mit ihrer Entnazifizierung gegängelt.«

»Das war trotzdem richtig«, entfuhr es Edda scharf.

Ihre Mutter erwiderte nichts darauf, sondern fragte: »Möchtet ihr noch Hefezopf?«

Fast alle bejahten, und auch Markus, der in sein Murmelspiel vertieft gewesen war, blickte nun auf. Mit energischen Bewegungen schnitt Franziska Nolting einige Stücke ab und reichte sie auf einem Teller herum.

»Hm, wirklich köstlich«, lobte Martina das Gebäck ihrer Schwiegermutter. »Du musst mir unbedingt das Rezept geben.«

»Einer der amerikanischen Hubschrauberpiloten hat sich dem Befehl zum Morden widersetzt«, sagte Helga, während sie sich ein Stück Hefezopf nahm. »Es heißt, er habe einige Frauen und Kinder gerettet.«

»Das habe ich auch gelesen«, bestätigte Edda. »Offenbar hat man auch als Soldat eine Wahl.«

Für eine Sekunde traf ihr Blick auf den ihres Vaters. Edda meinte, ein Flackern in seinen grauen Augen zu erkennen. Bedauerte ihr Vater es, dass er nicht dieselbe Courage aufgebracht hatte wie der amerikanische Pilot? Schämte er sich dafür? Während die anderen fortfuhren, über den Piloten zu diskutieren, verzehrte ihr Vater schweigend ein Stück Hefezopf. Hätte er nicht versuchen können, wenigstens ein paar Menschen zur Flucht zu verhelfen? Hatte er, als er den Dorfeingang des brennenden Oradour bewachte, wohl daran gedacht? Gern hätte Edda ihn danach gefragt. Stattdessen warf sie ein paar Spatzen Kekskrümel zu.

Die Zwillinge, die jetzt angerannt kamen, um die letzten Osterkekse zu verputzen, sorgten mit ihrer guten Laune für heitere Gespräche, und wenig später machten sich die Noltings auf den Weg in die Wolfsgangstraße. Die beiden Jungen schliefen sofort auf dem Sofa ein, Franziska Nolting widmete sich mithilfe ihrer Schwiegertöchter der Vorbereitung des Abendessens. Während sich Viktor Nolting mit Joachim eine Schachpartie lieferte, spielten Edda, Peter und die Zwillinge Mensch-ärgere-dich-nicht, wobei die Mädchen eine Runde nach der anderen gewannen.

»Ich frage mal Mutter, ob ich mich nützlich machen kann«, sagte Edda, als ihr die Lust am Spielen vergangen war, und erhob sich. Jutta und Ingrid protestierten, aber Edda wehrte lachend ab, als ihre Nichten um eine weitere Partie bettelten, zu der sich immerhin Peter erweichen ließ.

In der Diele wäre sie fast mit Helga zusammengeprallt, die einen Stapel Teller in den Händen hielt.

»Soll ich dir helfen, den Tisch zu decken?«, erbot sich Edda.

Helga verneinte. »Aber du könntest Wein aus dem Keller holen, vielleicht auch Saft für die Kinder.«

Edda schnappte sich den Korb, der wie üblich neben der Wohnungstür stand, und stieg in den Keller hinab. Die gewünschten Getränke hatte sie schnell beisammen. Ihre Hand war bereits im Begriff, das grellweiße Licht auszuschalten, als Edda noch einmal innehielt und sich umschaute. Wie viele angsterfüllte Stunden hatte sie zur Strafe als Kind und Jugendliche in diesem grau getünchten Raum verbringen müssen. Groß verändert hatte sich seither nichts. Sogar der altersschwache Liegestuhl, auf dem sie gesessen hatte, lehnte noch an der Wand. Ihr Blick fiel auf das ausrangierte Küchenbüfett, in dem ihre Eltern Dinge aufbewahrten, die sie nicht regelmäßig benutzten. Lagen darin nicht auch ihre Puppen und Legosteine? Damit könnten die Kinder doch spielen. Edda stellte den Korb ab und öffnete die Schranktür. Sie schob den Karton mit Weihnachtsschmuck beiseite und zog eine große Tüte mit Lego heraus. Auf einmal erstarrte sie. Blinzelte. Nein, sie täuschte sich nicht. Hinten im Fach stand eine weiße Kiste. Die Kiste mit den Briefen. *Hier* hatten ihre Eltern sie versteckt? Vor Aufregung wurde Edda flau. Dennoch zögerte sie keine Sekunde. Sie zog die Kiste heraus. Ob sie doch noch Briefe fände, in denen ihr Vater etwas über Oradour geschrieben hätte?

Hastig griff sich Edda den obersten Stapel, löste die Schnur, die ihn zusammenhielt, und blätterte die Umschläge durch. *Rio de Janeiro 1937. Berlin 1934. Wien 1935.* Die Briefe, die aus der Zeit vor dem Krieg stammten, kannte sie. Edda bündelte sie wieder und legte sie beiseite. Fieberhaft durchforstete sie weitere Stapel. Briefe aus München. Aus Nürnberg. Weg damit. Einzig auf die Feldpost käme es an. Willkürlich sah Edda weitere Bündel durch, besonders viele gab es aus Polen. Da! Endlich! Ein Brief aus Limoges. Eddas Finger wurden feucht vor Anspannung, ihre Augen jagten über das Papier.

Liebe Franziska,

wie sehr habe ich mich über Deinen Brief gefreut und bin froh,
dass es Euch allen gut geht. Ein kleiner Wermutstropfen war es
zu lesen, dass Du eine ganze Weile nichts von mir gehört hast.
Ach, Franziska, daran, dass ich nicht an Euch denke, liegt es
bestimmt nicht. Wenn meine Briefe nicht ankommen, kann das
verschiedene Gründe haben. Einer davon heißt »Résistance«.
Diese Leute führen immer aggressivere Sabotage-Akte gegen
uns Deutsche durch. Schienen und Züge sind beliebte An-
schlagsziele, denen manchmal leider auch die Post an unsere
Lieben in der Heimat zum Opfer fällt. Hoffentlich erreicht Dich
zumindest dieser Brief.

Auf der nächsten Seite schilderte ihr Vater seinen Alltag als
Arzt, von dem er sich bei Spaziergängen am Ufer der Vienne
erholte. Blitzschnell tauchten vor Edda eigene Erinnerungs-
bilder aus Limoges auf. Die imposante Kathedrale. Die hübsch
verwinkelten Gassen. Sie und Marcel. Edda suchte hektisch
weitere Briefe aus Limoges heraus. Solche, die ihr Vater nach
dem 10. Juni 1944 geschrieben hatte. Einige überflog sie. Doch
zum Tag des Massakers fand sie kein Wort. Stattdessen berichtete ihr Vater Banalitäten oder beschrieb den Vormarsch
der alliierten Truppen. Dabei schien er auf irgendeinen
Trumpf zu hoffen, den Hitler im geeigneten Augenblick aus
dem Ärmel zaubern würde, um das Kriegsblatt zu wenden.
Edda begann, sich damit abzufinden, dass sie in Bezug auf
Oradour nichts Neues erfahren würde. Sollte sie die Briefe in
die Kiste packen und zu ihrer Familie zurückzukehren? Etwas hielt Edda davon ab, sich dem Sog der Vergangenheit zu
entziehen. Sie öffnete einen weiteren Umschlag.

Liebe Franziska,

wie geht es Dir? Ist bei Euch alles in Ordnung? In Deinem letzten Brief fragtest Du mich, ob Du wegen der verstärkten Bombenangriffe einen Teil unseres Mobiliars und der Wertsachen bei Deiner Tante Käte unterbringen solltest. Wenn Du meinst, dass alles, was uns lieb und teuer ist, in Süddeutschland besser aufgehoben ist als in Frankfurt und der Transport sich bewerkstelligen lässt, habe ich nichts dagegen. Ohnehin lasse ich Dir in der Zeit meiner Abwesenheit für alle Entscheidungen, die unsere Familie betreffen, vollkommen freie Hand.

Die Nachricht von dem Führerattentat hat hier bei uns in Frankreich natürlich für Furore gesorgt. Ich bin sicher, die Franzosen haben innerlich gejubelt. Aber ein deutscher Kollege hatte regelrecht Tränen in den Augen, nachdem er gehört hatte, wie knapp der Führer mit dem Leben davongekommen ist. Er bezeichnete den 20. Juli als einen der schwärzesten Tage des Krieges. Meine liebe Franziska, ich kann mir vorstellen, dass auch Dich die Nachricht bis ins Mark erschüttert hat. Man kann über den Nationalsozialismus ja durchaus geteilter Meinung sein. Doch wie diese Männer glauben konnten, es wäre zum Wohle Deutschlands, in einer kritischen Phase des Krieges unser Staatsoberhaupt zu beseitigen, bleibt mir ein Rätsel. Ich bin jedenfalls dankbar, dass der Mordanschlag auf den Führer nicht geglückt ist. Andernfalls, davon bin ich überzeugt, hätte es für unser Land eine politische und militärische Katastrophe bedeutet.

Für mich, Franziska, gab es vor einigen Wochen einen weiteren düsteren Tag. Ich weiß ja, dass Du in Frankfurt genug um die Ohren hast, deshalb wollte ich Dich nicht damit belasten. Aber heute drängt es mich doch, mich Dir anzuvertrauen.

Kurz hielt Edda den Atem an, dann las sie weiter. Knapp, wie auch in seinem Brief an Edda, beschrieb ihr Vater den Einmarsch der SS-Panzer-Division »Das Reich« in Oradour, wo er doch nichts weiter als seinen freien Tag hatte verbringen wollen.

Nachdem ich ungefähr zwei Stunden lang einen der Dorfeingänge bewacht hatte, befahl mir ein Kommandant, mich mit einem Gewehr zu einer Scheune zu begeben. Dort sollte eine Gruppe von Männern exekutiert werden. Es hieß, Waffen der Résistance seien in Oradour versteckt worden. Als ich mitbekam, dass niemand im Dorf überleben sollte, auch die Frauen und Kinder nicht, hat mir das natürlich zugesetzt. Aber ich habe mir nichts anmerken lassen, sonst wäre ich womöglich für einen Verräter gehalten worden. Immerhin hatte man mich in einem Restaurant unter Einheimischen angetroffen. Der Befehl lautete, ein abschreckendes Exempel zu statuieren, damit es sich andere Dörfer zweimal überlegen würden, ob sie mit der Résistance gemeinsame Sache machten. Ich habe getan, was von mir erwartet wurde. Was getan werden musste.

Edda ließ den Brief sinken. Einen Moment lang fühlte sie nichts. Dann begannen ihre Gedanken zu rotieren. Hatte ihr Vater also doch Marcels Großvater oder seinen Onkel Patrick erschossen? Josette hatte beteuert, dass es in Oradour niemals versteckte Waffen gegeben hatte. Aber selbst wenn es anders gewesen wäre, hätte es nichts an der fürchterlichen Tatsache geändert, dass ihr Vater das Leben unschuldiger Menschen auf dem Gewissen hatte. Was, wenn der SS-Mann ihm aufgetragen hätte, die Frauen und Kinder in die Kirche zu sperren? Das Feuer zu legen, in dem sie bei lebendigem Leibe verbrannten? Hätte ihr Vater auch das getan, hätte man es von ihm erwartet?

Ein Held bin ich an jenem Tag nicht gewesen, aber auch kein Mörder, hatte er ihr erklärt. Edda hatte seinen Worten Glauben geschenkt und sie für ein Geständnis gehalten. In Wirklichkeit waren sie nichts anderes als eine infame Lüge. Mit einem wütenden Aufschrei stieß sie die weiße Kiste vom Küchenbüfett. Sämtliche Briefe fielen auf den Boden, nur den letzten, den Edda gerade gelesen hatte, hielt sie fest in der Hand. Auf der knarzenden Treppe vernahm sie Schritte. Gleich darauf stand ihr Vater im Keller.

»Was ist denn hier los? Brauchst du Hilfe mit den Flaschen?«

Für den Bruchteil einer Sekunde lächelte Viktor Nolting noch. Doch als er begriff, was er vor sich sah, erbleichte er. Edda überkam eine seltsame Ruhe. Ohne den Blick von ihrem Vater abzuwenden, trat Edda auf ihn zu und drückte ihm den Brief in die Hand. Dann verließ sie den Keller. Wortlos. Ohne sich noch einmal umzusehen.

Epilog

Eine gute halbe Stunde zu früh erreichte Edda das Verlagshaus der *Frankfurter Rundschau*. Unschlüssig blieb sie vor dem Eingang stehen. Sollte sie schon hineingehen? Als sie sich ausmalte, mit wippender Stiefelspitze untätig in einer Besucherecke zu sitzen und auf den Redakteur zu warten, mit dem sie verabredet war, wurde Edda gleich noch nervöser. Sie beschloss, sich abzulenken und die Zeit bei diesem strahlenden Winterwetter mit einem Spaziergang zu überbrücken. Einmal mehr tastete Edda nach dem großen Umschlag in ihrer Umhängetasche, als müsste sie sich vergewissern, dass er sich zwischenzeitlich nicht in Luft aufgelöst hatte, dann lief sie in Richtung Zeil.

Nachdem das Jahr 1971 mit einer grimmigen Kältewelle begonnen hatte, erschienen ihr die Temperaturen, die jetzt Anfang Februar kurz über dem Gefrierpunkt lagen, beinahe mild. Allerdings trug sie auch eine lange Hose und einen dicken Rollkragenpulli unter ihrem langen, flauschigen Mantel. Noch einmal dachte Edda über das bevorstehende Treffen nach. Was würde der Redakteur wohl von ihren Unterlagen halten? Am Telefon hatte er zweifellos Interesse gezeigt. Hätte er Edda sonst gebeten, persönlich bei ihm vorbeizukommen? Während sie gedankenversunken auf die Sankt Katharinenkirche an der Hauptwache zusteuerte, fiel ihr Blick auf das Schaufenster eines leer stehenden Ladens, an dessen Glasscheibe ein großes Plakat klebte, ein Fahndungsplakat. *Anarchistische Gewalttäter, Baader/Meinhof-Bande*, lautete die Überschrift. Angespannt blieb Edda stehen. Ihr Blick flog über die Aufnahmen der jungen Frauen und Männer, die darauf abgebildet waren. Die meisten waren in Eddas Alter. Im nächsten Moment atmete Edda auf. Marcels Foto war nicht dabei. Noch nicht. Hoffentlich nie. Jedes Mal kam ihr dieser Gedanke, wenn sie an einer Litfaßsäule ein Fahndungsbild des Bundeskriminalamtes hängen sah, oder in der Zeitung einen Artikel über die Gruppe rund um Gudrun Ensslin, Ulrike Meinhof und Andreas Baader las. Inständig hoffte Edda, dass Marcel sich von ihnen abgewendet hatte, dass er es sich nicht zum Ziel gesetzt hatte, gemeinsam mit ihnen eine sogenannte Rote Armee aufzubauen.

Während Edda durch die Innenstadt lief, blieb sie mit ihren Gedanken bei Marcel. Seit vierzehn Monaten schien er wie vom Erdboden verschluckt zu sein. Wie mochte es ihm wohl gehen? Das Letzte, was Edda mit Sicherheit sagen konnte, war, dass er nach dem missglückten Entführungsversuch im November 1969 zu den flüchtigen Brandstiftern nach Paris gefahren war. Nicht allzu lange danach war Edda einer der Staffelberger Heimjungen über den Weg gelaufen, der sie als Marcels Freundin erkannt und sich bei ihr erkundigt hatte, wann dieser nach Frankfurt zurückkäme. Als sie seine Frage nicht beantworten konnte, hatte er angedeutet, wie enttäuscht er darüber wäre, dass Andreas, Gudrun und ihre Freunde ihn von heute auf morgen im Stich gelassen hatten. Nach diesem Gespräch hatte Edda ihre Pariser Freundin Florence kontaktiert und gebeten, herauszufinden, ob Marcel noch in der Wohnung seines Vaters nahe des Bahnhofs Gare de l'Est lebte. Damit sie bei Florence kein Misstrauen weckte, hatte Edda ihr wahrheitsgemäß berichtet, dass Marcel sich von ihr getrennt hatte, weshalb sie, so gab sie vor, beabsichtigte, ihm einige seiner persönlichen Sachen nachzuschicken. Die Antwort von Florence auf Eddas Bitte war bald erfolgt. Marcel hatte seine Wohnung aufgelöst. Weder bei Florence noch bei anderen Pariser Bekannten hatte er sich seitdem gemeldet. »Wahrscheinlich braucht Marcel mal wieder eine seiner Auszeiten«, hatte Florence vermutet, und Edda hatte sich auf die Zunge beißen müssen, um ihrer Freundin nicht zu verraten, dass er dieses Mal aus anderen Gründen abgetaucht wäre. Dann, wenige Tage nach dem Osterfest, an dem Edda im Keller ihrer Eltern den Brief ihres Vaters über Oradour gefunden hatte, war in Westberlin Andreas Baader verhaftet worden. In eine Verkehrskontrolle geraten, hatte Baader seinen gefälschten Pass vorgezeigt, konnte aber nicht alle Fragen nach seinen angeblich eigenen Daten beantworten. Mitleid hatte Edda nicht für ihn empfunden. Aber eines war damit klar gewesen: Andreas Baader und Gudrun Ensslin – die beiden anderen Kaufhausbrandstifter hatten ihre Haftstrafe inzwischen angetreten – waren in die Bundesrepublik zurückgekehrt. Galt das womöglich auch für Marcel? Edda hatte sich immer wieder dabei ertappt, wie sie aus der Ferne fast jeden dunkelgelockten Mann für Marcel gehalten hatte. Manchmal hatte sie sich gewünscht, dass er vor ihrer Tür gestanden hätte. Bis heute gab es in ihr eine Sehnsucht, ihn wiederzusehen. Nicht, dass sie Marcel verziehen hätte, wie gnadenlos er sie hintergangen hatte, um ihren Vater in seine Gewalt zu bringen. Die Idee, einen Menschen, aus welchen Gründen auch immer, zu entführen, war ihr zuwider. Dennoch, ihr Zorn auf Marcel hatte nachgelassen, nachdem sie in dem Brief ihres Vaters schwarz auf weiß gelesen hatte, dass ihre Eltern überzeugte Nationalsozialisten gewesen waren und ihr Vater einer der Mörder von Oradour. Zu begreifen, dass ihr Vater sie mutwillig angelogen hatte, war für Edda ein erneuter Schock gewesen, zumal sie gerade begonnen hatte, sich mit seiner Darstellung zu arrangieren, er wäre ein passiver Zeuge der SS-Verbrechen geworden. Beinahe wäre es ihm gelungen, sie hinters Licht zu führen. Wahrscheinlich hatte er gehofft, dass das Familienleben der Noltings wieder seinen ungestörten Lauf nehmen würde. Wie gern hätte Edda Marcel davon erzählt, dass sie schließlich doch noch auf die Briefe gestoßen war, nach denen sie gemeinsam die Praxis ihres Vaters durchsucht hatten. Niemandem sonst fühlte sich Edda, wenn es um Oradour ging, so verbunden wie Marcel. Sollte sie ihm je wieder begegnen, würde Edda ihm sagen, dass sie seine kolossale Wut darüber teilte, dass Männer wie Kommandant Heinz Lammerding oder ihr Vater ungeschoren von der Justiz davonkamen, wohingegen ihre Opfer in Vergessenheit gerieten.

Am Goetheplatz angekommen, schaute Edda auf ihre Uhr. Bis zu ihrem Gespräch blieben ihr noch zwanzig Minuten. Vor Aufregung begann es in ihrem Magen zu kribbeln. Hätte Edda Zigaretten bei sich gehabt, wäre jetzt einer der seltenen Momente gewesen, in denen sie eine geraucht hätte. Auch von ihrem Termin bei der *Frankfurter Rundschau* hätte sie Marcel gern erzählt. Früher wäre er zusammen mit ihr über die Zeil geschlendert, hätte den Arm um sie gelegt und sie ermutigt, selbstbewusst in das Gespräch mit dem Redakteur zu gehen. Was er wohl zu dem Text gesagt hätte, den sie verfasst hatte? Würde er sich überhaupt noch für Worte und Bilder interessieren, jetzt, wo er sich womöglich dem bewaffneten Kampf verschrieben hatte? So wie Ulrike Meinhof? Niemals hätte Edda es für möglich gehalten, dass die von ihr geschätzte Journalistin in den Untergrund gehen würde. Doch am 14. Mai 1970, eine gute Woche nach Eddas zweiundzwanzigstem Geburtstag, hatte Ulrike Meinhof alle Brücken hinter sich abgebrochen. Zusammen mit Gudrun Ensslin und einigen anderen hatte sie dabei geholfen, Andreas Baader aus dem Gefängnis zu befreien. Dabei war durch Schüsse, die einer aus ihrer Gruppe abgefeuert hatte, ein Mann lebensgefährlich verletzt worden. Edda hatte versucht, sich einzureden, dass Marcel mit all dem nichts zu tun hätte. Vielleicht war er, als seine radikalen Freunde sich entschlossen hatten, nach Deutschland zurückzukehren, in Frankreich geblieben und hatte dort ein neues Leben angefangen. Doch im Grunde glaubte Edda nicht daran. Seitdem er Andreas Baader kennengelernt hatte, war Marcel von ihm begeistert gewesen. Leute wie Andreas und Gudrun hatten ihm wegen ihrer Kompromisslosigkeit imponiert. Sie schwafelten nicht nur, sondern taten etwas, hatte er immer gesagt. Mit Edda bei der Verabschiedung ihres Vaters auf der Bühne der Uniklinik zu stehen und über Oradour zu reden, war ihm demnach wohl schon nicht mehr revolutionär genug erschienen. Stattdessen hatte Marcel versucht, ihren Vater zu entführen und sich entschlossen, in Paris die Brandstifter zu unterstützen. Den Jurastudenten, der damals in Nanterre mit großem Engagement um Veränderungen rang, hatte er hinter sich gelassen, ebenso wie den Fotografen, der sich während der Pariser Mai-Unruhen bemüht hatte, die Menschen durch seine Bilder zu berühren. Eddas Herz wurde schwer. Noch immer empfand sie Wehmut darüber, wie dramatisch ihre Beziehung zu Marcel auseinandergebrochen war. Unter ihre Liebesgeschichte einen Schlussstrich zu ziehen, wäre ihr wahrscheinlich leichter gefallen, wenn Marcel nicht von einem Tag auf den anderen spurlos aus ihrem Leben verschwunden wäre.

Als Edda auf dem Rückweg erneut an dem Schaufenster vorbeikam, an dem das Fahndungsplakat prangte, betrachtete sie es noch einmal. Mit ihren sechsunddreißig Jahren war Ulrike Meinhof die Älteste unter den Gesuchten, an ihrem Bild blieb Eddas Blick haften. Warum bloß hatte sie in ihrer Arbeit als Journalistin keinen Sinn mehr gesehen? Sicherlich war Edda nicht die Einzige, der zahlreiche ihrer Artikel in lebhafter Erinnerung geblieben waren. Sogar den allerersten Text, den sie jemals von Ulrike Meinhof gelesen hatte, hatte Edda nicht vergessen. In Berlin war das gewesen, an dem Abend, an dem Benno Ohnesorg erschossen worden war, auf der Demo gegen den Schah von Persien. Anschaulich hatte die Journalistin über das schwierige Leben der Menschen in Iran geschrieben, einem Land, von dem Edda zuvor kaum eine Vorstellung gehabt hatte. Edda war überzeugt davon, dass Meinhofs Beiträge noch viele Menschen hätten aufrütteln können. Diese Chance hatte sie vertan, wie man daran sah, dass die ARD *Bambule*, ihren kritischen Fernsehfilm über die autoritären Erziehungsmethoden in deutschen Fürsorgeheimen, kurz nach der Baader-Befreiung aus ihrem Programm gestrichen hatte. Edda wandte sich von dem Fahndungsplakat ab. Nicht, dass sie vor lauter Grübeleien zu spät käme.

Sie lief auf das Rundschau-Haus zu, blieb aber, kurz bevor sie es erreichte, stehen, zog den großen Umschlag aus ihrer Tasche und entnahm ihm einige Papiere. Vorsichtshalber zählte sie die Blätter noch einmal durch. Sie waren vollzählig. Zum letzten Mal überflog Edda ihren Text, den die *Frankfurter Rundschau* hoffentlich als Artikel abdrucken würde. Auslöser dafür, dass sie ihn geschrieben hatte, war eine Meldung in den Nachrichten vor knapp drei Wochen gewesen. Offenbar war der SS-Kommandant Heinz Lammerding, dem Marcel einst die Nase zerschlagen hatte, in Bayern gestorben und im Geleit einer großen Anhängerschaft ehemaliger

502

SS-Kameraden beerdigt worden. Wie Hohn war Edda das vorgekommen. Es war der Justiz doch bekannt, dass unter Lammerdings Kommando SS-Truppen Kriegsverbrechen begangen hatten, auch jenes in Oradour. Schlimm genug, dass er, von deutschen Gesetzen geschützt, weder an Frankreich ausgeliefert noch in der Bundesrepublik dafür angeklagt worden war. Stattdessen hatte er als erfolgreicher Bauunternehmer ein wohlhabendes Leben geführt. Und jetzt konnten auch noch seine braunen Gesinnungsgenossen ungehindert an seinem Grab zusammenkommen, um seiner zu huldigen? Als Edda davon gehört hatte, war sie sehr zornig geworden. Sofort hatte sie sich hingesetzt und begonnen, ihre Gedanken zu Lammerdings Beisetzung zu notieren. Etwas später hatte sie sich ihr Tagebuch geholt und nachgelesen, was sie im Dezember 1968 in Oradour erlebt und empfunden hatte. Im Geiste war sie mit Marcel und seiner Cousine Josette noch einmal durch das Ruinendorf gelaufen und hatte die persönlichen Dinge der Ermordeten vor sich gesehen: die Nähmaschine auf dem Fenstersims. Die zerschlagenen Kacheln des Frisiersalons. Das kleine, rostige Fahrrad. Den Kinderwagen in der ausgebrannten Kirche. Auch jetzt, als sie zum wiederholten Male ihre Zeilen las, flimmerten vor Edda die Gesichter der Friedhofsfotografien auf, hörte sie Josettes monotone Stimme, mit der sie Marcel und Edda von den Toten erzählt hatte. Aus ihren Erinnerungen war dieser Text entstanden, den Edda gleich dem Redakteur vorlegen würde. Darin erzählte sie von dem traurigen Schicksal der Familie Carnot, Marcels Familie, deren leidvoller Weg den ihres Vaters gekreuzt hatte. Edda verschwieg dabei nicht, dass ihr Vater an jenem Tag in Oradour getan hatte, was Heinz Lammerding von ihm erwartet hatte, was, wie er es in seinem Brief an ihre Mutter ausgedrückt hatte, *getan werden musste*. Am

Ende ihres Textes stellte Edda unmissverständlich die Frage, wie es sein konnte, dass die Mörder des Massakers in Oradour nicht bestraft worden waren.

Vorsichtig schob sie den Text in den Umschlag zurück, zu den Aufnahmen, die Marcel in Oradour gemacht hatte und zu dem Foto ihres Vaters vor der französischen Kirche. Sie steckte den Umschlag nicht in ihre Tasche, sondern hielt ihn fest. Daran, dass es, sollte ihr Artikel erscheinen, zu einer Anklage gegen ihren Vater käme, glaubte Edda zwar nicht. Falls die Staatsanwaltschaft jedoch die Ermittlungen aufnähme, wäre sie damit im Reinen.

Edda warf einen letzten Blick in eine große Schaufensterscheibe, in der sie sich im Vorübergehen spiegelte, und rückte ihre Baskenmütze zurecht. Dann stieß sie entschlossen die Eingangstür zur *Frankfurter Rundschau* auf und betrat das Foyer.

Dank

Zwei Jahre lang bin ich in die sechziger Jahre eingetaucht, in eine Zeit geprägt von gesellschaftlichen Veränderungen, Krieg in Vietnam und Nahost, dem Prager Frühling, aber auch von enorm mitreißender Aufbruchsstimmung. Dabei geholfen haben mir eine Fülle an Lesestoff sowie Archive voller Film- und Radiomaterial, außerdem haben verschiedene Menschen mein Projekt unterstützt.

Herzlichen Dank all denjenigen, die rund um 1968 im selben Alter waren wie meine Protagonistin und mir offen von ihren vielfältigen Erfahrungen erzählt haben. Rolf Esser war so freundlich, mir die Gegebenheiten der innerdeutschen Grenze Ende der sechziger Jahre zu erklären. Stefan Neureiter, heutiger Schulleiter der Frankfurter Elisabethenschule, versorgte mich mit Material zu der legendären Abiturrede *Erziehung zum Ungehorsam als Aufgabe einer demokratischen Schule*, die Karin Storch, spätere ZDF-Journalistin, 1967 hielt und damit Edda Nolting inspirierte. Ebenso wie Edda ging ich nach meinem Schulabschluss als Au-pair nach Paris, allerdings zwanzig Jahre später. Es waren die lebhaften Erzählungen der Malerin Brigitte Zander, die meine Ideen zu Eddas Alltag im Quartier Latin konkretisierten. Als junge Frau, ab 1967, hatte Brigitte Zander bei einer französischen Familie, wohnhaft in der Rue des Écoles, gearbeitet. Ihre detailreichen Zeichnungen, mit denen sie ihren Aufenthalt dokumentierte, und Erinnerungsstücke wie beispielsweise aufbewahrte Flugblätter aus der Zeit des Pariser Mai gaben mir eine anschauliche Vorstellung davon, wie Eddas Leben in Frankreich hätte aussehen können. Sehr gern hätte ich Frau Zander meinen abgeschlossenen Roman gezeigt. Zu meinem großen Bedauern ist sie jedoch 2022 verstorben.

Eddas Entwicklung wird von der Frage angetrieben, ob ihr Vater wohl ein überzeugter Nationalsozialist gewesen ist. Meine Nachfragen bezüglich des Nazi-Arztes Hans Holfelder, der bereits in meinem letzten Roman »Helenes Versprechen« als Viktor Noltings Vorgesetzter eine Rolle spielt, beantwortete mir Mathias Schmidt vom Institut für Geschichte, Theorie und Ethik der Medizin in Aachen. Durch ihn erfuhr ich von den mehr als dreißigtausend an Tbc erkrankten Polinnen und Polen, die von den Nationalsozialisten vermutlich ermordet wurden. Bis heute ist das Schicksal dieser Menschen nicht geklärt.

Ein wesentliches Kapitel meines Romans spielt im französischen Oradour-sur-Glane. Sandra Gibouin, die für das Centre de la mémoire in Oradour tätig ist, hat mir Details über das im Juni 1944 von der SS verübte Massaker, aber auch über die Entstehung der Gedenkstätte erklärt. Der Autor und Fotograf Arno Gisinger stellte mir freundlicherweise seine Werke zu Oradour zur Verfügung und ermunterte mich, mir die Gedenkstätte persönlich anzusehen. Zum Glück bin ich seinem Rat im April 2022 gefolgt, denn der Besuch hat mich nachhaltig beeindruckt und berührt.

Auf meiner Recherchefahrt nach Paris, Limoges und Oradour hat mich meine damals achtzehnjährige Tochter Tanya begleitet. Die Eindrücke dieser Reise, die leichtherzigen wie die aufwühlenden, mit ihr zu teilen, betrachte ich als ein großes Geschenk.

Eine Weile lang haben Edda und all die anderen Charaktere viel Raum in unserem Zuhause eingenommen. Gefühlt saßen sie täglich mit uns am Tisch und beschäftigten zwangsläufig auch meinen Mann. Unsere Gespräche über diese fiktiven Gäste sowie die politischen Hintergründe ihrer Zeit weiß ich sehr zu schätzen. Ebenso, dass er mir in intensiven Schreibphasen den Rücken freigehalten hat.

Drei Frauen haben Eddas Entwicklung mit Leidenschaft begleitet. Dafür möchte ich mich von Herzen bedanken, denn ohne unseren regelmäßigen, intensiven Austausch hätte mir die Arbeit an meinem Roman nur halb so viel Spaß gemacht.

Juliane Ludwig-Stoll hat mich mit ihrer Begeisterung für Edda von Beginn an motiviert, meine Idee zu verfolgen, und mir wertvolle Anregungen gegeben.

Chris Dreyer hat mein Manuskript sorgfältig mitgelesen und durch ihre wohlwollende Kritik bereichert.

Zutiefst dankbar bin ich Christiane Meyer, die mir in jeder Phase des Entstehungsprozesses engagiert und zuverlässig zur Seite gestanden hat. Nicht nur hat sie mein Manuskript mehrfach gelesen und kommentiert, sondern ist mit mir in stundenlangen Gesprächen in Eddas Welt abgetaucht. Neben der Freude, die mir das oft bereitet hat, trug es mich auch über so manch inhaltliche Hürde.

Zum vierten Mal geht mein Dank an meine tolle Agentin Anna Mechler, die auch bei diesem Projekt stets ein offenes Ohr und gute Tipps für mich hatte. Den nötigen Feinschliff gab meinem Roman erneut Christina Weiser, meine umsichtige Lektorin vom Berliner Aufbau Verlag. Unsere gute Zusammenarbeit schätze ich sehr.

Beate Rösler
Helenes Versprechen
Roman
576 Seiten. Broschur
ISBN 978-3-7466-3496-8
Auch als E-Book lieferbar

Um ihren Sohn zu retten, muss sie sich von ihm trennen

New York, 1947: Die in die USA emigrierte Kinderärztin Helene Bornstein sieht nach beinahe zehn Jahren ihren Sohn Moritz wieder. Damals hatte sie ihn mit einem Kindertransport aus Frankfurt fortgeschickt. Jetzt ist Moritz seiner Mutter fremd geworden, aber ihr Versprechen hat er nie vergessen. Gelingt es den beiden, wieder zueinander zu finden? Und wird Helene Fuß in New York fassen, obwohl sie die Kinder, die ihr während des Krieges anvertraut worden waren, nicht vergessen kann? Da trifft sie eines Tages Leon, ihre erste Liebe, wieder.

Ein bewegender Roman – inspiriert von der wahren Geschichte einer jüdischen Kinderärztin

Regelmäßige Informationen erhalten Sie über unseren Newsletter.
Jetzt anmelden unter: www.aufbau-verlage.de/newsletter

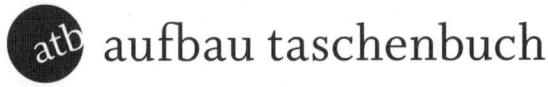

aufbau taschenbuch

Pia Rosenberger
Wir Frauen aus der Villa Hermann
Roman
480 Seiten. Broschur
ISBN 978-3-7466-3921-5
Auch als E-Book lieferbar

Wie die Jeans nach Deutschland kam

Künzelsau, 1932: Der Holzhandel der Familie Hermann ist bankrott.
Luise Hermann steht mit ihren Kindern Erika und Rolf vor dem Nichts.
Neue Hoffnung schöpft sie erst, als sie eine Näherei eröffnet. Doch dann
kommen die Nazis an die Macht. Erikas Jugendliebe muss fliehen, und
ihre beste Freundin Lia zieht es in das kriegsgebeutelte Berlin. Als Erika
einen jungen Offizier kennenlernt, ahnt sie weder, dass er ihre große
Liebe wird, noch, dass ihnen eines Tages ein blauer Stoff in die Hände
fällt, der die Mode in Deutschland revolutionieren wird.
Inspiriert von wahren Begebenheiten – das Schicksal dreier mutiger
Frauen und die Geschichte der ersten deutschen Jeans

Regelmäßige Informationen erhalten Sie über unseren Newsletter.
Jetzt anmelden unter: www.aufbau-verlage.de/newsletter

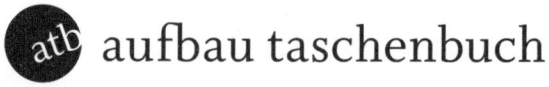

aufbau taschenbuch

Anika Schwarz
Beat Girls – Die Bühne gehört uns
Roman
382 Seiten. Broschur
ISBN 978-3-7466-3918-5
Auch als E-Book lieferbar

Unsere Stimmen sind laut!

München, 1966: In den Kneipen tobt das pure Leben, Rock 'n' Roll-Künstler aus England und Amerika sind die großen Idole. Fast immer sind es Männer, die die Bühnen beherrschen. Die vier jungen Frauen Monika, Peggy Sue, Rita und Inge könnten unterschiedlicher nicht sein, doch sie verbindet eine tiefe Liebe zur Musik – und sie wollen das Feld nicht den Männern überlassen. Gegen alle Vorurteile gründen sie die Band »Monaco Birds« und kämpfen bald nicht nur um einen Plattenvertrag, sondern auch darum, als Frauen laut sein zu dürfen.

Der erste Band über vier lebenshungrige junge Frauen, die mit ihrer Beatmusik die Münchner Bühnen erobern

Regelmäßige Informationen erhalten Sie über unseren Newsletter.
Jetzt anmelden unter: www.aufbau-verlage.de/newsletter

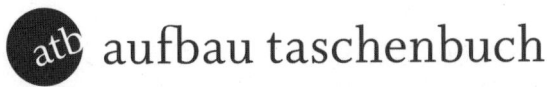

aufbau taschenbuch